| 李顿调查团档案文献集 |

主编 张 生

"国史馆"藏档（三）

编者 常国栋 陈海懿 黄家丽

南京大学出版社

本书由

国家社会科学基金"抗日战争研究"专项工程
"国外有关中国抗日战争史料整理与研究之一：李顿调查团档案翻译与研究"(16KZD017)

教育部人文社会科学重点研究基地"南京大学中华民国史研究中心"
重大项目"战时中国社会"(19JJD770006)

江苏省优势学科基金

资助

《李顿调查团档案文献集》编译者名单

主　编　张　生
副主编　郭昭昭　陈海懿　宋书强　屈胜飞　陈志刚　叶美兰

编译者　张　生　南京大学中华民国史研究中心教授
　　　　叶美兰　南京邮电大学教授
　　　　王希亮　黑龙江省社会科学院历史研究所研究员
　　　　郭昭昭　江苏科技大学马克思主义学院研究员
　　　　陈海懿　南京大学中华民国史研究中心副教授
　　　　陈志刚　西南大学历史文化学院副教授
　　　　宋书强　中国药科大学马克思主义学院讲师
　　　　屈胜飞　浙江工业大学马克思主义学院讲师
　　　　王　静　南京大学大学外语部副研究员
　　　　翟意安　南京大学历史学院讲师
　　　　徐一鸣　南京大学历史学院助理研究员
　　　　向　明　江苏科技大学马克思主义学院副教授
　　　　常国栋　南京邮电大学马克思主义学院讲师
　　　　鄢海亮　华南师范大学马克思主义学院讲师
　　　　万秋阳　南京晓庄学院外国语学院日语系讲师
　　　　菅先锋　南京大学历史学院博士研究生
　　　　吴佳佳　南京大学历史学院博士研究生
　　　　马海天　南京大学历史学院博士研究生
　　　　米惠华　南京大学历史学院博士研究生
　　　　顾小伟　南京大学历史学院博士研究生
　　　　林　坤　南京大学历史学院博士研究生
　　　　夏黎明　南京大学历史学院博士研究生

王益华　南京大学历史学院博士研究生
孟祥斐　南京大学历史学院博士研究生
崇　哲　南京大学历史学院博士研究生
刘思燚　南京大学历史学院硕士研究生
肖钧哲　南京大学历史学院硕士研究生
刘涵之　南京大学历史学院硕士研究生
桂语琪　南京大学历史学院硕士研究生
黄家丽　南京大学历史学院硕士研究生
胡芊珣　南京大学历史学院本科生
刘俊甫　南京大学历史学院本科生
陈梦玲　内蒙古师范大学科学技术史研究院博士研究生
金　楠　浙江工业大学马克思主义学院硕士研究生
杨文秀　浙江工业大学马克思主义学院硕士研究生
曹文博　陕西师范大学历史文化学院硕士研究生
沈康悦　浙江工业大学马克思主义学院硕士研究生
杨　越　西安电子科技大学密码学硕士
黎纹丹　西南大学外国语学院硕士研究生
朱心怡　西南大学外国语学院硕士研究生
杨　溢　西南大学外国语学院硕士研究生
郑学良　西南大学外国语学院硕士研究生
孙　莹　西南大学外国语学院硕士研究生
舒　婷　西南大学历史文化学院硕士研究生
徐丹丹　西南大学历史文化学院硕士研究生
牛　正　西南大学历史文化学院硕士研究生
金　典　西南大学历史文化学院硕士研究生
余松琦　西南大学含弘学院本科生

序　言

中国历史的奥秘，深藏于大兴安岭两侧的广袤原野。

明治维新以来，日本企图步老牌帝国主义后尘，争夺所谓"生存空间"；俄国自彼得大帝新政，不断东进，寻找阳光地带和不冻港。日俄竞争于中国东北，流血漂杵；日本逐步占得上风，九一八事变发生，中国面临亡国灭种的新危机。

日本侵华之际，世界已进入全球化的新时代，民族国家成为国际社会的主体，以国际条约体系规范各国的行为，以政治和外交手段解决彼此的分歧，是国际社会付出重大代价以后得出的共识。而法西斯、军国主义国家如德、意、日，昧于世界大势，穷兵黩武，以求一逞。以故意制造的借口，发动侵华战争，霸占中国东北百余万平方公里土地、数千万人民，是日本昭显于世的侵略事实。

国际联盟（League of Nations）应中国方面之吁请，派出国联调查团处理此事。1932年1月21日，国联调查团正式成立。调查团团长由英国人李顿爵士（The Rt. Hon. The Earl of Lytton）担任，故亦称李顿调查团（Lytton Commission）。除李顿外，美国代表为麦考益将军（Gen. McCoy），法国代表为亨利·克劳德将军（Gen. Claudel），德国代表为希尼博士（Dr. Schnee），意大利代表为马柯迪伯爵（H. E. Count Aldrovandi）。为显示在中日间不做左右袒，国联理事会还决定顾维钧作为顾问代表中国参加工作，吉田伊三郎代表日方。代表团秘书长为国联秘书处哈斯（Mr. Robert Haas）。代表团另有翻译、辅助人员。1932年9月4日，代表团完成报告书，签署于中国北平。报告书确认：第一，九一八事变之责任，完全在于日本，而不在中国；第二，伪满洲国政权非由真正及自然之独立运动所产生；第三，申明东三省为中国领土。日本为此恼羞成怒，退出国联，自

1

绝于国际社会。

《李顿调查团档案文献集》就是反映李顿调查团组建、调查过程、调查结论、各方反应和影响的中、日等国相关资料的汇编,对于研究九一八事变和李顿调查团,具有重要的参考价值。

如何看待李顿调查团来东亚调查的来龙去脉?笔者认为应有三个维度的观照:

其一,在中国发现历史。

美国历史学家柯文提出的这一范式,相比"冲击—反应"模式,即从外部冲击观察中国历史的旧范式,自有其意义。近代以来,由条约体系加持的列强,对中国社会产生了巨大的影响。中国沿海通商口岸是中国最早接触西方世界的部分,在资本主义全球化的过程中得风气之先,所谓"西风东渐",对中国旧有典章制度的影响无远弗届。近代中国在西方裹挟下步履踉跄,蹒跚竭蹶,自为事实。但如果把中国近代历史仅仅看成西方列强冲击之结果,在理论、方法和事实上,均为重大缺陷。

主要从中国内部,探寻历史演进的机制和规律,是柯文提出的范式的意义所在。

事实上,九一八事变发生、国联调查团来华前后,中国社会内部对此作出了剧烈的反应。在瑞士日内瓦所藏国联巨量档案文献中,中国各界通过电报、快邮代电、信函等形式具名或匿名送达代表团的呈文引人注目,集中表达了国难当头之时中华民族谴责日本侵略、要求国际社会主持公道、收回东北主权、确保永久和平的诉求,对代表团、国联和整个国际社会形成了巨大影响,显示了近代中国社会演进的内在动力。

东北各界身受亡国之痛,电函尤多。基层民众虽文化程度不高,所怀民族国家大义却毫不含糊。东北某兵工厂机器匠张光明致信代表团称:"我是中华民国的公民,我不是'满洲国'人,我不拥护这国的伪组织。"高超尘说:"不少日子以前,'满洲国家'即已成立了,但那完全是日本人的主使,强迫我辽地居民承认。街上的行人,日人随便问'您是哪国人',你如说是'满洲人'便罢,如说是中国人,便行暴打以至死。"辽宁城西北大橡村国民小学校致函称:"逐出日本军,打到[倒]'满洲国',宁做战死鬼,不做亡国民。"陈子耕揭露说:"自事变以后,日本恶势力已伸张入全东北,如每县的政事皆由日人权势下所掌握,复又收买警察、军人、政客等,以假托民意来欺骗世界人的耳目,硬说建设'满洲国'是中华人民的意思,强迫人民全出去游行,打着欢迎建设'新国家'的旗号……我誓死不忘我的中华祖国,敢说华人莫非至心不跳时、血停时,不然一定于[与]他们周旋。"小学生何子明来信说:"我小学生告诉您们'满洲国'成立我不赞成……有一天我在学校,日本人去了,教我们大家一齐说'大日本万岁',我们要不说他就杀我们,把我迫不得已的就说了。其中有一位七岁的小孩,他说'大中华万岁!打倒小日本!'日本人听了就立刻把那个小同学杀了,真叫我想起来就愁啊。"

经济地位和文化水平较高者,则向代表团分析日本侵占中国东北的深远危害。哈尔滨商民代表函称:"虽然,满洲吞并,恐不惟中国之不利。即各国之经济,亦将受其影响。世界二次大战,迫于眉睫矣。"中国国民党青年团哈尔滨市支部分析说:"查日本军阀向有一贯之对外积极侵略政策,吾人细玩以前田中义一之满蒙大陆政策,及最近本庄繁等上日本天皇之奏折,可以看出其对外一贯之积极侵略政策,即第一步占领满蒙,第二步并吞中国,第三步征服世界是也。……以今日之日本蕞尔岛国,世界各国尚且畏之如虎,而况并有三省之后版图增大数倍,恐不数年后,即将向世界各国进攻,有孰敢撄其锋镝乎?……勿徒视为亚洲人之事,无关痛痒,失国联之威信,而贻噬脐之后悔也。"

不惟东北民众,民族危亡激起了全中国人的爱国心。清华大学自治会1932年4月12日用英文致函代表团指出:中国面临巨大的困难,好似1806年的德国和1871年的法国,但就像"青年意大利"党人一样,青年人对国家的重建充满信心。日本的侵略,不仅危害了中国,也对世界和平形成严重威胁,青年人愿意为国家流尽"最后一滴血"。而国联也面临着建立以来最大的危机,对九一八事变的处理,将考验它处理全球问题的能力。公平和正义能否实现,将影响到人类的命运。他们向代表团严正提出"五点要求":1. 日本从中国撤军;2. 上海问题与东北问题一起解决;3. 不承认日本侵略和用武力改变的现状;4. 任何解决不得损害中国的领土和主权完整;5. 日本必须对此事件的后果负责。南京海外华侨协会1932年3月16日致电代表团:日本进兵东三省和淞沪地区,"违反了国联盟约和《凯洛格—白里安公约》,扰乱了远东地区和世界的和平。

同时,日本一直在做虚假的宣传,竭力蒙蔽整个世界。我们诚挚地请求你们到现场来,亲眼看看日军对中国人民的生命财产进行怎样的恣意破坏。希望你们按照国际法及司法原则,对其进行制裁。如果你们不能完成这一使命,那么世界上将无任何公平正义可言。在这种情况下,为了民族的生存,我们将采取一切手段自卫,决不会向武力屈服。"

除了档案,中国当时的杂志、报纸,大量地报道了九一八事变和国联调查团相关情况,其关切的细致程度,说明了各界的高度投入。那些浸透着时人忧虑、带着鲜明时代特色的文字表明:九一八事变的发生,对当时的中国社会是一场精神洗礼,每个人都从东北沦陷中感受到切肤之痛。这种舆论和思想的汇合,极大地改变了此后中国社会各界的主要诉求,抗日图存成为压倒性的任务,每一种政治力量都必须对此作出回应。

其二,在世界发现中国历史。

以中国为本位,探讨中国历史的内生力量,是题中应有之义。但全球化以来,中国历史已经成为世界历史的一部分。仅仅依靠中国方面的资料,不利于我们以更加广阔的视野看待中国历史和"九一八"的历史。

事实上,奔赴世界各地"动手动脚找东西",已经成为中国学者深化中国近现代史,特别是抗战史研究的不二法门。比如,在中日历史问题中占据核心地位的南京大屠杀问题。除中国各地档案馆、图书馆外,中国学者深入美、德、英、日、俄、法、西、意、丹等国相关机构,系统全面地整理了加害者日方、受害者中方和第三方档案文献,发现了大量珍贵文献、图像资料,出版《南京大屠杀史料集》72卷。不仅证明了日军进行大屠杀的残酷性、蓄意性和计划性,也证明南京大屠杀早在发生之时,就引起了各国政府和社会舆论的关注;南京和东京两场审判,进行了繁复的质证,确保了程序和判决的正义;日方细致的粉饰,在中国人民和全世界正义人士的揭露下真相毕露。全球性的资料,不仅深化了历史研究,也为文学、社会学、心理学、新闻传播学、艺术学等跨学科方法进入相关研究提供基础;不仅摧毁了右翼的各种谬论,也迫使日本政府不敢公然否认南京大屠杀的发生和战争犯罪性质。

国际抗战资料,展现了中国抗战史的丰富侧面。如美国驻中国各地使领馆的报告,具体生动地记录了战时中国各区域的社会、政治、军事等各方面情形,对战时国共关系亦有颇有见地的分析;俄、美、日等国档案馆的细菌战资料,揭示了战时日本违反国际法研制细菌武器的规模和使用情况,记录了中国各地民众遭遇的重大伤亡和中国军民在当时条件下的应对,以及暗示了战后美国掩饰"死亡工厂"实情的目的;英美等国档案所反映的重庆大轰炸和日军对中国大中小城市的普遍的无差别轰炸,不仅记录了日本战争犯罪的普遍性,也彰显了战时中国全国军民同仇敌忾、不畏强暴的英勇气概。哈佛大学所藏费吴生档案、得克萨斯州州立大学奥斯汀分校所藏辛德贝格档案、曼彻斯特档案馆所藏田伯烈档案等则从个人角度凸显了中国抗战在"第三方"眼中的图景。

对于李顿调查团的研究,自莫能外。比如,除了前述中国各界给国联的呈文,最近在日内瓦"国联和联合国档案馆"中发现:调查团在日本与日本政要的谈话记录,在中国各地特别是在北平和九一八事变直接相关人士如张学良、王以哲、荣臻等人的谈话记录,调查团在东北实地调查、询问日军高层的记录,中共在"九一八"前后的活动,中国各界的陈情书,日本官方和东北伪组织人员、汉奸的表态,世界各国、各界的反应等。特别是张学良等人反复向代表团说明的九一八事变前夕东北军高层力避冲突的态度,王以哲、荣臻在"九一八"当晚与张学良的联系,北大营遭受日军进攻以后东北军的反应等情况,对于厘清九一八事变真相,有着不可取代的意义。

我们通过初步努力发现,李顿调查团成立前后,中方向国联提交了论证东北主权属于中国的篇幅巨大的系统性说帖,顾维钧、孟治、徐道邻等还用英文、德文进行著述。日方相应地提交了由日本旅美"学者"起草的说帖,其主攻点是中国的抗日运动、东北在张氏父子治下的惨淡、东北的"匪患",避而不谈柳条沟事件的蓄意性。日方资料表明,即使在九一八事变发生数月后,其关于"九一八"当晚情形的说辞仍然漏洞百出、逻辑混乱,在李顿询问时不能自圆其说。而欧美学者则向国联提供了第三方意见,如 *The Verdict of the League: China and Japan in Manchuria*(《国联的裁决:中日在满洲》),哈佛大学法学院教授曼利·哈德森(Manley O. Hudson)著;*Manchuria: Cradle of Conflict*(《满洲:冲突的策源地》),欧文·拉铁摩尔(Owen Lattimore)著;*The Manchuria Arena: An Australian View of the Far Eastern Conflict*(《满洲竞技场:远东冲突的澳洲视角》),卡特拉克(F.M. Cutlack)著;*The Tinder Box of Asia*(《亚洲的火药桶》),乔治·索科尔斯基(George E. Sokolsky,中文名索克斯)著;*The World's Danger Zone*(《世界的危险地带》),舍伍德·艾迪(Sherwood Eddy)著;等等,为国联理解中国东北问题提供了有益的视角。另外,收藏在美国斯坦福大学胡佛研究所的蒋介石日记等也反映了当时国民政府高层的态度和举措。

这次出版的资料中,收集了中国台湾地区的"国史馆"藏档,日本外务省藏档,国联和联合国档案馆S系列藏档等多卷档案。丰沛的资料说明,即使是李顿调查团这样过去在大学教材中只是以一两段话提出的问题,其实仍有海量的各种海外文献可资研究。

可以说,世界各地抗日档案和各种资料,不仅补充了中国方面的抗日资料,也弥补了"在中国发现历史"范式的不足,体现了历史唯物主义对历史研究全面性、客观性的要求,自然地延伸推导出"在世界发现中国历史"的新命题。把"中国的"和"世界的"结合起来,才能更深广、入微地揭示抗日战争史的内涵。

其三,在中国发现世界历史。

中国历史,是世界历史的重要组成部分;中国抗战,构成了第二次世界大战的东亚主战场。离开中国历史谈世界历史注定是不周全的。只有充分发掘中国历史的世界意义,世界史才能获得真正的全球史意义。

过往的抗战史国际化,说明了中国抗战的世界意义。研究发现,东北抗联资料不仅呈现了十四年抗战的艰苦过程,也说明了战时东北亚复杂的国际关系。日方资料中的"华北治安战""清乡作战"资料,从反面反映了八路军、新四军的顽强,其牵制大量日军的事实,从另一面说明中共敌后游击战所发挥的中流砥柱作用。1937年12月12日在南京江面制造"巴纳号事件"的日军航空兵官兵,后来是制造"珍珠港事件"的主力之一,说明了中国抗战与太平洋战争的联系。参与制造九一八事变、华北事变和南京大屠杀的许多日军部队,后来在太平洋战场上被美澳等盟国军队消灭,说明了太平洋战场和中国战场的相互支持。中国军队在滇缅战场的作战和在越南等地的受降,中国对朝鲜、马来亚、越南等地游击战和抗日斗争的介入和帮助,说明了中国抗战对东亚、东南亚解放的意义和价值。对大后方英美军人、"工合"人士、新闻界和其他各界人士的研究,彰显了抗日统一战线的多重维度,等等。这对我们的研究富有启发性意义。

李顿调查团的相关资料表明,九一八事变及其后续发展,具有深刻的世界史含义。

麦金德1902年在英国皇家地理学会发表文章,提出"世界岛"的概念。麦金德认为,地球由两部分构成:由欧洲、亚洲、非洲组成的世界岛,是世界上面积最大、人口最多、最富饶的陆地组合。在"世界岛"的中央,是自伏尔加河到长江,自喜马拉雅山脉到北极的心脏地带,在世界史的发展中具有重要意义。其实,就世界近现代史而言,中国东北具有极其重要的地缘战略意义,堪称"世界之砧"——美国、俄罗斯、日本等这些当今世界的顶级力量,无不在中国东北及其周边地区倾注心力,影响世界大局。

今天看来,李顿调查团的组建,是国际社会运用国际规约积极调解大国冲突、维护当时既存的凡尔赛—华盛顿体系的一次尝试。参与各国均为当时世界强国,即为明证。

英国作为列强中在华条约利益最丰的国家,积极投入国联调查团的建立。张伯伦、麦克米伦等知名政治家均极愿加入代表团,甚至跟外交部官员暗通款曲,询问排名情况。李顿在中日间多地奔波,主导调查和报告书的起草,正是这一背景的反映。

美国作为国联非成员国,积极介入调查团,说明了美国对远东局势的关切,其态度和不承认日本用武力改变当时中国领土主权现状的"史汀生主义"是一致的。日美之间的紧张关系,一直延续到珍珠港事变发生。在日美最终谈判中,中国的领土和主权,仍然是美方的先决条件。可以说,九一八事变,从大历史的角度看,是改变日本和美国国运的大事。

苏联在国联未能采取强力措施制止日本侵略后,默认了伪满洲国的存在,后甚至通过对日条约加以承认,其对日本的忍让和妥协,延续到它对日本宣战。但日本关东军主力在苏联牵制下不敢贸然南下,影响了中国抗日战争的形态。

日本侵占中国东北,却始终得不到中国和国际主流社会的承认,乃不断扩大侵略,不仅影响了对苏备战,也使得其在"重庆政权之所以不投降,是因为有英美支持"的判断下,不断南进,最终自取灭亡。2015 年 8 月 14 日,日本首相安倍晋三在战后 70 年讲话中承认:"日本迷失了世界大局。满洲事变以及退出国际联盟——日本逐渐变成国际社会经过巨大灾难而建立起来的新的国际秩序的挑战者,前进的方向有错误,而走上了战争的道路。其结果,70 年前,日本战败了。"从这个意义上说,九一八事变—李顿调查—退出国联,成为日本近代史的转折点。

亚马孙雨林的蝴蝶振动翅膀,可能在西太平洋引发一场风暴。发生在沈阳一个小地方的九一八事变,成为今天国际秩序的肇因。其故焉在?马克思和恩格斯在《德意志意识形态》中指出:在历史演进的过程中,人的"普遍交往"逐步发展起来,"狭隘地域性的个人为世界历史性的、真正普遍的个人所代替"。近代以来中国人民的历史,与世界历史共构而存续。

回望李顿调查团的历史,我仿佛感受到了太平洋洋底的咆哮呼啸前来,如同雷鸣。

是为序。

张 生

2019 年 10 月

出版凡例

一、本文献集所选资料，原文中的人名、地名、别字、错字及不规范用字等，为尊重历史和文献原貌，均原文照录。因此而影响读者判断、引用之处，除个别需说明情况以脚注"译者按"或"编者按"形式标出外，别字、错字在其后以"[ ]"注明正字；增补的字，以"【 】"标明之；因原文献漫漶不清而缺字处，用"□"标识。

二、凡采用民国纪年或日本天皇年号纪年者等，为尊重历史和文献原貌，均原文照录。台湾地区的文献中涉及政治人物头衔和机构名称者，按有关规定处理，在页下一并说明。

三、所选资料均在起始处说明来源，或在文后标注其详细来源信息。

四、外文文献译文中，日本人名从西文文献译出者，保留其西文拼法，以便核对；其余外国人名，均在某专题或文件中第一次出现时标其西文拼法。不同时期形成的中文文献中涉及的外国人名、地名翻译差异较大，为尊重历史和文献原貌，一般不作改动。

五、所选文献经过前人编辑而加脚注者，以"原编辑者注"保留在页下。

六、所选资料中原有污蔑中国人民、美化日本侵略之词，或基于立场表达其看法之处，为尊重历史和文献原貌，不改动原文，或在页下特别说明，请读者加以鉴别。

本册说明

本册收录的文献资料均来自中国台北"国史馆"藏"外交部"全宗，主要包括："东省事变国联之决议与措置"（一）至（二）共两卷档案；"国际联合会调查团"（一）至（五）共五卷档案；"中日两国提交国联调查团各案说帖"；"国联调查团中国代表处人事"；"国际联合会调查团招待"；"国联调查委员会中国代表处来往电报"（一）至（三）共三卷档案，以及"国联调查团报告书及关系文件"等。分述如下：

1."东省事变国联之决议与措置"系列档案，共二卷。从1931年9月23日至1933年9月26日，自外交部向张学良通报国联行政院主席勒鲁斯（Lerroux）关于和平解决中日问题的决议，到顾维钧、郭泰祺向外交部报告国联第十四届常会情况为止，时间跨度为两年。主要内容包括：中国代表向国内各方政要报告"九一八"事变以来国联会议与决议情况。如：国联行政院会议及决议、国联致中日双方函电、国联大会决议、十九国委员会决议、国联行政院特别委员会决议等。从这些函电中反映出国民政府外交人员与国内军政要员的沟通协调情况。该部分内容由黄家丽录入和翻译，陈海懿、常国栋负责校对。

2."国际联合会调查团"系列档案，共五卷。从1931年10月21日至1932年8月23日，自外交部向张学良通报国民政府答复英法等国照会内容，到张福运向顾维钧报告李税务司随时听候中国代表团邀请为止，时间跨度将近十个月。主要内容包括：国内军政要员与各国及国联交涉情况、招待国联调查团综述、提交国联诸说帖汇编及资料搜集情况等。如：提交国联调查团说帖摘要报告以及日本非法侵略东北各矿经过，较为详细地反映了中日之间的纠纷性质与真相。招待国联李顿调查团报告书则对于整个招待过程进行了详细报告。

"国际联合会调查团"（一）由鄢海亮录入，常国栋、陈海懿负责校对；"国

1

际联合会调查团"(二)由孟祥斐录入,常国栋、陈海懿负责校对;"国际联合会调查团"(三)和(四)由常国栋录入,陈海懿、黄家丽负责校对;"国际联合会调查团"(五)由潘健录入,常国栋、黄家丽负责校对。

3."中日两国提交国联调查团各案说帖"档案。从1932年4月11日至1933年2月14日,自国立北平图书馆向外交部索要各案说帖收藏,到国民党宁夏省党务特派员办事处向参与国际联合会调查委员会中国代表处呈送编译说帖为止,时间跨度近十个月。主要内容包括:中国政府关于各项说帖的搜集准备工作,各政府部门为筹备说帖的各项沟通工作以及各方索要说帖的来往电函。参与部门包括:参与国际联合会调查委员会中国代表处、外交部、北平档案保管处、实业部、铁道部、军政部、国立北平图书馆、国民党宁夏省党务特派员办事处、宪兵司令部等。该部分档案内容由林坤录入,常国栋、黄家丽负责校对。

4."国联调查团中国代表处人事"档案。从1932年3月31日至1932年10月14日,自参与国际联合会调查委员会中国代表处通知赴汉赴平人员部分暂先回沪,到铁道部遵嘱传令嘉奖北宁路局招待国联调查团出力人员为止,时间跨度大约七个月。主要内容包括:参与国际联合会调查委员会中国代表处各人员的调配选用来往函电。如:赴东北调查时,中国代表处经与北平绥靖公署接洽选定派出人选以及留平办事人选;为便于各地调查,参与国际联合会调查委员会中国代表处向外交部开列聘任及调用人员名单;中国代表处向外交部呈送应褒奖人员名单;中国代表处向铁道部开列应褒奖铁路人员名单等。该部分档案内容由林坤录入,常国栋、黄家丽负责校对。

5."国际联合会调查团招待"档案。从1932年4月11日至1932年9月17日,自参与国际联合会调查委员会中国代表处函复北平招待国联办事处收到国联调查团证章,到外交部收到中国代表处所赠国联调查团摄影册为止,时间跨度约为五个月。主要内容包括:招待国联调查团来华所做的准备、接待以及沟通工作。如:为招待国联调查团赴北戴河避暑安排寓所;安排随行记者以及报界访谈;地方政府招待调查团事宜;为国联调查团安排北京香山、北海公园游览事宜等。该部分档案内容由潘健录入,常国栋、黄家丽负责校对。

6."国联调查委员会中国代表处来往电报"系列档案,共三卷。从1932年3月3日至1932年9月5日,自罗文干告知郭泰祺、顾维钧在上海重要文件通过中国航空公司封寄,到参与国际联合会调查委员会电请上海京沪路局为国联秘书长哈斯及夫人准备挂车使用为止,时间跨度约为六个月。主要内容包括:外交部协调外交人员的来往电函、办事人员经费问题、致国联调查团的说帖及请愿书的准备、中国代表处与铁道部关于交通问题的沟通来往电文、外交人员外交活动的情形、日本外交动向情形等。该部分档案内容由刘思燚录入,常国栋、黄家丽负责校对。

7. "国联调查团报告书及关系文件"档案。从1932年10月2日至1932年12月30日,自王承傅电告外交部分送报告书正文事,到外交部向中国驻巴西大使馆通报解决东案原则为止,时间跨度近三个月。主要内容包括:罗文干关于国联调查团报告书宣言、蒋作宾电告外交部关于报告书之意见、罗文干向蒋介石汪精卫陈述报告书意见、各地军政要员向国民政府陈述报告书意见、各驻外使馆向外交部陈述报告书意见及影响等。该部分档案内容由林坤录入,常国栋、黄家丽负责校对。

全书由常国栋、陈海懿统稿。编者水平有限,难免有错误之处,敬希读者指正。

目 录

序 言 ··· 1
出版凡例 ··· 1
本册说明 ··· 1

一、东省事变国联之决议与措置（一）················· 1
   1. 外交部致北平张学良电(1931年9月23日) ············· 1
   2. 外交部致北平张学良电(1931年9月27日) ············· 2
   3. 北平情报处致顾维钧电(1931年11月25日) ············ 2
   4. 外交部致北平张学良电(1931年11月26日) ············ 2
   5. 外交部致张学良电(1931年12月11日) ················ 3
   6. 外交部致张学良电(1931年12月11日) ················ 4
   7. 伦敦领事馆杨光泩致外交部电(1931年9月25日) ······ 5
   8. 日内瓦中国领事馆致外交部(1931年10月2日) ········ 6
   9. 日内瓦施肇基致外交部电(1931年10月7日) ·········· 7
  10. 驻德公使馆致外交部电(1931年10月16日) ············ 7
  11. 日内瓦中国代表团致外交部电(1931年10月17日) ······ 8
  12. 驻德公使馆致外交部电(1931年10月17日) ············ 9
  13. 日内瓦中国代表施肇基致外交部电(1931年10月19日) ········ 10
  14. 驻德公使馆致外交部电(1931年10月20日) ············ 11
  15. 日内瓦领事馆致外交部电(1931年10月20日) ·········· 11
  16. 伦敦公使馆通过柏林致外交部电(1931年10月22日) ······ 12
  17. 伦敦公使馆通过柏林致外交部电(1931年10月22日) ······ 13
  18. 日内瓦中国代表团来电(日期不详) ··················· 14
  19. 日内瓦施肇基致外交部电(1931年10月22日) ·········· 15

20. 日内瓦施肇基致外交部电(1931年10月22日) ………………… 15
21. 日内瓦王宠惠致外交部电(1931年10月23日) ………………… 16
22. 日内瓦中国代表团致外交部电(1931年10月24日) …………… 16
23. 日内瓦施肇基致外交部电(1931年10月26日) ………………… 18
24. 日内瓦施肇基致外交部电(1931年10月26日) ………………… 18
25. 日内瓦施肇基致外交部电(1931年10月14日) ………………… 21
26. 日内瓦施肇基致外交部电(1931年10月25日) ………………… 21
27. 日内瓦施肇基致外交部电(1931年11月3日) ………………… 22
28. 日内瓦王家桢致外交部电(1931年11月4日) ………………… 24
29. 日内瓦施肇基致外交部电(1931年11月6日) ………………… 24
30. 日内瓦施肇基致外交部电(1931年11月7日) ………………… 25
31. 巴黎施肇基致外交部电(1931年11月16日) …………………… 25
32. 照译日内瓦代表团来电(1932年1月24日) …………………… 26
33. 照译日内瓦代表团来电(1932年1月25日) …………………… 27
34. 照译颜代表日内瓦来电(1932年1月26日) …………………… 27
35. 日内瓦颜惠庆来电(1932年1月29日) ………………………… 28
36. 日内瓦代表团致外交部电(1932年1月29日) ………………… 29
37. 日内瓦颜惠庆致外交部电(1932年1月30日) ………………… 29
38. 日内瓦代表团致外交部电(1932年1月31日) ………………… 30
39. 日内瓦施肇基致外交部电(1932年1月31日) ………………… 30
40. 日内瓦中国代表团致外交部电(1932年2月2日) ……………… 31
41. 照译颜代表日内瓦来电(1932年2月5日) ……………………… 31
42. 日内瓦颜惠庆致外交部电(1932年2月14日) ………………… 32
43. 照译日内瓦代表团来电(1932年2月16日) …………………… 32
44. 照译颜代表自日内瓦来电(1932年2月18日) ………………… 33
45. 照译路透社二月十八日日内瓦电(1932年2月18日) ………… 33
46. 照译颜代表自日内瓦来电(1932年2月20日) ………………… 34
47. 照译中国代表团自日内瓦来电(1932年2月28日) …………… 34
48. 照译颜代表日内瓦来电(1932年2月29日) …………………… 35
49. 译路透电日内瓦二月二十九日消息(1932年3月4日) ……… 36
50. 照译颜代表日内瓦来电二六五号(1932年3月4日) ………… 36

51. 照译日内瓦代表团来电(1932年3月9日) …………………… 37
52. 照译颜代表自日内瓦来电(1932年3月10日) ……………… 37
53. 照译日内瓦颜代表来电(1932年3月10日) ………………… 38
54. 照译国联大会决议案(1932年3月10日) …………………… 38
55. 照译颜代表日内瓦来电(1932年3月11日) ………………… 40
56. 日内瓦颜惠庆致外交部电(1932年3月11日) ……………… 40
57. 照译颜代表自日内瓦来电(1932年3月12日) ……………… 41
58. 日内瓦颜惠庆致外交部电(1932年3月15日) ……………… 41
59. 照译颜代表二八八号来电(1932年3月17日) ……………… 42
60. 日内瓦颜惠庆电外交部(1932年3月20日) ………………… 42
61. 国际联合会全权代表办事处呈外交部关于中日案件送交国联秘书长说明书英文本十册(1932年3月22日) ……………… 47
62. 照译日内瓦颜代表来电(1932年4月9日) ………………… 48
63. 照译颜代表日内瓦来电(1932年4月11日) ………………… 48
64. 日内瓦胡世泽致外交部电(1932年4月12日) ……………… 49
65. 照译颜代表十六日来电(1932年4月16日) ………………… 49
66. 国际联合会全权代表办事处呈送国联行政院第六十六届会议报告由(1932年4月18日) …………………………………… 50
67. 日内瓦领事馆致外交部电(1932年4月19日) ……………… 58
68. 照译颜代表日内瓦来电(1932年4月19日) ………………… 58
69. 照译颜代表自日内瓦来电(1932年4月28日) ……………… 60
70. 照译颜代表日内瓦来电(1932年4月28日) ………………… 60
71. 照译颜代表日内瓦来电(1932年4月31日) ………………… 61
72. 日内瓦领事处致外交部电(1932年5月2日) ……………… 61
73. 国际联合会大会四月三十日通过之决议案(1932年4月30日) …………………………………………………………… 62
74. 日内瓦颜惠庆来电(1932年5月10日) ……………………… 63
75. 日内瓦颜惠庆来电(1932年5月18日) ……………………… 63

二、东省事变国联之决议与措置(二) ……………………… 64

1. 照译日内瓦颜代表来电(1932年6月21日) ………………… 64

2. 照译颜代表日内瓦来电(1932年6月24日) ………………………… 64
3. 照译颜代表日内瓦来电(1932年7月1日) …………………………… 65
4. 日内瓦颜惠庆来电(1932年7月19日) ……………………………… 65
5. 照译颜代表日内瓦来电(1932年9月21日) ………………………… 66
6. 照译颜代表日内瓦来电(1932年9月24日) ………………………… 66
7. 国联行政院会议(1932年9月24日) ………………………………… 67
8. 日内瓦颜惠庆来电(1932年9月29日) ……………………………… 68
9. 日内瓦颜惠庆来电(1932年10月17日) …………………………… 69
10. 照译颜代表自日内瓦来电(1932年10月26日) …………………… 69
11. 照译颜代表日内瓦来电(1932年11月3日) ……………………… 70
12. 照译颜代表自日内瓦来电(1932年11月4日) …………………… 70
13. 照译郭公使日内瓦来电(1932年11月18日) ……………………… 71
14. 照译颜代表日内瓦来电(1932年11月21日) ……………………… 72
15. 照译顾代表自日内瓦来电(1932年11月22日) …………………… 72
16. 照译顾代表自日内瓦来电(1932年11月23日) …………………… 73
17. 照译颜代表自日内瓦来电(1932年11月23日) …………………… 73
18. 日内瓦来电第四八三号(1932年11月26日) ……………………… 73
19. 照译顾代表日内瓦来电(1932年11月28日) ……………………… 74
20. 照译代表团日内瓦来电(1932年12月1日) ……………………… 74
21. 照译顾代表自日内瓦来电(1932年12月7日) …………………… 75
22. 照译代表团日内瓦来电(1932年12月9日) ……………………… 75
23. 照译顾代表自日内瓦来电(1932年12月10日) …………………… 76
24. 照译顾代表自日内瓦来电(1932年12月15日) …………………… 76
25. 照译颜代表自日内瓦来电(1932年12月15日) …………………… 77
26. 照译日内瓦来电(1932年12月16日) ……………………………… 78
27. 照译颜代表自日内瓦来电(1932年12月16日) …………………… 78
28. 照译颜代表日内瓦来电(1932年12月16日) ……………………… 80
29. 照译颜代表日内瓦来电(1932年12月18日) ……………………… 80
30. 照译颜代表日内瓦来电(1932年12月19日) ……………………… 80
31. 照译颜、顾、郭代表自日内瓦来电(1932年12月19日) ………… 81
32. 照译颜代表自日内瓦来电(1932年12月19日) …………………… 81

33. 照译顾代表自日内瓦来电(1932年12月19日) ………… 82
34. 照译中国代表团自日内瓦来电(1932年12月20日) ……… 83
35. 照译颜代表日内瓦来电(1933年1月7日) …………………… 83
36. 照译颜代表自日内瓦来电(1933年1月17日) ……………… 84
37. 照译代表团日内瓦来电(1933年1月17日) ………………… 85
38. 照译代表团日内瓦来电(1933年1月19日) ………………… 85
39. 照译颜代表日内瓦来电(1933年1月19日) ………………… 86
40. 照译日内瓦颜代表来电(1933年1月21日) ………………… 86
41. 照译颜代表日内瓦来电(1933年1月21日) ………………… 87
42. 照译我国代表团自日内瓦来电(1933年1月21日) ………… 87
43. 照译颜代表日内瓦来电(1933年1月23日) ………………… 88
44. 照译颜、顾、郭三代表自日内瓦来电(1933年1月23日) …… 89
45. 照译顾代表日内瓦来电(1933年1月24日) ………………… 89
46. 照译颜代表日内瓦来电(1933年1月25日) ………………… 90
47. 照译中国代表团自日内瓦来电(1933年1月27日) ………… 90
48. 照译颜代表自日内瓦来电(1933年1月29日) ……………… 91
49. 日内瓦顾维钧致外交部电(1933年2月3日) ……………… 92
50. 照译顾代表自日内瓦来电(1933年2月3日) ……………… 93
51. 日内瓦代表办事处致外交部电(1933年2月4日) ………… 94
52. 照译日内瓦代表团来电(1933年2月4日) ………………… 94
53. 照译日内瓦代表来电(1933年2月6日) …………………… 95
54. 照译日内瓦代表团来电(1933年2月6日) ………………… 95
55. 照译中国代表团日内瓦来电(1933年2月6日) …………… 95
56. 照译颜代表自日内瓦来电(1933年2月9日) ……………… 96
57. 照译颜代表日内瓦来电(1933年2月12日) ………………… 97
58. 照译日内瓦中国代表团来电(1933年2月14日) …………… 97
59. 大会报告书草案(照译颜代表十七日来电修正,1933年) …… 98
60. 照译颜代表自日内瓦来电(1933年2月14日) ……………… 102
61. 照译颜代表自日内瓦来电(1933年2月14日) ……………… 102
62. 照译颜代表自日内瓦来电(1933年2月14日) ……………… 103
63. 日内瓦颜惠庆来电(1933年2月16日) ……………………… 103

5

64. 日内瓦颜惠庆来电(1932年2月16日) ……………………… 104
65. 国联大会建议的部分内容(1933年2月11日) ……………… 104
66. 照译日内瓦代表团来电(1933年2月21日) ………………… 106
67. 上海国民新闻社致外交部电(1933年2月22日) …………… 107
68. 日内瓦中国领事馆致外交部电(1933年2月24日) ………… 108
69. 照译中国代表团自日内瓦来电(1933年2月24日) ………… 108
70. 照译代表团日内瓦来电(1933年2月25日) ………………… 109
71. 照译代表团日内瓦来电(1933年2月25日) ………………… 109
72. 照译顾代表日内瓦来电(1933年2月28日) ………………… 109
73. 照译顾代表日内瓦来电(1933年3月15日) ………………… 110
74. 照译日内瓦代表来电(1933年3月18日) …………………… 110
75. 照译代表团日内瓦来电(1933年3月28日) ………………… 111
76. 照译顾代表日内瓦来电(1933年5月30日) ………………… 111
77. 日内瓦顾代表致外交部电(1933年9月23日) ……………… 111
78. 照译顾公使自巴黎来电(1933年7月18日) ………………… 112
79. 日内瓦顾、郭二公使来电(1933年9月26日) ……………… 112

三、国际联合会调查团(一) ……………………………………… 113

1. 外交部致北平张学良电(1931年10月21日) ……………… 113
2. 日内瓦施肇基致外交部电(1931年11月9日) ……………… 114
3. 巴黎代表团致外交部电(1931年12月13日) ……………… 114
4. 外交部致巴黎代表团电(1931年12月30日) ……………… 114
5. 华盛顿颜惠庆致外交部电(1931年12月30日) …………… 115
6. 日内瓦代表团致外交部电(1932年1月8日) ……………… 115
7. 日内瓦代表团致外交部电(1932年1月10日) …………… 115
8. 日内瓦胡世泽致外交部电(1932年1月14日) …………… 116
9. 外交部致日内瓦代表团电(1932年1月16日) …………… 116
10. 日内瓦胡世泽致外交部电(1932年1月17日) ……………… 116
11. 日内瓦胡世泽致外交部电(1932年1月22日) ……………… 117
12. 外交部致国际联合会中国代表团电(1932年1月21日) …… 118
13. 日内瓦颜惠庆致外交部电(1932年2月27日) ……………… 118

14. 照译日内瓦中国代表团来电(时间不详) ………………… 118
15. 外交部致日内瓦代表团电(1932年1月25日) …………… 119
16. 外交部电文(日期不详) ……………………………………… 119
17. 外交部致日内瓦颜代表电(1932年2月27日) …………… 120
18. 罗文干致日内瓦协会电(1932年4月10日) ……………… 120
19. 照译日内瓦颜惠庆致外交部电(1932年4月13日) ……… 121
20. 颜惠庆致外交部电(1932年6月6日) …………………… 121
21. 照译日内瓦颜惠庆致外交部电(1932年9月27日) ……… 122
22. 照译日内瓦颜惠庆致外交部电(1932年9月28日) ……… 122
23. 洛阳中国国民外交协会致外交部电(1932年6月2日) … 123
24. 郑州陇海路特党部等致外交部电(1933年2月2日) …… 123
25. 北平市筹备自治委员会及商会致发起开洛克《非战公约》各国公使书(1931年) ……………………………………………… 124
26. 孔祥熙致特种外交委员会电(1931年11月3日) ………… 125
27. 北平张学良致蒋介石、戴季陶、宋子文等电(1931年11月10日) ……………………………………………………………… 126
28. 外交部致张学良电(1932年2月3日) …………………… 126
29. 北平张学良致外交部电(1932年2月6日) ……………… 126
30. 徐谟致蒋廷黻、何廉电(时间不详) ……………………… 127
31. 罗文干致北平张学良电(时间不详) ……………………… 127
32. 外交部致张学良电(1932年2月26日) ………………… 128
33. 外交部致张学良、顾维钧电(1932年2月27日) ………… 128
34. 张学良致罗文干电(1932年3月25日) ………………… 128
35. 张学良致罗文干电(1932年3月26日) ………………… 129
36. 张学良致蒋介石、汪精卫、罗文干等电(1932年4月2日) … 129
37. 张学良致罗文干电(1932年4月3日) ………………… 130
38. 张学良致汪精卫、蒋介石、罗文干等电(1932年4月13日) … 130
39. 北平张学良致罗文干(1932年4月15日) ……………… 131
40. 张学良致蒋介石、汪精卫、陈公博、罗文干电(1932年4月24日) ……………………………………………………………… 131
41. 张学良致罗文干电(1932年6月23日) ………………… 131

7

四、国际联合会调查团(二) 133
1. 招待国联李顿调查团报告书(1932年3月—1932年9月)……… 133
2. 参与国联调查团中国代表致李顿关于日本干涉中国内政说帖(1932年5月4日) 152
3. 刘穗九致钱泰电 161
4. 《日本破坏中国统一概况》(又名《日本对中国之阴谋》)……… 162

五、国际联合会调查团(三) 167
1. 国联调查团说帖摘要报告(1932年) 167
2. 国联调查团声叙日本非法侵略东北各矿之经过(1932年3月至4月) 175
3. 外交部电国联调查团中国代表处(1932年3月23日)……… 178
4. 万福麟致顾维钧电(1932年4月17日) 179
5. 东北外交研究委员会电国联调查团中国代表处(1932年6月8日) 180
6. 王卓然致钱泰电(1932年8月6日) 187
7. 东北外交研究委员会致调查团中国代表处公函(1932年7月13日) 187

六、国际联合会调查团(四) 188
1. 金问泗致外交次长徐谟电(1932年2月13日)……… 188
2. 顾维钧致张学良电(1932年2月25日) 188
3. 金问泗致徐谟电(1932年2月26日) 189
4. 顾维钧致张学良电(1932年3月4日) 189
5. 顾维钧致日内瓦颜惠庆电(1932年3月4日) 189
6. 罗文干致外交部司长沈觐鼎电(1932年3月6日)……… 190
7. 钱泰、金问泗致徐谟电(1932年3月6日) 190
8. 上海致外交部司长沈觐鼎电(1932年3月7日)……… 190
9. 钱泰致外交部司长沈觐鼎电(1932年3月7日)……… 190
10. 谭绍华致外交部楼光来电(1932年3月10日)……… 191
11. 谭绍华致外交部司长沈觐鼎电(1932年3月10日)……… 191

12. 中国代表处致外交部司长沈觐鼎电(1932年3月11日) ……… 191
13. 钱泰致外交部许念曾电(1932年3月11日) …………… 191
14. 谭绍华致外交部司长沈觐鼎电(1932年3月11日) ……… 192
15. 中国代表处致徐谟电(1932年3月11日) ………………… 192
16. 谭绍华致外交部李迪俊电(1932年3月11日) …………… 192
17. 中国代表处致外交部司长沈觐鼎电(1932年3月12日) … 192
18. 顾维钧致张学良电(1932年3月13日) …………………… 193
19. 钱泰致徐谟电(1932年3月14日) ………………………… 193
20. 钱泰致徐谟电(1932年3月15日) ………………………… 193
21. 顾维钧致张学良电(1932年3月16日) …………………… 193
22. 钱泰致徐谟电(1932年3月16日) ………………………… 194
23. 钱泰致徐谟电(1932年3月18日) ………………………… 194
24. 顾维钧致铁道部部长顾孟馀电(1932年3月19日) ……… 194
25. 中国代表处致外交部司长沈觐鼎电(1932年3月21日) … 194
26. 顾维钧致罗文干电(1932年3月24日) …………………… 195
27. 顾维钧致张学良电(1932年3月29日) …………………… 195
28. 顾维钧致罗文干电(日期不详) …………………………… 195
29. 顾维钧致罗文干电(1932年4月2日) …………………… 195
30. 顾维钧致罗文干电(1932年4月6日) …………………… 196
31. 顾维钧致罗文干电(1932年4月11日) …………………… 196
32. 顾维钧致罗文干电(1932年4月11日) …………………… 196
33. 钱泰致沈觐鼎等电(1932年4月12日) …………………… 196
34. 王广圻致徐谟电(1932年4月12日) ……………………… 197
35. 钱泰致外交部转瞿纯伯电(1932年4月13日) …………… 197
36. 钱泰致徐谟电(1932年4月14日) ………………………… 197
37. 钱泰致徐谟电(1932年4月25日) ………………………… 197
38. 中国代表处致南京外交部电(1932年4月26日) ………… 198
39. 中国代表处致南京外交部电(1932年4月27日) ………… 198
40. 中国代表处致南京外交部转教育部电(1932年4月27日) …… 198
41. 中国代表处致南京外交部电(1932年4月29日) ………… 198
42. 钱泰致徐谟电(1932年4月30日) ………………………… 199

43. 中国代表处致外交部电(1932年3月24日) …………………… 199
44. 中国代表处致日内瓦中国代表处电(1932年5月10日) ……… 199
45. 钱泰致徐谟电(1932年5月12日) …………………………… 200
46. 中国代表处致南京外交部电(1932年5月18日) …………… 200
47. 中国代表处致沈觐鼎电(1932年5月21日) ………………… 200
48. 中国代表处致南京外交部电(1932年5月21日) …………… 200
49. 钱泰致沈觐鼎电(1932年5月23日) ………………………… 201
50. 中国代表处致上海市长吴铁城电(1932年5月25日) ……… 201
51. 中国代表处致南京外交部电(1932年5月26日) …………… 201
52. 钱泰致曾镕甫电(1932年5月26日) ………………………… 201
53. 中国代表处致南京外交部电(1932年5月28日) …………… 202
54. 金问泗、钱泰致徐谟电(1932年6月2日) ………………… 202
55. 顾维钧致罗文干电(1932年6月6日) ……………………… 202
56. 顾维钧致罗文干电(1932年6月7日) ……………………… 203
57. 顾维钧致罗文干电(1932年6月8日) ……………………… 203
58. 钱泰致外交部转顾维钧电(1932年6月11日) ……………… 204
59. 中国代表处致南京外交部电(1932年6月15日) …………… 204
60. 钱泰致沈觐鼎电(1932年6月18日) ………………………… 204
61. 金问泗致刘季陶电(1932年6月21日) ……………………… 204
62. 金问泗致刘季陶电(1932年6月25日) ……………………… 205
63. 顾维钧致汪精卫、罗文干电(1932年6月25日) …………… 205
64. 金问泗致徐谟电(1932年6月26日) ………………………… 205
65. 金问泗致徐谟电(1932年6月28日) ………………………… 205
66. 顾维钧致汪精卫电(1932年6月26日) ……………………… 206
67. 汪精卫致顾维钧电(1932年6月26日) ……………………… 206
68. 顾维钧致罗文干电(1932年6月30日) ……………………… 206
69. 顾维钧致汪精卫电(1932年7月1日) ……………………… 207
70. 顾维钧致陈公侠电(1932年7月2日) ……………………… 207
71. 中国代表处致外交部转财部关务署电(1932年7月14日) …… 207
72. 王广圻致刘子楷电(1932年7月22日) ……………………… 207

七、国际联合会调查团(五) ·················· 209
  1. 顾维钧致钱泰电(日期不详) ················ 209
  2. 施肇夔致关务署署长张福运电(1932年7月26日) ······ 209
  3. 施肇夔致关务署署长张福运电(1932年7月28日) ······ 210
  4. 顾维钧致南京交通部黄绍雄电(1932年7月28日) ······ 210
  5. 钱泰致沈觐鼎电(1932年7月30日) ············ 210
  6. 国联调查团中国代表处致南京外交部电(1932年8月3日) ·· 210
  7. 施肇夔致南京关务署署长张福运电(1932年8月5日) ···· 211
  8. 顾维钧致南京交通部黄绍雄电(1932年8月6日) ······ 211
  9. 国联调查团中国代表处致南京外交部电(1932年8月9日) ·· 211
  10. 国联调查团中国代表处致南京外交部电(1932年8月12日)
     ·· 211
  11. 钱泰致刘季陶电(1932年8月15日) ············ 212
  12. 国联调查团中国代表处致上海市政府电(1932年8月19日)
     ·· 212
  13. 顾维钧致关务署署长张福运电(1932年8月24日) ····· 212
  14. 顾维钧致吴铁城电(1932年8月26日) ··········· 212
  15. 金问泗致徐谟电(1932年8月26日) ············ 213
  16. 顾维钧致吴铁城电(1932年8月29日) ··········· 213
  17. 顾维钧致吴铁城电(1932年8月31日) ··········· 213
  18. 顾维钧致上海张祥麟电(1932年8月31日) ········· 214
  19. 施肇夔致徐谟电(1932年9月3日) ············ 214
  20. 徐谟致金问泗电(1932年3月2日) ············ 214
  21. 徐谟致金问泗电(1932年3月5日) ············ 214
  22. 徐谟致钱泰、金问泗电(1932年3月6日) ········· 215
  23. 徐谟致钱泰、金问泗电(1932年3月7日) ········· 215
  24. 外交部致顾维钧电(1932年3月10日) ··········· 215
  25. 外交部致国联调查团中国代表处电(1932年3月13日) ··· 215
  26. 张学良致顾维钧电(1932年3月15日) ··········· 216
  27. 罗文干致顾维钧电(1932年3月15日) ··········· 216
  28. 张学良致外交部电(1932年3月19日) ··········· 216

29. 外交部致顾维钧电(1932年3月19日) …………………… 217
30. 张学良致顾维钧电(1932年3月19日) …………………… 217
31. 傅斯年致顾维钧电(1932年3月20日) …………………… 217
32. 王承传致国联调查团中国代表处电(1932年3月20日) …… 218
33. 铁道部部长顾孟馀致顾维钧电(1932年3月21日) ………… 218
34. 浙江省政府主席鲁涤平致顾维钧电(1932年3月24日) …… 218
35. 张学良致顾维钧电(1932年3月25日) …………………… 219
36. 浙江省政府主席鲁涤平致外交部电(1932年3月25日) …… 219
37. 外交部致国联调查团中国代表处电(1932年4月29日) …… 219
38. 教育部致外交部电(1932年4月29日) ……………………… 219
39. 应尚德致国联调查团中国代表团王广圻秘书长电(日期不详)
………………………………………………………………… 220
40. 罗文干致顾维钧电(1932年4月12日) …………………… 220
41. 顾维钧致王广圻、罗文干电(1932年5月26日) ………… 220
42. 吴铁城致国联调查团中国代表处电(1932年5月29日) …… 221
43. 顾维钧致张学良电(1932年5月31日) …………………… 221
44. 北平绥靖公署秘书处第三科致国联调查团北平办事处电(1932年5月31日) ……………………………………………………… 222
45. 外交部徐谟致金问泗、钱泰电(1932年6月3日) ………… 222
46. 罗文干致顾维钧电(1932年6月8日) …………………… 222
47. 罗文干致顾维钧电(1932年6月9日) …………………… 222
48. 外交部沈觐鼎致钱泰、金问泗电(1932年6月21日) …… 223
49. 汪精卫致顾维钧电(1932年6月26日) …………………… 223
50. 汪精卫致顾维钧电(1932年6月26日) …………………… 223
51. 汪精卫致顾维钧电(1932年6月27日) …………………… 224
52. 汪兆铭致顾维钧电(1932年6月30日) …………………… 224
53. 陈仪部长致外交部电(1932年7月4日) ………………… 224
54. 罗文干致顾维钧电(1932年7月21日) …………………… 224
55. 刘崇杰致王广圻电(1932年7月22日) …………………… 225
56. 绥靖公署转朱兆莘致顾维钧电(1932年7月20日) ……… 225
57. 宋子文致顾维钧电(1932年7月5日) …………………… 225

58. 交通部黄绍雄部长致国联调查团中国代表处电(1932年7月30日)
   ··· 225
59. 外交部致国联调查团中国代表处电(1932年8月6日) ········ 226
60. 南京黄绍雄部长致国联调查团中国代表处电(1932年8月8日)
   ··· 226
61. 外交部致国联调查团中国代表处电(1932年8月10日) ········ 226
62. 张祥麟致外交部电(1932年8月17日) ································ 226
63. 张福运致外交部电(1932年8月20日) ································ 227
64. 南京王芃生致外交部电(1932年8月23日) ························· 227
65. 外交部徐谟致金问泗电(1932年8月26日) ························· 227
66. 张福运致顾维钧电(1932年8月23日) ································ 228

八、中日两国提交国联调查团各案说帖················ 229

1. 宪兵司令部致外交部电(1933年1月1日) ························· 229
2. 国际联合会调查委员会中国代表处致外交部电(1933年1月7日)
   ··· 229
3. 外交部致军政部函电(1933年1月18日) ···························· 230
4. 郑贞文致外交部次长刘崇杰电(1933年1月23日) ··············· 230
5. 中国国民党宁夏省党务特派员办事处致参与国际联合会调查委员会
   中国代表处电(1933年2月14日) ······································· 230
6. 国立北平图书馆致外交部电(1932年4月11日) ·················· 231
7. 参与国际联合会调查委员会中国代表处致外交部电(1932年4月16
   日) ··· 231
8. 外交部致参与国际联合会调查委员会中国代表处电(1932年4月26
   日) ··· 231
9. 外交部致北平档案保管处转参与国际联合会调查委员会中国代表处
   电(1932年4月26日) ··· 232
10. 顾维钧致外交部部长罗文干函电(1932年6月6日) ············ 232
11. 国际联合会调查委员会中国代表处至外交部电(1932年6月13日)
   ··· 233

13

12. 国际联合会调查委员会中国代表处致外交部电(1932年6月15日) ·················· 233
13. 外交部致北平档案保管处转参与国际联合会调查委员会中国代表处电(1932年6月20日) ·················· 234
14. 参与国际联合会调查委员会中国代表处致外交部电(1932年6月20日) ·················· 234
15. 参与国际联合会调查委员会中国代表处致外交部电(1932年6月20日) ·················· 235
16. 参与国际联合会调查委员会中国代表处致外交部电(1932年6月28日) ·················· 235
17. 外交部致北平档案保管处转参与国际联合会调查委员会中国代表处电(1932年7月3日) ·················· 235
18. 参与国际联合会调查委员会中国代表处致外交部电(1932年6月29日) ·················· 236
19. 参与国际联合会调查委员会中国代表处致外交部电(1932年7月2日) ·················· 236
20. 参与国际联合会调查委员会中国代表处致外交部电(1932年7月6日) ·················· 237
21. 参与国际联合会调查委员会中国代表处致外交部电(1932年7月6日) ·················· 237
22. 参与国际联合会调查委员会中国代表处致外交部电(1932年9月21日) ·················· 237
23. 参与国际联合会调查委员会中国代表处致外交部电(1932年9月24日) ·················· 238
24. 参与国际联合会调查委员会中国代表处致外交部电(1932年9月24日) ·················· 238
25. 参与国际联合会调查委员会中国代表处致外交部电(1932年9月24日) ·················· 239
26. 外交部致北平档案保管处转参与国际联合会调查委员会中国代表处电(1932年10月1日) ·················· 239
27. 钱泰致外交部电(1932年10月3日) ·················· 239

28. 外交部致王广圻电(1932年10月4日) ………………… 240
29. 王广圻致外交部电(1932年10月6日) ………………… 240
30. 参与国际联合会调查委员会中国代表处致外交部电(1932年10月4日) ………………………………………………………… 240
31. 参与国际联合会调查委员会中国代表处致外交部电(1932年10月4日) ………………………………………………………… 241
32. 外交部致参与国际联合会调查委员会中国代表处电(1932年10月7日) ………………………………………………………… 241
33. 外交部致铁道部电(1932年10月21日) ………………… 241
34. 参与国际联合会调查委员会中国代表处致外交部电(1932年11月17日) ………………………………………………………… 242
35. 外交部致实业部电(1932年12月3日) ………………… 242
36. 参与国际联合会调查委员会中国代表处致外交部电(1932年11月30日) ………………………………………………………… 243
37. 参与国际联合会调查委员会中国代表处致外交部电(1932年11月16日) ………………………………………………………… 243
38. 军政部致外交部电(1932年12月24日) ………………… 245
39. 外交部致北平档案保管处转国际联合会调查委员会中国代表处电(1932年12月27日) ……………………………………… 246

九、国联调查团中国代表处人事 ……………………………… 247

1. 参与国际联合会调查委员会中国代表处致总务组电(1932年3月31日) ………………………………………………………… 247
2. 参与国际联合会调查委员会中国代表处致外交部电(1932年4月1日) ………………………………………………………… 247
3. 外交部致参与国际联合会调查委员会中国代表处电(1932年4月4日) ………………………………………………………… 248
4. 参与国际联合会调查委员会中国代表处致外交部电(1932年) …………………………………………………………………… 248
5. 颜德庆致招待组电(1932年4月11日) ………………… 248
6. 王正黼致顾维钧电(1932年3月28日) ………………… 248

7. 外交部致参与国际联合会调查委员会中国代表处电(1932年4月4日) ………………………………………………………………… 249

8. 平津新闻界招待国联调查团筹备委员会致张祥麟电(1932年4月15日) ………………………………………………………… 249

9. 参与国际联合会调查委员会中国代表处致王卓然电(1932年4月17日) ………………………………………………………… 249

10. 平津新闻界招待国联调查团筹备委员会致顾维钧电(1932年4月17日) ………………………………………………………… 250

11. 参与国际联合会调查委员会中国代表处致北平绥靖公署电(1932年4月17日) …………………………………………………… 250

12. 参与国际联合会调查委员会中国代表处致平津新闻界招待国联调查团筹备委员会电(1932年4月19日) …………………… 250

13. 外交部致参与国际联合会调查委员会中国代表处电(1932年4月23日) ………………………………………………………… 251

14. 参与国际联合会调查委员会中国代表处致外交部电(1932年4月23日) ………………………………………………………… 251

15. 参与国际联合会调查委员会中国代表处致朱叔源电(1932年4月23日) ………………………………………………………… 254

16. 参与国际联合会调查委员会中国代表处致外交部电(1932年4月26日) ………………………………………………………… 255

17. 参与国际联合会调查委员会中国代表处致外交部北平档案保管处电(1932年5月4日) ……………………………………… 255

18. 参与国际联合会调查委员会中国代表处致外交部北平档案保管处电(1932年5月10日) …………………………………… 256

19. 外交部致参与国联调查委员会中国代表处电(1932年5月13日) ………………………………………………………………… 256

20. 参与国际联合会调查委员会中国代表处致司法行政部电(1932年5月19日) …………………………………………………… 256

21. 参与国际联合会调查委员会中国代表处致外交部电(1932年5月19日) ………………………………………………………… 257

22. 参与国际联合会调查委员会中国代表处致外交部电(1932年5月19

16

日）·· 257

23. 参与国际联合会调查委员会中国代表处致外交部电(1932 年 5 月 17 日）·· 257

24. 参与国际联合会调查委员会中国代表处致外交部电(1932 年 5 月 19 日）·· 258

25. 参与国际联合会调查委员会中国代表处致外交部电(1932 年 5 月 21 日）·· 258

26. 外交部致参与国际联合会调查委员会中国代表处电(1932 年 5 月 26 日）·· 259

27. 外交部致参与国际联合会调查委员会中国代表处电(1932 年 6 月 1 日）·· 259

28. 参与国际联合会调查委员会中国代表处致外交部电(1932 年 6 月 13 日）·· 259

29. 参与国际联合会调查委员会中国代表处致军政部、海军部电(1932 年 6 月 23 日）·· 260

30. 参与国际联合会调查委员会中国代表处致北平公安局电(1932 年 6 月 23 日）·· 260

31. 参与国际联合会调查委员会中国代表处致外交部电(1932 年 6 月 23 日）·· 260

32. 外交部致参与国际联合会调查委员会中国代表处电(1932 年 6 月 22 日）·· 261

33. 参与国际联合会调查委员会中国代表处致外交部电(1932 年 7 月 2 日）·· 261

34. 外交部致参与国际联合会调查委员会中国代表处电(1932 年 7 月 4 日）·· 261

35. 参与国际联合会调查委员会中国代表处致郑礼庆电(1932 年 7 月 14 日）·· 262

36. 外交部致参与国际联合会调查委员会中国代表处电(1932 年 7 月 21 日）·· 262

37. 参与国际联合会调查委员会中国代表处致外交部电(1932 年 7 月 23 日）·· 263

17

38. 参与国际联合会调查委员会中国代表处致铁道部电(1932年7月23日) …… 263

39. 参与国际联合会调查委员会中国代表处致王卓然等电(1932年8月25日) …… 263

40. 参与国际联合会调查委员会中国代表处致外交部电(1932年9月2日) …… 264

41. 参与国际联合会调查委员会中国代表处致外交部电(1932年8月30日) …… 264

42. 参与国际联合会调查委员会中国代表处致海关总署电(1932年9月2日) …… 266

43. 财政部关务署致参与国际联合会调查委员会中国代表处电(1932年9月14日) …… 266

44. 参与国际联合会调查委员会中国代表处致铁道部电(1932年10月5日) …… 266

45. 铁道部致参与国际联合会调查委员会中国代表处电(1932年10月14日) …… 267

十、国际联合会调查团招待 …… 268

1. 参与国联调查团中国代表处致北平招待国联办事处函(1932年4月11日) …… 268

2. 北平绥靖公署总务处致参与国联调查团中国代表处函(1932年4月12日) …… 268

3. 参与国联调查团中国代表处致北平绥靖公署总务处函(1932年4月12日) …… 269

4. 北平各民众团体招待国联调查团筹备会致顾维钧函(1932年4月13日) …… 269

5. 参与国联调查团中国代表处致北平各民众团体招待国联调查团筹备会函(1932年4月13日) …… 269

6. 北平市新闻界招待国联调查团筹备委员会致顾维钧函(1932年4月15日) …… 270

7. 中国代表处总务兼宣传主任张祥麟致平津记者公会函(日期不详)

.... 270

8. 顾维钧致北平市新闻界招待国联调查团筹备委员会函(1932年4月17日) 271

9. 参与国联调查团中国代表处通稿(1932年4月17日) 271

10. 外交部招待国联调查团委员会致王广圻函(1932年4月19日) 271

11. 王广圻致外交部招待国联调查团委员会函(1932年4月19日) 272

12. 外交部招待国联调查团委员会致王广圻函(1932年4月26日) 272

13. 王广圻致外交部招待国联调查团委员会函(1932年5月2日) 272

14. 王广圻致宜兴县政府函(1932年5月2日) 272

15. 参与国际联合会调查委员会中国代表办事处致北平市电话总局函(1932年5月5日) 273

16. 参与国际联合会调查委员会中国代表办事处致北平市政府函(1932年5月11日) 273

17. 北平市政府致参与国际联合会调查委员会中国代表处函(1932年5月17日) 274

18. 参与国际联合会调查委员会中国代表处致习成章函(1932年5月31日) 274

19. 北平绥靖公署总务处致参与国际联合会调查委员会中国代表处函(1932年6月7日) 274

20. 参与国际联合会调查委员会中国代表处致北平绥靖公署总务处函(1932年6月7日) 275

21. 参与国际联合会调查委员会中国代表处致北平市招待国联调查团委员会函(1932年6月9日) 275

22. 外交部南京办事处致参与国际联合会调查委员会中国代表处函(1932年6月9日) 275

23. 参与国际联合会调查委员会中国代表处致北海公园董事会函(1932年6月10日) 276

19

24. 参与国际联合会调查委员会中国代表处致北海公园董事会函(1932年6月11日) ………………………………………………………… 276
25. 北平招待国联调查团委员会致参与国际联合会调查委员会中国代表处(1932年6月11日) ………………………………………… 276
26. 北平绥靖公署总务处致王广圻函(1932年6月11日) ………… 277
27. 国联调查委员会中国代表处致北平招待国联调查团委员会函(1932年6月10日) ……………………………………………………… 277
28. 杭州市政府致王广圻函(1932年6月2日) ………………… 278
29. 宜兴县政府致北平外交部档案保管处转王广圻函(1932年6月16日) ………………………………………………………………… 278
30. 北平招待国联调查委员会致参与国际联合会调查委员会中国代表处函(1932年6月17日) ………………………………………… 278
31. 参与国际联合会调查委员会中国代表处致宜兴县政府函(1932年6月17日) ……………………………………………………… 279
32. 北平绥靖公署总务处致参与国际联合会调查委员会中国代表处函(1932年6月17日) ……………………………………………… 279
33. 北平绥靖公署总务处致参与国际联合会调查委员会中国代表处函(1932年6月18日) ……………………………………………… 280
34. 北平绥靖公署总务处致参与国际联合会调查委员会中国代表处函(1932年6月19日) ……………………………………………… 280
35. 参与国际联合会调查委员会中国代表处致北平绥靖公署总务处函 ……………………………………………………………………… 281
36. 北戴河海滨公益会致顾维钧函(1932年6月21日) …………… 281
37. 参与国际联合会调查委员会中国代表处致杭州市政府函(1932年6月22日) ……………………………………………………… 282
38. 北平绥靖公署总务处致参与国际联合会调查委员会中国代表处函(1932年6月23日) ……………………………………………… 282
39. 北平绥靖公署总务处致参与国际联合会调查委员会中国代表处函(1932年6月23日) ……………………………………………… 282
40. 北平绥靖公署副官处致参与国际联合会调查委员会中国代表处函 ……………………………………………………………………… 283

41. 顾维钧致北戴河海滨公益会函(1932年6月25日) ………… 283
42. 参与国际联合会调查委员会中国代表处致北平绥靖公署总务处函
    (1932年6月25日) ……………………………………………… 283
43. 参与国际联合会调查委员会中国代表处致北平周大文函(1932年6月25日) ………………………………………………………… 284
44. 参与国际联合会调查委员会中国代表处致外交部部长函(1932年6月28日) ………………………………………………………… 284
45. 参与国际联合会调查委员会中国代表处致北平绥靖公署总务处函
    (1932年6月25日) ……………………………………………… 284
46. 顾维钧致天津王廷桢、山东韩复榘、青岛沈鸿烈函(1932年6月29日) …………………………………………………………………… 285
47. 参与国际联合会调查委员会中国代表处致税务学校函(1932年7月2日) ……………………………………………………………… 285
48. 北平绥靖公署总务处致参与国际联合会调查委员会中国代表处函
    (1932年7月2日) ………………………………………………… 285
49. 参与国际联合会调查委员会中国代表处致外交部函(1932年7月1日) ……………………………………………………………… 286
50. 北平招待国联调查团办事处公函(1932年7月20日) ………… 286
51. 参与国际联合会调查委员会中国代表处致吴秀峰函(1932年7月20日) ………………………………………………………………… 286
52. 北平绥靖公署总务处致参与国际联合会调查委员会中国代表处函
    (1932年7月18日) ……………………………………………… 287
53. 参与国际联合会调查委员会中国代表处致外交部总务司函(1932年7月14日) ……………………………………………………… 287
54. 税务学校致参与国际联合会调查委员会中国代表处函(1932年7月5日) ……………………………………………………………… 287
55. 参与国际联合会调查委员会中国代表处致北平绥靖公署总务处函
    (1932年7月22日) ……………………………………………… 288
56. 参与国际联合会调查委员会中国代表处致北平绥靖公署总务处函
    (1932年7月25日) ……………………………………………… 288
57. 参与国际联合会调查委员会中国代表处致北平市政府函(1932年7

月 27 日) ··· 288
58. 北平绥靖公署总务处致参与国际联合会调查委员会中国代表处函
（1932 年 7 月 27 日) ··· 289
59. 国民政府中央宣传委员会致参与国际联合会调查委员会中国代表处
函（1932 年 7 月 30 日) ··· 289
60. 北平市政府致参与国际联合会调查委员会中国代表处函（1932 年 8
月 1 日) ··· 289
61. 参与国际联合会调查委员会中国代表处致北平绥靖公署副官处公函
（1932 年 8 月 15 日) ··· 290
62. 参与国际联合会调查委员会中国代表处致北平市政府函（1932 年 8
月 12 日) ·· 290
63. 参与国际联合会调查委员会中国代表处致国民政府中央宣传委员函
（1932 年 8 月 8 日) ·· 291
64. 参与国际联合会调查委员会中国代表处致南京中央宣传委员会函
（1932 年 8 月 3 日) ·· 291
65. 外交部总务司致参与国际联合会调查委员会中国代表处（1932 年 8
月 19 日) ·· 291
66. 青岛市政府致参与国际联合会调查委员会中国代表处电（1932 年 8
月 22 日) ·· 292
67. 参与国际联合会调查委员会中国代表处致外交部总务司函（1932 年
8 月 19 日) ·· 292
68. 国民政府中央宣传委员会致参与国际联合会调查委员会中国代表处
电（1932 年 8 月 23 日) ··· 292
69. 国民政府中央宣传委员会致参与国际联合会调查委员会中国代表处
函（1932 年 8 月 25 日) ··· 292
70. 北平市政府致参与国际联合会调查委员会中国代表处函（1932 年 8
月 24 日) ·· 293
71. 参与国际联合会调查团中国代表办事处致国民政府中央宣传委员会
函（1932 年 8 月 29 日) ··· 293
72. 北平绥靖公署总务处致参与国际联合会调查委员会中国代表处函
（1932 年 8 月 29 日) ··· 293

73. 参与国际联合会调查委员会中国代表处致北平绥靖公署总务处函（1932年8月30日） …… 294

74. 上海张祥麟致参与国际联合会调查委员会中国代表处电（1932年9月1日） …… 294

75. 参与国际联合会调查委员会中国代表处致外交部函（1932年9月5日） …… 294

76. 顾维钧致罗文干函（1932年9月5日） …… 295

77. 顾维钧致张学良函（1932年9月6日） …… 295

78. 顾维钧致国府参军处函（1932年9月6日） …… 295

79. 顾维钧致北平市政府周大文、上海市政府吴铁城函（1932年9月6日） …… 296

80. 顾维钧致军事委员会蒋介石、行政院汪精卫、宋子文函（1932年9月6日） …… 296

81. 外交部致参与国际联合会调查委员会中国代表处（1932年9月17日） …… 296

十一、国联调查委员会中国代表处来往电报（一） …… 297

1. 罗文干致郭泰祺、顾维钧电（1932年3月3日） …… 297
2. 罗文干致郭泰祺、宋子文、顾维钧电（1932年3月13日） …… 297
3. 王卓然致顾维钧电（1932年3月19日） …… 297
4. 张学良致顾维钧电（1932年3月19日） …… 298
5. 罗文干致刘子楷电（年月不明21日） …… 298
6. 刘崇杰致罗文干电（1932年4月24日） …… 298
7. 罗文干致王广圻、刘子楷电（1932年4月24日） …… 298
8. 顾维钧代表致哈斯、罗文干及张学良电（1932年4月24日） …… 299
9. 罗文干致王广圻、顾维钧电（1932年4月25日） …… 299
10. 南京罗文干致王广圻、刘子楷电（1932年4月26日） …… 299
11. 南京葛祖燨转致傅小峰电（1932年4月22日） …… 300
12. 南京葛祖燨致李荫罩电（1932年4月28日） …… 300
13. 南京葛祖燨致李荫罩电（1932年4月28日） …… 300
14. 南京张祥麟致金问泗、王广圻电（1932年5月7日） …… 300

23

15. 南京张祥麟致王广圻、金问泗、钱泰等人电(1932年5月12日) ······ 301
16. 上海张祥麟感电(1932年5月27日) ······ 301
17. 大连顾维钧致王广圻电(1932年5月29日) ······ 301
18. 沈阳顾维钧致王广圻电(1932年5月1日) ······ 301
19. 顾孟馀致参与国际联合会调查团中国代表处电(1932年6月1日) ······ 302
20. 沈阳顾维钧致王广圻电(1932年6月2日) ······ 302
21. 张祥麟致参与国际联合会调查团中国代表处电(年月未知,3日) ······ 302
22. 葛祖燡致顾维钧电(1932年6月7日) ······ 303
23. 张祥麟致参与国际联合会调查团中国代表处电(1932年6月8日) ······ 303
24. 王广圻致上海施德潜电(日期不详) ······ 303
25. 钱泰致上海张歆海电(1932年6月24日) ······ 303
26. 钱泰致张祥麟电(1932年8月15日) ······ 304
27. 顾维钧致顾孟馀电(1932年9月2日) ······ 304
28. 参与国际联合会调查委员会中国代表处致南京外交部电报科电(年月未知,5日) ······ 304
29. 参与国际联合会调查委员会中国代表处电陈经费困难事(日期不详) ······ 304
30. 参与国际联合会调查委员会中国代表处致铁道部顾孟馀电(1932年9月3日) ······ 305
31. 王广圻致外交部刘次长朱司长(1932年9月1日) ······ 305
32. 施肇夔致张祥麟电(1932年7月1日) ······ 305
33. 顾维钧致铁道部部长顾孟馀电(1932年8月28日) ······ 305
34. 金问泗致南京外交部徐叔谟电(日期不详) ······ 306
35. 金问泗致上海钱泰电(日期不详) ······ 306
36. 电陈在欧复印事(日期不详) ······ 306
37. 王广圻致钱泰电(1932年9月1日) ······ 306
38. 金问泗致徐叔谟电(1932年8月25日) ······ 307

39. 上海张祥麟致钱泰电(1932年6月2日) ……………………… 307
40. 王广圻致顾维钧电(1932年6月2日) ……………………… 307
41. 上海张祥麟致参与国际联合会调查委员会中国代表处电(1932年6月13日) ……………………………………………………… 307
42. 南京顾维钧致王广圻电(1932年6月14日) ……………… 308
43. 上海张祥麟电(1932年6月14日) ………………………… 308
44. 上海张祥麟删电(1932年6月15日) ……………………… 308
45. 上海顾维钧致王广圻电(1932年6月16日) ……………… 308
46. 上海顾维钧致王广圻电(1932年6月17日) ……………… 309
47. 上海顾维钧致王广圻电(1932年6月17日) ……………… 309
48. 南京葛祖燫致李荫覃电(1932年6月18日) ……………… 309
49. 上海张祥麟致参与国际联合会调查委员会中国代表处电(1932年6月18日) ……………………………………………………… 309
50. 南京外交部巧电(1932年6月18日) ……………………… 310
51. 黄仁霖致顾维钧电(1932年6月19日) …………………… 310
52. 南京铁道部顾孟馀致顾维钧电(1932年6月28日) ……… 310
53. 顾维钧致外交部罗文干电(1932年3月17日) …………… 311
54. 顾维钧致罗文干、张学良电(1932年3月17日) ………… 311
55. 参与国际联合会调查委员会中国代表处致北平绥靖主任公署、南京外交部电(1932年6月18日) ……………………………… 311
56. 王卓然致顾维钧电(1932年3月19日) …………………… 311
57. 顾维钧致王卓然电(1932年3月20日) …………………… 312
58. 顾维钧致南京国难会议秘书处电(1932年3月26日) …… 312
59. 傅冠雄致南京外交部葛祖燫电(1932年4月21日) ……… 312
60. 王广圻电南京外交部罗部长(1932年4月24日) ………… 312
61. 王广圻致顾维钧电(1932年4月24日) …………………… 313
62. 王广圻电南京罗文干(1932年4月20日) ………………… 313
63. 傅冠雄致葛祖燫电(1932年4月26日) …………………… 313
64. 傅冠雄致张祥麟电(1932年4月30日) …………………… 314
65. 外交部亚洲司致参与国际联合会调查委员会中国代表处电(1932年3月24日) ……………………………………………………… 314

66. 参与国际联合会调查委员会中国代表处致南京外交部亚洲司电 (1932 年 3 月 25 日) ·············· 314
67. 钱泰致张祥麟电(1932 年 5 月 25 日) ·············· 314
68. 傅冠雄致张祥麟电(1932 年 5 月 26 日) ·············· 315
69. 王广圻致张祥麟电(1932 年 5 月 28 日) ·············· 315
70. 王广圻致外交部、张祥麟电(1932 年 5 月 30 日) ·············· 315
71. 傅冠雄致吴秀峰电(日期不详) ·············· 315
72. 参与国际联合会调查委员会中国代表处致南京铁道部电(1932 年 5 月 28 日) ·············· 316
73. 参与国际联合会调查委员会中国代表处致南京谢次彭电(1932 年 5 月 28 日) ·············· 316
74. 参与国际联合会调查委员会中国代表处致张祥麟电(1932 年 6 月 4 日) ·············· 316
75. 王广圻致张祥麟电(1932 年 6 月 9 日) ·············· 317
76. 顾维钧致天津北宁路局电(日期不详) ·············· 317
77. 电陈张歆海等三人公毕返京事(日期不详) ·············· 317
78. 王广圻电陈调查团回欧事(日期不详) ·············· 317
79. 参与国际联合会调查委员会中国代表处致南京外交部亚洲司沈司长电(1932 年 8 月 27 日) ·············· 317
80. 王广圻致金问泗电(日期不详) ·············· 318
81. 钱泰致张祥麟电(1932 年 7 月 17 日) ·············· 318
82. 顾维钧致铁道部顾孟馀电(1932 年 7 月 21 日) ·············· 318
83. 钱泰致张祥麟电(1932 年 8 月 10 日) ·············· 318
84. 顾维钧致铁道部部长顾孟馀电(1932 年 8 月 12 日) ·············· 319
85. 参与国际联合会调查委员会中国代表处致顾孟馀电(1932 年 8 月 16 日) ·············· 319
86. 王广圻电陈拍发电报事(1932 年 8 月 17 日) ·············· 319
87. 顾维钧致顾孟馀电(1932 年 8 月 17 日) ·············· 319
88. 顾维钧致顾孟馀电(1932 年 8 月 20 日) ·············· 320
89. 参与国际联合会调查委员会中国代表处致青岛市政府电(1932 年 8 月 29 日) ·············· 320

90. 参与国际联合会调查委员会中国代表处致铁道部电(1932年5月28日) ……………………………………………………………………… 320
91. 参与国际联合会调查委员会中国代表处致南京铁道部电(1932年5月28日) …………………………………………………………………… 321
92. 参与国际联合会调查委员会中国代表处致谢次彭电(1932年5月28日) ……………………………………………………………………… 321
93. 钱泰致张祥麟电(1932年6月10日) ………………………………… 321
94. 钱泰致张祥麟电(1932年5月25日) ………………………………… 321
95. 参与国际联合会调查委员会中国代表处致南京罗文干电(日期不详) …………………………………………………………………………… 322
96. 王广圻致外交部电(1932年4月20日) ……………………………… 322
97. 顾维钧致南京铁道部电(1932年6月24日) ………………………… 322
98. 钱泰致外交部电(1932年6月25日) ………………………………… 322
99. 王广圻致上海顾维钧电(1932年6月16日) ………………………… 323
100. 王广圻致张祥麟电(1932年6月21日) …………………………… 323
101. 王广圻致南京顾维钧电(日期不详) ……………………………… 323
102. 王广圻致上海施德潜电(日期不详) ……………………………… 323
103. 电南京外交部葛慈孙(1932年6月24日) ………………………… 324
104. 钱泰致上海张歆海电(1932年6月24日) ………………………… 324
105. 顾维钧致南京铁道部电(1932年6月27日) ……………………… 324
106. 参与国际联合会调查委员会中国代表处致南京铁道部电(1932年6月29日) …………………………………………………………………… 324
107. 顾维钧致天津北宁路高任族电(日期不详) …………………… 325
108. 施肇夔致上海张祥麟电(1932年7月1日) ……………………… 325
109. 王广圻致宁向南电(日期不详) …………………………………… 325
110. 王广圻致宁向南电(1932年7月2日) …………………………… 325
111. 顾维钧致顾孟馀电(1932年7月3日) …………………………… 326

十二、国联调查委员会中国代表处来往电报(二) ……………… 327
  1. 高纪毅致顾维钧电(1932年7月1日) ……………………………… 327
  2. 上海张祥麟致施德潜电(1932年7月2日) ………………………… 327

27

3. 顾孟馀致顾维钧电(1932 年 7 月 2 日) ┄┄┄┄┄┄┄┄┄ 327
4. 顾孟馀致顾维钧电(1932 年 7 月 5 日) ┄┄┄┄┄┄┄┄┄ 328
5. 顾孟馀致顾维钧电(1932 年 7 月 6 日) ┄┄┄┄┄┄┄┄┄ 328
6. 刘崇杰致顾维钧电(1932 年 7 月 23 日) ┄┄┄┄┄┄┄┄ 328
7. 顾孟馀致顾维钧电(1932 年 7 月 24 日) ┄┄┄┄┄┄┄┄ 328
8. 张汶致顾维钧、王广圻电(1932 年 7 月 23 日) ┄┄┄┄┄ 329
9. 罗文干致顾维钧电(1932 年 7 月 23 日) ┄┄┄┄┄┄┄┄ 329
10. 顾孟馀致顾维钧电(1932 年 7 月 12 日) ┄┄┄┄┄┄┄┄ 329
11. 南京外交部刘崇杰电(日期不详) ┄┄┄┄┄┄┄┄┄┄┄ 329
12. 顾孟馀致顾维钧电(日期不详) ┄┄┄┄┄┄┄┄┄┄┄┄ 330
13. 顾维钧致王广圻电(1932 年 8 月 1 日) ┄┄┄┄┄┄┄┄┄ 330
14. 蒋介石致顾维钧电(1932 年 8 月 8 日) ┄┄┄┄┄┄┄┄┄ 330
15. 顾孟馀致顾维钧电(1932 年 8 月 2 日) ┄┄┄┄┄┄┄┄┄ 330
16. 蒋作宾致参与国际联合会调查委员会中国代表处电(1932 年 7 月 15 日) ┄┄┄┄┄┄┄┄┄┄┄┄┄┄┄┄┄┄┄┄┄┄┄ 331
17. 上海张祥麟致参与国际联合会调查委员会中国代表处电(日期不详) ┄┄┄┄┄┄┄┄┄┄┄┄┄┄┄┄┄┄┄┄┄┄┄┄┄┄┄ 331
18. 外交部致参与国际联合会调查委员会中国代表处电(1932 年 8 月 13 日) ┄┄┄┄┄┄┄┄┄┄┄┄┄┄┄┄┄┄┄┄┄┄┄┄┄┄┄ 331
19. 顾孟馀致顾维钧电(1932 年 8 月 14 日) ┄┄┄┄┄┄┄┄ 331
20. 罗文干致顾维钧电(1932 年 8 月 15 日) ┄┄┄┄┄┄┄┄ 332
21. 南京葛祖燨致李荫覃电(1932 年 8 月 16 日) ┄┄┄┄┄┄ 332
22. 北戴河海滨招待处致顾维钧电(1932 年 8 月 15 日) ┄┄┄ 332
23. 刘崇杰致顾维钧电(1932 年 8 月 16 日) ┄┄┄┄┄┄┄┄ 332
24. 顾孟馀致北宁津浦路局电(1932 年 8 月 17 日) ┄┄┄┄┄ 333
25. 海滨招待处致王广圻电(1932 年 8 月 22 日) ┄┄┄┄┄┄ 333
26. 顾孟馀致顾维钧电(1932 年 8 月 22 日) ┄┄┄┄┄┄┄┄ 333
27. 顾孟馀致参与国际联合会调查委员会中国代表处电(1932 年 8 月 23 日) ┄┄┄┄┄┄┄┄┄┄┄┄┄┄┄┄┄┄┄┄┄┄┄ 333
28. 顾孟馀致顾维钧电(1932 年 8 月 24 日) ┄┄┄┄┄┄┄┄ 334
29. 顾孟馀致顾维钧电(1932 年 8 月 25 日) ┄┄┄┄┄┄┄┄ 334

30. 顾孟馀致顾维钧电(1932年8月29日)……………… 334
31. 顾孟馀致顾维钧电(1932年8月29日)……………… 334
32. 顾孟馀致顾维钧电(1932年8月29日)……………… 335
33. 外交部致参与国际联合会调查委员会中国代表处电(1932年8月29日)……………………………………………………… 335
34. 钱泰致金问泗电(日期不详)……………………… 335
35. 顾孟馀致参与国际联合会调查委员会中国代表处电(1932年8月30日)……………………………………………… 336
36. 外交部致参与国际联合会调查委员会中国代表处电(日期不详)……………………………………………………… 336
37. 徐谟致顾维钧电(1932年9月1日)……………… 336
38. 钱泰致金问泗电(1932年9月1日)……………… 336
39. 顾孟馀致顾维钧电(1932年9月3日)……………… 337
40. 南京谢家骝致王广圻电(1932年9月3日)………… 337
41. 顾孟馀致北宁津浦路局电(1932年9月3日)……… 337
42. 顾孟馀致顾维钧电(1932年9月3日)……………… 337
43. 顾孟馀致顾维钧电(1932年9月3日)……………… 338
44. 顾孟馀致顾维钧电(日期不详)…………………… 338
45. 顾维钧致铁道部顾孟馀电(日期不详)…………… 338
46. 顾维钧致铁道部顾孟馀电(1932年7月9日)……… 338
47. 王广圻致金问泗电(1932年7月12日)…………… 339
48. 顾维钧致铁道部顾孟馀电(1932年7月21日)…… 339
49. 施肇夔致金问泗电(1932年7月16日)…………… 339
50. 顾维钧致铁道部顾孟馀电(1932年7月25日)…… 339
51. 电陈罗文干回平事(1932年8月2日)……………… 339
52. 李鸿栻致张祥麟电(1932年8月5日)……………… 340
53. 顾维钧致顾孟馀电(1932年8月8日)……………… 340
54. 参与国际联合会调查委员会中国代表处致上海张祥麟电(1932年8月10日)……………………………………… 340
55. 顾维钧致顾孟馀电(1932年8月12日)…………… 340
56. 钱泰致上海张祥麟电(1932年8月14日)………… 341

57. 颜季余托带交顾问(1932年7月29日) ································· 341
58. 电陈说帖脱稿事(日期不详) ······································· 341
59. 张祥麟致傅冠雄电(日期不详) ····································· 342
60. 王广圻致顾维钧电(日期不详) ····································· 342
61. 参与国际联合会调查委员会中国代表处致铁道部电(1932年6月29日) ··· 342
62. 顾维钧致南京国难会议秘书处电(1932年3月26日) ················· 343
63. 金问泗致钱泰电(1932年8月28日) ······························· 343
64. 顾孟馀致参与国际联合会调查委员会中国代表处电(日期不详) ··· 343
65. 顾维钧致顾孟馀电(1932年8月15日) ····························· 344
66. 李鸿栻致葛祖燫电(1932年8月15日) ····························· 344
67. 顾维钧致顾孟馀电(1932年8月16日) ····························· 344
68. 顾维钧致顾孟馀电(1932年8月17日) ····························· 344
69. 顾维钧致顾孟馀电(1932年8月20日) ····························· 345
70. 参与国际联合会调查委员会中国代表处致青岛市政府电(1932年8月20日) ··· 345
71. 顾维钧致顾孟馀电(1932年8月23日) ····························· 345
72. 金问泗致徐谟电(1932年8月25日) ······························· 345
73. 顾维钧致顾孟馀电(1932年8月25日) ····························· 346
74. 顾维钧致顾孟馀电(1932年8月26日) ····························· 346
75. 顾维钧致顾孟馀电(1932年8月27日) ····························· 346
76. 参与国际联合会调查委员会中国代表处致南京外交部亚洲司沈司长电(1932年8月27日) ··· 346
77. 顾维钧致顾孟馀电(1932年8月28日) ····························· 347
78. 顾维钧致顾孟馀电(1932年8月29日) ····························· 347
79. 金问泗致徐谟电(日期不详) ······································· 347
80. 参与国际联合会调查委员会中国代表处致钱泰电(日期不详) ··· 348
81. 参与国际联合会调查委员会中国代表处致南京外交部电(日期不详) ··· 348

82. 王广圻致朱鹤翔电(日期不详) ………………………………… 348
83. 参与国际联合会调查委员会中国代表处致南京铁道部电(1932年8月31日) …………………………………………………… 348
84. 参与国际联合会调查委员会中国代表处致北洋印字局电(1932年8月31日) …………………………………………………… 349
85. 王广圻致钱泰电(1932年9月1日) ……………………………… 349
86. 顾维钧致徐谟电(1932年9月1日) ……………………………… 349
87. 徐谟致顾维钧电(1932年9月1日) ……………………………… 349
88. 顾维钧致顾孟馀电(1932年9月1日) …………………………… 350
89. 外交部致北平代表处电(1932年8月29日) …………………… 350
90. 北平代表处致南京外交部电(1932年9月1日) ……………… 350
91. 王广圻致刘崇杰、朱鹤翔电(1932年9月1日) ……………… 350
92. 顾维钧致顾孟馀电(1932年9月2日) …………………………… 351
93. 参与国际联合会调查委员会中国代表处致南京外交部电(1932年9月2日) …………………………………………………… 351
94. 参与国际联合会调查委员会中国代表处致顾孟馀电(1932年9月3日) ………………………………………………………… 351
95. 参与国际联合会调查委员会中国代表处致上海京沪路局电(1932年9月5日) …………………………………………………… 352
96. 李鸿栻致葛祖燨电(日期不详) ………………………………… 352

十三、国联调查委员会中国代表处来往电报(三) ……………… 353
1. 顾维钧致参与国际联合会调查委员会中国代表处电(1932年4月22日) ………………………………………………………… 353
2. 顾维钧致参与国际联合会调查委员会中国代表处电(日期不详) ……………………………………………………………… 353
3. 罗文干致张学良、顾维钧电(1932年4月26日) ……………… 354
4. 顾公馆办公处信函(1932年4月28日) ………………………… 354
5. 顾维钧电陈在东北情形(1932年4月27日) …………………… 354
6. 北平中国代表处电陈顾维钧身体状况(日期不详) …………… 354
7. 罗文干致顾维钧电(1932年4月28日) ………………………… 355

31

8. 沈阳转外交部电陈公布新闻事(1932年4月28日) ………… 355
9. 罗文干致顾维钧电(1932年4月29日) ………… 355
10. 李荫覃电陈电报事(1932年5月2日) ………… 356
11. 顾维钧致外交部电(1932年5月12日) ………… 356
12. 上海张祥麟致王广圻电(1932年5月13日) ………… 356
13. 顾维钧致王广圻电(1932年5月11日) ………… 357
14. 顾维钧致王广圻、张学良电(1932年5月22日) ………… 357
15. 顾维钧致王广圻、张学良电(1932年5月28日) ………… 357
16. 顾维钧致王广圻电(1932年5月24日) ………… 358
17. 顾维钧致王广圻、颜季余电(1932年5月24日) ………… 358
18. 顾维钧致王广圻电(1932年5月6日) ………… 358
19. 大连王承傅、刘迺藩致外交部电(1932年5月28日) …… 358
20. 顾维钧致张学良电(1932年5月31日) ………… 359
21. 北平绥靖公署秘书处第三科致中国代表办事处电(1932年5月31日) ………… 359
22. 顾维钧致王广圻、张学良、罗文干电(1932年6月2日) …… 359
23. 王广圻、金问泗、钱泰等致顾维钧电(1932年5月5日) …… 360
24. 外交部致顾维钧电(1932年5月7日) ………… 360
25. 王广圻致顾维钧电(1932年5月9日) ………… 360
26. 王广圻、钱泰、朱鹤翔、金问泗致顾维钧电(1932年4月26日) ………… 360
27. 王广圻致顾维钧电(1932年5月2日) ………… 361
28. 王广圻致张祥麟电(1932年5月12日) ………… 361
29. 王广圻致顾维钧电(1932年5月20日) ………… 361
30. 王广圻致顾维钧电(1932年5月26日) ………… 362
31. 傅冠雄致李荫覃电(1932年5月24日) ………… 362
32. 王广圻致外交部电(1932年5月26日) ………… 362

十四、国联调查团报告书及关系文件 ………… 363
　　1. 王承傅致外交部电(1932年10月2日) ………… 363
　　2. 办事处致外交部电(1932年10月2日) ………… 363

3. 十月三日罗外长对于国联调查团报告书之宣言(1932年10月3日) ……………………………………………………………… 363
4. 蒋作宾致外交部电(1932年10月3日) …………………… 364
5. 外交部致蒋作宾电(1932年10月4日) …………………… 365
6. 蒋作宾致外交部电(1932年10月5日) …………………… 365
7. 罗文干致蒋介石、汪精卫电(1932年10月4日) ………… 365
8. 罗文干致蒋介石、汪精卫电(1932年10月4日) ………… 366
9. 蒋介石致罗文干电(1932年10月7日) …………………… 366
10. 刘珍年致外交部电(1932年10月9日) …………………… 366
11. 刘湘致外交部电(1932年10月8日) ……………………… 367
12. 严鹤龄致外交部电(1932年10月4日) …………………… 367
13. 蒋作宾致外交部电(1932年10月6日) …………………… 367
14. 蒋作宾致外交部电(1932年10月7日) …………………… 368
15. 王曾思致外交部电(1932年10月7日) …………………… 368
16. 蒋作宾致外交部电(1932年10月8日) …………………… 369
17. 王卓然致外交部电(1932年10月9日) …………………… 369
18. 郑螺生、张永福、方之桢、林有壬致外交部电(1932年10月13日) ……………………………………………………………… 369
19. 外交部致铁道部电(1932年10月13日) …………………… 371
20. 张祥麟致外交部电(1932年10月15日) …………………… 371
21. 外交部致铁道部电(1932年10月14日) …………………… 371
22. 铁道部公函(1932年10月21日) …………………………… 372
23. 王卓然致罗文干电(1932年10月13日) …………………… 372
24. 中国国民党湖北省大冶县执行委员会致外交部电(1932年10月17日) …………………………………………………………… 372
25. 张竞立致徐谟电(1932年10月15日) ……………………… 373
26. 国民党西南执行部、国民政府西南政委会致外交部电(1932年10月11日) ………………………………………………………… 374
27. 张竞立致徐谟电(1932年10月19日) ……………………… 375
28. 西南各省国民对外协会总部致外交部电(1932年10月20日) ……………………………………………………………… 376

33

29. 张竞立致徐谟电(1932年10月22日) ………………… 376
30. 王卓然致外交部电(1932年10月23日) ……………… 377
31. 外交部致交通部邮政司电(1932年10月22日) ……… 377
32. 胡镇致外交部电(1932年10月21日) ………………… 377
33. 丁超、李杜致外交部电(1932年10月24日) ………… 379
34. 罗文干致邹鲁电(日期不详) …………………………… 380
35. 蒋作宾致外交部电(1932年10月27日) ……………… 380
36. 外交部致行政院电(1932年10月28日) ……………… 381
37. 外交部致军政部电(1932年10月28日) ……………… 381
38. 颜惠庆致外交部电(1932年11月1日) ……………… 381
39. 外交部致上海办事处电(1932年11月3日) ………… 382
40. 外交部致铁道部电(1932年11月4日) ……………… 383
41. 外交部致张学良电(1932年11月7日) ……………… 383
42. 张学良致外交部电(1932年11月12日) ……………… 383
43. 外交部致张学良电(1932年11月13日) ……………… 384
44. 张学良致外交部电(1932年11月17日) ……………… 384
45. 吴绍昌致外交部电(1932年11月11日) ……………… 384
46. 铁道部公函(1932年11月10日) ……………………… 388
47. 铁道部公函(1932年11月10日) ……………………… 388
48. 铁道部公函(1932年11月11日) ……………………… 389
49. 外交部致铁道部电(1932年11月12日) ……………… 389
50. 中苏会议全权代表办事处致外交部电(1932年10月15日) … 389
51. 驻秘鲁大使馆致参与国际联合会调查委员会中国代表办事处电(1932年10月12日) ……………………………………… 392
52. 驻秘鲁公使致外交部电(1932年10月20日) ………… 392
53. 国际联合会调查委员会中国代表办事处致外交部电(1932年10月11日) ……………………………………………………… 392
54. 蒋作宾致外交部电(1932年11月18日) ……………… 393
55. 外交部致张学良电(1932年11月20日) ……………… 393
56. 顾孟馀致外交部电(1932年11月19日) ……………… 394
57. 何健致外交部电(1932年11月22日) ………………… 396

58. 驻比利时大使馆致外交部电(1932年10月11日) ……………… 397
59. 高梦旦致外交部电(1932年11月14日) ………………………… 397
60. 外交部致张学良、林东海电(1932年12月6日) ……………… 401
61. 王德林致外交部电(1932年11月25日) ………………………… 401
62. 豫鄂皖三省"剿匪"总司令部致外交部电(1932年11月25日)
 ……………………………………………………………………… 402
63. 黎贯致外交部电(1932年12月28日) …………………………… 407
64. 外交部致驻巴西大使馆电(1932年12月30日) ………………… 407
65. 外交部致行政院政务处电(1932年12月29日) ………………… 407
66. 驻美大使馆致外交部电(日期不详) ……………………………… 407

索　引 …………………………………………………………………… 410

一、东省事变国联之决议与措置(一)

1. 外交部致北平张学良电(1931年9月23日)

去电第22003号

北平张副司令勋鉴：本日准国际联合会行政院[①]主席勒鲁斯(Lerroux)二十二日来电照译如下："国际联合会行政院为中国政府根据盟约第十一条关于满洲时局之请求，本日间会时全体通过授权本主席(一)从速请求中日两国政府停止一切行动，足使现在局势愈加严重或足以害及本问题和平之解决者；(二)商同中日代表觅得适当办法，俾两国将各本国军队立即撤退，同时不妨碍本国人民之治安及其所有财产之保护；(三)行政院并表决将该院每次开会时之会议记录及关于此事之仲裁转达美国政府参考。本主席深信贵国政府对于行政院授权于本主席向贵国所提出之请求将采取一切办法，以避免发生足使现在局势愈加严重或足以害及本问题和平解决之行动。本主席并将开始与中日两国代表之会商，以实行第二节所开各节。关于该项会商，本主席系与德英法意各国代表协同办理，至第三节所开之决议业已实行"等语，特电接洽。王〇〇叩。

资料来源：《东省事变国联之决议与措置(一)》，台北"国史馆"藏"外交部"全宗，第4—5页。

[①] 编者按：指国联行政院，即国联理事会(League of Nations Council)，需要区别于国民政府行政院。下同。

2. 外交部致北平张学良电(1931年9月27日)

去电第23096号

国急,限即刻到,北平张副司令勋鉴:密,顷据日内瓦讯,国际联合会行政院会议延长一星期,俟日军完全撤退后再行闭会等语谨闻。外交部。

资料来源:《东省事变国联之决议与措置(一)》,台北"国史馆"藏"外交部"全宗,第6页。

3. 北平情报处致顾维钧电(1931年11月25日)

来电第27390号

衔略,顾部长钧鉴:国联理事会议(二十三),秘书长杜拉蒙拟派中立调查团之决议案内容:(一)规定在最短时期内将铁路区域外各军撤退;(二)调查团员共三人,由中日各派襄助,赴肇事地调查;(三)调查团无权干预中日交涉及监视日本军事行动。该决议草案由中日两代表各向本国政府请示。施使电政府表示理事会意欲以组织调查团规避最难解决之撤兵问题,已向白里安(Briand)声明我国不能接受。情报处。径①(二十五)。

资料来源:《东省事变国联之决议与措置(一)》,台北"国史馆"藏"外交部"全宗,第7页。

4. 外交部致北平张学良电(1931年11月26日)

去电第24639号

北平张副司令勋鉴:密。有电悉。据施代表报告,该草案如次:(一)行政院重行提及并重行证实九月三十日一致通过之决议案,该决议案经双方宣告正式受其约束,是以请中日两国政府采取一切必要步骤以保证其执行,俾日军极速撤退至铁路区域以内;(二)鉴于自十月二十四日行政院会议以来,满洲事变情状益且更形严重,行政院知悉双方允□严厉命令各该国军队长官制止

---

① 编者按:韵目代日,下同。全册多处出现,请读者自行鉴别。

任何动作,能使更有战争及生命之牺牲等,并采取一切必要方法以避免再使情势扩大;(三) 行政院请双方常使继续处理时局之行政院,得知情况一切之进展;(四) 行政院请其他各会员以所接在当地该国代表之消息供给行政院;(五) 在不妨碍上述办法之实行范围以内,鉴于事件之特殊情形,行政院甚愿从中协助,以求两政府间争执各问题切实及根本之解决,决定指派委员团前赴当地从事研究,并将任何情形,足以影响国际关系、扰害中日和平或两国间借以维系和平之友好谅解等,报告于行政院。中日政府皆有权派一辅佐人员,以为该委员团之辅助。若双方开始任何谈判,此事自不在委员办事范围以内。该委员团亦不得干涉任何一方所采之军事办法。对于委员团之行动,不得有何限制。委员团有完全之自由,采取其所愿望之一切消息。委员团之派遣及会商无论如何不得碍及日本政府在九月三十日决议案内所作之约言,即关于日军撤退铁路区域之一事(注意)。

主席于决议案通过后将宣告:(甲) 两国政府有权向委员团主席表示其所特别愿望审查之任何问题;(乙) 委员团如愿意时,得向行政院作临时之报告等语。该草案由行政院指示起草委员会修正,容续闻。外交部。

资料来源:《东省事变国联之决议与措置(一)》,台北"国史馆"藏"外交部"全宗,第9页。

5. 外交部致张学良电(1931年12月11日)

去电第25084号

张副司令勋鉴:昨日下午国联行政院举行公开会议,全体通过决议如下:

(一) 行政院重申九月三十日一致通过之决议,该决议经中日两方声明,各受其庄严约束。故行政院要求中日政府采取必要步骤,实行该项决议,俾日军得依照该决议内所开条件,尽速撤离至铁路区域内。

(二) 行政院认为自十月二十四日会议后,事态更为严重,知悉两方担任采取必要办法,防止时局之再行扩大,并避免任何行动,致再令发生战事及丧失生命之事。

(三) 行政院请两方继续将时局之发展,随时通知行政院。

(四) 行政院请其他会员国将各国代表就地所得之消息随时供给行政院。

(五) 行政院鉴于本案之特殊情形,欲供其力量促进两国政府谋两国间各项问题之最后根本解决，故并不反感上述办法之实行，决定派遣一委员会。该委员会以五人组织之，就地研究任何情形影响国际关系而有扰乱中日两国和平或和平所维系之谅解之虞者，并报告于行政院。中日两国各得派列席员一人，襄助该委员会。两国政府对于该委员会应予一切便利，俾该委员会所需之任何消息，均可得到。兹了解，如两方开始任何商议，该项商议不在该委员会职务范围之内。又该委员会对于任何一方之军事办法，无干涉之权利。

委员会之委派及其考量，对于日本政府在九月三十日决议内，所为日军撤退至铁路区域内之保证，并无任何妨碍。

（六）在现在及一月二十五日举行下次常会之间，行政院仍在受理本问题中，请主席注意本问题，并于必要时再行召集会议。

资料来源：《东省事变国联之决议与措置（一）》，台北"国史馆"藏"外交部"全宗，第10—11页。

6. 外交部致张学良电（1931年12月11日）

去电25088号

张副司令勋鉴：昨日下午国联行政院公开会议，行政院主席于决议案曾指明如下：

行政院主席宣言

兹应请注意者，现置于诸君前之决议案就两种不同途径规定办法：（一）停止对于和平之急迫危险。（二）促进两国争执现有原因最后之解决。

本院于此次会议时对于调查各种情形可紊乱中日间关系者一节，觉有需要欣料双方能予接受，故本院对于十一月二十一日所提出设立委员会之提议表示欢迎。决议案末节规定该委员会之委派及其职务，余现就决议案逐节加以说明。

第一节　本节将九月三十日一致通过之决议重予声明，特别注重日军应依照该决议规定之条件，尽速退至铁路区域内，本院对于该项规定极为重视，并深信两国政府将着手完全履行各该政府九月三十日所负之约言。

第二节　自上次本院会议后所不幸者，即曾发生使形势益趋严重及引起正当忧惧之事件，故必须避免并急应避免任何行动致再令发生战争及其他一切足使事态扩大之举动。

第四节　依照第四节规定,本院会员国除当事两方外应请继续以各国代表就地得到之消息供给于行政院。

此项报告,在过去时间已经证明甚有价值。凡能派代表赴东省各处之各国,均经同意尽量继续并改良现在制度。

因此各该国应常与当事两方接洽,俾当事两方如愿意时,得向其表示意欲此项代表派往之地点。

第五节　此节规定设立调查委员会。此项委员会虽系顾问性质,而其职务范围甚广,在原则上,无论何项问题系任何情形,足以影响国际关系而有扰乱中日两国和平及和平所维系之谅解之虞,经该委员会认为须加研究者,均不得除外。该委员会得用充分之裁量,以决定何项问题应报告于行政院,如认为适宜时,并得缮具临时报告,两国政府之任何一方得请该委员会考虑该国政府特别愿意研究之任何问题。

如委员会达到时,双方依照九月三十日决议案所为之保证尚未履行,委员会应将时局情形尽速报告于行政院。

"如两方开始任何商议,该项商议不在该委员会职务范围之内。又该委员会对于任何一方之军事办法,无干涉之权"已经特别规定。但此项规定并不限制委员会调查之权。至委员会应享有行动之完全自由,俾能获得所需报告之各种消息,此事亦甚为明显。

资料来源:《东省事变国联之决议与措置(一)》,台北"国史馆"藏"外交部"全宗,第14—18页。

7. 伦敦领事馆杨光泩致外交部电(1931年9月25日)

来电23925号

发电时间:1931年9月24日13时10分

收电时间:1931年9月25日13时50分

南京外交部:上午,国联执行委员会一致通过了决议,执行委员会审议了有关满洲的目前争端,他们赞成批准行政院采取的措施,支持行政院提出的处理满洲问题的实际举措,并真诚希望英国政府和代表们尽其所能维护《国联盟约》。同样的电文发给了行政院成员国和英国政府。今晚努力尝试获得英国议会的大力支持。

资料来源:《东省事变国联之决议与措置(一)》,台北"国史馆"藏"外交部"全宗,第21页。

8. 日内瓦中国领事馆致外交部(1931年10月2日)

来电第24383号
发电时间:1931年9月30日
收电时间:1931年10月2日10时50分
南京外交部:二十八日国联理事会会议通过了以下决议:
行政院(1)注意到中日政府回复了理事会的呼吁,以及为响应该呼吁采取了相应措施。(2)认可日本政府的重要声明,即日本对满洲没有领土企图。(3)注意到日本的代表声明,即日本政府将继续迅速撤出可能的军队,并已开始按比例撤入铁路区,以有效保证日本侨民的生命财产安全,并希望充分实现其计划。(4)注意到中国代表团的声明,随着日本军队的继续撤离和中国地方政府与警察的重建,中国政府对该地区以外的日本侨民的生命财产安全负责。(5)相信两国政府都希望避免采取任何可能扰乱两国间和平与良好谅解的行动,中日代表已保证他们各自的政府将采取一切必要的措施,防止任何扩大范围的事件和任何恶化的情况。(6)目前的情况要求双方尽其所能加快恢复双方之间的正常关系,并为此目的继续迅速完成上述承诺。(7)提供有关局势发展的全部信息。(8)决定在意外事件可能导致必须立即举行会议的情况下,于10月14日在日内瓦再次举行会议,考虑双方的局势,主席应取消一般性会议。(9)在下列情况下,主席可取消一般性会议:他在与成员国,特别是与中日两方代表协商后决定,鉴于可能从各方或行政院其他成员那里收到关于上述发展情况的信息,即可不再有必要召开一般性会议。

资料来源:《东省事变国联之决议与措置(一)》,台北"国史馆"藏"外交部"全宗,第22—23页。

9. 日内瓦施肇基致外交部电（1931年10月7日）

来电第 24555 号

发电时间：1931 年 10 月 6 日 18 时 10 分

收电时间：1931 年 10 月 7 日 4 时 25 分

南京外交部：收到外交委员会第三十六号电报。

我得到保证，国际联盟将努力获得及时、全面、公正的信息。他们正与伦敦、巴黎保持联系。今天中午见到了德拉蒙德（Drummond），他还没有收到任何中立的消息。除了上周提到的四点之外，我要求他们把日本军队修建吉会铁路作为要求中立者进行调查和报告的内容。我也提醒他注意没有来自沈阳和东北其他地方的路透社消息与相关新闻。

资料来源：《东省事变国联之决议与措置（一）》，台北"国史馆"藏"外交部"全宗，第 24 页。

10. 驻德公使馆致外交部电（1931年10月16日）

来电第 25022 号

发电时间：1931 年 10 月 15 日 12 时 01 分

收电时间：1931 年 10 月 16 日 2 时 15 分

南京外交部：伦敦《泰晤士报》驻日内瓦通讯员称，理事会会议只引起了中日两国的无用争论，白里安坚定承诺国联不会回避责任。白里安呼吁十月十四日早上召开不包含中日代表的会议，他们将在下午某些主要问题上就芳泽谦吉（Yoshizawa）的提议进行直接商议。该通讯员表示，这些相当含混不清的短语得到了一个长期的历史解释的支持，这是对辩论最有效的贡献。北平通讯员报道，外电证实十月十三日上午，日本飞机对途经打虎山的火车投下了四枚炸弹。英国驻华公使预计十月十四日上午将乘飞机前往南京。伦敦《每日电讯报》驻沈阳记者报道，中国军队在火车上朝着日本飞机开火，日本飞机投掷了三枚炸弹进行报复，预计会有军事发展，沈阳的局势明显紧张。

日内瓦通讯员报道了中国代表在理事会会议上的强烈诉求。东京记者报道首相亲自致电三位前首相和反对党领袖，讨论理事会会议。施肇基在理事会上提出了一个强有力的声明,要求国际联盟立即进行干预,并对日本关于直接谈判作为撤军初步基础的声明进行了批评,认为这一声明提出了迄今为止未曾施加的条件,表明东京比两星期前更不倾向于撤军。白里安的声明明确表示行政院将采取比两周前更果断的行动,相信日本将接受这一提示并改变目前的态度。莫斯科路透社新闻报道日本大使向李维诺夫递交了日本对中国的照会副本,并进行了长时间的交谈。华盛顿记者报道国务院对海军上将于昨天下午率领七艘潜艇前往上海的问题非常担心,同时否认《曼彻斯特卫报》关于该举动是一个战略步骤的报道。日内瓦记者评论施肇基引用白里安和塞西尔(Cecil)的声明,认为这一提法给会议留下了深刻的影响,施肇基还强调了裁军会议的危险性,他说确实必须有人在行政院会议上提出这一基本但重要的观点。伦敦《每日先驱报》头条新闻:中国被日本人轰炸。《每日邮报》驻日内瓦记者引用国际联盟知名代表的话说,如果日本人不尽快离开满洲,这会终结国际联盟和裁军。据东京记者报道,外务省和军部领导人今天就针对南京国民政府的要求达成协议:1. 中国停止一切反日宣传;2. (国民政府)明确承认"满洲国";3. 两国谈判在南京举行,其他一些问题则直接与"满洲当局"商议。

资料来源:《东省事变国联之决议与措置(一)》,台北"国史馆"藏"外交部"全宗,第25—27页。

11. 日内瓦中国代表团致外交部电(1931年10月17日)

来电第25146号

发电时间:1931年10月16日19时

收电时间:1931年10月17日11时16分

南京外交部:第六十一次公开会议,下午的主题是邀请美国派观察员参加。结果与昨天的非公开会议相同,除了英、法、西班牙的代表重复相同的意见外,德国也发言了,德国代表表示迅速解决冲突很重要,需要很多努力,并且德国对此很有兴趣,如今世界范围内不再有孤立的局部问题,所有国家在任何战争中都有可能遭受物质和精神上的损失,只有行动才是最重要的,承诺不再重要。如果中国和日本不回避旧时代的做法,他们将给世界树立智慧的榜样,提高他们在世界上的名声。德国准备在权利上采取一切手段,与所有人合作。

中国代表指出中国政府签署了《巴黎公约》，放弃了战争，采取的政策是，不管是什么原因造成的争端，都必须通过和平手段来解决。波兰、南斯拉夫、挪威代表对于邀请美国派遣观察员无异议，但引起了日本的保留意见，日本代表表示在以前的场合，关于问题是实质性的还是程序性的意见一直不是由行政院本身表达的，而是由有关的附属组织表达的。白里安予以总结，赞成德国代表发言，并保证国联每时每刻都在关注严重的问题，意识到自己有重要的责任和职责。他补充说，我们必须有坚定的决心，以解决巨大的困难，如果不和平解决的话会演变成战争，《国联盟约》使战争变得不可能。白里安确信本着这种和平精神行事的各方都会以巨大的力量捍卫自己的利益，这是自然和正确的。国际联盟的好处是，各方可以坦诚地表达自己的观点，这有助于解决问题，尽管我们今天讨论了邀请的问题，但我们将证明明天或后天所做的事情是正确的，因为我们头脑中没有忘记主要问题的解决方案。中国代表团，十五日，经转北平。

资料来源：《东省事变国联之决议与措置（一）》，台北"国史馆"藏"外交部"全宗，第28—29页。

12. 驻德公使馆致外交部电（1931年10月17日）

来电第25112号

发电时间：1931年10月16日11时29分

收电时间：1931年10月17日1时25分

南京外交部：伦敦《泰晤士报》驻日内瓦记者报道，白里安邀请美国的提案将作为程序问题提交行政院全体会议，将按大多数人通过形式予以表决，人们猜测苏俄将在行政院会议上提出什么要求。

日本代表宣布十月十三日的声明已被讨论，他指出了声明中相互矛盾的段落，最后表示撤军不以达成基本原则协议为条件，而是以安全和保护为条件。很难知道基本原则的确切内容。白里安希望在争端解决之前不要再举行公开会议，东京记者报道了蒋作宾与币原喜重郎（Shidehara）的谈话，蒋作宾被命令在没有指示的情况下不要再见币原喜重郎。

上海记者报道十名中国商人在上海被反日组织扣押。伦敦《每日电讯报》称中国几乎中断了直接谈判，日本对国际联盟干预的抵制日趋强硬，将不会撤回作为直接谈判的先决条件。日本反对国际联盟邀请美国代表。外交记者评论：白里安的提议是国际联盟的显著创新之举，希望日本不要反对可能促成和平解决的程序，这对日本的道德立场没有好处，也会使国际联盟对这个国家的态度产生分歧。我们的国内困难决不能分散政府的注意力，否则会使我们在国联的每一步行动都有危险的可能性。沈阳方面回应说，日本人深深影响了汉森-索尔兹伯里观察团（Hanson-Salisburg）一行的旅行结果，他们一行访问了吉林，并正在前往锦州和营口。

伦敦《晨报》驻日内瓦记者报道说，国联对日本的态度似乎过于强硬，相信日本会改变其态度。《曼彻斯特卫报》驻北平记者报道，日本在上海的撤离预示着对锦州的军事行动，日内瓦记者报道了某种临时的态度，引起了人们对法国可能向日本让步的担忧。社论说，他们一直在虚伪地拖延，具有私下解决的普遍倾向，利用一个国际问题向其他国家政府施加压力，继续采取和解态度。《每日邮报》驻日内瓦记者报道，日本已经拒绝履行其在《国联盟约》下的义务，并拒绝接受除直接谈判以外的条款，美国首次参加行政院大会具有特殊意义，不宜援引《非战公约》（Kellog Pact），因为该条约禁止日本采取战争措施。日本代表保持从一开始就采取的不可捉摸的态度，行政院寻找和平方案，白里安给双方留下了深刻的印象，除非日本同意美国在行政院的代表权，否则无法取得进展。

资料来源：《东省事变国联之决议与措置（一）》，台北"国史馆"藏"外交部"全宗，第30—32页。

13. 日内瓦中国代表施肇基致外交部电
（1931年10月19日）

来电第25214号

发电时间：1931年10月18日13时10分

收电时间：1931年10月19日00时35分

南京外交部：第六十五号。

昨日，行政院中日除外，十二国并美国会议决议，以签订《非战公约》国名义推白里安电知所有《非战公约》签字各国，由各该国电其驻中日公使劝告中日政府遵守该约，凡在中日无驻使之签约国则由该国迳电中日政府，现白氏已照办理。基。十八日。

资料来源:《东省事变国联之决议与措置(一)》,台北"国史馆"藏"外交部"全宗,第33页。

14. 驻德公使馆致外交部电(1931年10月20日)

来电第25320号

发电时间:1931年10月20日8时16分

收电时间:1931年10月20日16时55分

南京外交部:《星期日观察者》和日内瓦路透社新闻报道,国联行政院决定向中日双方发出电报,并正在酝酿解决方案。纽约通讯员说,许多人抗议胡佛政府参与国联的政策。《星期日泰晤士报》称,在日内瓦进行的一周审议没有达成任何解决方案,日本继续坚持国联不能干涉,否则将退出国联。有社论写到,日本反对美国参加国联是不值得的,应该撤回反对。加拿大维多利亚路透新闻报道中国准备组织志愿步兵营和航空队。

资料来源:《东省事变国联之决议与措置(一)》,台北"国史馆"藏"外交部"全宗,第34页。

15. 日内瓦领事馆致外交部电(1931年10月20日)

来电第25290号

发电时间:1931年10月19日15时40分

收电时间:1931年10月20日1时52分

南京外交部:第六十八号。

贵电第一三六号电报收到。

十月十九日举行了三次行政院会议,包括下午一点、下午四点召开的两场公开会议和下午三点召开的一场私人会议。除中国和日本以外的行政院成员国与美国举行了秘密会议。

资料来源:《东省事变国联之决议与措置(一)》,台北"国史馆"藏"外交部"全宗,第35页。

16. 伦敦公使馆通过柏林致外交部电
（1931年10月22日）

来电 25386 号

发电时间：1931年10月21日10时56分

收电时间：1931年10月22日00时00分

南京外交部：伦敦《泰晤士报》驻日内瓦记者报道，昨天讨论的第一个决定是提醒中日双方《非战公约》第二条，这一步骤有双重目的，一是提醒美国公众舆论，二是使日本政府明白国联行政院成员国都支持这一行动，该行动通过外交渠道的单独沟通得到了他们的支持。

东京记者报道，日本官方暗示日本政府不可接受日内瓦关于在谈判前撤军的建议，政府的观点如下：(1) 九月十八日的行动是防御性的，随后的小规模军事行动是基于此的必然结果。(2) 日本没有国家政策问题或任何战争的想法，日本通过直接谈判寻求和平解决。(3) 关于日本军队的问题，日本军队的存在是为了自卫，他们将继续待在这里直到情况允许他们撤退。

据沈阳通讯员的报告，日本正在巩固可用于冬季驻扎的军事阵地，并建造机场。他们在长春、吉林准备冬季部队，承诺在十月二十日将沈阳市政移交给中国人，以赵欣伯为接替者。

伦敦《晨报》驻日内瓦记者报告说，日本文件规定了达成协议的如下初步要点：第一，中国立即放弃一切敌对行动；第二，尊重日本在条约下的权利；第三，充分保障日本人民的生命和财产。它的结论是怀疑中国政府是否有能力实现其要求。东京路透社新闻报道，陆军部承认逮捕了下级军官，但否认策划军事政变。《曼彻斯特卫报》驻莫斯科报道，苏俄继续保持严格的克制，不可能对此进行积极的干预。这篇社论说，《国联盟约》和《非战公约》签署国对日本的不满将是普遍的，如果日本对履行其承诺的唯一反对意见是美国观察员的存在，那么它有简单的补救措施，即宣布退出国联，日本将不接受国联的裁决，但是日本在满洲自由支配的决心不可能让位给如此简单的路线。伦敦《每日先驱报》和英国联合社报道说张学良在锦州集结军队。

资料来源：《东省事变国联之决议与措置（一）》，台北"国史馆"藏"外交部"全宗，第36—37页。

17. 伦敦公使馆通过柏林致外交部电
（1931年10月22日）

来电第 25412 号

发电时间：1931年10月22日8时26分

收电时间：1931年10时22日19时40分

南京外交部：伦敦《泰晤士报》驻日内瓦记者报道白里安与中日代表进行了沟通，行政院提出了结束冲突的建议，认为日本结束冲突的必要条件是中国接受日本四点或五点基本原则，但没有具体说明基本原则。

华盛顿路透社报道，出渊胜次（Debuchi）通知国务卿，日本正在将军队撤回鸭绿江对岸，并召回轰炸飞行中队，铁路通信正在恢复，银行正在重新开放。伦敦《每日电讯报》驻日内瓦记者报道，国联有可能派专员去看看中国的保证是否能带来局势向好发展。英国联合社驻东京报道，内阁指示芳泽谦吉，拒绝在三周内撤军的建议，并要求直接谈判应在一周内开始。华盛顿路透社报道，美国将加入援引《非战公约》的行政院，英国和挪威提请中日政府注意《非战公约》，法国、意大利和德国可能会效仿。驻沈阳特别记者报告中国与日本在锦州附近的军事赔偿。日本决定严惩所有向中国政府汇款的人。北宁铁路公司对日本的军事干涉表示不满，向本庄繁提出强烈抗议。

日本海军通讯员报道，日本海军正在部分动员，在横须贺市和吴市的分遣舰中队将在佐世保市集结。扬子江舰队得到大量增援，日本驱逐舰将前往上海。《曼彻斯特卫报》驻日内瓦记者报道，白里安昨晚在回复中说他受到了伦敦记者报道的启发，充满希望的精神占上风，其背景是适用包括经济制裁的《国联盟约》第十六条，日本在中国的抵制下遭受了很大的打击，出现经济危机。这篇社论说，日本反对美国参与的原因是担心美国会配合对日本实施经济制裁，而美国购买了日本百分之九十的丝绸，美国的抵制将破坏日本的政策调整。日本必须在平等谈判之前从占领区撤军，这是老方法，即占领领土并为撤离制定报酬，国际联盟不能容忍这种战前战术（prewar tactics），因为这将使侵略成为一种奖赏，而国际联盟所为之成立的宗旨也将受到打击。

资料来源：《东省事变国联之决议与措置（一）》，台北"国史馆"藏"外交部"全宗，第38—39页。

18. 日内瓦中国代表团来电（日期不详）

密存（不必印）

经讨论研究后，特将下列各点提供考虑。

第一节　行政院正与美国全力研究一决议案，使日本经中立国之参加，早日将军队全部撤退，但同时不得不在可能范围内为日本稍留面子，使其彼所提出之五点可得到多少满足。

奋斗必甚激烈，日本态度至横，但国联及美国决心贯彻。

中国似应：

（甲）力主撤兵须有中立国尽量参加；

（乙）主张行政院在本案未办毕以前不得闭会。

关于（乙）点请查阅去电第五十四号，该电第四节尤须注意。

第二节　中国此时万不可要求（行政院？）同时办理一切问题。

第三节　关于五点，中国态度大致以和缓为宜，但华盛顿会议之决议须坚持到底，为此可得到美国之援助，倘再回至一九一五年之政策，有令二十一条要求复活之危险。前四点之一部已经中国政府之布告及行政院中国会员之声明包括之。

第四节　如各该点已为上述包括，其第二点可加"解除其原因"一语，且改为双方的。

第五节　要点已经九国协约第一条包括之，不必提及盟约第十条。

第六节　关于保护侨民第一节，可改为两国相互担任保护居住其领土内对手国之侨民。

第七节　五点关系之问题应在国联召集之会议内讨论之。

关于"现行条约"一节，请参阅华盛顿会议。

关于"中国既及关于中国之现行条约"之决议案之第二节，来电第五十四号第四节，在完全撤退之日后，明年一月讨论未决问题前，为令中国在行政院得到相当地位计，应采取有力之官或宣言办法，如演词或谈话大致谓中日两国全系之委员，为撤兵一事，既不得不诉诸国联，所有其余问题，中国认为须圆满解决，自非仍行使盟约下之应有之永恒的权利，并决定□□此项权利不可。

资料来源：《东省事变国联之决议与措置（一）》，台北"国史馆"藏"外交部"

全宗,第40—45页。

19. 日内瓦施肇基致外交部电(1931年10月22日)

发电时间:1931年10月22日18时57分

收电时间:1931年10月23日

第二十九号

下午四点举行行政院公开会议,白里安宣读了中国对法国要求遵守《非战公约》呼吁的答复。他还宣读了我的第二十八号电报中的决议文本。我要求推迟讨论,直到得到贵部指示,日本说外务省的答复正在路上。白里安准备明天晚上讨论,我就提出明天晚上举行会议,让他发表声明。白里安建议,如果届时我已收到指示,则明天下午五点举行会议。请贵部尽快回复。这里的朋友们似乎认为目前的决议比我的第二号决议有了很大的改进,应该可以被我们接受。

资料来源:《东省事变国联之决议与措置(一)》,台北"国史馆"藏"外交部"全宗,第46页。

20. 日内瓦施肇基致外交部电(1931年10月22日)

发电时间:1931年10月22日22时40分

收电时间:1931年10月23日10时

第三十号

前天晚上李定(Reading)给史汀生(Stimson)打了电话,导致他昨天误解成行政院被削弱。然后,昨天下午史汀生通过驻日内瓦的美国领事解释了他的意思。昨晚日本代表跟白里安说,东京不能接受我的第二十六号电文中所提出的决议文本。今天上午,行政院五人委员会同意了新决议即我在第二十八号电文中所报告,并将其分别交给芳泽谦吉和我。芳泽谦吉竭力阻止在公开会议上宣读新决议,所以今天中午提出接受第二十六号电文中的初稿。他直到最后一刻还在反对行政院公开会议。这里的朋友认为我们在新决议中得到了实质而不是形式的需求,唯一的遗憾是休会时间太长。我被告知,李定建议十一月十六日重新集会,晚于十一月十二日,因为他说从目前经验来看,中立观察员要花很长时间才能把报告送到日内瓦。

资料来源:《东省事变国联之决议与措置(一)》,台北"国史馆"藏"外交部"全宗,第47页。

21. 日内瓦王宠惠致外交部电(1931年10月23日)

来电第25483号

发电时间:1931年10月23日3时23分

收电时间:1931年10月23日15时35分

南京市政府魏道明:极密。前电计达。本日国际联合会行政院决议草案,各国及美国一致通过,请中日同意该草案,除定期退兵由第三国监视实行外,其引言并根据《非战公约》第二项,该草案第三项并援引华府条约所载签字国家应尊重中国自主主权、领土及司法独立完全等语。此两层于我国前途颇有利益,且含有牵连美国将来帮忙之意。其第六项退兵后由两国设立调和委员会解决其他悬案,吾国对于此点虽不满意,惟此乃国际联合会惯例,而行政院将闭会,目下似不易转移,为急欲日本退兵起见,似可大体赞成草案,于十一月十六日行政院再开会声明关于中日悬案,如不能解决,仍保留诉告行政院之权,希转呈主席。惠。二十二日。

资料来源:《东省事变国联之决议与措置(一)》,台北"国史馆"藏"外交部"全宗,第48—49页。

22. 日内瓦中国代表团致外交部电(1931年10月24日)

来电第25553号

发电时间:1931年10月24日1时40分

收电时间:1931年10月24日18时14分

南京外交部:第七十三号。

施肇基发言后,行政院主席说日本代表今天下午告诉他,日本政府的反对决议草案相当于反提案,他先将其提交给行政院进行辩论,序言部分第一、二段保持不变,第三段将"条款"(terms)一词改为"《国联盟约》精神"(spirit of covenant)。

其他段落的新内容如下：第四段再次注意到日本代表十月十三日发表的声明，即日本政府将继续将部队撤到铁路区，但仍驻扎在该区域以外的几个地方，直到中国和日本政府之间就管理正常关系的基本原则达成初步协议，日本侨民的生命和财产安全得到保证，以此达到平息舆论和缓和局势的目的。第五段建议政府立即开始讨论达成第四段所提到的目标而缔结协议。第六段建议中国政府任命代表，解决撤军的具体细节，并接管撤军区域。第七段要求中国政府向行政院通报谈判进展和执行本决议所取得的进展。第八段授权行政院主席在考虑上述通信后采取他认为有用的措施，确保本决议生效，并随时召开行政院会议，以重新审议立场。

芳泽谦吉说，日本从未试图扰乱和平，只是采取防御性政策、安全措施，无意造成事态恶化。日本对满洲没有领土企图，坚定地计划在满洲情况没有危险之际尽快撤军。铁路附属区以外的近半部队已经返回，现在剩下部队只有二千二百五十人。如果中国准备与日本合作以使目前的紧张局势得到缓和，日本希望能在短期内将剩余的部队带回。考虑到满洲混乱的状况、民众高涨的情绪、中国当局在该地区镇压混乱的无力感，并考虑到日本军队附近驻扎着中国军队，所以日本认为不可能确定撤军的具体日期。这并不意味着日本不把军队带回来，也不意味着把他们留在边境以获得进一步的妥协或任何形式的特权。日本第四段对B节所提议的理事会确保地区效率抱有严重疑虑。日本认为绝对必要的是等待普遍存在的兴奋情绪消退，且必须就中日正常关系所基于的若干基本原则达成一致。关于第六段，日本将在中日双方认为方便的任何时间进行谈判。日本认为谈判方式的问题可以由两国政府解决。施肇基说他不能接受日本的建议。

塞西尔说，英国政府因轰炸事件而感到极度不安，因为任何已知的国际法原则都无法解释这些事件。关于基本原则，日本希望中国不同意九月三十日议决案所定的任何事情，塞西尔问芳泽谦吉所说的基本原则是指什么。塞西尔继续表示日本的建议在实质上等同于九月的决议案建议，理事会应该考虑重复提出是否可以成功。关于第八段，芳泽谦吉提议先不确定会议日期。塞西尔追问芳泽谦吉第八段的含义，是否考虑让行政院主席直接指示委员会审查满洲局势。芳泽谦吉回复轰炸是违背日本政府的意愿。至于基本原则，它们是决议中规定的要点，即保证日本国民的生命财产。九月三十日决议提议日本撤军作为使日本国民生命财产得到有效保证的措施，基本原则仅仅是使安全和保护有效。因为日本希望告知行政院关于谈判的进展,行政院将得到充分的信息。芳泽谦吉写道"授权主席采取此类措施"等,但他不反对十一月十六日召开会议,这并没有什么特别的考虑。白里安表示中日双方可能会就两个主题进行谈判,其一是撤军后由警察与行政人员接替,这些措施可以迅速计划和迅速执行;其二是包括几个月或几年未解决的悬案,如果在撤军前讨论,则休会时间不够。中国表示在占领压力下拒绝谈判。至于日本的解决办法,白里安询问这些基本原则是什么。

中国代表团。二十三日。转北平。

资料来源:《东省事变国联之决议与措置(一)》,台北"国史馆"藏"外交部"全宗,第50—53页。

23. 日内瓦施肇基致外交部电(1931年10月26日)

发电时间:1931年10月24日21时40分

收电时间:1931年10月26日11时50分

第三十四号

日本反提案被否决,只有日本投了赞成票。行政院提案只有日本投票反对,导致行政院提案不具备法律效力,这是因为需要行政院一致同意,除日本以外的所有成员国代表都同意。预计不久美国会公开赞成行政院的提案。行政院休会至十一月十六日,白里安希望到这一天时,情况已经明朗,并通知行政院成员继续敦促双方不要采取加重局势的行为。我说休会时间太长,如果撤兵没有按照白里安所表达的希望进行,则保留提前召开会议的权利。单独发电报总结今天的会议。

施肇基。十月二十四日。

资料来源:《东省事变国联之决议与措置(一)》,台北"国史馆"藏"外交部"全宗,第54页。

24. 日内瓦施肇基致外交部电(1931年10月26日)

来电第25635号

发电时间:1931年10月25日0时15分

收电时间：1931年10月26日6时10分

南京外交部：第七十五号。

公开会议后，行政院于二十四日上午继续讨论决议草案和日本的反提案。芳泽谦吉说，关于反提案中提到的基本原则，"我昨天对塞西尔就这个问题做了一些解释"。白里安昨天对构成基本原则内容的两类问题进行了区分，"为了消除在这一点上的任何误解，我可以再次强调基本原则仅指第一类问题中的日本政府意见，即在撤军前容易达成的谅解。基本原则只是为了实现和平、促进恢复正常关系，其他悬案的解决需要相当长的时间，在撤军后再进行谈判"。塞西尔现在表示，删除反提案中第八条，代之以行政院草案第七条。

塞西尔说，日本人似乎不希望与行政院决议的第四和第五段有任何不同。日本希望通过初步谈判处理撤离和接管"被解放"区域的细节，并表示这只不过是行政院解决方案中的意思，所以日本为什么不接受行政院的决议？但如果日本提案保持神秘，行政院就不可能在不了解要点的情况下进行讨论。他要求芳泽谦吉说清楚其意思是讨论政治问题还是行政管理细节方面的撤离问题。塞西尔引用日内瓦的一份声明，该声明称日本人希望中国真正接受现有条约的条款，并问芳泽谦吉这份声明是否准确。芳泽谦吉回答说，不能对新闻报道负责。关于基本原则，"日本政府对此事有某种想法，在日本政府授权给我之前，我不能正式通知行政院会议。作为进行撤军前的初步措施，日本政府打算与中国签订协议，否则日本侨民在满洲将立即面临危险"。他表示不久前已经就基本原则提供了充分的细节。

马达里加（Madariaga）指出，行政院有两项职责，第一是以双方的最大利益为出发点去解决事情，第二是更严肃地维持国际联盟组织的完整，要求芳泽谦吉解释日本修正案的重要性，比如第三段中的"精神"一词取代了"条款"。关于安全问题，将日本军队移到铁路区外不能视为增加被占领地区的安全。"我认为在一个无权逗留的领土上主张权利是危险的，因为占领国的行动在某种程度上要对安全负责。"马达里加对日本代表解释的基本原则感到不满。他对日本十月十三日的声明进行了解释，即"撤离（evacuation）取决于安全（security），安全取决于安定（pacification），安定取决于与安全或撤离无关的问题"。他逼问芳泽谦吉安全的确切定义。他认为，在达成行政院庄严的谅解后，直接谈判在完成撤离的同一天开始，因此没有重叠的谈判和撤离。

塞西尔宣读了路透社东京记者的电报，内称如果国联不强调条约的神圣性,国联应该放弃让日本改变日本官员的态度。国际联盟从未打算无视条约,因为条约本身必须得到尊重。关于解释的争议应该提交给海牙(国际法庭)和"讨论有价值的条约,而不是初步撤离的条约,这是对事情顺序的颠倒。撤军应该是第一位的,讨论条约是第二位的。讨论条约也许很重要,但不是直接影响日本人安全的问题,因此在日本军队从占领区撤退之前不应该讨论"。

芳泽谦吉回答说,愿意恢复原来的措辞,第三条用"条款"代替"精神"一词。关于撤军问题,日本政府准备在确信日本人的财产得到充分保障的情况下尽快撤军。在当时的条件下所采取的行动是必要的,而且国联的一些专家也赞同日本的行动。关于安全撤离的基本原则,他已经解释说,日本政府绝对有必要在撤离前达成协议,确保日本侨民的安全。关于路透社的电报,他向塞西尔保证,东京从未有过这种态度,并表示产生了误解。

白里安指出,行政院的决议是绝对明确的,而日本的则是不确定的和难以解释的,因此他呼吁日本代表不要继续模棱两可。他表示公众舆论认为很难承认军事占领在和平手段的范畴内,因此主张占领会带来长期的不安。他呼吁日本代表签署和解协议,同意行政院决议。芳泽谦吉回答对不能接受决议表示遗憾,因为决议没有充分保护日本人的财产,而"这是日本政府的责任"。他"再次建议日本政府不要通过军事力量来解决目前的困难,并希望能对日本人的生命财产进行有效保护"。

马达里加对有关某国政府在外国保护本国侨民的责任的论点表示非常严重的怀疑。他再次指出了不透露基本原则所带来的困难,并宣读了《国联盟约》序言中有关重新建立国与国之间公正而光荣的关系的内容。没有针对日本光荣予以提问,但"我对日本政府在开放的关系这个问题上非常失望,我不会说更多了,除非被示意说的更多"。他要求芳泽谦吉撤回反提案,接受行政院决议的修正,并通过各方的庄严谅解,就所有问题进行公开谈判,并在同一天完成撤离。芳泽谦吉说:"我认为日本政府的反提案中的基本原则不应该在决议中提出,也不应该在行政院会议上讨论基本原则的细节,这些问题应在两国之间讨论。"

白里安最后总结道,他们注意到了日本代表办不到此事,而行政院无法在决议中纳入不知道具体内容的基本原则,因此休会至下午。

施肇基。二十四日。

资料来源:《东省事变国联之决议与措置(一)》,台北"国史馆"藏"外交部"

全宗,第55—60页。

25. 日内瓦施肇基致外交部电(1931年10月14日)

在目前的情况下,当行政院努力寻找令人满意的解决方案时,最重要的是中国和日本之间不应该发生冲突。

据了解,中国军队的大量部队集中在锦州。相信他们不会向沈阳推进,否则我们非常担心日本军队认为自己处于危险之中,会以防御为借口采取进攻性措施。同时相信中国当局会尽一切努力保证北京和锦州之间区域的日本分遣队和侨民的安全。法国外交部部长同意。你将看到行政院主席的声明,中国的克制受到高度赞赏。

锦州中立问题正在审议之中,美国愿意出席行政院。

施肇基。

资料来源:《东省事变国联之决议与措置(一)》,台北"国史馆"藏"外交部"全宗,第61页。

26. 日内瓦施肇基致外交部电(1931年10月25日)

来电第25649号

发电时间:1931年10月25日15时10分

收电时间:1931年10月26日10时32分

南京外交部:第七十六号。

行政院会议摘要:

二十四日下午,白里安表示自上午的公开会议以来,已经进行了进一步的对话,希望能制定解决方案,尽管情况没有变得更糟,但也没有成功。相反,日本代表团表现出的新愿望可使决议案一致通过,但由于相差距离甚大,日本代表无法按照他所希望的方式解释指示。

芳泽谦吉说,遗憾的是,日本政府仍然与行政院有不同的看法。日本向行政院提交的文件旨在避免战争威胁。日本政府无意对中国发动战争,甚至认为目前没有战争。日本反复强调其对满洲没有领土企图,日本政府决定,一旦侨民的财产权利得到有效保障,就将部队撤回铁路附属区。日本政府认为,为了满足这些条件,应该以更加和平的心态来对待,因此提议与中国达成初步协议。日本政府再次表示愿意在任何时候与中国进行这方面的谈判,称日本提出了生死攸关的问题,不能"从立场、意见和效果的角度来判断",日本政府努力兼顾各类意见和效果。日本政府必须承担对侨民的责任,不能接受取消日本政府提出的必须有效保障国民生命财产的条件的决议。

表决日本的反提案,仅日本一票赞成。

表决行政院决议案,除日本外一致赞成。

白里安对未能达成全体一致感到遗憾,但国联的基本目的已经实现,即防止冲突加剧和恶化,行政院成功地将冲突控制在目前的范围内,避免了更长时间的战争威胁。白里安表达感谢美国政府在道义上的支持。关于目前的局势,草案已由行政院公开提出,并提交给日本政府。该草案注意到日本代表保证无意扩张和侵占另一国联成员的领土,并将冲突保持在一定范围内。白里安表示,从现在起到十一月十六日,日本政府将继续进行已经开始的撤军,并将展示遵守《非战公约》的决心,寻求解决困难的办法,因此在下一次会议上,日本代表可以说整个事件已经结束了并希望行政院能够兑现诺言。提及九月三十日的决议,即成员间保持频繁的信息交流,现在通过的决议不推翻以前的决议。

施肇基与其他人士感谢白里安的发言,施肇基担心局势改善的可能性不大,因为日本坚持谈判,而中国直到日本撤军结束并且在国联的主持下确定自九月十八日以来令人满意的责任认定和损害赔偿之前,将不会参与谈判,因此中方认为休会时间过长,如果撤军过程没有按照主席的希望进行,中方保留提前召开会议的权利。

施肇基。二十五日。

资料来源:《东省事变国联之决议与措置(一)》,台北"国史馆"藏"外交部"全宗,第62—64页。

27. 日内瓦施肇基致外交部电(1931年11月3日)

来电25975号

发电时间:1931年11月2日23时15分

收电时间:1931年11月3日16时05分

南京外交部：第九十号。

下文是白里安给芳泽谦吉的信，答复日本政府十月二十六日声明。

自上次行政院会议以来，决议草案得到了除日本代表以外的所有行政院成员的批准，对提交给我们审议的问题的立场已经很明确，可以作如下说明：上次行政院会议的独立表决，保留了充分的道义力量，从法律角度来看，我们面前仍有九月三十日一致通过的有效决议，保留了充分的可执行力量。

在该决议中，行政院注意到日本代表的声明，即日本政府"将继续尽可能迅速地撤军，部队已经开始按照在铁路区域比例撤军，使日本侨民的生命财产得到安全保障，并希望尽快充分实现计划"。日本代表当时没有表明日本在满洲的协议权利与日本侨民的生命财产安全有关。

还注意到十月二十四日提交给行政院的两项决议草案的前三段完全相同。因此，可以认为这些段落表达了双方的意愿。在十月二十六日的声明中，日本政府进一步说明了它所考虑的某些基本原则：第一，相互抵制侵略性政策和行为。十月二十四日的两份草案的第二段指出"两国政府不得采取任何侵略政策行动"。第二，尊重中国领土完整。两份草案的第三款都予以承诺。第三，彻底镇压一切干涉自由贸易和煽动国际仇恨的有组织运动。两份草案第二段都向各国政府宣布"有义务采取措施制止敌对煽动"。第四，对整个满洲实施有效保护，以允许日本国民从事和平活动。两份草案的第一段都宣布"中国政府承诺有效保护满洲的日本居民"。

中国政府接受行政院的决议，日本代表的反提案包括上述三段，表明两国政府在这四点上完全一致。

最后一点"尊重日本在满洲的条约权利"，关于这一点，请注意你在给中国代表十月二十四日的信中所说的"中国和每个国联成员一样受《国联盟约》约束，严格遵守所有条约义务"。中国政府决心忠实地履行《国联盟约》规定的所有义务，并准备通过承诺解决与日本在条约解释方面的所有争端来予以证明，即按照《国联盟约》第十三条的规定，通过仲裁或司法方式来解决中国与日本在条约解释方面的所有争端。

因此，我相信我的行政院同事，包括你在内，都接受中国政府给安理会的承诺，即日本常驻代表所主张的，包括日本政府提出的各项基本原则。

我相信日本政府有意履行在九月三十日决议中庄严订立的承诺，并在行政院十月二十二日、二十三日和二十四日的会议上通过声明予以确认，日本政府将继续迅速指示日本军队撤到铁路附属区,从而能够在尽可能短的时间内完全实现其目的。

鉴于日本政府极为重视撤离地区的日本国侨民的生命财产安全,请注意行政院十月二十四日决议的第五段,其中建议两国政府立即任命代表解决有关撤军和接管撤军地区的细节问题,以便行动能够正常进行,不受拖延。

施肇基。二日。

资料来源:《东省事变国联之决议与措置(一)》,台北"国史馆"藏"外交部"全宗,第65—68页。

28. 日内瓦王家桢致外交部电(1931年11月4日)

来电第26059号

发电时间:1931年11月4日16时10分

收电时间:1931年11月5日3时30分

南京外交部:百十九号电敬悉。近日日军行动有增无减,国联迭接我方抗议,已颇注意。昨晚并有商议白里昂提早召集会议之说,我方似宜稍待静观时机。桢拟俟数日后方为巴黎之行,借免我方有运动法国之嫌疑,可否,并请婉达外交委员会为祷。王家桢。四日。

资料来源:《东省事变国联之决议与措置(一)》,台北"国史馆"藏"外交部"全宗,第69页。

29. 日内瓦施肇基致外交部电(1931年11月6日)

发电时间:1931年11月5日

收电时间:1931年11月6日

第四十九号

已提交的记录如我向外交部报告的第九十六号电文。德拉蒙德将打电话给白里安,协商应采取的措施。据可靠消息,德拉蒙德正在研究如果在第十一条之外援引第十五条,行政院可以采取什么措施,特别是关于撤回大使和最终抵制。史汀生反对在十月二十四日的决议中规定撤军的时限。这里的朋友敦促颜惠庆尽快到达华盛顿。只要我们在他们的首都有公使,就能与英美法公使们保持密切联系并让他们了解情况,这非常重要。

资料来源:《东省事变国联之决议与措置(一)》,台北"国史馆"藏"外交部"全宗,第70页。

30. 日内瓦施肇基致外交部电(1931年11月7日)

来电26199号

发电时间:1931年11月6日17时00分

收电时间:1931年11月7日17时06分

南京外交部:九十七号电。

以下是《曼彻斯特卫报》十一月四日社论的内容:国联决议要求日本在十一月十六日之前撤出所有军队。如果日本没有做到,国联将迫使日本政府履行《非战公约》的义务,否则日本就会在世界面前丧失信誉。国联成立的基本原则是阻止战争,日本对满洲所犯之事使得和平谈判几乎不可能。中国准备在日本军队撤退时提交仲裁,遵守海牙法院的裁决。中国甚至准备为撤军提供便利,邀请中立国参加。从国联的角度看,中国政府的态度是非常正确的,而日本的态度则完全违背了国联的精神。日本强中国弱。这是对国联权威的最高考验。国联已经明确表示反对在军事占领基础上的勒索让步政策。国联的经济联合抵制能否使该反对有效,并迫使日本在十一月十六日前撤军?

施肇基。六日。

资料来源:《东省事变国联之决议与措置(一)》,台北"国史馆"藏"外交部"全宗,第72页。

31. 巴黎施肇基致外交部电(1931年11月16日)

来电26828号

发电时间:1931年11月16日23时20分

收电时间:1931年11月17日19时15分

南京外交部:第一一六号。

下午行政院举行第一次公开会议和非公开会议。

白里安说,有必要让行政院了解满洲的发展情况,并说明日本政府没有接受十月二十四日决议,因此该决议只具有很高的道德意义,但明确宣布执行九月三十日的承诺。中方代表保证,中国将尊重所有条约义务,履行《国联盟约》义务,并通过仲裁或司法裁决解决中日之间所有争端。日本代表已经提出了基本原则内容,白里安认为这些原则体现了十月二十四日的决议,但第五项原则需要按照施肇基所建议的进行应对。白里安解释说,日本代表团质疑中国对某些条约的解释是否有效。在谈到满洲的实际情况时,白里安继续关注各方对九月决议的看法,以及中国控诉日本夺取盐税。事实上,双方准备好了所要求的信息,以证明他们协助解决争端的忠诚愿望。行政院努力以客观和公正的方式作出决定,避免草率的判断。行政院很想确保和平、正义和尊重国际义务,以符合《国联盟约》的规定。白里安总结表示今天的会议只是正式会议前行政院成员之间的一般性讨论对话,寻求达成协议的最佳方法和程序,实现预期目标。他不反对这项提议,因此行政院决定先举行私下讨论,然后举行公开会议讨论实质问题。在谈到今天的会议与以往会议的不同时,施肇基表示希望不断举行公开会议,因为中国的公众舆论要求尽早解决问题。芳泽谦吉未发言。

施肇基。十六日。

资料来源:《东省事变国联之决议与措置(一)》,台北"国史馆"藏"外交部"全宗,第73—74页。

32. 照译日内瓦代表团来电(1932年1月24日)

一九四号

尊处曾否研究第十五条第九节,按照该节,由行政院将事件提交大会讨论,可因公开辩论,多得公共注意,致行政院似不愿或系无力再多积极。引用第十五条包含连带第十六条作第二步之意,满洲将在礼拜二提出,余等声明出几,祈尊电,四百零三号完全相同。

资料来源:《东省事变国联之决议与措置(一)》,台北"国史馆"藏"外交部"全宗,第124页。

33. 照译日内瓦代表团来电（1932年1月25日）

来电第 29904 号

南京外交部鉴：第一九五号。

希火速再赐训示。行政院各会员国非正式提议组织小组委员会，包括法国、英国、其他小国、日本及中国研究解决争端办法，觅取解决办法，尊见如何？

资料来源：《东省事变国联之决议与措置（一）》，台北"国史馆"藏"外交部"全宗，第126页。

34. 照译颜代表①日内瓦来电（1932年1月26日）

来电第 29948 号

南京外交部鉴：第一百九十八号。

今晚晤行政院法美德意代表暨拉得蒙。行政院主席法代表称各代表对于本代表之宣言，须予以郑重之考虑，并以为业经派遣调查委员会以因应之，整个问题将依据该会报告以解决之。薛西尔（Cecil）所述如出一辙，并称调查委员会不能提前莅华。该两代表对上海形势似甚焦虑，较对东三省为尤关切并更重要。余谓调查委员会出发时期稽延太久恐致误会，故以较早为优，至于上海事件，中国方更正尽力从事解决，但若非俟东三省事变得已解决，则此类事件势必发生。渠等询中国何所要求，余称决议案必须充分执行，然后中国人民庶或得以镇静，而中日关系能以改善。渠等询以如何，余答渠等必知之尤谂，余称余奉令，如无所求，就则预备引用第十五第十六条。渠等询类似美国照会之宣言是否可以接受，余称日方必须停止敌对行为，开始撤兵以示诚信。谈话完毕，余意余于训令之外并未受命建议，若渠等有所建议，余可以转达大部，若系合理，当请接受。谈话历六小时，请将大部意见电示，一月廿六日夜九时。

资料来源：《东省事变国联之决议与措置（一）》，台北"国史馆"藏"外交部"全宗，第129页。

---

① 编者按："颜代表"为原文，指代颜惠庆。下同。

35. 日内瓦颜惠庆来电(1932年1月29日)

来电 30047 号

发电时间:1932年1月29日1时05分

收电时间:1932年1月29日13时58分

南京外交部:第二〇二号。

一月二十八日,由行政院主席提出的总结性声明如下:

1. 不需要新的决议;

2. 只要局势没有改变,就存在对和平的威胁;

3. 提醒两国各自的法律秩序义务,永久解决不能通过军事或经济力量来实现;

4. 表明局势没有改善,但与发生的情况相反,通过建立双方都接受的调查委员会,已经在调解方面取得了进展;

5. 提醒双方注意他们的义务,不要使局势恶化;

6. 注意到日本外务大臣在日本议会所作的保证,即日本没有领土企图,将支持开放政策和条约;

7. 根据《国联盟约》第十条规定的无能力赔偿义务(settlement incompetence obligation),不能得到国联的批准;

8. 对美国一月七日照会的认可极其薄弱。

在我看来,行政院主席声明远远达不到当前形势对我们的要求,是不值得考虑的。它是为了尊重日本人而精心制定的,完全不能令人满意。请注意,它谴责中国的抵制行为和日本的军事侵略行为一样,完全忽视了抵制行为根本不涉及盟约和条约的事实。

上文总结的文本不会有任何变化。这里明显地试图把上海与满洲区别开来,并向我暗示如果单独提出上海问题,国联可能会采取行动。我认为这一程序是不恰当的和危险的。

资料来源:《东省事变国联之决议与措置(一)》,台北"国史馆"藏"外交部"全宗,第130—131页。

36. 日内瓦代表团致外交部电（1932年1月29日）

来电第 30075 号
发电时间：1932 年 1 月 29 日 16 时 30 分
收电时间：1932 年 1 月 29 日 16 时 30 分
南京外交部：第二〇五号。

听说行政院提议任命英法美意德五国驻华公使组成委员会，在调查委员会到达之前帮助恢复上海的正常秩序，调查委员会现在直接从西伯利亚出发。
批注：电询各国或就近询驻京使馆，并译后列入各委会报告事项。
批注：问各使馆有无此项消息。
资料来源：《东省事变国联之决议与措置（一）》，台北"国史馆"藏"外交部"全宗，第 132—133 页。

37. 日内瓦颜惠庆致外交部电（1932年1月30日）

来电第 30088 号
发电时间：1932 年 1 月 29 日 28 时 10 分[①]
收电时间：1932 年 1 月 30 日 10 时 40 分
南京外交部：第二〇六号。

今天下午的公开会议讨论了中日争端，德拉蒙德宣读了我们援引第十条第十五款的通知。我谈到了采取这种措施的必要性和理由，并宣读了外交部第四一二号电文。佐藤（Sato）指称日本海军陆战队在上海登陆时得到了驻上海的外国特遣队指挥官的理解。立即发电报，以确切的事实驳斥佐藤。他还反对在第十一条之外再援引第十五条，并声称争端应首先由谈判解决。保罗-邦库尔主席（President Paul-Boncour）引用了行政院过去关于这一问题的决议和法学家的意见，表示这在中国权利之内，行政院有考虑之责任。佐藤保留对程序技术性的权利，保罗-邦库尔对此表示欢迎。德拉蒙德被要求对第十五条安排进行操作。保罗-邦库尔真诚地要求我们向各自政府发电报，敦促防止

---

① 编者按：原文如此。

更多流血事件的发生和局势的恶化,因为两国都充分尊重行政院的意见。行政院无限期续会,气氛对中国有利。

颜惠庆。

资料来源:《东省事变国联之决议与措置(一)》,台北"国史馆"藏"外交部"全宗,第134页。

38. 日内瓦代表团致外交部电(1932年1月31日)

来电第30143号

发电时间:1932年1月30日20时10分

收电时间:1932年1月31日10时30分

南京外交部:第二〇七号。

德拉蒙德在今天上午的公开会议上提议,除争端各方外,在行政院有代表的政府应指示其驻上海官员组建委员会,并就事件的起因和发展提出报告,供行政院审议。

批注:即电行政院并上海市及各关系机关。

资料来源:《东省事变国联之决议与措置(一)》,台北"国史馆"藏"外交部"全宗,第135页。

39. 日内瓦施肇基致外交部电(1932年1月31日)

来电第30173号

收电时间:1932年1月31日18时22分

来自我们在日内瓦的朋友的私人电报

上海凯泰酒店,哈斯(Haas)

以下是秘书长致哈斯的电文:

英国、法国、德国、意大利、西班牙、挪威政府等指示其驻上海的官方代表组成委员会,根据第十五条第一款秘书长准备提交给行政院的报告,说明那里和附近地区事件的事实发展。请哈斯紧急前往上海,以便担任秘书,安排召开会议等。我对由委员会推选主席感到满意,他自然会成为最高级别的官员,同时请美国人合作。

资料来源:《东省事变国联之决议与措置(一)》,台北"国史馆"藏"外交部"全宗,第 136 页。

40. 日内瓦中国代表团致外交部电(1932 年 2 月 2 日)

来电 30245 号

发电时间:1932 年 2 月 1 日 16 时 20 分

收电时间:1932 年 2 月 2 日 20 时 00 分

南京外交部:第二一一号。贵电第四二五、四二七号收到。

刚才会见德拉蒙德,他说上海法租界国联委员会还没有消息。美国会合作,但它不是委员会成员。关于召开《九国公约》签字国会议,他认为:(1)可能会出现司法上的困难,因为日本可能会说召开这样的会议自动取消了国际联盟的管辖权,而这一管辖权现在是处于《国联盟约》第十五条下,并且是日本不喜欢的。(2)由于条约只规定了各国交流意见,而没有规定会议,一些签约国可能拒绝参加会议。(3)在双重管辖下工作很困难。

我告诉德拉蒙德中国对国联有信心,中国政府不会做任何让国联尴尬的事情。我认为向《九国公约》签字国发出外交文书照会而不召开会议,就目前而言已经足够,因为条约中没有任何可以立即采取行动的内容,《九国公约》在这方面不比《国联盟约》优越。将继续努力协调在这两项条约下的行动。

中国代表团。

资料来源:《东省事变国联之决议与措置(一)》,台北"国史馆"藏"外交部"全宗,第 137 页。

41. 照译颜代表日内瓦来电(1932 年 2 月 5 日)

来电第 30570 号

第二百十九号

昨晚见彭古,促渠由国联采取有力行动。渠允一俟上海报告到达立即召集会议,但因列强之努力倘无结果,国联动作似不至由何成效,甚觉阻[沮]丧。余因谓渠曰国联尚有盟约可为后盾及见多乌斯时探询渠之意见若何,渠谓余可暂守静默,至列强努力失败时,渠当通知我等,余答称余奉有固定命令,应将事件在国联前力加敦促,惟在列强努力未有结果之前将不取何举动予彼等以难堪,请示尊处意见,并乞竭力不使世界因上海事件而对于我方更有价值之满洲问题搁置,窃恐列强予日本以满洲之自由处置,作上海和平之交换条件。

资料来源:《东省事变国联之决议与措置(一)》,台北"国史馆"藏"外交部"全宗,第138页。

42. 日内瓦颜惠庆致外交部电(1932年2月14日)

来电第30826号

发电时间:1932年2月13日23时35分

收电时间:1932年2月14日11时40分

南京外交部:第二二九号。

听说行政院不愿意将争端提交给大会? 在不愿意和无能为力的情况下,行政院为挽回面子做了更多的工作,并倾向于支持日本,认为提交大会是更好的选择。结果将是根据大会的建议转回给行政院,或任命一个小委员会来处理此事。这里的朋友真诚地建议采取行动,动员公众舆论。西门(Simon)私下告诉媒体从地理上理解日本帝国在中国的扩张,尽管这是不可预见的,也没有得到盟约的支持。今天早上在裁军会议上发言,敦促会议做些事情,得到了很好的回应。

资料来源:《东省事变国联之决议与措置(一)》,台北"国史馆"藏"外交部"全宗,第141页。

43. 照译日内瓦代表团来电(1932年2月16日)

来电第30939号

第二三一号①,南京外交部钧鉴:上午十一时,行政院十二理事开会,下午五时又开会。宣读上海第二次关于重大军事行动之报告。又行政院正在草拟告日人书,以促其停止军事行动。鄙见此仍不足,盖行政院必采取保守的手段

---

① 编者按:译文原文是"第二三号",经核对英文原文与前后电文,此处应该是"第二三一号"。

以为前提故也。各国舆论转而对我表示好感,概可窥见其原因半在我方决定将争议提交大会,致唤起世人之注意也。中国代表团。

资料来源:《东省事变国联之决议与措置(一)》,台北"国史馆"藏"外交部"全宗,第143页。

44. 照译颜代表自日内瓦来电(1932年2月18日)

来电第30987号

南京外交部鉴:第二百三十二号。行政院十二国代表昨日由主席致下列声请书于日本,行政院主席曾于一月二十九日指出,谓亲睦邦交仅可以互助及互尊,而致非以武力可求者。行政院十二国代表勉强以迫切之声请,提请日本政府承认其为国联及行政院会员国所有之责任,远东事变将由委员会予以充分之研究,惟上海事件使公众之焦虑益趋紧张,危及多数国家人民之生命及利益,增添世界之困难,并于军缩会议加阻碍。行政院决未忽视日本之苦衷,曾予以充分之信任,所遗憾者,日本并未尽量以和平方法解决纷争,所应认可者,中国曾请国联措置该案并已接受和平解决。行政院后述及盟约第十条,请国联会员国对于违反第十条而侵略领土完整及变更政治独立之情事,既不应予以承认,故予该条以注意是本其友谊之权也。日本于世界舆论之前,应负处置公正及对中国不得任意行动之责,且关于中国之领土行政完整,于署签华盛顿条约时已承认其所有之责任矣。行政院特请日本以高尚之诚信承认其义务。颜。十七日。

资料来源:《东省事变国联之决议与措置(一)》,台北"国史馆"藏"外交部"全宗,第145—146页。

45. 照译路透社二月十八日日内瓦电
(1932年2月18日)

国联行政院告日本书与其谓系呼?毋宁谓系警告,该书宣明合作与责任方能确保国际关系,至使用武力,只有使情势扩大,反置全世界于不利而已。该书唤起日本注意其为国联会员国并为行政院永久会员,行政院盼望日本采用更加和衷的态度。该书声明上海之纠纷勃发于经双方同意而任命之国联调查团之后,现存之纠纷,正危及各国人民生命、财产且确有妨碍军备缩小会议进行之虞,行政院虽承认日本之正当苦情,然以中国既接受国联各项提议而日本则未能接受,根据《国联盟约》所规定之和平解决办法,深引为憾。该书表明按照第十一条,国联会员国担任尊重各签约国之领土完整及政治上独立,凡侵犯此项条文者均不能认为合法,行政院声明日本对世界舆论应以节制稳健,以证其行为之正当,并呼吁日本宜表现其能博得各国联有责任观念之信任,再此书系行政院所拟,但中日代表未与事。

资料来源:《东省事变国联之决议与措置(一)》,台北"国史馆"藏"外交部"全宗,第148—149页。

46. 照译颜代表自日内瓦来电(1932年2月20日)

来电第31071号

南京外交部鉴:第二百三十六号。下午行政院会议历时三小时有半,力主采取维持和平办法,防止一触即发之战争。十二国代表列席之行政院会议催促佐藤电请延长哀的美敦书之期限,俾□继续和平之会商。十二国代表列席之行政院会议通过决议案,要旨如下:兹因中国方面之请求,并鉴于各会员国之代表殆近全体莅会出席军缩会议,行政院爰决议将争端提交三月三日之大会,行政院悉收集必要消息以便考量争端,其已制定之办法仍将继续,并请求当事双方将案情之说明书连同一切关联之事实及文件随时通告秘书长,行政院依照盟约继续维持和平工作之职责,并不因本决议有所变更。

资料来源:《东省事变国联之决议与措置(一)》,台北"国史馆"藏"外交部"全宗,第152页。

47. 照译中国代表团自日内瓦来电(1932年2月28日)

来电第31428号

南京外交部钧鉴:第二百五十三号。

西门之提议系根据日本分致行政院十二国代表之函件。据报,内容如下:"日方之愿望仅在迫使中国军队撤退至相当距离,以保证日人之安全,再继以会商讨论公共租界将来之安全。"盖日方之动机系将军事与政治事件互相混杂,以上海公共租界问题博列强之好意,决无疑义,请将尊电第四百八十七号内顾博士所反对援引之条款见示,亮畴兄赞成援引第十二条以为援引第十六条之初步。

资料来源:《东省事变国联之决议与措置(一)》,台北"国史馆"藏"外交部"全宗,第153页。

48. 照译颜代表日内瓦来电(1932年2月29日)

来电第31475号

南京外交部:二百五十五号。

今日行政院会议将由主席宣读下述文稿:

一、上海区域中日军队大规模之敌对行为,结果致生命损失重大,事情益趋恶化,情形迫切。吾人全体之义务,须勿失时机,亟求办法,俾军事冲突得以停止,而获一和平途径可以遵循。顷从英国代表方面接得消息,谓昨日在上海已有谈话之事,意求一停止敌对行为之调停办法,该办法已转达请示于两方政府,此项消息极为全体所欢迎,行政院对于巩固和平情形准备贡献。

二、主席已将诸同仁召集,其宗旨在于将求达此目的之提议,置于诸同仁之前,欲求提议之有效执行,势须中日两国政府之接受,尤须在上海租界有特殊利益,驻有代表之主要列强之合作,贡献友谊协力,因该项协力之必要,不减于中日两国当局对于提议计划实际与诚信之同意也。

三、计划如下:甲、立即召集会议,于上海组织以中日两方以及上述列强之代表,俾战争有一最后结束,而上海区域之和平状态得以恢复。乙、所拟开之会议须根据(一)日本无政治、领土之企图,无意设立日本租界或增进其独享之利益;(二)中国出席会议,以鉴于公共租界及法租界之安全及完整必须维护之原则,而其维护须另订办法,俾该区内居民免受危险。丙、俟就地接洽停战办法后,乃开会议,并建议主要列强驻沪之陆海军当局及文官尽量予以可能之援助,俾以巩固该项办法。

四、此项建议,以立刻恢复上海和平为目的,并不妨碍或变更行政院或任何国家关于中日案前此所处之地位,行政院主席渴望邀请中日及上述列强切实合作等语。

此项建议之草稿系由西门氏处获得,庆将于行政院开会时,告以拟请大部接受,并宣读第四九一号钧电内撤兵之信件(即告以英海军司令克雷已请顾少川先生及日本当局讨论停战提议,对于西门提议请采踌躇态度),Norman Davis 氏告庆第四节系新加入此,其第三节第二项 B 因美国之请求已经修改,以免关于将来收回租界一层有所误会。

资料来源:《东省事变国联之决议与措置(一)》,台北"国史馆"藏"外交部"全宗,第 157—158 页。

49. 译路透电日内瓦二月二十九日消息
(1932 年 3 月 4 日)

行政院主席彭古氏在行政院会议时,宣称上海会议将根据下列各项:

(一)日本无政治及领土之企图;

(二)日本并无在上海设立租界或经营独占利益之意;

(三)中国承认公共租界及法租界安全与完整须保全;

(四)会议以使就地解决停战为条件,行政院相信此次停战,经在上海之主要列强极力协助,巩固停战办法,当可迅速实现;

(五)立即恢复和平,并不损及或变更国联与任何国家关于中日事件所处之地位。

资料来源:《东省事变国联之决议与措置(一)》,台北"国史馆"藏"外交部"全宗,第 162 页。

50. 照译颜代表日内瓦来电二六五号(1932 年 3 月 4 日)

来电 31628 号

南京外交部钧鉴:大会今日下午全体一致通过决议案如下:(一)大会于申述行政院二月二十九日所议决之提议并声明不妨害提议中所包含之其他方法之后,申请中日政府立即采取必要之方法使两方军事当局所发停战之命令变成有效。(二)请求在上海有特别利益关系之列强以前项办法实行之状态报告大会。(三)劝告中日代表以上述列强陆军海军民事当局之协助开始磋商订立办法,此项办法须确定战事之停止并规定日军之撤退,聆望上述列强随时以磋商情形向大会报告。庆宣称上述第三节所称之磋商系指停战之磋商,而非指停战磋商后之圆桌会议,我方基于此项谅解而接受大会之决议。又了解对于撤兵办法不得提出任何条件(此项了解根据意捷两代表所主张者)。吾人以为国联会员之国家依照盟约对于外国侵害有受防护之权利,不能因实行此项权利而向其要求任何代价。

资料来源:《东省事变国联之决议与措置(一)》,台北"国史馆"藏"外交部"全宗,第168页。

51. 照译日内瓦代表团来电(1932年3月9日)

外交部钧鉴:第二七四号。

起草委员会下午四时开会,各代表团提出议决案九种,多于我方有利,似将派一委员会处理争议,国联大会除非遇有事变发生,有提前开会之必要外,则将闭会一月,该委员会当包括行政院暨其他代表五人。大会或于明日开最后会议,请电示停战一节何故尚无进步,以资在大会发表,并促其实现。本日伦敦国会将质询何故尚无停战消息,列强欲索取停战代价一节是否属实,又英国对于日军在天津登陆之事是否将加以阻止各节,转部,次长。

资料来源:《东省事变国联之决议与措置(一)》,台北"国史馆"藏"外交部"全宗,第170页。

52. 照译颜代表自日内瓦来电(1932年3月10日)

南京外交部鉴:第二百七十五号。

起草委员会选派两小组委员会,其一起草原则,以备归纳于决议案中,其一则决定程序。据闻首部内容重引声明条约之尊严、对于外来侵略之保证及以和平方法解决纠纷,陈述十二月十日白里安氏之宣言,引述十二代表行政院之宣言,确言反对武力压迫下之交涉,于凯洛格公约重予申述,末后对违反上述原则,凡有所取得者,概不予承认,其意见大致尚妥。

至关于程序问题,则系处理选派委员会以代行政院,该委员会注意决议案之执行,将各点提交国际法庭,并仍将大会宣告休会而不闭会,由希姆斯氏(比代表)任主席。

所谓程序者,实系确定委员会之权能,对该问题,瑞士、捷克及哥伦比亚为我方向,法、意力争,是以最后草案尚未决定,我方之弱点在已接受十二月十日之决议案,而此次诸小国之坚定,不无补救,在接受决议案之前,当再请示。并星期六不开会,白里安氏之丧仪,已请谢代办代钧座购办花圈。

以上各节已电达上海。

资料来源:《东省事变国联之决议与措置(一)》,台北"国史馆"藏"外交部"全宗,第173页。

53. 照译日内瓦颜代表来电(1932年3月10日)

来电第31847号

南京外交部钧鉴:第二七七号。

关于决议草案,大致当妥,因傀儡政府问题包括在不承认一切现状及撤兵等等条款之内,东省问题包括在上年行政院两次决议案内。数小国尚不满意,欲用较强硬之语气,将此事于明日提交委员会。闻日政府将被请接受此项决议草案。请立即训电,因明日午前须予决定也,对于上海划中立区驻中立军队是否反对。

此电已转上海郭次长。

资料来源:《东省事变国联之决议与措置(一)》,台北"国史馆"藏"外交部"全宗,第175页。

54. 照译国联大会决议案(1932年3月10日)

南京外交部勋鉴:资将决议草案法文原文先行转达,英文原文,随后再呈。

第一节:大会鉴于盟约记载各项规定对于此次争执全适用,其尤著者为:

(1)严格遵守条约之原则;

(2)联合会会员,担任尊重保持所有联合会各会员领土之完整;

(3)将彼此间所有一切争执,以和平手续解决之义务,采用一九三一年十二月十日行政院主席白里安宣言中所发表之原则。

回溯行政院十二会员于一九三二年二月十六日致日本政府声请书中,曾重申此项原则,宣言凡轻视第十条之规定,蹂躏联合会会员领土完整及变更其政治独立之举动,联合会各会员均不能认为有效。

鉴于上述规定联合会会员国际关系及和平解决一切争执之原则,与巴黎公约完全相符,而该公约实为世界和平机关之一砥柱,其第二条规定"缔约各国,互允各国间,有争端,不论如何性质,因何发端,只可用和平方法解决之"。于待本会最后所作之解决受理之争执时,特布告上述原则及规定,负有一种应予遵守之性质,并声明凡用违反联合会盟约之方法,所取得之地位、条约及协定,联合会会员均不能承认之。

第二节:大会重申如由任何一方用武力压迫借以觅取中日争执之解决,实与盟约精神相违背,回溯一九三一年九月三十日及十二月十日,经当事双方协助,行政院所通告之决议应回溯一九三二年三月四日,经当事双方协助,关于切实停战及日军撤退事项,大会本身所通过之决议。

知悉联合会会员,在上海租界有特殊利益之国家,对于此项目的,已准备充分扶助,并请求各该国于必要时通力合作,以维持撤退区域之治安。

第三节:大会缘一月二十九日中国政府之请求,将联合会盟约第十五条之手续,适于此次之争执,缘二月十二日中国政府之请求,将此次争执,依照盟约第十五条第九节之规定,提交大会,并缘二月十九日行政院之决定。

鉴于本会接受处理中国政府请求中,所指争执之全部,应负有适用盟约第十五条第三节所规定"调解"手续之义务,盟约于必要时应负有适用同条第四节所规定"说明建议"手续之义务。

爰决定组织一十九会员之委员会,以会主席(为该委员会之主席)连同当事国以外之行政院会员及用秘密投票选出之,其他会员国代表组织之,该委员会代表大会执行职务,并受大会之监督,应:

(1)从速缮具报告,报告关于依照一九三二年三月四日大会之决议,停止战事及缔结协定,使上述战事切实停止,并规定日军撤退各事项;

(2)注意一九三一年九月三十日及十二月十日行政院通过决议之实行;

(3)预备协定草案,提交大会,以使依照盟约第十五条第三节之规定,便利本争执之解决;

(4)于必要时,得向大会提议,提出于国际审批法庭,请其发抒意见;

(5)或从事预备盟约第十五条第四节所规定之报告书草案;

(6)建议一切似属必要之紧急办法;

(7)于最早时期内,向大会提出第一次报告书,最迟不得过一九三二年五月一日。

大会请求行政院将一切视为应行转送大会之文件，或附带意见特致委员会。

大会并不闭会，主席视为必要时得召集云。

中国代表团叩。十日下午二时。

资料来源：《东省事变国联之决议与措置（一）》，台北"国史馆"藏"外交部"全宗，180—182。

55. 照译颜代表日内瓦来电（1932年3月11日）

紧急

南京外交部：第二百七十八号。

今日上午会议，词句上小有更改，本日下午五时大会将再有会议，乞立电训令，否则因法律手续原故请示后，将先予接受，再加考量。电已转达。

资料来源：《东省事变国联之决议与措置（一）》，台北"国史馆"藏"外交部"全宗，第193页。

56. 日内瓦颜惠庆致外交部电（1932年3月11日）

发电时间：1932年3月11日21时10分

收电时间：1932年3月12日16时35分

南京外交部：第二百七十九号。

下午大会结果如下：决议一致通过，日本和中国弃权。佐藤提出保留意见，认为第十五条对中日整个争端不适用。庆解释了因缺乏明确指示而投弃权票，但将及时向大会传达尊处意见。瑞士、捷克斯洛伐克、哥伦比亚、葡萄牙、匈牙利、瑞典选入决议规定的委员会之中。大会休会以等待主席的召集。委员会下周开会。颜惠庆。

资料来源：《东省事变国联之决议与措置（一）》，台北"国史馆"藏"外交部"全宗，第194页。

57. 照译颜代表自日内瓦来电（1932年3月12日）

南京外交部鉴：第二百八十一号。
谨将召开大会之结果电达如下：
（一）大会公然于演说词中，隐然于决议案中，指斥日本；
（二）行政院之决议案经加以认可并注意；
（三）由特别委员会办理较托由行政院办理为善；
（四）依据盟约第十五条，先之以调停，继之以强制执行，以应付整个纠纷；
（五）上海立即恢复原状，东省渐次恢复原状；
（六）撤兵之前不得交涉；
（七）以和平方法解决之；
（八）大会不闭会；
（九）五月一日以前报告大会；
（十）日本非法之取得不能予以承认。
尊处并未收到决议案，殊属诧异，中国投票不过产生较好之印象，并非必要也。

资料来源：《东省事变国联之决议与措置（一）》，台北"国史馆"藏"外交部"全宗，第196页。

58. 日内瓦颜惠庆致外交部电（1932年3月15日）

发电时间：1932年3月14日13时
收电时间：1932年3月15日1时40分
南京外交部：第八十五号。
新委员会将处理的第一件事是上海停战。请将造成拖延的原因全部发电告知，并确保由日本人负责。

资料来源：《东省事变国联之决议与措置（一）》，台北"国史馆"藏"外交部"全宗，第197页。

59. 照译颜代表二八八号来电(1932年3月17日)

外交部钧鉴:下开为本日下午特别委员会讨论之结果:

佐藤声称议程草案在沪已经双方同意并守静默,并尚未接到东京训令。庆不以为然,而将巷间所传之原文加以说明,遂由公开会议讨论。委员会佥以重光修正案大体与原草案相同,并解释联合委员会监视及观察之职掌仅限于日军之撤退及秩序之维护,而摒弃一切有政治性质之事项,否则与国联决议相反。佐藤对此项解释表示赞同。委员会以该草案附件系属于政治的条件之种类,应由停战磋商弃绝。佐藤保留以后重提抵制日货问题,并同意停战会议展延讨论。佐藤质疑委员会有权□从停战磋商。委员会以既为大会之代表之机关,自是有权决定中日两国所取之措置是否与大会决议相反。主席谓本委员会倘遇紧急事故,发生言论,何时均将开会等语。既有正式之解释,日本之修正案自非危险,必须予以接受。该草案附件已被湮灭。关于上海会议,庆谓欲将抵制日货为该会讨论之题目,实属不该。况抵货非地方问题,倘中日争议一经解决,该项问题则自然消灭。佐藤谓日本或将另提出挑战条件之修正案。主席谓必须不违背大会决议。

资料来源:《东省事变国联之决议与措置(一)》,台北"国史馆"藏"外交部"全宗,第200—201页。

60. 日内瓦颜惠庆电外交部(1932年3月20日)

发电时间:1932年3月19日13时08分

收电时间:1932年3月20日0时38分

南京外交部:第二百九十二号。

十九人特别委员会私下会议在星期四讨论了我的提议,决定:

(1) 关于停战条款的意见已经在公开会议上表达了。

(2) 跟进理事会两项决议,因此德拉蒙德给我和佐藤写信,要求告知有关措施等。

(3) 秘书处为协议草案收集材料。

(4) 因此指示李顿调查团立即前往满洲。

(5)如我的第八十七号电报。今天写信给德拉蒙德,敦促以外交部的名义执行上述第四点,宋子文先生给我发的电报就是这个意思。请单独解释一下上海问题的起因。

贵部第二十八号电正确。

大会决议文本已随第三十号电寄,请过目。

颜惠庆。

附文本:

上海会议备忘录(1932年3月19日)

上海圆桌会议的想法从一开始就源于日本,可以解释如下。

由于未能实现他(日本)的海军陆战队在上海登陆的最初目标,并遇到了意想不到的困难,以及国际联盟、列强和世界舆论的最强烈谴责,日本人意识到他们应该:

a. 尽可能快地、体面地结束他们的上海冒险行动;

b. 以一种能使日本获得列强青睐和支持的方式提出上海问题;

c. 从上海远征中获得一些好处,因此将军事和政治问题混为一谈。

对日本人来说,没有什么比上海租界更有利的了。在这个问题上,中国几乎完全被包括日本在内的其他大国孤立。中国希望解决这个问题,而其他大国,特别是英国和法国,即使不希望扩大租界的范围,也希望至少能缓和,甚至改变租界的现状。

因此,大约在二月底,日本代表给行政院十二个成员国写了一封信,表示日本只想迫使中国军队在一定距离内撤出,以确保日本国民的安全。在这种情况下,可以召开一次会议,讨论租界未来的安全问题。

讨论未来"租界的安全"的机会是吸引英国和法国的诱饵,因为"安全"问题可以包括所有与租界有关的、这两个国家可能感兴趣的问题。

日本的提议也给了列强一个机会,让他们看起来好像已经安排好了一项停战协议,而日本自己也急于达成这项协议,并以代表中国就租界问题作出新承诺的形式从中国那里得到了好处。难怪西门在二月二十七日告诉颜惠庆,列强已准备好提供协助,并向他提议:

1. 立即停止敌对行动,由中国和日本指挥官、中立外国军官协商后作出安排予以巩固;

2. 日本宣布在上海地区没有政治和领土意图,也不在那里寻求日本的特殊利益;

3. 中国将在宣布她将保持租界的利益完整并确保租界的自由不受任何未来的危险影响之后,进入最后的停战谈判。

颜惠庆认为,该提案:(a)要求召开会议,但不保证停止敌对行动;(b)未提及日本军队的撤离;(c)将上海问题与满洲问题分开。

行政院的其他成员并不知道这些建议的真正来源和动机。他们被告知,如果不接受这些建议,他们将对进一步的流血事件负责。甚至法国也不知道整个情况,保罗-邦库尔在二月二十九日的行政院会议上作为主席提出的正式建议体现了西门提案的实质:

1. 立即在上海召开会议,由中国和日本政府的代表以及上述其他国家的代表组成,以便最终结束战斗,恢复上海地区的和平状况。

2. 会议的基础是:(a)日本没有政治或领土企图,也无意在上海建立日本人的租界或以其他方式促进日本人的专属利益;(b)中国参加会议的基础是公共租界和法国租界的安全和完整必须在保护这些地区及其居民免受危险的条件下得到保护。

3. 本次会议的召开当然要以当地作出停止敌对行动的安排为前提。行政院相信,这将很快得到实现,并建议在上海的其他主要大国的军事、海军和民事当局为巩固这些安排提供一切可能的协助。

4. 本提案旨在立即重建上海地区的和平,在不影响或限定国际联盟或任何大国以前对中日事务采取的任何立场的情况下,主席希望以他本人和他的同事的名义,邀请中国和日本以及上述其他大国加入,共同合作,因为他们在当地的地位使他们能够对制止武装冲突和恢复和平的共同目标作出特别贡献。

第2(b)段,其措辞与西门原提案的措辞不同,整个第4段是按照美国政府的愿望起草的,在二月二十九日威尔逊(Hugh Wilson)先生给德拉蒙德的信中,美国政府批准了邦库尔的提案:

我亲爱的德拉蒙德爵士:

你在今天的信中向我通报了行政院提出的建议(中国和日本代表已承诺立即向各自政府转达),该建议涉及恢复上海地区和平的会议,以及目前正在进行的立即停止该地区敌对行动的谈判,我必须告诉你,美国政府很高兴加入这一恢复和平的努力。

如果这一提议被中国和日本政府接受,我国政府将指示其在上海的代表与其他国家的代表合作。

威尔逊(签名)
1932年2月29日

在同一次行政院会议上,邦库尔的这一提议得到了英国和意大利代表的批准。

佐藤接受了这一建议,但需要得到日本政府的批准,并就这一建议发表了以下声明:

1. 在上海问题上,日本政府的唯一目的是消除公共租界以及本国国民面临的紧迫危险,并恢复和平。

2. 日本政府准备与其他国家合作,以便一旦恢复平静,在保证租界和日本国民安全的条件下,尽快缓解上海局势。为此目的,特别是为了确保上海地区的外国人今后的安全,日本政府不反对在该城市召开圆桌会议,在上海有利益的外国国家将派代表参加会议。

3. 日本政府无意利用目前的局势在该地区实现政治或领土野心。他不希望在上海建立日本的租界,也不希望在那里为日本人获得专属利益,它希望保持和加强上海的国际地位。

4. 报纸上发表的消息称,日本政府正在考虑在中国的一些主要城市周围建立中立区。这绝不是日本政府的意图。

三月一日,佐藤先生通知行政院主席(c. 288),日本政府愿意接受二月二十九日行政院主席提交的计划。中国代表在行政院会议上表示,他将把该计划转达给他的政府。三月二日,他通知行政院主席,中国接受邦库尔的提议,即在上海举行会议,但有以下保留意见:

(a) 首先接受并执行基于二月二十八日同时撤离原则的停战协议。

(b) 会议只涉及恢复上海和平的问题。

(c) 在中国任何地区因中日冲突所引起的一切问题,应按照中国在国际联盟中所援引的程序来解决。

(d) 本次会议的议程由与会各国政府事先商定。

中国的保留意见中的(a)点,即停战应在上海会议之前进行,已被行政院和大会正式承认。

1. 被行政院接受的邦库尔提案第 3 段明确规定:"本会议的召开当然要以停止敌对行动为前提。"

2. 行政院主席在三月二日给日本代表的信中(c.293)重申:"虽然我非常高兴地注意到日本政府接受了该计划(邦库尔先生的建议),但我冒昧地指出,其中提出的建议要视当地停止敌对行动的安排而定……事实上说该计划的执行取决于所有战斗的最终停止也不为过。"

3. 国联大会三月四日的决议将其全部注意力放在停止敌对行动上。该决议的第 3 段几乎使用了与邦库尔提案第 3 段相同的措辞,其中提到了停战而不是上海会议。这清楚地表明,在大会成员的心目中,停战必须在上海会议之前进行。

必须指出的是,各提案使用了不同的措辞:(1) 停止敌对行动;(2) 停止敌对行动的当地安排;(3) 停战;(4) 战斗的最终结束和上海地区和平的恢复。

在我们看来,(1) 是一个事实问题,不一定意味着双方之间的协议。"停止敌对行动"似乎或多或少是在中国和日本指挥官于三月三日发布的命令之后发生的。

至于(2)和(3),它们当然具有相同的含义,因此我们认为,邦库尔提案和国联大会三月四日和十一日决议中的"停止敌对行动的当地安排"的说法,无非是指"停战"。

根据邦库尔的建议,上海会议的目标只有(4)。但很明显,战斗的最终结束和上海地区和平的恢复取决于:(a) 日本军队撤出上海;(b) 包括满洲在内的整个中日问题的解决。

关于(a),国联大会三月四日和十一日的决议已经规定日本有义务从上海撤军,而不以政治条件作为交换,并在停战谈判期间对撤军进行管理,正如中国代表在三月四日决议通过时强调的那样,停战谈判将在上海会议之前举行。当然,正如伊曼斯(Hymans)在三月四日指出的那样,只有与安全有关的问题才属于有关撤军的安排。因此,上海会议不会再讨论撤军和安全问题了。

如果上海会议要有任何意义的话,就只剩下(b),或者其他能够最终解决整个中日争议的会议,从逻辑上讲,应该把它作为上海会议的目标。

否则,如果上海会议要有一个更有限的范围,并讨论例如租界制度延续问题和抵制问题,那么中国人将反对上海会议。在这种情况下,中国将不得不提出一个与上海有关的问题,尽管这个问题在逻辑上应该属于整个中日问题,即日本对上海及其周边地区所造成的损失的赔偿问题。事实上,上海会议的范围仅限于上海,如上所述,主要是为了奖励列强的斡旋,大会决议甚至没有对此进行规定。

尽管三月四日的大会决议没有"妨碍"邦库尔计划中设想的"其他措施",即召开上海会议,但三月十一日的大会决议甚至没有暗示这一计划。当然,根据《国联盟约》第十五条第三款的规定,各方可通过达成协议来解决中日争端。如上届大会决议所述,解决中日争端可能意味着召开上海会议。但由于中国和日本的意见分歧,这个会议永远不会成功。不能指望中国会在这次会议上接受为日本军队的撤军付出任何代价,因为根据《国联盟约》,中国有权要求撤军。另一方面,如果上海会议召开,日本人肯定会坚持要求对他们的上海远征进行某种补偿,这与国联的决定相违背。

美国政府也认为,如果在停战会议上解决了任何问题(撤军和安全),也许这次会议是不必要的。

总之,尽管中国政府对邦库尔提案所设想的上海会议的结果有严重怀疑,但原则上不拒绝参加该会议,但该会须遵守上述三月二日中国照会中所载的保留意见。但是,中国政府认为十九国特别委员会必须密切关注此事,因为上海会议如果要令人满意,其结果要为日本人所接受,就很可能违背国联的原则和大会成员宣布的观点。正如伊曼斯在三月十七日的十九国特别委员会会议上指出的那样,特别委员会的职责是"确保大会决议的精神和条文得到尊重",并"准备在接到呼吁时采取行动"。

资料来源:《东省事变国联之决议与措置(一)》,台北"国史馆"藏"外交部"全宗,第202—212页。

61. 国际联合会全权代表办事处呈外交部关于中日案件送交国联秘书长说明书英文本十册

(1932年3月22日)

国际联合会全权代表办事处,府字第三十一号

为呈报事,查中日案件,我国向国联提出盟约第十五条后,一切情形业经

电陈在案,按照该约第二节,我国于提出后当须编送说明书,兹将该项说明书编就刊印,除已送交国联秘书长外,特即检寄英文本十册,敬请鉴核备考。再此地材料缺乏,匆匆编制,遗漏在所难免,如有重要错误,尚希从速电示,谨呈外交部。

胡世泽谨呈。

资料来源:《东省事变国联之决议与措置(一)》,台北"国史馆"藏"外交部"全宗,第213页。

62. 照译日内瓦颜代表来电(1932年4月9日)

三百〇四号

现待上海会议之最近消息及圆桌会议之议题,此两项问题恐将于下星期在此间提出讨论,下列各款曾被提议为圆桌会议之讨论事项:

(一)租界及中国警察间之合作;

(二)不得以租界为军事根据地;

(三)保证日本人民在上海之特权不得扩充;

(四)估计日本所应赔偿在沪各区中国人民生命财产之损失。

钧电五百七十八号尚未收到。

资料来源:《东省事变国联之决议与措置(一)》,台北"国史馆"藏"外交部"全宗,第216页。

63. 照译颜代表日内瓦来电(1932年4月11日)

南京外交部:第三百零八号。

顷晤特拉蒙请开特别委员会报告上海会议之僵局,渠称并未从蓝普森、詹森方面得到此项消息,并劝我方向日内瓦申诉之前,再事努力达到协定,否则恐伤英美两公使感情,而且西姆斯①亦不在此间,是以渠提议在本星期底开委员会。至关于调查团,渠称李顿力持顾须同去之说甚属坚决,但现尚无负责之报告,即有亦非来自我方者,渠声述解决该问题不外下列办法:

---

① 编者按:Paul Hymans,即伊曼斯。

（一）仍照原定计划做去；

（二）调查团不带襄助员自行前往，此必须获得中日两方同意；

（三）调查团完全不去；

（四）与傀儡政府接洽，此项办法不甚妥善，且为障碍之主体。

请复示尊处意择何项办法，庆意在上海或可再开一次会议，对所提方案仍持反对，一面由庆在此间分访委员会各种重要分子。特拉蒙称日方所虑者，我方在日军撤退之后拒绝圆桌讨论，日本派兵之目的即日侨安全问题。是以渠以为设我方声明此项题目能予讨论，似有裨益。庆答以中国静候列强提出会议议题，因圆桌会议系属彼等□提议，但仍愿依照前所同意在日军撤退后举行圆桌会议，惟须声明抵货问题非地方性质，必须除外，本星期会议甚多，不易使彼等对中日问题予以充分注意，请转上海。

颜惠庆。四月十一日。

资料来源：《东省事变国联之决议与措置（一）》，台北"国史馆"藏"外交部"全宗，第219—220页。

64. 日内瓦胡世泽致外交部电（1932年4月12日）

第32796号电

急，南京外交部并转实业部钧鉴：方今调查团结果，我方是否认为满意？可否在会代表政府致谢？该团报告书提及政府予上海租界当局对于工厂监察将订协定，现已进行至如何程度？统乞电示。大会今晨开幕，公推坎拿大政府代表ROBERTSON氏为主席并闻。泽发。十二日。

资料来源：《东省事变国联之决议与措置（一）》，台北"国史馆"藏"外交部"全宗，第221页。

65. 照译颜代表十六日来电（1932年4月16日）

三一一号

特别委员会今晨开会，将于星期一重开，在此期间草拟使中日两方满意之方案，以便提出公开会议。一般趋向对于撤兵日期即使短期亦不赞成，限期因以承认日军之占领为正当也，同时为预防日方之延缓，并欲使吾方满意起见，或将委任四国代表,令其容后指明日军最后撤退之成熟时期,以报告国联。据四国公使报告,日本不愿明定日期,故特别委员会恐重蹈上年十月行政院之错误,至于方案将不涉及政治问题,倘上述办法决定后将采取四月十一号宋郭电内之手续。庆。

资料来源:《东省事变国联之决议与措置(一)》,台北"国史馆"藏"外交部"全宗,第224页。

66. 国际联合会全权代表办事处呈送国联行政院第六十六届会议报告由
(1932年4月18日)

国际联合会全权代表办事处呈,府字第四九号

为呈报事,查国联行政院第六十六届会议业在日来弗开会,数次讨论中日问题之解决办法,除经迭电陈报外,兹将该院关于中日案开会讨论及我方提议各情汇编报告一件附呈鉴核备考,谨呈外交部。

颜惠庆。

国联行政院第六十六届会议讨论中日案报告(1932年3月30日)

自去年十二月十日国联行政院巴黎会议闭幕后,中日问题之形势复变本加厉。按照该会议之决议案,双方对于目前之形势不得再加扩大,而日本方面对有关各国并曾切实表示不再进攻锦州。乃该会议闭幕之后,日方仍有遣兵西向进攻锦州之势,时我国代表团尚在巴黎,当奉代理行政院陈院长来电,以日方不尊国联行政院之决议,进占法库门及沟帮子等处,并有进占锦州之趋向,令转国联行政院主席白里安氏,请其采取有效方法制止日方违反决议案之军事行动,否则我方为自卫起见,只可尽力抵抗,当经代表团转达白里安氏去后,国联行政院方面并无举动。惟美法英三国驻日大使受各本国政府之训令,向日政府提出劝告,嗣代表团又奉外交部来电令,再向白氏接洽,设法制止日军行动,由胡处长往见白氏,但仍无切实之办法。

颜代表于一月二十二日行抵日来弗,当奉外交部陈部长来电,以中日问题形势日趋紧张,嘱即预备提出盟约第十六条,当即将该条关于我国目前之形势详细研究,以备及时提出,惟以盟约第十五条为提出第十六条之初步,亦经同

一、东省事变国联之决议与措置(一) 51

时研究,并将意见电达外交部在案。奈沪案发生,情形日趋严重,一月二十五日上午国联行政院第六十六届第一次开会时,颜代表略称中日关系形势严重,日本方面已派海陆军至沪,该处数十万中外人民之生命财产均受危险,请将该问题即在本日下午开会讨论,即经公决赞同,是日下午五时半开会。该院主席法代表保罗-邦库尔略述自上年十二月以后中日问题之情形及调查委员会之组织,颜代表演说略谓中日事变发生之地点固远离欧美,闻见隔阂,致有认为局部之事件者,但四月以来事变扩大足以危害世界和平,我国于此事发生之始即知其情形之严重,遂请国联注意。查去年九月十六日①东省事变仅属彼方侵犯我国计划中之第一步骤,现在二十万英里面积之中国领土、二千余万之中国人民已在日本军事侵占及压迫之下,事实昭显毋庸置辩,当事变之初,中国即可采取两种方法抵制强暴,一系自卫,一系信任条约及国联之组织。惟中国向主和平,雅不愿以干戈从事,故即向国联提出请求裁制。行政院六星期长时间之讨论,开会凡二十次,通过全体赞成之决议案两件,该项决议案均以日本早日撤兵之正式宣言为根据,但此项宣言今已公然违背,日本不特不即撤兵且积极进展,行政院闭幕六星期以来,其侵略之结果正如美国国务卿所云"一九三一年九月十八日以前中国政府在东三省之行政机关现已完全被毁",锦州及山海关均如沈阳、长春、安东、营口、吉林、齐齐哈尔等处同被蹂躏,日本现又侵犯热河,而中国南北各要邑,如福州、青岛、上海等处亦均处于危险之地位。总之,日本所抱之侵犯政策已使减轻严重形势之希望不能成立,其野心所在欲使中国承认其吞并东省并取消中国国民之爱国运动,自十二月十日以来形势之险恶无人可以置辩,此种不顾契约义务,不顾世界公理之举动,本人可以断言为有史以来仅见者,目前对方既屡次违背其宣言,则其辩解自已失其价值,今国联对于该问题如欲积极解决,自应有进一步之行动。查去年行政院所定之程序极为简单,即:

(一)日本承认将其军队于最短期内退入铁道区域;

(二)派遣调查委员会就地调查并编制报告,但该委员会于日本承认撤兵并无相关;

(三)行政院继续受理中日事件。

此种程序所含两点甚属明显,一即阻止对于和平之威胁,一即助理该问题

---

① 编者按:原文为九月十六日,应该是九月十八日。

彻底之解决。

奈六星期来,日本军队又进占我国领土数百里,则程序中之第一点已完全失效,至第二点之调查委员会亦并不直接前赴应查之地点,计其行抵东三省至早亦须在四月以前,中国政府不得不有所失望,本以为按照盟约第十一条必能觅得一妥善之办法,惟现在情形日急,势将引用盟约他条以资解决。综言之,东省问题照目前情形非特专关中国,且已危及国际间各种和解纷争契约之宗旨,是以应请行政院从速切实施行其各决议案,并尊重其盟约云云。行政院主席谓关于上年十二月十日以前之情形已有决议案,至十日以后之问题自应连同解决,调查委员会之出发自亦应讨论于事实上有无他种适宜之办法,惟上海事件亦属紧要且该处情形特殊,应请双方即行采取相当方法,以免事变扩大等语。

闭会数日,国联行政院对于日方之进攻闸北并无何种举动,情形迫切,故我方于一月二十九日致函行政院提出盟约第十及第十五条,当日下午三时余,行政院即召开会议,由秘书长将我方提出第十及第十五条之公函当众宣读,主席发言略谓自上次开会之后行政院对于中日事件之发展竭力注意不使再生变故,现在中国虽已提出第十五条,但不能取消第十一条所规定之和解工作,今两造之一提出第十五条,行政院只可就该条进行,并称秘书长对于应取之步骤即将宣布云云。颜代表发言历述我方提出第十及第十五条理由并宣布日本在上海之起衅情形,日代表佐藤对于我方之提出上开两条表示反对,其理由有三:

(一)中日问题现已提出第十一条,则应就第十一条之规定解决,不能再引第十五条,因第十五条之性质与第十一条不同;

(二)按照第十五条,中日事件即使认为争议,是否足以引至两国断绝关系;

(三)日本并未侵犯中国领土完全,已屡次声明所占各地以后均须撤退。

但行政院以为日本之反对理由并不允足,我方自可引用第十及第十五条,故按照第十五条之规定,由秘书长组织上海事件调查委员会,由驻沪主要有关系各国领事参加,就地调查事实,报告行政院。

二月二日为军缩大会开会之日,但上海情形日急,国联仍无制止之方法,恐转移军缩大会开会之空气,故由行政院英国代表提议于当日下午二时半先召集行政院会议,以期有所解决。开会时英代表殖民部长首先发言谓远东事件日趋紧张，每日均有险恶之消息，上海一隅已成战区，战事行动进展不已，此种情形国联会员各国不能坐视，否则《国联盟约》、《非战公约》及《九国条约》均将失其效用，是以英政府又向东京、南京切实劝告：

（一）停止暴烈行动及备战；

（二）双方在上海退兵，并以保护租界起见划定中立区；

（三）即行开议按照《非战公约》及十二月九日行政院议决案之精神解决争端，希望国联各会员国亦作同样之行动云云。法、意、德各国代表均表示赞同。

惟上海情形日趋险恶，行政院收到上海调查委员会第一次报告后亦无对日制止方法，乃于二月九日又请国联召集行政院会议，经颜代表将上海方面日军行动及各方来电在会宣布，并宣布日军炮击南京，我方并无任何挑激，南京狮子山炮台亦未回击此种行动，正值各国进行双方和解之际，足见日方对于和平之举动并不注意矣，兹请行政院从速制止日方战事之行动及撤退军队。主席意见以划定中立区，由在沪各国军队暂行驻守维持治安，俾双方可以停止军事行动，并谓中国虽云此项中立区仍不能解决全部问题，但行政院今日如能得此结果则已可云进展一步矣云云。

沪事日亟，英、美、法等国驻日大使及该国驻沪代表等虽进行调停亦无结果，行政院势已无能力制止日军行动，按照盟约第十五条第九节，行政院得将争议移送大会，或经相争一造请求亦如此办理。惟此项请求应于争议送交行政院后十四日内提出，我方自提出十五条后，如须引用此节召集大会则急宜提出请求，经与法律专家与我国同情各友详细讨论提请召集大会之利弊，有谓我方提请召集则在特别大会未集议以前，行政院可不理中日案件，则日方在此时期内之行动必更呈其横暴，行政院各强国以为我方不信任其能力，于感情上或生未便，况大会召集虽有各小国之助我，而实力动作仍赖各强国主持，但另一方面之意见则谓我方虽提请召集大会，在大会未开以前行政院不致放弃远东事件任其扩大，且大会召集后，各小国究可发言主张公道，精神上、舆论上均与我有利，现在各国舆论界因日本横行过甚，引起公论反对，惟各国政治趋向仍未一致，如召集大会，各小国均可发表意见，对于盟约必主不可违背，公论所在，虽各强国态度暧昧，至此亦难推诿。国联秘书长对于我方召集大会之议表示不妥，英外长则劝我罢议，以为行政院及各强国现在正从事和解，召集大会结果相同。惟我方权衡利害，召集大会纵使各强国有所不愿亦属为自设谋，在大会席上如各小国主持遵守盟约,对于侵犯他国领土之举动提出警戒或制止之议案,亦不便公然反对,违背公约之精神,况正值各国舆论对我表示同情之际,如在大会再得各小国之一致主张维持公道,舆论激愤,各强国政府之趋向或可因之转移,遂毅然不顾一切障碍决定召集,于二月十二日上午致函国联秘书长。惟函中声明我方意见,如行政院自动召集,则我方之提请可以撤销,去后行政院并无自动召集之议,但该院亦因中日争端日趋紧急,第二次上海调查委员会报告亦已收到,详述上海已入战争形势,而主动者为日本云云,该院又知大会终须召集,不得不再向日方加以劝告,乃于十六日召集除中日外十二国代表会议,决定由主席署名专致日政府劝告书,大意引据盟约第十条、《非战公约》第二条及《九国条约》之精神,希望日政府切实注意。查历次国联关于中日案件之照会均致送中日两国政府,本属不甚适当,此次仅致日本,则行政院对日态度已稍露强硬,且其劝告不仅及上海问题,足见日方欲以上海与东省问题划分两部解决之蓄计已为各国所否认。

上项劝告经行政院于十七日发出后,日本之军事行动仍不稍减,颜代表又迭接京沪电讯,详述军事紧迫,日军横暴,遂请行政院即再开会,请求采用保存权利之方法。二月十九日下午五时半,行政院召集会议,主席称本日开会系讨论中国政府依据盟约第十五条第九节之规定,提请将中日争端送交大会解决,本人对于此事之办法已拟就议决案意见,将提请公决,惟中国代表以沪方情形紧急,召集开会,先请颜代表发言云云。颜代表略谓日军在沪之横暴行动业于上次开会时宣告,近日所接电讯又知日军在上海一区所遣军队已达四万,军舰已有四十艘之多,本月十三日,日军又猛烈进攻吴淞并使用敦敦弹,此项敦敦弹业经德医证明属实,总之日本进行其强暴之政策,正如上海调查委员会报告所云,上海一城已为造成恐怖之区,英代表前次曾称上海情形实系战争行动,但无其名,今上海调查委员会报告亦谓战争地位已自二月三日实现,并历次攻势均出自日方,则可知日本已为侵犯者矣,且仍断续使用公共租界为军事行动之根据地,至日总领事诽谤第十九军之名誉尤属不合,查该军队非特并无共产嫌疑,且在江西省剿除"共匪"曾著劳绩,兹再有宣述者,三日前行政院十二国会员曾有恳切之劝告致送日政府,我人以为日政府对于此劝告当有相当之注意,殊知实在情形有大不然者,据顷间所接政府电讯,驻华英使所发起向中日两军指挥之和平调解已经决裂,日方现在要求所有中国军队自租界起退后二十法里,中国军队以日军并无同样之撤退,若此无理之要求当然拒绝,现日军指挥已向华指挥送交最后通牒，限于星期六（即翌日）下午五时前实行其要求，否则将采取相当之办法，照此情形明日大战将起，日本以数十万新装军队，四十余艘之战舰大举进攻我，彼占我领土不思撤退，反欲我军引退，此种情形岂能容许？是以应请行政院依据盟约所赋予之权能，立即设法施行权利保存之方法，以便制止明日之血战。

日本代表对于颜代表所称日军使用毒弹加以否认，并谓日本军队向未使用任何之毒气，又称现大会行将召集，不得不将远东之不安情形尽量宣布，以明真相，查盟约之首篇载明该约系适用于有组织之国家，今在远东与我交涉最繁之一国，近十余年来国内战争不已，秩序纷乱，已成无政府之国家，中日困难即在此种情形之下发生，如系有组织之国家，则即使有同样之困难，我方行动当然不同，早当接受任何之解决并切实履行盟约之规定，不幸事有大不然者，当十二年前中国加入国联时，我人认为一有秩序之国家具有合宜之行政组织，是以任其加入，奈其国内情形完全变更，各军长互相攻击，国事纷乱，外人在条约上应有之权利利益失其保护，所以在中国有利益关系之各国有时亦不得已采用相当办法以对付之，如在有组织之国家，我等亦决不出上项情形已有先例，日本今日所处之地位与数年前他国对华之地位相同，我等不得不自卫以保全生命财产，若数年前他国此种自卫之行动业已认为应当之办法，则日本今日亦得要求同样之权，若行政院今日以侵犯者之罪名加诸日本，则行政院对于从前他国对华之行动如何看法应先声明，总之日本所处之地位实出于不得已，其惟一之目的系在保护利益等语。

该代表又将东省现在及以前之情形申诉，认为纷乱无秩序，以表现其出兵侵占之理由，即经颜代表驳斥，略谓本人近十二三年来常在国内居住，并游历南北各处，目击各种情形，大凡一国更改政体当有一种过渡之不稳景象，试观欧美各国之历史即可证明，以中国之地广民众，由专制改为民主，在过渡期间不免稍呈不安之象，若谓中国处于无政府及秩序纷乱之地位则属完全诽谤，日本代表顷间曾述及无组织之国家，试问如日本之国家陆海军队不受政府之管辖，逞其狂妄，是否可认为有组织之国家？当其外交代表在行政院会议席上屡次应允，似出诚意，但次日即已违背，此岂亦可谓为一有组织之国家耶？日方曾正式向数国政府切实允许不占锦州，但不及数日锦州即被占领，有组织国家之行为岂能如此？当日本大地震时，中国侨民被害甚多，去年又在朝鲜杀害中国无辜侨商数百人，岂亦有组织国家所乐为者？再日代表之言论自相矛盾，既谓中国并无组织之政府、秩序紊乱,则又何必屡次欲与直接交涉,不愿听候国联之处理?此又为本人所不解者。况中国如有内争,其咎实在日本,因彼往往扶助一方抵抗他方,二十年来已屡见不鲜矣,其故惟何?盖日本不愿中国统一自强焉。现在上海一区战争地位业已实现,东省已为侵占,南京已受炮击,在此种情形之下,我国政府岂能在南京安然工作,是以各部署不得矣设法他迁以资进行,所幸中国今日统一之巩固为从来所未有,各将领均集合兵力共抗外敌,至日本代表屡次声明并无占领东省之意,我人闻之殊为欣悦,惟数年前对于朝鲜事件,我人似亦曾闻相似之声明,即日本决不侵占朝鲜,然今日之朝鲜已成日本之行省矣,兹本人不愿延长讨论,我等已在大战之前夕,应请行政院从速决定制止方法云云。

行政院主席向日本代表切实劝告,请其设法展缓对华之最后通牒,以便开始调停交涉,并谓其仅对日代表致词者,因此事实力在彼,且日本军队现在中国境地,应先停止战事以免扩大冲突,在会各代表对于主席之劝告均表赞同,日本代表允即转达其政府。行政院主席嗣将关于召集特别大会之决议案草案当众诵读,并请公决议,该议案即经通过,其大意谓行政院决定特别大会应按照盟约第十五条第九节之规定受理中日争议,该大会定三月三日召集,在大会未召集以前,行政院继续维持和平,并请双方按照盟约第十五条第二节之规定,将关于争议各事实略编说明书早日送交秘书长,以供大会参考等语。查该项说明书,我方于提出第十五条之后已在收集材料编制,嗣于二月二十二日编就,送交国联秘书长。

我方提请召集大会既经行政院一致通过,各强国对于行政院和解之工作似稍注意,冀于未开大会以前或有相当之结果,英代表嗣接沪方调停紧要电讯,急欲在行政院宣布,故该院于二月二十九日下午六时召集会议,英代表称顷得政府电告关于上海方面之消息,大旨谓昨日中日两军指挥及代表在沪英旗舰开会讨论停战问题,双方同时退兵之原则已有同意,至撤退区域之管理亦经讨论,所议各节并经双方代表之转达各本国政府核办等语。主席提出四点,大意中日两军在沪将有扩大之接触,生命牺牲在所不免,行政院当赞助进行和解办法,兹拟定办法数端,应请中日两国政府赞助,并请与上海有关各国共同协助,转饬其所驻该处之代表就近办理。此项办法如下:

(一)即时在上海召集会议,除中日两国政府代表外,应请上开之他国政府代表参加,以便解决停战及恢复上海和平。

（二）该会议应就下开各点为根据：(a)日本不应有政治或土地上之意想，又不能有在上海设立日本租界或推广其独有利益之计划；(b)中国加入该会应以保持上海公共租界及法租界之安全为根据。

（三）该会议之召集应先视停战问题之解决，行政院希望主要各国在沪之海陆军及文职官吏均能协助此项解决之办法。

（四）此项提议办法系在立即恢复上海区域之和平，对于行政院或他国关于中日问题以前之地位亦不相涉，主席并请中日两国及有关之各国共同设法停止武装之争端及恢复和平。

以上四点经英、意等国代表赞成，日本代表亦表示赞同，尚候其政府之决定，惟声明下开四点：

（一）日本对于上海之争议，系在避免上海公共租界及其属民之危险，并恢复该地之安全。

（二）日本政府一俟上海情形平稳及租界并日侨有安全之保障，当整备与他国合作解决上海之地位，其对于圆桌会议并无反对。

（三）日本在上海区域并不利用目前情形有政治或土地上之计划，日本政府亦无设法日本租界或取得日侨特别之权益，惟愿巩固上海之国际性质。

（四）否认日本欲在中国其他城邑创立中立区之谣传。

颜代表称中国政府及人民对于国联各会员国及美国设法停止战事及主张公平解决中日争端之致力深表感意，顷主席所提之议案既经行政院各代表之赞成，自当即行转达政府请示同意。颜代表复于三月二日致函行政院主席，对于该议案表示接受，但有数点须声明保留，原函略谓二月二十八日英国驻沪海军司令克莱(Kelly)关于停战问题邀集中日代表交换意见，结果提出双方同时撤兵之原则，中国政府可以接受，日本政府对于此项提议迄未答复，近复在上海租界增援并对华军大施攻击，此种举动乃在日政府接受行政院停战议案之后，故对于日政府接受该议案之诚意虽不能无疑，但余可声明中国政府拟根据上述之原则承允停战，倘此项停战办法经双方接受，并付诸实行，则中国政府即可进一步而接受二月二十九日行政院之议案，并参预上海会议，同时承认上海公共租界及法租界之安全与维持上海附近和平之重要，至上海会议所关事项，自应以恢复上海和平问题为限，凡在中国各地所发生之中日一切纠纷，当按照中国在联合会引用之手续解决之，又上海会议之议事日程亦须事先得有预会各国政府之同意云云。

资料来源:《东省事变国联之决议与措置(一)》,台北"国史馆"藏"外交部"全宗,第225—242页。

67. 日内瓦领事馆致外交部电(1932年4月19日)

发电时间:1932年4月19日0时5分

收电事件:1932年4月19日10时20分

南京外交部:第三百一十五号。

十九人特别委员会今天再次召开会议,通过了一些原则,即不允许日本阻碍确定撤兵日期。起草委员会的工作基础是,要么全体加入特别委员会并按照多数原则予以投票,要么只有中立成员进行全体一致投票,由大会做出最终决定。发表决议未实行的声明,直到军队完全撤出。委员会试图让日本接受草案。公开会议可能会在周三召开。伊曼斯告诉小国保持沉默,因为中国政府渴望达成协议。

资料来源:《东省事变国联之决议与措置(一)》,台北"国史馆"藏"外交部"全宗,第243页。

68. 照译颜代表日内瓦来电(1932年4月19日)

南京外交部鉴:第三百十六号。

决议草案全文如左,另附本[①]处答注一件备考。

特别委员会:

一、考量三月四日、三月十一日大会之决议案,建议中日代表以在上海公共租界有特殊利益列强海军当局及文官之协助,开始磋商,议订办法确切停止敌对行为,规定日军之撤退。

二、考量特别委员会既非处于从事磋商者之地位——缘三月四日、三月十一日大会决议案所拟具之办法只能就地议订——参加磋商之各国,如于磋商进行中或于实施上述办法之际遇有重大困难时,得将该项困难通知特别委员会,该委员会对于此等困难,代表大会执行职权并受其监督。

[①] 编者按:无附件内容。

三、考量此等磋商应依据上述大会决议案进行,当事者之任何一方不得坚持与该决议案矛盾之条件。

四、业已知悉停战协定草案条款已送达本会,并经当事者双方接受。

五、认为此等条款与该决议案之精神吻合。

六、特别注意依照第三条日本政府约明履行撤退其军队至公共租界及虹口越界区域,一如一月二十八日事变以前。

七、声明在最近之将来实行撤兵系依据大会三月四日、三月十一日决议案之精神。

八、声明日军完全撤退时,三月四日决议案始得充分遵照办理。

九、知悉协定草案规定设立联合委员会包含中立国人员证明双方撤兵协商、日军撤退、华警撤防之移交事项,一俟日军撤退,华警即行接收。

十、知悉并认为满意。上述委员会将依照其决议,以最善之方法监视履行第一、第二、第三条,其最后所述一条规定日军完全撤退,一如一月二十八日事变以前。

十一、以为在协定草案附件四所规定委员会之权限,该委员会监视该协定第一、第二、第三条之执行,其权限包含其权力得因当事二方之请求宣布时期已至,日本军队之完全撤退依理已可实行,特别委员会希望委员会之一切决定均可全体通过,但觉在上述附件四条款之下如不能全体通过时,有效之决定将以多数取决之,主席有投票表决权。

十二、诚恳建议为求得迅速结束起见,当事者双方重开进行现在停顿中之磋商,并请在上海公共租界有特殊利益之各国政府继续为此目的居间斡旋。

十三、显明指出除非达到三月四日、三月十一日决议案内所规定之结束,则本问题必须再向大会提出。

十四、请在上海租界有特殊利益之各国政府将共同委员会所有关于其职务之消息送交国联,该项消息将由各国政府参加该委员会之代表供给各该国政府。

资料来源:《东省事变国联之决议与措置(一)》,台北"国史馆"藏"外交部"全宗,第248—251页。

69. 照译颜代表自日内瓦来电(1932年4月28日)

南京外交部鉴:第三百二十九号。

四月二十八日晤西姆斯,告以上海谈判俟特别委员会议有所决定后方能续开,此项消息使渠兴奋,因渠以为谈判将全部重开,所余者仅为我方接受方案后签订协定而已,渠以当地报纸攻击不举行公开会议颇为懊丧,故称今日下午秘密会议中当决定或于明日或于星期六举行委员会公开会议或召集大会,因渠欲将整个事件结束也。询以日方已接受否,渠意可云"然",但渠盼蓝普森来电报告最近消息。询以插入之字句,渠意是否为大多数,渠谓"然",并称日方并未曾反对大多数,但反对时限问题,"以为"字样现已改为"予以注意"字样,渠称后者较为正确,渠并切言尊处条文之修正已经全部尊示接受,此间感觉日方实不愿接受任何决议案,故第十一节之修改无甚关系,以日方坚持日内瓦无权干涉也。庆。

资料来源:《东省事变国联之决议与措置(一)》,台北"国史馆"藏"外交部"全宗,第253—254页。

70. 照译颜代表日内瓦来电(1932年4月28日)

南京外交部:第三百三十号。

顷晤西姆斯、特拉蒙,彼等欲知中国之立场如何,并告庆以现在附件止有三号,因原附件第二号第一节改为原附件第四号第一节,原附件第四号改为附件第三号,原附件第三号改为附件第二号,原附件第二号第二节则删去之,庆答以毫无所知,嗣告彼等"意以为"等字必须仍旧,至多数表决一层业经主席同意,应请证实。庆提此问题时,渠答曰"然"。特拉蒙称日方当接受并附宣言,并云宣言限于说明日方之意,以决议案其数节为无用,当经庆反对。庆将于接受时附加声明,追溯前此建议我方接受者为日方所拒绝,每次询有更不利于我方之方案随之而至,现在方案虽系一种解决,但并不公正或平允,我方实际上仍保留一切在国际公法与盟约下之权利,我方对决议案全体加以重视,提及第六、七、八、十、十三各节,并希望特别委员会、大会继续努力,俾前此及现在各决议案之一切规定均能早日施行,大会当于星期六开会。

资料来源:《东省事变国联之决议与措置(一)》,台北"国史馆"藏"外交部"全宗,第256页。

71. 照译颜代表日内瓦来电(1932年4月31日)

南京外交部:第三百三十三号。

本日上午大会开会,西姆斯先历述磋商经过情形,并如我方所愿望解释第十一节,是以希望可得全体通过,否则各项决定当由多数所决,主席投表决票,庆之演词包含大部所示各点,只就措辞上略加更改。长冈坚持第十五条不适用于中日争议,日方虽未投票,决议案已全体通过,最后西姆斯称停战当于星期一签字,李顿第一次报告已到,当于星期二分送。

资料来源:《东省事变国联之决议与措置(一)》,台北"国史馆"藏"外交部"全宗,第258页。

72. 日内瓦领事处致外交部电(1932年5月2日)

发电时间:1932年5月2日11时00分
收电时间:1932年5月2日22时30分
南京外交部:第三百三十四号。

草案文本第十一段已经你修改,并与第五百五十六号电报告知我们的蓝普森方案相同。

主席在给大会的报告中说:"委员会将作出的决定,我们希望是一致的决定。然而,根据规定,决定可以由多数票通过,主席在必要时可以投决定票。"这两件事都是应我的要求做的。C. H. Wang 去了巴黎。

资料来源:《东省事变国联之决议与措置(一)》,台北"国史馆"藏"外交部"全宗,第259页。

73. 国际联合会大会四月三十日通过之决议案
(1932年4月30日)

三月四日国联大会决议案前已将内容发表，兹再将全文披露如下：

国际联合会大会四月三十日通过之决议案

国际联合会大会：

一、考量三月四日、三月十一日大会之决议案建议，中日代表以在上海公共租界有特殊利益列强海陆军当局及文官之协助，开始磋商议定办法，确切停止战斗行为，并规定日军之撤退。

二、考量特别委员会非处于从事磋商者之地位——缘三月四日、三月十一日大会决议案所拟具之办法只能就地议定——但参加磋商之各国如于磋商进行中，或于实施上述办法之际遇有重大困难时，得将该项困难通知特别委员会，对于此等困难，代表大会执行职权并受其监督。

三、考量此等磋商应依据上述大会决议案进行，当事者之任何一方不得坚持与该决议案矛盾之条件。

四、业已知悉停战协定草案条款已送达本会，并经当事者双方接受。

五、认为此等条款与该决议案之精神吻合。

六、特别注意依照第三条日本政府约明履行撤退其军队至公共租界及虹口越界筑路区域，一如一月二十八日事变以前。

七、声明在最近之将来实行撤兵系依据大会三月四日、三月十一日决议案之精神。

八、声明非至日军完全撤退时，三月四日决议案不能认为充分遵守。

九、知悉协议草案规定设立共同委员会，包含中立国人员证明双方撤兵，协商日军撤退、华警接防之移交事项，一俟日军撤退，华警即行接受。

资料来源：《东省事变国联之决议与措置(一)》，台北"国史馆"藏"外交部"全宗，第260—261页。

74. 日内瓦颜惠庆来电（1932年5月10日）

发电时间：1932年5月9日18时10分
收电时间：1932年5月10日9时30分
南京外交部：第三百四十号。
五月九日，今天召开行政院会议，明天休会一周，主要议程是常规事项，除了□□伊拉克问题。李顿调查团初步报告书的分发也已经在议程上，我听说日本人可能会反对提交大会。明天去巴黎。
资料来源：《东省事变国联之决议与措置（一）》，台北"国史馆"藏"外交部"全宗，第262页。

75. 日内瓦颜惠庆来电（1932年5月18日）

发电时间：1932年5月17日16时2分
收电时间：1932年5月18日11时30分
南京外交部：第三百四十二号电。
我的第三百四十号电报表明行政院会议决定不经讨论就向大会传达李顿调查团初步报告。日本人同意，但表示这并不意味着他们放弃以前的保留意见（指第十五条不适用于满洲）。
根据三月十一日的决议，十九国委员会向国联大会提交了报告，内容如下：
（1）提到从中日政府和李顿收到的报告；
（2）关于上海问题，大会决议中再次明确提出停止敌对行动，日本军队需要撤退。上海协议似乎可以确保日本在短时间内完全撤军；
（3）在收到李顿报告书和行政院的意见之前，十九国委员会不会审查满洲情况。
颜惠庆。
资料来源：《东省事变国联之决议与措置（一）》，台北"国史馆"藏"外交部"全宗，第263页。

二、东省事变国联之决议与措置(二)

1. 照译日内瓦颜代表来电(1932年6月21日)

南京外交部:第三百六十一号。

关于备忘录,秘书长特拉蒙同意各点如下:

(一)由十九委员会主席郑重诰阻在特别延长期间以内不得扩大事态;

(二)延长期间,期由委员会决定时,自须经大会认可;

(三)特别委员会在九月一日以前开会并作报告,但大会则在后。

渠不赞同来电"坚持"字样,而易以"热心求"较为客气,并谓委员会报告如得全体通过,则大会当可接受,无□讨论只具开会形式。

资料来源:《东省事变国联之决议与措置(二)》,台北"国史馆"藏"外交部"全宗,第6页。

2. 照译颜代表日内瓦来电(1932年6月24日)

南京外交部:第三百六十五号。

西姆斯函称据调查团最后通信,调查团希望最迟在九月中旬左右将报告送日内瓦,且大会要求行政院报告之文件,以该报告为要素,行政院及国联会员似应有相当时间对于该报告慎加研究,若依照第十二条规定严格遵守六个月期限,则原不可能之事,渠经与特别委员会会员商酌,嗣后提出下列建议,如经中日两方同意即将数日后提出大会:

大会坚持因环境关系须有特殊性质之办法,并知悉中日双方代表均已通知主席,彼等同意依照盟约第十二条第二节规定之延长期间仍以极必要之办法决定延长期间,了解该项延期不能成为先例,大会于接到调查团报告之后,将根据委员会之建议规定延长之限度,大会决定延期时并无随意迟延其工作之意,自不待言。环境如属可能,大会甚望速为了解,愈速愈佳,大会信赖委员会当在十一月一号以前着手审查报告。

西姆斯继称渠以职责所在,有不得不言者,渠信赖双方前在行政院之允诺,并在仍有执行力之决议案中载有不使形势更加严重之约定,当为严密遵守。渠信大部当将认为在延长期间,决议案继续完全有效。渠并提及三月十一日大会决议案,希望我方同意其建议并请为予早日答复。按渠之建议如成为大会决议案,惟未提及情势更加严重一节,更未提及承认"满洲国"之问题,殊为不妥,大部对此承认"满洲国"之问题是否坚持,因我方如不同意,则六月之期不能延长,致削除李顿报告,但日本虽未有表示,我方有我方之声明,此事或成僵局,结果如何必难预测也。

资料来源:《东省事变国联之决议与措置(二)》,台北"国史馆"藏"外交部"全宗,第9—10页。

3. 照译颜代表日内瓦来电(1932年7月1日)

南京外交部:第三百七十一号。

本日下午大会决定延期,与事先所商妥者及三百六十五号电所报告者相合。庆作声明力称延期为严重之先例,迟延之责不在中国,并对于现时在满洲之严重局面及日人之不法举动提出事实,表示希望大会报告能在十一月前通过或准备通过接受延期,但了解不容扩大情势,亦不得承认违反公约之局面,如"满洲国"之承认等等。瑞典、捷克、墨西哥、西班牙代表均发言注重现在之延期不能成为先例,非法局面亦不得承认。主席结论力劝双方勿使情势扩大,并请注意三月十一日关于不承认之决议。日本以书面接受延期但保留第十五条不适用于满洲,今日并未发言。颜。

资料来源:《东省事变国联之决议与措置(二)》,台北"国史馆"藏"外交部"全宗,第14页。

4. 日内瓦颜惠庆来电(1932年7月19日)

发电时间:1932年7月18日17时45分

收电时间:1932年7月19日8时

来电第35272号

南京外交部:第三百七十五号电。

今天的特别大会接纳土耳其为成员国,并决定于九月二十六日举行一般大会。

资料来源:《东省事变国联之决议与措置(二)》,台北"国史馆"藏"外交部"全宗,第15页。

5. 照译颜代表日内瓦来电(1932年9月21日)

来电37431号

南京外交部:第四〇五号。

顷晤特拉蒙,告渠以尊处反对日本延期讨论报告书之请求,并示疑问,以为行政院现在既不处理争议,何以尚能考虑请求,该项请求似应向大会提出。渠以为日本之请求尚属合理,难于拒绝,且行政院有权于转交大会之前加以评论,报告书将于九月廿六日到达,十月二日分送,倘日本之请求能得同意,则行政院将于十一月中旬开始讨论,至十一月底再开大会,渠觉不俟至十一月美国选举期过、政策决定后,国联难于采取最后行动,是以延期虽不利但不无用处。行政院会议时,庆将根据此系延长期限问题之一部分,是以止有大会有权处决为理由反对日本之请求,藉强日本使不得不向大会申请,将于年后五时晤西姆斯,容再电达。据特拉蒙称,因欧洲局面紧张,改选秘书长事似须延期,少川继庆出席行政院事已向渠告知。

资料来源:《东省事变国联之决议与措置(二)》,台北"国史馆"藏"外交部"全宗,第17—18页。

6. 照译颜代表日内瓦来电(1932年9月24日)

南京外交部:第四百十二号。

本日上午行政院会议,伐勒拉主席开始讨论,对于日本承认"满洲国"表示遗憾,但提议接受日本之请求,展期考虑李顿报告。庆发言以长篇演词提出反对:(一)现以严重之时局有再加扩大之危险并引廿三日电内之语句;(二)展期等于延长第十二条规定之法律期限;(三)此事不在行政院权力范围之内,盖处理之权不在行政院也。主席否认理由充分,西班牙代表发言指出展期之危险,但赞助主席之提议。第二次发言反对,主席仅将其意见重行申述,未加反驳。秘书长提议于十月一日发表报告书,惟暂不附地图,十一月廿一日由行政开会研究。嗣经反对。西班牙代表提议折衷办法,改定十一月十四日开会,行政院显欲敷衍日本,其实延缓之期则极微细,会众心理大都同情中国,日方声明引起哗笑,美国以助法对德保障欧洲和平为交换条件,关于太平洋之保障要求法国之赞助,已获转变法国态度之效果,日本大使颇受赫里欧之非难。

资料来源:《东省事变国联之决议与措置(二)》,台北"国史馆"藏"外交部"全宗,第20—21页。

7. 国联行政院会议(1932年9月24日)

国际联盟行政院今天上午举行会议,讨论伊拉克申请加入、中国申诉及李顿报告书。

据了解,日本关于报告推迟六周发表的申请可能会被批准,但对"满洲国"的承认是否会被批准还有待观察。

担任行政院主席的爱尔兰自由邦总统德·瓦勒拉(Éamon de Valera)说,行政院现在应该考虑日本提出的推迟讨论李顿报告书的请求,他应该对日本在没有等待讨论报告书和公布报告书的情况下就采取步骤承认"满洲国"并与"满洲国"官员签订条约表示遗憾。他认为这些步骤看起来已经影响了争端的解决。

但他补充说,他将建议原则上接受日本的要求,日期问题仍由行政院决定。

日本代表长冈春一(Nagoka)宣布,日本的请求是出于实际需要,并要求行政院考虑日本和日内瓦之间的通信状况,不要把期限设定得太短。

关于承认"满洲国"的问题,长冈先生说,他希望在适当的时候再发表意见。中国代表颜惠庆反对拖延,说日本可能会利用这段时间使局势进一步恶化。他还问道,日本有什么必要由一名可能在前往日内瓦的途中迷路的特别代表发出指示,从而造成进一步延误。由于日本在日内瓦有一个很好的工作人员,而且电报工作令人满意,颜惠庆强烈反对日本派遣这样一个特别代表,并因此要推迟（大会）对李顿报告书的讨论。

在进行了法律辩论，证明安理会为何无权批准日本的请求后，颜惠庆建议将此事提交给十九人委员会，他说只有该委员会在这个问题上有权威性。

颜惠庆说，日本从之前的拖延中获益，将其占领区扩大到四十万平方英里中国领土，满洲的海关、邮政和盐业机构则被摧毁。颜惠庆随后引用了中国代表团昨天收到的一份电报，称日本正在准备军队入侵热河。

因此，颜惠庆的结论是，任何进一步的拖延都是危险的。颜惠庆宣称，中日争端的解决不应拖延，而应加快。

德·瓦勒拉怀疑中国的反对意见是否有根据。他说，尽管在李顿报告书的问题上，行政院的权力受到大会某些决议的限制，但行政院有权利和义务在将报告书提交给大会之前对其进行审查。

马达里加同意进一步拖延将是危险的，并批评了日本承认"满洲国"。但他支持瓦勒拉的休会建议。

颜惠庆再次提出法律论据，反对行政院批准日本的请求。然而，他无法说服行政院，他们原则上同意休会，十一月二十一日可能是指定的日期。

行政院随后决定在十月一日公布李顿报告书。地图将在之后尽快公布，但完整的报告和附件将在十月一日发送给中国和日本政府。行政院还决定在十一月十四日开会审查报告书。

在长冈做了最后努力即提出因为哈尔滨水灾而要求稍微延长休会期后，会场出现了一些欢笑，行政院确认了在十一月十四日开会，授权主席认为有必要进行短暂延迟，他可以酌情推迟开会时间，但不能超过一周。

资料来源：《东省事变国联之决议与措置（二）》，台北"国史馆"藏"外交部"全宗，第 22—24 页。

8. 日内瓦颜惠庆来电（1932 年 9 月 29 日）

第四百一十八号

德拉蒙德写信告知报告书已经在周五晚上向中日双方提交，要求绝对保密，以便有时间在周日晚上八点前为新闻界翻译摘要。他已经接受了所有的保留意见，因为担心日本利用拖延对报告发表倾向性的声明。其他没有变化。

伊曼斯应我的要求，将在十九日召集会议，确定延长期限，并召开特别大

会。他坚持要求尽可能缩短期限,并采取措施防止日本恶化局势……①

墨西哥代表向我保证中央政府正在为中国人尽一切努力,期望纠纷很快结束。

资料来源:《东省事变国联之决议与措置(二)》,台北"国史馆"藏"外交部"全宗,第25页。

9. 日内瓦颜惠庆来电(1932年10月17日)

发电时间:1932年10月16日12时10分

收电时间:1932年10月17日6时00分

南京外交部:在委员会达成协议,任命非行政院常任理事国国籍的人为国联第二副秘书长后,行政院于昨晚召开秘密会议,选出了约瑟·艾冯诺(Joseph Avenol)为国联秘书长。在任命秘书处主要官员时采用了地域划分的原则,最后同意任何一个国联成员国的人担任高级官员的不得超过两人,副秘书长仍为三人。解决这个问题后,特别大会可以自由处理中日争端?② 李维诺夫将在月底返回,届时会有答复。裁军会议于十一月中旬重新开始,请通知黄慕松将军。

颜惠庆。十月十六日。

资料来源:《东省事变国联之决议与措置(二)》,台北"国史馆"藏"外交部"全宗,第26页。

10. 照译颜代表自日内瓦来电(1932年10月26日)

南京外交部:关于李顿报告书之程序大概由当事双方在行政院中发表声明书,行政院然后将该声明书连同报告书转呈大会,但现当大会处理纠纷之际,行政院本身将不作劝告式之评议,虽其代表个人可以为之。大会在请求十九人委员会起草最后建议,以使当事双方接受之前似将举行讨论,众信日本将不予接受,但列强暨李顿调查团委员之从事于调节者,仍反对以强硬办法对付

---

① 编者按:原文为英文省略。
② 编者按:原文如此。

日本,维持盟约之议渐占优势,日方首先动议侧重于中国之无政府及国际改造中国之必要,乃此两说似不总以引起深刻之印象。

资料来源:《东省事变国联之决议与措置(二)》,台北"国史馆"藏"外交部"全宗,第 28 页。

11. 照译颜代表日内瓦来电(1932 年 11 月 3 日)

南京外交部:第四百四十号。

因美国及国联中主要会员国尚未有与日本冲突之准备,最后解决又有延至来年之趋势,下列程序正在考虑中,报告书既提出俄美两国非国联会员国,因有提议召集凯洛公约签字国会议讨论报告书者,该会关于解决办法之决定再由国联大会予以接受,因美国反对召集九国会议故有此项程序之提议,如此,则大会将于十二月间通过三项决议:(一)接受报告书内所查各节;(二)对于"满洲国"不予承认并不与合作;(三)国际间与中国之合作。俾在满洲问题未有最后解决办法之前扶助中国国民政府,倘日本亦请求加入合作,则将告以须先接受李顿报告书方可。

行政院将于二十一日开会,台维斯谓俄国对日本频送秋波,意在加压力于中美两国。

资料来源:《东省事变国联之决议与措置(二)》,台北"国史馆"藏"外交部"全宗,第 31—32 页。

12. 照译颜代表自日内瓦来电(1932 年 11 月 4 日)

南京外交部:第四百四十三号。

曾晤秘书长特拉蒙氏,渠对庆前电报告之程序大概予以证实,但拟召开之会议将由在华有利益关系之各国参加,美俄两国亦将包括在内,《非战公约》签字国则不全体参加,该会议约于明年一月间召集,国联大会再于三月间开会,接受该会议之报告,并提出最后之建议,庆谓如此迁延恐使日方扩大事态,特拉蒙答称现在最重要者,厥以为美俄两国之协助,对日本逐渐增加压迫,以期达到现在不能达到之解决办法,国联即用尽方法,而实际尤不得解决,殊属不智,且于中国亦无实益,渠谓至为人道计,对于东省时局必须有所作为,但亦不知如何办法,渠以为义勇军确使日本疲于应付,日本金元现已跌至纸磅一先令三便士又半,故加紧抵货极为重要,加之日本国内其他难题必能令日本极感困难,调查团自身暨此间人士视报告书末章,不若前数章之重要,盖以其仅拟建议而已,兹鉴于达到最后解决办法程序之冗长,庆以为立予让步,殊为不智。庆。

资料来源:《东省事变国联之决议与措置(二)》,台北"国史馆"藏"外交部"全宗,第35—36页。

13. 照译郭公使日内瓦来电(1932年11月18日)

南京外交部罗部长均鉴:第四百六十二号。

今晨曾与台维斯会晤,渠向祺宣称如下:

(一)关于审译李顿报告书暨不承认"满洲国"政策两事虽□□部近仍踌躇不决,而英法之援助我方现在实际已得有保证。

(二)指派一和解委员会包括美俄两国在内,其失败乃系必然之事,然后另派一委员会缮具报告提交特别大会,并建议办法以备采择。

(三)中美两国亟应防止苏俄使情势宜形复杂,并应防止国联规避责任虽为得策,然渠以为此种危险并不严重,且以为国联一经受第一点之束缚,则进一步之步骤实属无可避免。

(四)若国联允为先驱,则美国将充分与国联合作实施任何制裁。

(五)颜公使寄达尊处之国联大会决议草案为国联秘书厅友邦人员所拟,渠以为其结论缺乏力量,以其既未采取行动且亦未计划为之。

(六)下星期渠将提议邀请中国遣派代表参加世界经济会议筹备委员会。

祺已向渠保证我方在东省方面当增强武力之抵抗,而在国内各处则抵货运动益趋激烈,渠以为此种办法系属扼要,祺并告以我方坚决反对顾问会议,以其损害我国之主权。祺叩。

资料来源:《东省事变国联之决议与措置(二)》,台北"国史馆"藏"外交部"全宗,第39—40页。

14. 照译颜代表日内瓦来电（1932年11月21日）

南京外交部：第四百六十八号。

行政院会议顺序，大约先由中日双方发言，然后李顿答复日方意见，其次某类会员国将向日本发问，以查询有无妥协之可能，会议至此稍停，后行政院重开会议，讨论至星期六，通过决议案，将报告书及会议纪录移交十九委员会，然后闭会。秘书长特拉蒙反对在大会举行总辩论，经班纳斯（捷克外长Benes）力争获胜。预计大会将于十二月初间开会三日或四日之久，各代表团现正预备多种不利于日本之提案，责成十九委员会起草决议案，接受李顿报告书所得之证据，重申不承认之原则，或竟声明不合作。该决议案，即视为本案之判决。然后在十二月十二日左右宣布闭会。一月中旬再由十九委员会组织调解委员会，加入俄美两国。关于调解提议，以六十日为期，实觉太长。台维斯与特拉蒙均赞成将起草最后报告之第三步加以延缓，认为大会决议案已将大挫日本之气焰。总之，各国仍在犹豫中，欲为日方留转圜之余地。但如美国态度因日方意见书而激动，则情形又将不同。松冈发言屡涉战争，颇足代表日本政策之鲁莽与蛮悍。惟松平则假作和让，而以俄国之态度故作危词，是亦可旁证日方在莫斯科之失败也。华盛顿方面有何消息？

资料来源：《东省事变国联之决议与措置（二）》，台北"国史馆"藏"外交部"全宗，第42页。

15. 照译顾代表自日内瓦来电（1932年11月22日）

南京外交部：第四百七十二号。

顷晤秘书长特拉蒙，关于中日纠纷事项，行政院之程序如下：星期三中日各发言代表互相答辩。嗣后如认为适宜，宜将请调查团出席发言，李顿爵士预料在星期四日答复重行声述报告书所述各节，行政院于是表决，将报告转达十九委员会，预料十九委员会当可于下星期初开会，现诸友好正设法邀请若干会员，在报告未送达十九委员会以前，发言维护和平条约之神圣，但大多数会员，均倾向在大会时发言。特闻。钧。

资料来源：《东省事变国联之决议与措置（二）》，台北"国史馆"藏"外交部"

全宗,第 44 页。

16. 照译顾代表自日内瓦来电(1932 年 11 月 23 日)

南京外交部:第四百七十三号(十一月二十二日尊电第七百六十六号奉悉)。猥蒙奖饰,无任感纫。国联秘书长特拉蒙称根据程序之理由,关于转送报告书一事,彼预料日方不致留难,惟国联大会将立即依据盟约第十五条第四节之规定,采取行动,显欲消弭日方反对美俄两国之参加商议。李顿亦曾晤及。彼愿发言对报告书重予申述,并称国联大会在采用报告书所得之事实以后,即将请日方依据盟约第十五条第四节之规定,参加缮具报告书,俾日方得讨论并接受为解决办法所提建议之机会。

资料来源:《东省事变国联之决议与措置(二)》,台北"国史馆"藏"外交部"全宗,第 46 页。

17. 照译颜代表自日内瓦来电(1932 年 11 月 23 日)

南京外交部:十一月二十三日,第四百七十五号。

行政院今日下午召开会议,日方对我方演词将加以批评。顾代表将予以答复,然后再以有须增添或改易之处,询诸调查团。日方将阻止将报告书转送国联大会。但班纳斯将为行政院答复,而将报告书转送于大会,公开辩难,所不能免。德国因已应"满洲"之要求,批定大宗货物,故对我殊不友善。庆。

资料来源:《东省事变国联之决议与措置(二)》,台北"国史馆"藏"外交部"全宗,第 48 页。

18. 日内瓦来电第四八三号(1932 年 11 月 26 日)

南京外交部:国联大会将讨论解决中日问题之计划,可无疑意。钧部若有计划,希即见示,关于满洲自治纲要,仍候消息。

资料来源:《东省事变国联之决议与措置(二)》,台北"国史馆"藏"外交部"全宗,第 50 页。

19. 照译顾代表日内瓦来电(1932年11月28日)

南京外交部:第四百八十七号。

本日上午十一时行政院会议,主席宣读松冈来函,据称:东京训令认可松冈对于引用盟约第十五条及将中日争议移交特别大会两事之保留,是以松冈拟不投票等语。于是遂将移交大会之提案付诸表决,结果通过。主席复对于调查团表示感谢,并谓特别大会如须协助或关于行动有所询问时,仍可再行召集调查团与会。但松冈表示,渠认为调查团已不存在,是以欲对于此点加以保留。嗣遂讨论日程上其他各项。关于监管贩运鸦片麻醉品之模范条规,钧发表进行之意见,玛德理尔加(西班牙代表)表示赞助,并为国联所承认。随后行政院再开秘密会议,所决定之问题均不甚重要。本届会议最后一次集会将于下星期内举行,下届会议将于明春一月二十一日开始(所称本届及下届会议均指行政院会议)。顾。

资料来源:《东省事变国联之决议与措置(二)》,台北"国史馆"藏"外交部"全宗,第52页。

20. 照译代表团日内瓦来电(1932年12月1日)

南京外交部:第四百九十号。

今晨十九委员会会议:(一)通过于十二月六日召集大会。(二)欢迎土耳其代表首次出席。土代表答词:希望本案之解决可以增加两约(《非战公约》、《九国条约》)之力量。(三)关于庆十一月二十九日请委员会对于延长之期限加以确定一函,决定照西姆斯(比国代表,十九委员会主席)之提议,答复以关于期限一层,势须将李顿调查团报告书先加审查后,方能规定,而审查之工作,在大会表示意见之先,又未便进行,是以委员会总须于下次大会开会后,方能提议期限问题等语。捷克、爱尔兰、瑞士、英国代表等先后发言。除英代表外,均申说速定期限之重要。委员会闭会,俟大会后再聚集。

资料来源:《东省事变国联之决议与措置(二)》,台北"国史馆"藏"外交部"全宗,第54页。

21. 照译顾代表自日内瓦来电(1932年12月7日)

南京外交部：五百十号。

行政院于六日开会，讨论玻利非亚(Bolivia)、巴拉圭(Paraguay)两国之争执。通过主席派该委员前往当地责令双方停战之提议。欧里沃于上午出席大会，晚即遄返巴黎。彭古将在大会发言，拥护国联及各项公约。

钧。七日。

资料来源：《东省事变国联之决议与措置(二)》，台北"国史馆"藏"外交部"全宗，第56页。

22. 照译代表团日内瓦来电(1932年12月9日)

南京外交部：第五百二十一号。

大会通过下列决议案，代替前第五百一十一号电所报告之第二项决议案草案。

大会：

一、现既接到调查团报告书，该调查团系依据去年十二月十日决议案所组织者及两当事国之意见书，与十一月二十一日至二十八日行政院会议纪录；

二、鉴于十二月六日至九日大会之辩论；

三、爰请特别委员会：

（甲）研究调查团报告书，两当事国之意见书，在大会中所发表之意见与提议及以任何形式所提出之意见与提议。

（乙）草拟提案以便解决依照二月十九日行政院决议案提交大会之争执。

（丙）在极早时间内，将上述提案提交大会。

资料来源：《东省事变国联之决议与措置(二)》，台北"国史馆"藏"外交部"全宗，第58页。

23. 照译顾代表自日内瓦来电（1932年12月10日）

南京外交部：第五百廿二号。

下午四时行政院召开秘密会议，决议如下：

（一）鉴于特拉蒙将于明年六月三十日方始退职，故爱文诺之聘书亦将展至同日起发生效力。

（二）任命德国之庄德伯伦博士及义国之毕罗泰氏为副秘书长。

下午五时行政院召开公开会议，讨论长冈所拟关于保护波兰国境内少数民族之报告，嗣因德国外交部长强烈之反对，遂将讨论截止，以便作进一步之调解。

钧。

资料来源：《东省事变国联之决议与措置（二）》，台北"国史馆"藏"外交部"全宗，第60页。

24. 照译顾代表自日内瓦来电（1932年12月15日）

南京外交部：第五百四十七号。

行政院于下午开会，讨论丑西里亚问题。对于依照第十五条规定之英波（波斯）两国争执并未提及。起草委员会中某重要委员曾告余以下午五时，草案当可告成，提付十九国委员会。对于基本原则已予通过采纳，而不承认"满洲国"之条款，亦已以圆滑之措辞，将其包含在内。时间期限定为三月一日，若经中日双方同意，可予延长，如双方不能同意，则可由大会延长之。

渠对于所得结果，殊为满意，深望该草案今晚或明日向我方提出时，我方当可接受。西门亲日之心甚坚，实为一大阻碍。然现西门氏已由他人代理，故草案本日得以圆满完成。

钧。

资料来源：《东省事变国联之决议与措置（二）》，台北"国史馆"藏"外交部"全宗，第62页。

25. 照译颜代表自日内瓦来电(1932年12月15日)

南京外交部:第五百四十八号。

以下为国联大会决议草案第一号:

国联大会:

承认依据盟约第十五条规定之条款,首要之义务,厥为力谋争端之切实解决,故目前大会职责并不在于草拟之报告,陈述争端之事实,以及对于该项争端提出建议。考量依据本年三月十一日决议案所订之原则,国联对于解决争端之态度于以决定。

故确认该项解决办法中,《国联盟约》、《非战公约》暨《九国公约》规定之条款,必须予以尊重。

决定组织一委员会,其任务为根据国联调查团报告书第九章所申述之原则,并注意及该报告书第十章所为之建议,会同当事双方进行商议,以求解决。

任命国联会员国代表之出席于十九国特别委员会者,组织上述委员会。

认为美俄两国同意于参加商议,系属合宜。

故授权于上述委员会邀请美俄两国参与商议。

又授权该委员会得采取为完成使命之必要办法。

并请该委员会于明年三月一日以前报告会商之进步。

该委员会得当事双方之同意,有权规定七月一日大会决议案所指之期限,如当事双方对该项限期不能同意时,则该委员会于递送报告书之际应同时对此问题(指限期)拟具建议,呈交大会。

大会并不闭会,大会主席认为必要时得即时行召开会议。

决议草案第二号:

国联大会对依据行政院去年十二月十日决议案所选派之调查团表示谢意,该调查团勤劳卓著,有功国联,兹声明其报告书将永为本诸良心,记载公允之模范。

资料来源:《东省事变国联之决议与措置(二)》,台北"国史馆"藏"外交部"全宗,第65—66页。

26. 照译日内瓦来电(1932年12月16日)

南京外交部:第五四九号,十二月十五日。下午七时,晤见代理主席及国联秘书长特拉蒙,将两项议决案及宣言交庆。谓:经许多困难后,始得同意全文。代理主席于是诵读全文,征求庆之意见,当答以敝国政府对此将失望,因其措辞远不如所期望者;尤其对于期限问题,未予规定。彼等作同样之解释:谓现在进行调解,故须避免如判决等事,至于规定之期限一层,委员会有全权可以制止一方面之延宕。庆询特拉蒙:美俄两国对于邀请参加,是否已予接受。据云:尚无把握;但若中日两方如能接受决议案时,美俄自无问题。然美俄之接受与否,并非必要也。特拉蒙谓:日方或可接受此项决议草案,因其公开之演词,未必为其真正所想之表示。下午六时晤李维诺夫。渠谓俄方于邀请参加调解委员会一节,大约不予接受;因俄无意助国联清理其复杂问题。但最后之决定,当俟接到请柬之后。我代表团现正研究此项文件,以便将意见电达尊处,因特拉蒙希望于明日能得我方意见也。

资料来源:《东省事变国联之决议与措置(二)》,台北"国史馆"藏"外交部"全宗,第68页。

27. 照译颜代表自日内瓦来电(1932年12月16日)

南京外交部:第五百五十号。

兹将决议案及所附理由声明书,电达如下:

查大会依照十二月九日决议案,请特别委员会:

(一)研究调查团报告书,两当事国之意见书及在大会中所发表之意见与提议,不问其以任何方式提出者。

(二)准拟提案,以便解决依照二月十九日行政院决议案提交大会之争执。

(三)在极早时间内,将上述提案提交大会。

委员会如须将事变之真相及对于大局之见解,提出于大会之前,则此种声明必须之材料,已可于调查团报告书首八章中得之,在委员会之意见,该八章不啻对于主要各事实一种不偏不倚、大公无私、毫无遗漏之声明。

但目下尚未发表此种声明之时期。依据盟约第十五条第三节之规定，大会首应尽力以调解之方法实行解决争执问题，如能成功则应公布声明，将事实酌量公布。如不能成功，则大会之职责在于依照同条第四节之规定，缮发声明，说明争执问题之事实及对于争执问题之建议。

值此根据盟约第十五条第三节之努力仍在继续之时，感于盟约所规定在各种情形中大会应负之各种责任，委员会尤不得不特别审慎。因是于起草今日提交大会之决议案时，特自限于作调解之提案。

特别委员会受三月十一日之大会决议案之命，努力预备商同当事双方求争执之解决。在另一方面，国联前此协同当事双方代表所作之努力，既以美俄两国之加入为合宜，为此提议邀请该两国参加谈判。

为求免除误会及表明在现在期间所希冀于非国联会员之两国之合作者，完全为以调节办法谈判解决而已起见，特别委员会建议即本此旨以该会作为一新生之委员会，负责进行谈判，并有权获得以此名义，邀请美俄两国参加会议。

谈判委员会应有为执行其使命所必要之全权。关于特别问题，该委员会得咨询专家，并得因宜以其权力之一部分，授与一或数小组委员会，或授与一或数特别合格之人员。

谈判委员会之会员关于法律问题，应以三月十一日大会决议案第一、二两节为依归，关于事实问题，应以调查团报告书首八章所陈之事实为根据。至于所考虑之解决办法，则应于调查团报告书第九章所提之基本原则中寻求，并对于该报告书第十章所建议之各节予以注意。

于此，十九委员会认为，在此项争执所独具之特殊情形下，仅于恢复一九三一年九月以前之原状，固不足以担保解决之持久，而维持承认"满洲"现政体，亦未可视为解决之办法。

庆。

资料来源：《东省事变国联之决议与措置（二）》，台北"国史馆"藏"外交部"全宗，第72—73页。

28. 照译颜代表日内瓦来电（1932年12月16日）

南京外交部：第五百五十四号。

本日十九委员会讨论日方意见，并将日方反对决议案及理由声明书之各点宣读，据云：日方意见具基本性质可使调解结束之迅速出乎意外。

我方未提出修正案，仅表示失望而已。颜。

资料来源：《东省事变国联之决议与措置（二）》，台北"国史馆"藏"外交部"全宗，第75页。

29. 照译颜代表日内瓦来电（1932年12月18日）

南京外交部：第五百五十九号。

本日下午起草委员会开会考虑日方意见，日方意见谓：决议案对于不承认问题倘有提及，无论如何，不能接受。报告书第九章之原则，除第七、第八两条外，作为调解之基础尚可接受等语。特拉蒙告委员会称：在现在情形之下，继续讨论，绝对无益，提议星期二十九委员会开会，宣布闭会至休假期满重开。在闭会期间根据盟约第十五条第四节预备报告，以便结束冲突。我方坚持十九委员会须宣布闭会之理由，以揭穿日方之里幕。

资料来源：《东省事变国联之决议与措置（二）》，台北"国史馆"藏"外交部"全宗，第77页。

30. 照译颜代表日内瓦来电（1932年12月19日）

南京外交部：第五百六十号。

顷晤特拉蒙，渠将尊电及我方之调解基础（见十二月十七日第五百五十五号电）阅读一过后，多方解释指证谓：我方之要求，已有百分之八十包括于决议案及理由声明书之内。认为尊电态度，实极温和，至于不提及报告书第十章一层，亦不无办到之可能。庆当将十二月十七日第五百五十五号电内各节重述一遍，并谓迄今我方之所以未将所欲之修正正式提出者，意在俾渠得先与日本商量耳，但将来总将提出也，并告渠以：不承认一层，为必不可少之条件，实调解中最要之事,此次电中虽未提及,然前此早经再四说明矣。渠建议谓:理由声明书最后一节,既为日本所坚决反对,不妨以某种方案代之,使三月十一日之决议案,得特别适用于"满洲国"。渠并辩称:报告书原则第七条含有此意,倘日本接受该条例,则亦足矣等语。经庆反对,因即使大会通过不承认之决议案,对于日本之蔑视国联警告,悍然承认伪国,答复已嫌软弱,何况并此而无之软。嗣庆询渠以:目下实际情形若何?据称:昨日甚恶,本日稍佳,因日方同意再电东京请训,而列强复以日方如拒绝报告书第九章,即将适用盟约第十五条第四节,对东京竭力压迫。照情形观察,国联似将修改草案,使再软弱,以取好于日本。日方修正案颇多悖谬之处,例如欲以"非国联会员"之名词称唤俄美两国之类。十九委员会明日开会,结果如何,视东京复讯而定,目下无从知悉。特拉蒙请将上述各节电陈大鉴。庆允照办。

资料来源:《东省事变国联之决议与措置(二)》,台北"国史馆"藏"外交部"全宗,第80页。

31. 照译颜、顾、郭代表自日内瓦来电
（1932年12月19日）

南京外交部:第五百六十一号。

特维亚已离瑞京赴布鲁舍纳,曾将今晨我方与渠所谈各节摘要缮具备忘录留交起草委员会。闻星期六日下午起草委员会曾开会将该备忘录提付讨论。主席胡勃金以我方态度,殊属稳健。日方书面意见书,今晚方可送到。委员会星期日下午开会。

惠庆、维钧、泰祺同叩。

资料来源:《东省事变国联之决议与措置(二)》,台北"国史馆"藏"外交部"全宗,第82页。

32. 照译颜代表自日内瓦来电（1932年12月19日）

南京外交部:第五百六十二号。

晤见瑞典代表谓:起草委员会昨日因日方态度之倔强,愈感棘手。一般意见,破裂殆不可免。但因重要代表均未出席,且以休假期间之届临,在未经各

代表切实考虑商谈以前,大会甚难决定采取此项紧急之步骤,最好将此案延搁至明年正月中旬,在此期间,准备决裂。吾等尚未正式提议修正,因欲日方先表明其态度。但渠劝余等从速表示,借使委员会能将两方意见予以比较。庆当告以草案已十分软弱,若再示让步,我方不能承诺。特拉蒙今早亦谓:日方对于字句尚有修改可能,但在原则上或实质上不能变更。国民通讯社关于三中全会决议案之修改,产生不良之印象,难以解释,起草委员会今日非正式开会,并无何项进展。

庆。

资料来源:《东省事变国联之决议与措置(二)》,台北"国史馆"藏"外交部"全宗,第84页。

33. 照译顾代表自日内瓦来电(1932年12月19日)

南京外交部:第五百六十三号。

行政院于下午六时开会讨论英波(英国及波斯)争执及波兰国内小数民族问题,决定该两问题应延至一月开会时再行讨论。西班牙代表声称日本对于决议案草案反对各点性质殊为重要,其反对提及不承认"满洲国"及要求俄美参加二事,尤堪重视。盖上述二事,委员会均认为至关重要者也。西班牙代表提议应向各国接洽,请其于休假期内,设法胁诱日本改变态度。进行此种接洽时,尤须注意美国。如不能奏效,则应进行依照第十五条第四节,缮发最后报告书。起草委员会于今日开会,决定报告现在已无进步之可能。十九国委员会经星期二上午开会后,延至一月中旬再开。在该期间内,将仍由主席及秘书长向当事双方继续努力以求其对于决议案表示同意。但一般感想,佥以为目下之问题,强半系日本与国联之问题云。

维钧叩。

资料来源:《东省事变国联之决议与措置(二)》,台北"国史馆"藏"外交部"全宗,第87页。

34. 照译中国代表团自日内瓦来电
（1932年12月20日）

南京外交部：第五百六十五号。

本日十九国委员会一致通过起草委员所提出之建议，其文如下：

"十九国委员会依照十二月九日大会决议案所托付于该委员会之任务，爰草成某种条文，大概指明争执双方进行调解应予实行之基础及为达此目的应予遵守之程序。各该条例文采用之形式，系分为决议案、草案二件，理由声明书一件。经由委员会主席及秘书长通告当事双方，并经当事双方分别提出意见。嗣后各项谈判尚须若干时间。"

"委员会鉴于此种情形，既承认应继续努力，俾便对于如此重要之问题，能得各方之同意。以为为使上述谈判继续进行起见，应将会议延至至迟一月十六日再为举行较为得计。"

"委员会决定在与当事双方进行上述各条文之谈判时，各该条文不予公布。"

中国代表团叩。

资料来源：《东省事变国联之决议与措置（二）》，台北"国史馆"藏"外交部"全宗，第89页。

35. 照译颜代表日内瓦来电（1933年1月7日）

南京外交部：第五百八十四号。

顷晤特拉蒙，询以对于我方修正案及调解前途之意见。据称：日本对于原则尚未接受，调解似已无望，必须从事于第四节之途径等语。因促渠作强有力之报告，以挽救国联，以满足美国及举世之愿望。渠云：报告颇长，将先叙述争执之整个经过，包括上海事件在内，最后以第九章之原则，或连带第十章为归结。庆当指出首八章与第九章间之沟界断然不能呵成一气，至关于第十章一层，虽制报告书人本身仅于视为一种提议而已，并不重要。嗣询据盟约第十五条第六节之意义。渠称：倘中国接受，而日本拒绝，则中国得用任何方法对付日本，而并无不合，因举考府（CORFU）事件为例。庆并提及该节所称建议一语,并非仅对当事两方而言,亦所以告其他国联会员国应采若何行动也。渠谓:英国之态度,乃实际维持盟约,但不欲适用第十六条。庆即注重申说倘对日本不加以惩责,而先例成立,则各小国对此疑虑特甚。渠亦承认,惟以为倘在欧洲,情形当于亚洲迥异。关于程序,大约十九委员会于十六日开会,承认调解无效。二十日大会开会,令委员会预备报告,该报告于二星期内完成。渠问:倘日本接受第九章,但力持小调解委员会,俾当双方直接交涉,如从前关于山东问题者,然则中国能否同意。庆答以:日本必须先放弃"满洲国"方可谈判交涉。至于直接交涉一层,则系与国联程序及决议相违反,并指明现在事件与山东问题之不同,山东问题之交涉,并不在国联领导之下,是以不受《国联盟约》、国联程序之束缚耳。总之,今日之问题,为日本是否接受决议草案及理由声明书,虽然二者均极软弱。渠以为:小委员会倘有俄美参加,两当事方平心静气磋商,总可获一解决。设美国本为国联会员,整个争执早于一九三一年解决矣等语。据别方面消息,日本将被认为负调解失败之责者,关于报告书,闻特拉蒙虽赞成,仍由十九委员会起草,但工作已经开始云。郭公使往谒汪院长,少川准明日来,徐淑希星期一回来。

颜。

资料来源:《东省事变国联之决议与措置(二)》,台北"国史馆"藏"外交部"全宗,第92—93页。

36. 照译颜代表自日内瓦来电(1933年1月17日)

南京外交部:第六百〇六号。

十九国委员会主席对于余函内第一节所称各点,答谓昨日开会时,已请各方注意我国修正案性质之重要。至对于余函内第二节所称各点,渠曾将开会后发表之通告,抄送前来。通告内容,另电达。

惠庆。

资料来源:《东省事变国联之决议与措置(二)》,台北"国史馆"藏"外交部"全宗,第95页。

37. 照译代表团日内瓦来电(1933年1月17日)

南京外交部：第六百〇七号。

十九委员会开会后发表下列公报：

"十九委员会主席曾于去年十二月十二日声明本委员会认为除非竭尽寻求解决之心力，至耐无可耐之时，本委员会不能谓为已尽其职责。"

"十九委员会今日重新追认此种主张，但认为如《国联盟约》第十五条第三节所规定之程序，不幸而告失败，则本委员会之责任为赶速根据大会去年三月十一日决议案所规定照盟约第十五条第四节，于必要时，起草报告。"

"去年十二月廿日开会时，本委员会知悉本会主席及国联秘书长与当事双方进行讨论，须有相当时日。"

"是后该项谈判继续在进行中，除中国方面有提案外，别无其它新提案，日本代表团与主席及秘书长晤面时，谓日本代表团正与日本政府磋商新提案，一俟有所决定，即提交十九国特委会，并称于四十八小时内可有方案提出。"

"因欲于最短期间内最后确定国联全体大会，能否根据盟约第十五条第三款完成其使命，十九国特委会认为目前有短暂休会之必要。"

资料来源：《东省事变国联之决议与措置(二)》，台北"国史馆"藏"外交部"全宗，第98页。

38. 照译代表团日内瓦来电(1933年1月19日)

南京外交部：第六百十四号。

本日十九委员会开会，讨论日方答复，日方之答复性质与传闻者相同，不接受解散"满洲国"之原则，极力反对邀请非会员国之俄美。照委员会看法，认为日方之用意在于觅得一适当之借口，以便退出国联，是以决定再询日本以倘将决议草案及理由声明查之原案内邀请一层除去，日本可否予以接受，下次会议定星期五举行。

代表团。十八日。

资料来源：《东省事变国联之决议与措置(二)》，台北"国史馆"藏"外交部"全宗，第100页。

39. 照译颜代表日内瓦来电(1933年1月19日)

南京外交部：第六百六十一号。

顷晤特拉蒙，渠出示新闻消息内称：中国全国报纸攻击渠个人。渠云：实在之事实，不过渠受人之咨询，而予以意见而已，任何国联会员国前来就商于渠，均视同一律，并未超出其义务之范围云云。渠觉我方星期一往谒主席，似对渠不信任，甚为愤懑。庆告以我方往谒主席，乃表示尊崇之意。至于报纸攻击之事，乃因当日早晨日本新闻机关登载该项方案就商于渠等来不及，是以渠显为日方所算。渠云：关于调解，渠赞成三事：（一）美国之参加；（二）以报告书首八章作为事实；（三）以第九章为基础。但现在美国既不参加，而日方态度目下最后答复虽未到，然对于其他两项恐不接受，殊觉失望。庆云：中国政府与代表团均认美国之参加为重要，亦为不拒绝决议案动机之一。至于我方之修正案，亦属重要，因其表明渠之其他两点，日方必须承认放弃"满洲国"，否则调解断无成功之理，并告渠以：日方或将同意邀请美国，但所提其他修正为条件，则将若何？渠云：如此则调解既无基础，势不得不认为失败矣。最后渠云：果然如此，则委员会将宣布因日方提出不能接受之修正而调解失败，以便使日方负责，盖我方修正案对于要义并无出入也。庆窃以为报纸及政府之积极态度，颇有良好效果，并使我方意见受人重视。

颜。

资料来源：《东省事变国联之决议与措置（二）》，台北"国史馆"藏"外交部"全宗，第103页。

40. 照译日内瓦颜代表来电(1933年1月21日)

南京外交部：第六百十八号。

庆曾晤国联主席暨秘书长，据主席称：关于中国修正案之进行，当使庆知悉，并未遗忘，但认为先行确定日方有无妥协之可能，而后讨论中国之修正案较为妥善。

今日会议延至明日再开，因日本尚未正式答复十九国委员会所提出之问题，该委员会拒绝讨论日本方面之私人提议，但日本之覆文希望明日可以达到。

主席又称：星期三十九国委员会同意删去邀请美俄二国参加一节，并且提及理由声明书或将改为主席之宣言，以使日本提出保留。庆表示反对，因此种变更有加倍致弱之虞，将来所造成之形势，类似以前行政院之决议案然。庆力主国联大会采取否认"满洲国"决议案，俾事实明了，以伸援助。非日本愿意放弃"满洲国"，则其调解认为毫无诚意，中国将拒绝之。

庆。

资料来源：《东省事变国联之决议与措置（二）》，台北"国史馆"藏"外交部"全宗，第105页。

41. 照译颜代表日内瓦来电（1933年1月21日）

南京外交部：第二十一号。

会后，晤主席及秘书长，据主席称：日方所提出之修正与昨日无二，并声明该项修正现为本国政府所认可。委员会不能接受此种关系重要之修正，是以断定调解已经失败，必须开始进行第四节。委员会将于星期一开会，研究报告之要则，但目下双方在大会开会之前，如有若何新建议，委员会准备听取。庆云：此事诚属遗憾，然早经料到不足为奇。询以：大会何日开会。复称：约在二月第一星期间。关于公报已另电呈鉴，请将尊处意见电示。庆并询以：委员会是否将发表日方提案，借以证明委员会宣布调解失败之理由。复称：目下将不表示，且报纸已有登载矣。

资料来源：《东省事变国联之决议与措置（二）》，台北"国史馆"藏"外交部"全宗，第107页。

42. 照译我国代表团自日内瓦来电
（1933年1月21日）

南京外交部：第二十二号。

十九委员会公报：十九国委员会于本日下午开会时，聆日本代表向主席及秘书长之宣言，借悉日本政府对于十二月十五日之决议案草案，即使删去得邀请非会员国参加会商之一节，亦不准备予以接受。日本代表团于作该项宣言之后，并特告主席，谓该团昨日自动提出之提案，业已得到本国政府之赞同。

查本委员会曾缮就条文,分送当事各方。兹于阅悉日本政府该项新提案及中国政府对于上述条文所提修正案之后,本委员会唯有声明提出双方均可接受之决议案已不可能。中国代表团及本委员会本身对于邀请俄美二国参加解决案件之会商,均视为至关重要,故该项规定如因日本单独之要求,遂予删去,而同时本委员会又须依照日本提案之意义,将十二月十五日决议案草案中其他各项规定,亦一律予以修改,此事殊不可能。本委员会领悉即使同意将理由声明书改为主席代表委员会之宣言,当事各方对之得有提出保留案之自由,然日本政府亦不能接受十二月十五日本委员会所拟之条文,不予修改。日本政府在最后所提案中,曾要求将该项条文,予以重要之改变。此事本委员会殊难承认。

在此种情状之中,本委员会企图向大会提出解决争执之手续,现在已觉失败。大会下次开会,系亦不免出诸同样之结论。本委员会不能不顾及此种□定之情形,爰依照根据三月十一日决议案第五节第三章所委托之任务,决议立即开始准备第十五条第四节所规定之报告书草案。

惟第十五条第三节所载之程序,只可由大会结束之。故当事各方如再有他种建议提出,本委员会自不胜欢迎。

为使十九国委员会在星期一日上午得再开会一次起见,原定在星期一日上午召集之行政院第七十届会议第一次开会,改于星期二日上午举行。

中国代表团叩。

资料来源:《东省事变国联之决议与措置(二)》,台北"国史馆"藏"外交部"全宗,第110—111页。

43. 照译颜代表日内瓦来电(1933年1月23日)

南京外交部:第二十五号。

十九委员会本日上午开会讨论秘书厅所拟之报告草案。该草案分两部,大都为历史经过并无切实之结论或建议。英国提议报告内容仅于接受李顿报告书即可。各小国认为不足,予以反对。现在起草报告书之事工,已交由起草委员会办理。该项委员会之组织除原有之六国外,主席已包括在该六国内,再加德、意、瑞典三国,共有四大强国、五小国。报告斥责日本为我方之主要目的,但各大国则显不欲出此。请与各该国驻华公使接洽。

资料来源:《东省事变国联之决议与措置(二)》,台北"国史馆"藏"外交部"

全宗,第113页。

44. 照译颜、顾、郭三代表自日内瓦来电
(1933年1月23日)

南京外交部:第二十七号。

(接本日第二十五号电)十九委员会讨论是否应拟两种报告,一关于根据第三节调解失败之原因,另一关于争执之经过,最后根据第四节提出建议。英国表示意见,以为关于调解之报告,应将争执之经过与调解失败之原因两者同时包括在内,意在尽量缩短根据第四节之最后报告。各小国表示反对,未有结果。现在此事已留待新起草委员会决定矣。

资料来源:《东省事变国联之决议与措置(二)》,台北"国史馆"藏"外交部"全宗,第115页。

45. 照译顾代表日内瓦来电(1933年1月24日)

南京外交部:第六百三十号。

行政院本日上午开会,讨论各项问题,指派委员会注意哥伦比亚与秘鲁间或将发生之冲突。至关于英波(波斯)争执,班纳斯被派为居间人,在渠尚未进行调解之先,暂缓讨论。关于委托治理委员会(MANDATE COMMISSION)之报告,意、德赞成在委托治理地方严格施行经济平等之原则。对于养成叙利亚(SYRIA)分立自主,表示反对。比尔高特(PIERRECOT)代表法国,伊登(EDEN)代表英国答复,注重委托治理区内人民幸福之说。关于中日争执,起草委员会定星期三开会,讨论报告之基础。钧将赴巴黎,约留两日,以便赴法总统宴会及照料孔部长游法事。

顾。

资料来源:《东省事变国联之决议与措置(二)》,台北"国史馆"藏"外交部"全宗,第117页。

46. 照译顾代表日内瓦来电(1933年1月25日)

南京外交部：第三十二号。

一月二十四日尊电第七十三号敬悉。此间对于最近德国政策，未有所闻。惟孔庸之曾云：在柏林会晤各当局结果甚为满意。昨日偕孔庸之往晤班纳斯（捷克外长）。班氏云：报告中必须包含指摘非法获得权利之意，各方所不同意者，程度问题耳。今晨起草委员会开会，仅作非正式谈话，未有若何决定。闻起草委员会系由（REAEP电码不明）主席。秘书厅所提草案，不甚切实，且无力量，各小国提出较强硬之草案。大约将来结果总系将前者两草案合并而不附建议，因认为建议之权属于十九委员会也。（原文commikkee恐系指十九委员会）与班纳斯会谈之结果，发现一重要之理由如下：盖李顿报告书，如完全予以接受，其结果实际上不啻因国联调查团之报告，而修改中日条约及国际公约，是为将来创一危险之先例。盖在现时条约公约只有因战争之结果或根据盟约第十九条而修改之事也。哈斯（调查团秘书长）之答复谓：当报告书完成之时，其唯一之用意在于调解且系根据盟约第十一条者。现在调解既然失败，则报告全书均受影响，至少其第十章已不能接受矣。

资料来源：《东省事变国联之决议与措置（二）》，台北"国史馆"藏"外交部"全宗，第120页。

47. 照译中国代表团自日内瓦来电(1933年1月27日)

南京外交部：第三十八号。

起草委员会通过报告书草案，第一部分"内载提出于国联之中日争执进展情形，该部分包含当事双方所提之争执及国联采取之行动，即行政院各项决议案是，并概序十二月十日以后之事变，内中计有三页，系序述上海战事，继论及'满洲国'之成立及承认，旁及此次日方对于山海关之攻击，最后记载自李顿报告书公布及审查后大会之行动。又说明当时曾根据十二月九日之决议案试行调解，但迄未成功。第二部分"依据各点，强半采自报告书中"。第三部分"结论，包括判词"。第四部分"建议，性质较为重要，尚未起草"。此间人士佥以在讨论实际解决办法以前，宜先使日本觉悟，故建议侧重对于日本施以压力，而最重要之点，在于以普通原则，为解决之基础。此外尚有一种目的，即以他种程序将争执问题暂予延宕，静待时机成熟以□实际之解决。因采用报告书后，国联反可卸去责任，而争执仍无法结束也。一月二十七日尊电第八十一号敬悉。此间人士所常询问之点：为中国设认为中日二国之间，已入战事状态，则何以不断绝国交，召回代表。良以中国本身倘不采取中日二国已入战事状态之举动，则他国何能出此。我方答复为：中国现在不愿使时局益趋严重，惟报告书公布之后，则局势及中国之态度定必大见改变云云。兹有应再为声明者：即我须力求自助，国联最多不过能予吾人以道德之上之扶助也。

中国代表团叩。

资料来源：《东省事变国联之决议与措置（二）》，台北"国史馆"藏"外交部"全宗，第122页。

48. 照译颜代表自日内瓦来电（1933年1月29日）

南京外交部：第四十三号。

报告书内容摘要第二部分：

争执首应由调解办法以图解决，然调解办法业已失败，于是缮拟报告书殊感必要。查以前曾派遣委员会前往当地依照第十一条规定进行工作。关于时局之情状，其一切必要之消息，大会均可于开首八章中觅得之。即：

（一）满洲常为中国全国国境之一部分。日本对于报告书所发表之意见，攻击经济权利与中国之主权互相冲突云云一论。援引一九〇五年《北京条约》，甚至日本向中国所提出之"二十一条"要求，并述及华盛顿条约，暨此次争执之事实。日本从未否认满洲□中国之一部。

（二）序叙满洲向来带有自主之性质，援引张作霖与苏俄所订之协定。自一九二八年以来，张学良氏虽承认国民政府，然张氏父子实握有实权。

（三）满洲与中国本部之关系日繁，日本在满洲之利益，描写日本在满洲所有租借地、铁道、军警等等之情形。援引报告书中所称该处局势，殊为复杂之一节。

（四）九月十八日以前之事态，冲突之发生，各项之会商，无未用尽和平解决之办法，紧张情形之增长及日本舆论要求以武力图谋解决。

（五）中国所处困难及过渡之时期，因抵货及排外之宣传，各国对于中国之扶助，因此遂见延缓，造成冲突之空气。

（六）其论抵货问题之处，计有二节，谓：若以抵货运动为一种压迫之工具，以求争执之解决，此种办法虽不能予以承认，然彼方如已采用武力，则此方对于彼方抵货之运动不能认为非法。

（七）《国联盟约》规定和平解决，而委员会亦证实此次争端，非不能以仲裁解决者。盟约第十二条所载各节甚为明切。

（八）日军之军事行动不能认为自卫之行动。

（九）日本军事当局动于政治之观念，满洲独立运动并非一种自然发生，出诸诚意之运动，乃由日方代为设想，并加以组织，使其实现。

（十）"满洲国"政府政权，完全操于日方手中。中国人民视该政府为日本之器具，并不予以拥护。

（十一）调查团报告书终了以后，日本承认"满洲国"，然他国并无继而出此者。

另有一节，叙述满洲暨上海之事变，以及现在特殊之各点，援引调查团报告书第一百二十六页中所载该问题复杂情形之一节及第一百二十七页第三节第二句。复更追述盟约第十及第十二两条。回溯九月三十决议案发表后日方所称将军队撤至铁路区域以内之宣言及十二月决议案发表后行政院所称不应使情形愈加严重之宣言。

最后一句称："就九月十八日以前紧张情绪之起原上论，虽似应由中日二国，分任其责任，但九月十八日以后事变之发展，在中国方面实不发生责任问题也。"

惠庆叩。

资料来源：《东省事变国联之决议与措置（二）》，台北"国史馆"藏"外交部"全宗，第126—128页。

49. 日内瓦顾维钧致外交部电（1933年2月3日）

发电时间：1933年2月2日17时15分

收电时间：1933年2月3日5时00分

南京外交部：第五十号。

行政院先召开公开会议，然后是秘密开会。关于提交给咨询委员会研究的贩卖妇女和儿童的报告,我表示希望看到:第一,中国在委员会中有代表;第二,租界当局与中国官员更密切地合作,以进行有效的控制;第三,在观望但无人出席的政府应随时向委员会通报进展情况。关于任命秘书长的秘密会议没有结果。

资料来源:《东省事变国联之决议与措置(二)》,台北"国史馆"藏"外交部"全宗,第130页。

50. 照译顾代表自日内瓦来电(1933年2月3日)

极密

南京外交部:第五十五号。

晤李顿爵士于圣赛尔特别墅,渠对于国联所处地位,终归明了,殊为欣幸。现在局势大略如下:

十九国委员会将制成性质类似程序之建议,连同解决办法之原则。至于日本则将再设法尝试维持第三节所载之程序,但此举终必失败。届时该国当虚张声势脱离国联,惟其虚张声势之举动,性质为何,尚难断言。或则拒绝再行参加中日争执之讨论,但对于国联其他各种活动,则继续参与。或则推出军缩会议,但此事在日本尚未决定,一方面在下届开会时,仍不抛弃出任行政院主席之权利,并列席所渴望之经济会议。溯自内田入□天皇及进谒西园寺等各要人后,日本所采方针大概如此。旋后谈及报告书中所谓本问题特殊之性质及对于抵货问题某种令人不满之言论等等,渠称最要之点,在将破坏盟约一事明白序明。中国将来如因横遭侵略,要求本国联出为扶助时,则应对此点作为所提要求之基础。如此点并未阐明,中国可向下次大会,或在下次大会中要求阐明云。至其他无关重要各点,似以不必提出为宜。否则一致同意一事,恐将受其影响也。关于裁制一事,渠称若欲求各国采取军事行动,决不可能。所可见者仅系各种道德上之裁制,若(一)大会继续开会;(二)由在东京驻有代表各国包括美国,如属可能,并请俄国采取同样行动,向日本政府投递报告书;(三)由各国间订立不承认"满洲国"之协定。余提议应再加入一项,即(四)将各国驻日使馆领袖召回,此亦一种使日本政府丧失信用,而不使日本人民受其苦痛之办法也。唯一希望为明白表示日本在世界上陷于孤立之地位,借以使日本政府,负此种丧失颜面之责任者,早日崩溃。而令对于大会报告书中所载解决办法之基础,能准备接受之新政府,得早日出现也。

维钧叩。

资料来源:《东省事变国联之决议与措置(二)》,台北"国史馆"藏"外交部"全宗,第133—134页。

51. 日内瓦代表办事处致外交部电(1933年2月4日)

来电第43491号

南京外交部:第六十二号。

据另报告开会情形如下:(一)认为日本新提案与从前无异,拒绝讨论,如将来日本有无新提案表示让步再予计划;(二)将来报告发表后国际联盟应取何种办法应付日本,此节仅小国发言,大国未表示意见;(三)不承认"满洲国"一节将来不论报告或在大会宣言中发表须得美俄两国赞同;(四)将来报告书通过后,国际联盟对于中日两方如何接洽亦曾讨论;(五)去年十二月之草案未讨论。

代表办事处。

资料来源:《东省事变国联之决议与措置(二)》,台北"国史馆"藏"外交部"全宗,第135页。

52. 照译日内瓦代表团来电(1933年2月4日)

南京外交部:第六十一号。

国联公报称:十九委员会请秘书长通知日方,以日方之提议,与委员会之提案,根本不同,尤其就调查团之建议而言,日方之提议不足为调解之满意基础,并表示目下有相当成效希望之唯一基础,舍日方接受十二月之提案外无他,不过该提案可加二项修改,即委员会邀请非会员国参加,并承认当事国有保留申述理由之权利耳。秘书长又向日方解释,在大会采用报告书之前,调解虽仍可进行,但同时委员会认为不得不从事起草报告书,期于召集大会前最短时间内可以备妥。

资料来源:《东省事变国联之决议与措置(二)》,台北"国史馆"藏"外交部"全宗,第137页。

53. 照译日内瓦代表来电(1933年2月6日)

南京外交部:第六十三号。

极密

今日与李顿研究报告草案之三部,彼提议在第三部分之末加入三点,以实指日方违反盟约之主要事实:(一)在各项侵略行动中,特举侵占榆关一事;(二)举出日方每有保证,而相反之行动随之而至之事实;(三)宣言第十条及第十二条之义务未被尊重。现在设法将上节插入。李顿意,照第十五条规定,除向当事双方外,并可向会员国建议。

顾。

资料来源:《东省事变国联之决议与措置(二)》,台北"国史馆"藏"外交部"全宗,第139页。

54. 照译日内瓦代表团来电(1933年2月6日)

南京外交部:第六十六号。

十九国委员会关于建议部分,全体同意于含有下列各点之声明:(一)日本未遵守《国联盟约》《非战公约》及《九国条约》;(二)以报告书第九章为声明之基础;(三)不承认"满洲国"提出之修正案。见二月五日第六十三号电,并公布宣言,关于原草案之二项修改,使草案削弱,不能接受,提出抗议。目前情势成为我方或接受此项修改,或负调解失败之责。

代表团。

资料来源:《东省事变国联之决议与措置(二)》,台北"国史馆"藏"外交部"全宗,第141页。

55. 照译中国代表团日内瓦来电(1933年2月6日)

南京外交部:第六十七号。

秘书厅发表正式公报如下:

十九国委员会于上午召集会议。由秘书长将渠进行受托事务之经过情形向委员会详为报告,该项受托事务即指通知日方,委员会对于最近日本提案及该会决定采取之程序二事,所抱之意见是也。

秘书长请委员会追忆一月二十日曾通告中国方面谓:为图迎合日本政府之看法起见,委员会对于原拟决议案及理由声明书准备考量修改。秘书长并谓渠信日本代表团现在考量另提新提案。

委员会讨论结果,决根据秘书长所报告之各节,如目前形势并未改变,故决意继续讨论,根据第四节,如和解失败时,提交大会报告书内关于原则上之各点,各代表交换意见后,委员会请起草委员会准备起草报告书最后部分之草案,以便提付考量。起草委员会将于明日开会。

中国代表团叩。

资料来源:《东省事变国联之决议与措置(二)》,台北"国史馆"藏"外交部"全宗,第143页。

56. 照译颜代表自日内瓦来电(1933年2月9日)

南京外交部:第七十七号。

十九国委员会决议致函日方,询问日本意见,是否认李顿报告书第九章所载之第七项原则,系指"满洲国"不能继续存在,中国主权及行政完整应予恢复而言。该函并通告日方,如进攻热河,则进行调解一事将立即停止。倘日方答复认可,此后对于该国提案,方可予以考量。十九国委员态度所以较为强硬者,理由有二:(一)日本态度已见软化。(二)惟欧洲亦将发生同样纠纷。最后报告书中缺少对国联会员国之建议。起草委员会意以各该国未脱离其孺弱之态度。此外尚有他一问题,吾人对之,殊为焦灼,即最后报告书通过后,大会究应采取何种程序设法进行是也。

惠庆叩。

资料来源:《东省事变国联之决议与措置(二)》,台北"国史馆"藏"外交部"全宗,第145页。

57. 照译颜代表日内瓦来电(1933年2月12日)

南京外交部:第八十三号。

昨日起草委员会完成建议部分。英国欲向伦敦请示,作最后之决定,是以提出保留。十九委员会明日起开始审查草案。建议首作郑重之声明,认满洲在中国①主权下,嗣请中国宣言准予满洲自治。然后照国际公法,撤退军队以恢复原状,其办法由谈判定之。组织谈判委员会,出席并协助双方之谈判。该委员会之组织,应由大会决定之。惟了解应有《九国公约》谋某数签字国及俄国为会员。该委员会成立后即以之代替十九国委员会。三个月后,将报告经过进展于大会。关于原则之意义,如有必要,亦得向大会请求解释。不承认"满洲国"一层,亦有规定,非俟目睹草案后,究竟完全满意与否,目下不能断言,但觉报告似较吾人意料者为佳。关于九月十八日以后之抵货、自卫、责任各节,改正较利于我方,是以中国正在道德上、法律上得有一部分之胜利。十九委员会未批准前,该草案自不能视为最后决定,但对于该草案,法国赞成甚力,而英国则甚消极,大约不至有若何重要之更改。虽国联不欲考虑制裁,但目下情形已进一步,且日本对于报告必将拒绝,如此,则事件终必入于制裁一途。各小国此次均极努力,似甚满意。

资料来源:《东省事变国联之决议与措置(二)》,台北"国史馆"藏"外交部"全宗,第148页。

58. 照译日内瓦中国代表团来电(1933年2月14日)

南京外交部:第八十四号。

秘书处公告:十九国委员会开会,通过报告书前三部分之初读。今日再开会开始研究建议部分,即第四部分。秘书长通知委员会,谓渠已提请日方注意,凡日方促使事态扩大之种种准备以及其军事行动,虽不至使调解之努力归诸无用,亦足以使之臻于危险。日方解释热河情势,谓"满洲国"认其为该国领土之一部,并请注意最近期间中国军队向该处之集中及日方因条约上之义务,

---

① 编者按:该电报之英文版的原文为Japanese,中文版译为"中国"。

对于维持"满洲国"之安全,不得不与合作。虽中国军队,若退出热河,则情形自可较为明了,但渠对于将来之发展,歉难向委员会保证云。

中国代表团叩。

资料来源:《东省事变国联之决议与措置(二)》,台北"国史馆"藏"外交部"全宗,第 150 页。

59. 大会报告书草案(照译颜代表十七日来电修正[①],1933 年)

南京外交部:第八十五号。

第四部分　建议

绪言

兹于提出建议之时,大会回忆本案件特殊之情形,并留意下列各项条件及观念。

第一节

无论任何解决办法,须不违反《国联盟约》《非战公约》及《九国条约》。

《盟约》第十条　联合会会员担任尊重并保持所有联合会各会员之领土完全及现有之政治上独立,以防御外来之侵犯,如遇此种侵犯,或有此种侵犯之任何威吓,或危险之虞时,行政院应筹履行此项义务之方法。

《非战公约》第二条　缔约各国互允各国间设有争端,不论如何性质,因何发端,只可用和平方法解决之。

《九国公约》第一条　除中国外,缔约各国协定:

(一)尊重中国之主权与独立,暨领土与行政之完整。

(二)给予中国完全无碍之机会,以发展并维持一有力巩固之政府。

(三)施用各国之权势,以期切实设立,并维持各国在中国全境之商务实业、机会均等之原则。

(四)不得因中国状况,乘机营谋特别权利,而减少友邦人民之权利,并不得奖许有害友邦安全之举动。

---

① 编者按:175—180 内容与 169—174 内容重合,159—160 是颜代表先发来之内容缩略,也重合,故不录入。

第二节

国联对于解决办法之态度,经三月十一日决议案第一第二两节,予以确定。该决议案认盟约所载各项规定,对于此次争执完全适用,尤以关于(一)尊重条约;(二)负有尊重并保持所有联合会各会员国领土之完整及现有政治上之独立以防御外来侵犯之义务;(三)负有将一切争执由和平方法解决之义务。

大会采用一九三一年十二月十日行政院主席宣言中声明之原则。回溯行政院十二会员国于一九三二年二月十六日致日本政府声请书中,曾重声以此项原则,宣言凡破坏盟约第十条之规定者,均不能认为有效,认上述原则与《非战公约》完全相符。声明上述原则,具有一种必须遵守之性质,并宣告不承认之原则。

最后郑重申说凡用武力压迫以求解决办法者,与盟约精神实相违背,并回溯两次行政院一致通过之决议案。

第三节

为使当事国间树立一种垂诸久远之谅解起见,解决争执之办法须不违背李顿报告书中所载之十项原则,即:

(一)适合中日双方之利益。双方均为国联会员国,均有要求国联同样考虑之权利,某种解决,苟双方均不能获得利益,则此种解决必无补于和平之前途。

(二)考虑苏俄利益。倘仅促进相邻二国间之和平,而忽略第三国之利益,则匪特不公,抑且不智,更非和平之道。

(三)遵守现行之多方面条约。任何解决必须遵守《国联盟约》、《非战公约》及华盛顿《九国条约》之规定。

(四)承认日本在满洲之利益。日本在满洲之权利及利益乃不可漠视之事实,凡不承认此点或忽略日本与该地历史上关系之解决,不能认为为满意。

(五)树立中日间之新条约关系。中日二国如欲防止其未来冲突及恢复其相互信赖合作,必须另订新约,将中日两国之权利、利益与责任,重加声叙。此项条约应为双方所同意之解决纠纷办法之一部分。

(六)切实规定将来纠纷之办法。为补充上开办法以图便利迅速解决随时发生之轻微纠纷起见,有特订办法之必要。

(七)满洲自治。满洲政府应加以变更,俾其在中国主权及行政院完整之范围内获得高度之自治权以适应该三省地方情形与特性,新民政府机关之组织与管理,务须满足良好政府之条件。

（八）内部之秩序与对于外来侵略之保障。满洲之内部秩序，应以有效的地方宪警维持之，至对于外来侵略之保障，则须将宪警以外之军队，扫数撤退，并须由关系各国，订立互不侵犯条约。

（九）奖励中日之间经济协调。为达到此目的，中日二国宜订新通商条约。此项条约之目的，须为将两国间之商业关系，置于公平基础之上，并使其与两国间业经改善之政治关系相适合。

（十）以国际合作，促进中国之建设。现时中国政局之不稳，既为中日友好之障碍，并为其他各国所关怀，因远东和平之维持，为国际间所关怀之事件，而上述条件，又非待中国具有强有力之中央政府时不能满足，故其圆满解决之最终要件，厥惟依据孙中山博士之建议，以暂时的国际合作，促进中国之内部建设。

大会爰建议如下：

（一）兹因日军进驻铁路区域以外及其在铁路区域以外之动作，既与解决争端必须遵照之合法原则不相符合，而在极早期间成立一种与各该原则互相吻合之事实上之局势，又既属事所必要，大会爰建议此项军队予以撤退。鉴于本案件之特殊情况，应建议会商之第一目的为着手一种有组织之撤兵，并决定其方法、步骤及期限。

（二）兹因东省主权既属诸中国，大会爰建议于一合理期间内，在满洲成立一种组织，该项组织隶属于中国主权之下，与中国行政院完整不相违背，并应具有最大范围之自治，以适应当地之情形，同时应注意多方面所订之各种现行有效条约，尤其日本之权利利益，与夫就概括论上述之各项原则及条件。至各种权限之确定，暨与中央政府之关系，由中国政府以宣言方式行之。该项宣言具有一种国际了解之效力。

（三）兹因李顿报告书既提及某某其他各种问题，以促进中日双方良好之了解，此种了解，实为远东和平所维系。大会爰建议当事两方应以调查报告书所订定之原则与条件为基础，将各问题解决之。

（四）兹因实行上述建议之会商，其进行既应由一适当之机关执行之。大会爰建议当事两方，依照后开方法开始会商，并请当事各方向秘书长通知是否以对方亦应接受为唯一之条件，接受大会建议之解决方案。

当事双方进行会商时，应由大会所组织之委员会参加会商，并辅助之。

大会邀请……等国政府，一待接到秘书长通知当事国业已接受大会建议之后,即立派遣委员会委员一人。秘书长并应将当事国业已接受大会建议一事,通知美国及苏俄,各该国如愿意指派委员会委员,并应请其指派一人。秘书长在知悉当事双方业经接受大会建议后一个月内,应采取一切适当步骤开始会商。

为使各会员国于会商开始后,得评判当事各方是否遵守大会建议起见:

(甲)委员会无论何时,如视为适当,对于会商情形,得缮具报告书,而以关于实行第一、第二两项建议之会商情形,尤为重要。关于第一项之建议,委员会无论如何在开始会商三个月内应缮具报告书。各该报告书并应分送会员国及在委员会中派有代表之非会员国。

(乙)委员会得将与解释报告书本节有关之一切问题提出于大会。

大会应依照盟约第十五条第十节予以解释,即:

凡移付大会之任何案件,所有本条及第十二条之规定,关于行政院之行为及职权,大会亦适用之大会之报告书,除相争各造之代表外,如经联合会列席于行政院会员之代表,并联合其他会员多数核准,应与行政院之报告书,除相争之一造或一造以上之代表外,经该院会员全体核准者同其效力。

鉴于本案件特殊之情形,故所作之建议并非指仅从事恢复一九三一年九月前存在之现状,亦非维持并承认满洲现在之制度。盖维持并承认满洲现在之制度,与现存国际义务之基本原则及两国良好之了解不相符合,而二国良好之了解,实为远东和平所维系。当有甚为明显者即国际会员国之采用本报告书,实意在于遏制采取任何行动,性质近于妨碍或延宕建议之实行,而以对于满洲现在制度一事为尤甚。无论在法律上及事实上,各该国均应继续不承认此种之制度。

关于东省之时局,各该国意在遏制任何单独行为,各会员国中应继续采取一致行动,于可能范围内,与有关系之非会员国合作。除会员国外,《九国公约》签字国亦同意。

无论何时,遇有某种情形发生,缔约国中之任何一国,认为牵涉本条约规定之适用问题,而该项适用一旦付诸讨论者,有关系之缔约各国应完全坦白互相通知。

为极力建议在远东成立一种与本报告书结论不相违背之时局起见,兹训令秘书长,将该项报告书抄本,分送签字《非战公约》或《九国公约》之非会员国,并向各该国声明,大会希望各该国附和报告书之见解,在必要时,对于远东事件之进展,并与会员国采取一致之态度与行动。

资料来源:《东省事变国联之决议与措置(二)》,台北"国史馆"藏"外交部"全宗,第175—180页。

60. 照译颜代表自日内瓦来电(1933年2月14日)

南京外交部:第八十六号。

所有第四建议部分,将连同我方再提之修正案另行电达。该项建议似仍以调解为根据,而最后之解决要视日方现在或嗣后予以接受而定。委员会深虑我方以日方拒绝撤退或停止敌对行为而援引盟约第十六条,其理由厥为政治情势在最近将来殊不利于援行此条。最近将来等字样亦即显示对当事双方之接受建议,并未予以时间之限制,友好者提议我方根据以往之决议,要求日方撤退即停止敌对行为,此项提议,因属可能,但就法理方面言之,殊欠力量。总括言之,前三部分较李顿报告书为优,以其对中国一切举动,予以辨明,尤以抵货自卫及责任诸问题为最。如我方对建议之修正案得被接受,则该建议亦属良好;尤其关于不承认及不合作二事。否则,对建议部分须慎加研究。庆。

资料来源:《东省事变国联之决议与措置(二)》,台北"国史馆"藏"外交部"全宗,第182页。

61. 照译颜代表自日内瓦来电(1933年2月14日)

南京外交部:第八十七号。

最后报告书第三部分第五节如下:

中国目下正处过渡及重事建设之时期,虽经中央政府之努力及已经成功之巨大进步,然政治之暴动,社会上之混乱,以及各方分裂之倾向,仍不可免。此种现象,与一处过渡时期之国家,成不可分离之情状,必须采用国际合作政策。该项政策所产生之一种结果为中国政府如提出请求,国联应继续予以技术之扶助,以改新各项之制度,俾中国得改组并巩固其国家。查首创该项政策者为华盛顿会议。华会所确定之主要原则,尚具有必要之性质,惟该项政策之实施,嗣后竟至延宕,迭次发现之激烈排外宣传,尤为延宕施行上述政策之重要原因。使用抵货之政策及学校中排外之教育,达于极点,扶助造成一种之空气,而中日争执,即在此种空气之中,突然爆发。彼……(此处电码)①所深惧之国际共管一事,其不成问题,甚为明显。

惠庆叩。

资料来源:《东省事变国联之决议与措置(二)》,台北"国史馆"藏"外交部"全宗,第184页。

62. 照译颜代表自日内瓦来电(1933年2月14日)

南京外交部:第八十八号。

十九国委员会通过建议草案,内容与电达各节相同,惟稍加改变。第一节改为第二节,第二节改第一节,换言之,将关于"撤兵"一节,置于关于"满洲新行政机关"一节之前。报告书将于星期四日付印。星期五日广播。大会定于下星期二日即二十一日开会。关于第七项原则。日方答复委员会,婉辞拒绝。

惠庆叩。

资料来源:《东省事变国联之决议与措置(二)》,台北"国史馆"藏"外交部"全宗,第186页。

63. 日内瓦颜惠庆来电(1933年2月16日)

发电时间:1933年2月16日17时26分

收电时间:1933年2月17日6时40分

南京外交部:第九十四号。

建议的措辞更正如下:

大会建议如下:(1)满洲的主权属于中国。(A)考虑到日本军队的存在等情况,应采取适当的方法,分阶段地对其加以限制;(B)考虑到满洲的特殊情况,日本在那里拥有的特殊权利和第三国的权利,大会建议在满洲设立一个机构,以保证中国的行政完整性。该组织应提供广泛的自治措施,并与当地条件相一致,且应考虑到现行的多个条约,以及第三国家的权利。

由于这种安排,(A)和(B)位于(1)之下,之前的(2)取消,(3)变成(2),(4)

---

① 编者按:原文如此。

变成(3)。在第(3)款中,"通过合适的机构"代替"没有任何一方"等文字。第(3)款第一段新增"考虑到案件的特殊情况,因此建议不只是恢复1931年9月前的原状。他们同样不包括维持等"。

其他变化只是措辞,并不重要。

颜惠庆。

资料来源:《东省事变国联之决议与措置(二)》,台北"国史馆"藏"外交部"全宗,第188页。

64. 日内瓦颜惠庆来电(1932年2月16日)

来电44019号

发电时间:1933年2月16日16时20分

收电时间:1933年2月17日2时30分

南京外交部:第九十五号。

关于建议的进一步修改,将"条件"更改为"关于撤军的方法",并且省略委员会的相关职责。已经证实联合社报道的在上海通过段祺瑞进行直接谈判一事是捏造。

颜惠庆。

资料来源:《东省事变国联之决议与措置(二)》,台北"国史馆"藏"外交部"全宗,第189页。

65. 国联大会建议的部分内容(1933年2月11日)

第二部分

本节的规定构成大会根据《国联盟约》第十五条第四款提出的建议。

在确定了适用于解决争端的原则、条件和考虑之后,大会建议如下:

(1) 鉴于满洲的主权属于中国,A. 考虑到日本军队在南满铁路区外的存在及其在该区外的行动不符合解决争端应遵循的法律原则,有必要尽快缔造符合这些原则的局面。

大会建议撤走这些军队。鉴于本案的特殊情况,下文所建议的谈判的首要目标应是组织撤军,并确定其方法、步骤和时限。

B. 考虑到满洲的特殊地方条件,日本在那里拥有的特殊权利和利益,以及第三国的权利和利益。

大会建议在一个合理的时期内,在满洲建立一个在中国主权下的、与中国的行政完整相适应的组织。该组织应拥有广泛的自治权,应与当地情况相符合,并应考虑到现行的多边条约、日本的特殊权利和利益,以及第三方国家的权利和利益,以及上文第一节 C 部分中所载的一般原则和条件;中国中央政府和地方当局各自的权力和关系的确定,应成为中国政府发表的具有国际承诺效力的声明的主题。

(2) 鉴于除了第(1)款下 A 和 B 两节建议所涉及的问题外,调查团报告书在上文第(1)款 C 节规定的解决争端的原则和条件中还提及了影响中国和日本之间良好谅解的某些其他问题,而远东的和平正是依赖于这些问题。

大会建议双方在上述原则和条件的基础上解决这些问题。

(3) 鉴于落实上述建议所需的谈判应通过一个适当的机构来进行。

大会建议双方按照下文规定的方法开始谈判:

请每一方告知秘书长是否接受大会的建议,就目前大会的建议而言,唯一条件是另一方也接受建议。

各方之间的谈判将在大会设立的委员会的协助下进行,具体如下:

大会特此邀请……①各国政府在秘书长通知他们双方接受大会的建议后,立即各自任命一名委员会成员。秘书长也应将这一消息通知美国和苏联政府,如果他们愿意的话,请他们各自任命一名委员会成员。秘书长在获悉双方接受后一月内,应采取一切适当步骤开始谈判。

为了使国联成员在谈判开始后能够判断各方的行动是否符合大会的建议:

(a) 委员会将在其认为适当的时候报告谈判的情况,特别是有关执行上述建议第(1)款下 A 和 B 两节的谈判情况;关于第(1)款下 A 节建议,委员会在任何情况下都应将在谈判开始后的三个月内提出报告。这些报告应由秘书长转达给国联成员和在委员会中有代表的非成员国家。

(b) 委员会可向大会提交与本报告第四部分第二节的解释有关的所有问题。大会应根据《国联盟约》第十五条第十款的规定,以与通过本报告时相同

---

① 编者按:原文省略。

的条件作出解释。

第三部分

鉴于本案的特殊情况,所提出的建议并非规定恢复一九三一年九月之前的现状。它们同样否认了满洲的现有政权即"满洲国"的存在不符合现有国际义务的基本原则,也不符合远东和平所依赖的两国之间的良好谅解。

因此,在通过本报告时,国联成员国打算不采取任何可能妨碍或拖延执行上述报告中的建议的行动,特别是对满洲的现有政权。他们将继续在法律上或事实上不承认这个政权。他们打算不对满洲局势采取任何孤立的行动,而是继续在他们之间以及与非国际联盟成员的有关国家协调行动。至于签署了《九国条约》的成员国,可以回顾一下,根据该条约的规定,"每当出现任何一方认为涉及适用本条约规定的情况,并需要对这种适用进行讨论时,有关缔约国之间应进行充分和坦诚的沟通"。

为了尽可能地促进在远东建立符合本报告建议的局势,指示秘书长将本报告的副本发给签署《非战公约》或《九国条约》的非联盟成员国,并通知他们,大会希望他们赞同报告中的观点,并在必要时与国联成员国一起协助行动。

资料来源:《东省事变国联之决议与措置(二)》,台北"国史馆"藏"外交部"全宗,第190—194页。

66. 照译日内瓦代表团来电(1933年2月21日)

南京外交部:第百〇八号。

大会主席宣言之大要如次:

追述调解之努力:当事两方对于两决议草案及理由声明书,均提出修正案。日方所提之修正案,过于广阔,引起基本上之变更,将使连同当事两方在内全体一致通过一节发生困难。委员会极愿该项讨论得以继续,日方一月十八日之新提案,非特中国即委员会亦难接受,虽继续从事研究,但欲提出一种解决之程序为两方所接受者,实不可能。在此种情形之下,委员会开始准备起草报告书,仍留调解之门径,再行静待。在准备报告书期间中,日方提出新案,委员会为避免误会起见,曾询问日方是否接受李顿报告书第九章第七项原则,乃日方答复惟有维持并承认"满洲国",并以保证远东之和平。委员会不得不认为一切可能之调解努力均已用尽,极表遗憾。此乃国联今日所遇之局势也。

二、东省事变国联之决议与措置(二) 107

回忆日方对于撤兵于铁路区域以内一点,曾予承认。迄至今日,东三省业已被占。日军复逾越长城,攻击榆关,并宣言军事行动,准备占领热河。在大会未通过报告书前,调解程序自然犹未断绝,余犹豫再作调解之请,因不仅须有新提案,且须保证不使现有状态更趋严重,并不采取新军事行动,余提议至二月廿四日再行集会,借使各国代表可以奉到各国政府关于讨论报告书草案之训令,此项提案已予以通过。

代表团。

资料来源:《东省事变国联之决议与措置(二)》,台北"国史馆"藏"外交部"全宗,第201页。

67. 上海国民新闻社致外交部电(1933年2月22日)

发电时间:1933年2月22日14时50分

收电时间:1933年2月22日18时10分

联合社驻日内瓦报道,二月二十一日,伊曼斯在发言中说:"我刚才提醒你们十二月九日大会的最后一次会议,当时大会让十九人委员会研究调查团报告书和有关各方的意见,以及在大会上所表达的意见和建议。"讲话指出国联大会指示是十九人委员会起草解决办法的建议草案,并回顾了十九国委员会起草十二月十五日决议的情况,以及他和德拉蒙德为确保日本接受决议而进行的谈判。讲话提到山海关被占领,以及传来日本视热河为"满洲国"一部分和占领该地区的威胁,使得一月初局势恶化。按照第四段的规定,报告的编写并没有关闭和解的道路。它指出,日本最近提出的修正案明显少于日本在一月份,甚至是十二月提出的提案。

伊曼斯说,关于日本的最后一个提议,十九国委员会要求作出澄清,因为国际联盟及其成员国都不值得在误解的基础上提出解决方法。讲话指出,在收到日本对十九国委员会最后一个问题的答复后,十九国委员会深表遗憾地认为,就其本身而言,他已经用尽努力去调解。

"这就是国际联盟今天所面临的情况,自一九三一年九月二十一日以来,行政院和大会努力在双方同意的情况下解决争端,整整十七个月来一直在努力地进行调解。"

"今天,东三省被占领,日本军队越过长城,进攻山海关,据说正在准备占领热河。调解程序还没有结束,在大会通过第四段规定的报告之前,它不能完全结束。"

"然而,我对发出新的呼吁以实现和解犹豫不决,因为这不仅需要提出大会可以接受的新建议,而且还需要得到现有局势不会恶化和双方也不会采取新的军事行动的保证。然而,我不会建议大会今天审查报告草案。我认为,在这一严重关头,我们决不能表现出鲁莽的样子。由于报告草案已于上周五分发,所有政府都必须花时间向其驻日内瓦代表团发出指示。我建议大会在二十四日星期五之前不要开会去讨论报告草案。"

资料来源:《东省事变国联之决议与措置(二)》,台北"国史馆"藏"外交部"全宗,第202—204页。

68. 日内瓦中国领事馆致外交部电(1933年2月24日)

发电时间:1933年2月24日14时30分
收电时间:1933年2月24日23时48分
南京外交部:第一一五号。
报告一致同意,日本人在(报告)采纳后离开大厅,细节稍后。

资料来源:《东省事变国联之决议与措置(二)》,台北"国史馆"藏"外交部"全宗,第205页。

69. 照译中国代表团自日内瓦来电(1933年2月24日)

南京外交部:第一百十七号。
本日下午大会通过决议案,回溯盟约第三条第三节之规定,对于本争执事件之发展,不能置而不问,并依据报告书第四部第三项第二节,大会议决指派顾问委员会,监视时局之发展,协助大会施行其盟约第三条第三节所规定之职务,并因同样之目的,协助会员国,俾各该国间及各该国与非会员国间得采取一致之行动及态度。顾问委员会由十九国委员会各委员及加拿大与荷兰两国所派代表组织之。该委员会将速请美国及苏俄参加工作。如该委员会视为适当时,得向大会决议或报告,并得将报告转送通力合作之非会员国政府。大会仍暂不闭会,主席如视为适当之时,得于咨询委员会之后,召集开会。顾代表曾提起热河问题。

中国代表团叩。

资料来源:《东省事变国联之决议与措置(二)》,台北"国史馆"藏"外交部"全宗,第207页。

70. 照译代表团日内瓦来电(1933年2月25日)

南京外交部:第一百廿号。

"大会邀请比、英、坎拿大、捷克、法、德、爱尔兰、意、和①、葡萄牙、西班牙、土耳其十二国政府派定……②"一句加入建议第三项第四节。

资料来源:《东省事变国联之决议与措置(二)》,台北"国史馆"藏"外交部"全宗,第209页。

71. 照译代表团日内瓦来电(1933年2月25日)

南京外交部:第一百二十一号。

依照昨日大会决议成立之顾问委员会今晨开会,并决定遵照大会决议,邀请美俄协同工作。委员会得悉英国政府已向各关系国政府接洽,关于远东军火之运输,关于时局之进展,委员会请随时通知,盖对于其工作关系极巨。西姆斯(大会主席)声称:渠主席委员会会议,系以大会主席资格。委员会因渠□表示之意见,决定将主席问题暂搁,俟下次会议再说。日本代表团今晨离此往巴黎。

资料来源:《东省事变国联之决议与措置(二)》,台北"国史馆"藏"外交部"全宗,第211页。

72. 照译顾代表日内瓦来电(1933年2月28日)

南京外交部:二月二十八日。

行政院本日下午秘密开会,日本缺席,讨论英法提案,研究禁售军火与玻

---

① 编者按:指荷兰。
② 编者按:原文如此。

利维亚及巴拉圭两国之办法。钧表示赞成该提案，认为与国联维持和平之努力符合，但须了解者，禁售军火与当事双方，应属临时性质，一俟国联决定何国遵守盟约及其以何种步骤遵守盟约后，对于遵守盟约之国家，即应取消禁令，不然何啻与侵略者以奖励，而逼受侵略之国家。惟在和平时期，亦不得不扩充军备。西班牙、法国、捷克、挪威、波、葡赞成本人意见。无一国则表示反对。西班牙代表并云：侵略者与受侵略者倘受同等待遇，亦与盟约不合。法国代表注重临时性质，保留将来行动，云：倘根据盟约已判决某方非是，而待遇理直之一方，以相同之待遇，殊属不宜等语。三人委员会将于明日提出办法草案。

顾。

资料来源：《东省事变国联之决议与措置（二）》，台北"国史馆"藏"外交部"全宗，第 213 页。

73. 照译顾代表日内瓦来电（1933 年 3 月 15 日）

南京外交部：第一百五十九号。

本日下午咨询委员会开会，挪威代表被举主席。讨论如何答复美国及俄国来照。威尔逊被请列席。议决设立两小组委员会：其一，研究禁运军火问题，以英、法、德、意、比、捷、瑞典、荷兰、瑞士、挪威、西班牙各国为委员；其一，研究关于报告第四节部分第三段规定不承认"满洲国"，所涉及之问题，如万国邮电协会及护照领事关系等等，会员组织，除以爱尔兰、土耳其、葡萄牙、墨西哥四国，代替捷克、瑞典、比利时三国外，余均与前者相同。上述两小组委员会，均请美国参加。

资料来源：《东省事变国联之决议与措置（二）》，台北"国史馆"藏"外交部"全宗，第 215 页。

74. 照译日内瓦代表来电（1933 年 3 月 18 日）

南京外交部：第一六八号。

行政院今日开会，根据第十五条通过报告书。哥伦比亚予以接受，并谓将用种种方法，以实行行政院所承认之权。秘鲁反对退席。同时组成咨询委员会，由行政院各会员所组成。日本除外。以爱尔兰代表为主席。美国及巴西已被邀请参加。

资料来源:《东省事变国联之决议与措置(二)》,台北"国史馆"藏"外交部"全宗,第 217 页。

75. 照译代表团日内瓦来电(1933 年 3 月 28 日)

南京外交部:第一百八十四号。

咨询委员会开会,决定对于日本之退盟照会,不再另作声明,因报告书已包括所有各点矣。关于不承认政策,决请秘书长预备报告书。关于禁运军火应俟对秘鲁禁运问题与各国政府接商有结果后再行定夺。

资料来源:《东省事变国联之决议与措置(二)》,台北"国史馆"藏"外交部"全宗,第 219 页。

76. 照译顾代表日内瓦来电(1933 年 5 月 30 日)

南京外交部:第二百卅二号。

昨日会议讨论关于侵略国定义之报告,意大利反对,他国表示赞成,均亦发言赞助今日讨论欧洲安全公约,台维斯请以不诉诸武力为举世各国之义务,停战协定是否已于昨日签订。

钧。

资料来源:《东省事变国联之决议与措置(二)》,台北"国史馆"藏"外交部"全宗,第 220 页。

77. 日内瓦顾代表致外交部电(1933 年 9 月 23 日)

南京外交部:二五四号。

今晨行政院续议,无要案,惟关我国技术合作,秘书长报告经过,墨代表主动请行政院注意特别委员会继续存在,以备执行原定职务云。钧对所请纯系技术合作,不准含政治性质,重为声明并致谢国联及委员会此次对我请求派遣专员之迅速。

钧。

资料来源:《东省事变国联之决议与措置(二)》,台北"国史馆"藏"外交部"全宗,第223页。

78. 照译顾公使自巴黎来电(1933年7月18日)

南京外交部:第六十六号。

行政院特别委员会在巴黎开会。宋部长及余均列席。爱文诺(Avenol)[①]报告与赫尔谈话甚为满意,主席即提议邀请美国加入,宋部长及美代表附议。会议俟接到美国允许加入及美国视察员到达后再行召集,宋部长郑重说明此种合作纯系技术性质,并声称如有他项请求,当于星期四日向行政院或委员会直接提出,并保留中国完全采有提案之权,□派定拉西曼为技术联络员。钧叩。

资料来源:《东省事变国联之决议与措置(二)》,台北"国史馆"藏"外交部"全宗,第224页。

79. 日内瓦顾、郭二公使来电(1933年9月26日)

南京外交部:二五五号。

今晨国联第十四届常会开会,临时主席演词内述及国联未能补救远东局势,致不能增进其本身在世界地位,并对军缩、经济二会议无结果表示遗憾,嗣南斐洲代表当选为大会主席。钧、祺。

资料来源:《东省事变国联之决议与措置(二)》,台北"国史馆"藏"外交部"全宗,第225页。

[①] 编者按:系指国联秘书长约瑟·艾冯诺(Joseph Avenol)。

三、国际联合会调查团(一)

1. 外交部致北平张学良电(1931年10月21日)

复英、法、德、挪、意、波、南斯拉夫等国政府照会稿,为照复事,接准贵国政府通牒,贵国政府于该通牒之内引起中国政府对于一九二八年八月二十七日《非战公约》规定之注意,并表示希望中日两国政府避免采取任何步骤,致使欲求和平解决中国之时局已在进行中之努力,其成功受厥危险。

自九月十八日起,日军藐视国际公法与《非战公约》及其他国际公约,开始无端袭击沈阳及其他各地。

贵国政府对于嗣后此事在东北之扩大,关怀綦切。中国政府深为感谢,中国深愿严格遵守依照国际公约所应负之义务,尤其国际联合会之盟约及《非战公约》,其对于日本之武力的侵略行动,竭力避免以武力与之接触,且自始即企图以和平方法求公正适宜之解决。故吾人不加保留,以全案付诸国联,吾人所以绝对倚赖《非战公约》《国联盟约》及其他为维持和平之国际公约内所包含之庄重约言者,盖信日本将省识其对于人类文明法律上及道德上应负之职责也。

中国政府极诚希望,现正在日内瓦进行中,力求解决此案之努力,为正义与和平之利益,不久能得圆满之成功,因是项努力不仅为中国之幸福,亦为世界之幸福也。至中国政府自仍当坚持其努力,求以和平方法解决任何性质之一切问题,并极力援助国联策划永久制度,保障此项政策此后在远东有效之遵守,相应照复,贵公使查照,即希转达贵国政府为荷,须至照会者。

资料来源:《国际联合会调查团(一)》,台北"国史馆"藏"外交部"全宗,第9—10页。

2. 日内瓦施肇基致外交部电(1931年11月9日)

来电第 26268 号

南京外交部：一百三号。

驻西班牙使馆电称，外部称派遣观察员俟与英法等国政府商妥一致进行，并云德使亦来向该部磋商等语。基。八日。

资料来源：《国际联合会调查团(一)》，台北"国史馆"藏"外交部"全宗，第 24 页。

3. 巴黎代表团致外交部电(1931年12月13日)

来电第 28475 号

南京外交部：一百五十六号。

调查委员会名单昨复本院长电计达项胡处长，晤副秘书长爱文诺，据称该会经费每月约需瑞币十万元，将提一千九百二十四年英吉利、土耳其之伊朗地区边界调查委员会先例，由中日各认一半，但国联先行垫付。闻日本可表同意，至该会连往返程期约需五月至九月等语。再据密告该会秘书长拟以国联交通股股长哈斯充任，务祈守秘，齐防日反对云，谨闻。代表团。十二日。

资料来源：《国际联合会调查团(一)》，台北"国史馆"藏"外交部"全宗，第 28 页。

4. 外交部致巴黎代表团电(1931年12月30日)

去电亚文 1877 号

巴黎中国代表团(Sinodelege Paris)：一百七十号电悉。调查委员会美国委员人选经电据颜公使复称，麦考伊(Frank R. McCoy)曾充调斐律宾委员会委员，并游历中日两国，未闻有何言论著作，闻美国人中曾提出数员，协和医院院长顾临(Greene)亦在其内等情，美国提出委员中若有顾临可予替成，并希先向国联非正式接洽为盼。外交部。

资料来源：《国际联合会调查团(一)》，台北"国史馆"藏"外交部"全宗，第 30 页。

5. 华盛顿颜惠庆致外交部电(1931年12月30日)

来电第88号

南京外交部：一百八十四号电悉。麦考伊曾充调查菲律宾委员会委员并游历中日两国，未闻有何言论著作，闻美国人中曾提出数员，协和医院院长顾临亦在内，其决择之权在国际联盟，我如赞成顾临，可以电施公使非正式接洽。惠。二十九日电。

资料来源：《国际联合会调查团(一)》，台北"国史馆"藏"外交部"全宗，第31页。

6. 日内瓦代表团致外交部电(1932年1月8日)

来电第29391号

南京外交部：一百八十一。

我方拟交调查团委员会研究问题，请充量电示所有参考资料，请并照译英法两文。代表团。七日。

批示：正预备编译。

资料来源：《国际联合会调查团(一)》，台北"国史馆"藏"外交部"全宗，第35页。

7. 日内瓦代表团致外交部电(1932年1月10日)

来电第29470号

南京外交部：一百八十三。

调查委员会本拟十六日在日来弗①开会，惟日本内阁辞职，尚未正式接受，会期恐将延至十九日左右，于开会期内，我方似应有所接洽，拟提调查方针，乞速电示。代表团。

批示：先拟调查方针。

---

① 编者按：系指日内瓦。

资料来源:《国际联合会调查团(一)》,台北"国史馆"藏"外交部"全宗,第36页。

8. 日内瓦胡世泽致外交部电(1932年1月14日)

来电第 29565 号

南京外交部:一百八十七。

调查委员会十八日开会,月杪或可启程,我方调查方针倘未定妥,可否由泽转告,俟委员会抵华后再交我国随助委员。

宾州吉林省政府勋鉴:蒸电悉,日机炸宾,已备文转达国联,并请制止,特电奉闻。施肇基、胡世泽。

批示:转吉林省政府。

资料来源:《国际联合会调查团(一)》,台北"国史馆"藏"外交部"全宗,第38页。

9. 外交部致日内瓦代表团电(1932年1月16日)

去电第 26727 号

日内瓦中国代表团(Sinodelegate Geneva):密一百八十三、一百八十七两电均悉。关于应使调查委员会调查之事件及材料,本部现正与东北方面接洽,积极准备,俟该委员会抵华后再由我国随助委员转交之,希转告。外交部。

资料来源:《国际联合会调查团(一)》,台北"国史馆"藏"外交部"全宗,第39页。

10. 日内瓦胡世泽致外交部电(1932年1月17日)

来电第 29655 号

南京外交部:一百九十八、一百五十六号电计达。顷接秘书厅函,调查委员会经费约需瑞币一百万,现因国联经费困难,须由中日于最短期内分期摊还,其内委员会川装三十五万,二个月内即须先还,随助委员薪俸与委员同,亦由该款支付,一切俟二十五日行政院会议决定等语,钧意如何,又报载日政府公布一千九百零五年门户密约，真情如何，乞电示。泽。

资料来源：《国际联合会调查团（一）》，台北"国史馆"藏"外交部"全宗，第41页。

11. 日内瓦胡世泽致外交部电（1932年1月22日）

来电第29800号

南京外交部：一九〇号。顷探悉调查委员会今日开会，除美委员由日来弗领事代表外，余均出席，秘书厅曾派与此案有关数人列席，中日均不能参加，议决：

（1）组织选英委员为主席，哈斯为秘书长，派秘书厅职员和人派尔脱（PELT）管理情报，德人万考芝（VONKOTZE）为庶务会计，捷克国籍白俄人派斯塔柯夫（PASTUKHOV）管理案卷事宜及打字员二人，并拟请杨格（UMTI CWYOUNG）为专门委员。倘将来研究铁路问题时，拟加请坎拿大人希爱慕（HIAM）为专门委员，祗主席可带爱斯托爵士（LORD ASTOR）之子为私人秘书，倘委员会另须翻译或助理人员，已责成秘书长就地雇用。

（2）薪津：主席每月瑞币二千六百六十七佛朗，委员二千，各另给旅费每日八十，随助委员祗领？

（3）行程二月四日左右由法赴美过华盛顿时，将与美政府有所接洽，二十五日或二十六日由金山或二十七日由温哥佛赴日，在东京拟留十日，然后经上海、南京、北平赴东三省，中日随助委员须在东京会合，委员会之所以由美启程者，因日本要求考察我国全国状况，故委员会采取折衷办法，行经中日首都，俾免双方有所借口。

（4）参考材料带有行政院印刷品及有关东三省书籍多种，行政院并无特别训令，惟嘱注意十二月十日议决案议长声明书我方保留及日本备忘录（备忘录见一百九十一号电）。

我方亦已备就长篇备忘录译述经过情形，并以理论驳斥日本所提各点，拟明日颜公使抵瑞核阅后即行送交，再各委员明日回国，今晚泽曾分晤德、法委员，德委员为现在华陆军顾问林德曼（LINDEMANN）挚友，与我颇表同情；法委员曾于一千九百五至七年为法国驻津军队军官，复于一千九百二十七年游华，识张主任、李委员，石曾拟明日见英、意委员。四百一号电敬悉，日随助无助理参与员（ASSISTANT ASSESSOR），三百九十九电迄未收到。泽。二十一日。

资料来源：《国际联合会调查团（一）》，台北"国史馆"藏"外交部"全宗，第42—44页。

12. 外交部致国际联合会中国代表团电
（1932年1月21日）

去电第26779号

日内瓦中国代表团：希设法向国联秘厅探询此次调查委员会日方除参与员（assessor）外，是否尚有助理参与员（assistant assessor）或其他名目。再调查团预定行程若何？大约何时抵华？盼电复。外交部。

资料来源：《国际联合会调查团（一）》，台北"国史馆"藏"外交部"全宗，第45页。

13. 日内瓦颜惠庆致外交部电（1932年2月27日）

来电第31347号

南京外交部：二百五十。

顷据国际联合会秘书长函称调查委员会不日行抵远东，将来各委员就地调查应需情形时，拟请我政府特别注意安全等语，特达并盼电复。惠。

批示：希转达秘书长，如下：中央、县政府、各地方当局对外侨旅行之安全向来注意，凡在我国管辖地域内毫无危险，该委员会来华调查，自当特别注意安全，希速将该委员会路线行程开示。

资料来源：《国际联合会调查团（一）》，台北"国史馆"藏"外交部"全宗，第47页。

14. 照译日内瓦中国代表团来电（时间不详）

来电第191号

一月二十日。日方一月十五日所提关于调查委员团之秘密节略概括如下：日本代表团深恐委员团限于调查东省事件，坚持十二月十日之决议案所订调查之范围，应包括中国本部及东省之国际情况，尤其对于中日间之关系予以普遍之调查，并指明日方十一月十九日向白里安氏提议委员团之目的为派赴中国本部及东省调查一切情况，其主要之题目为反对外人与反日之暴动，外侨之安全及包含中日之一切条约云云，特别决议案中之影响国际关系一节，应解释为委员团不应只限于解决东三省之方式，并须将足以凡阻碍中国与国际间之关系，种种之威胁予以拔除，借使委员团所处理之事能有价值，其责任□避免扩大情势，致引起反日暴动及其方法，以上种种意见，用以防止将来其他纷扰。

资料来源：《国际联合会调查团（一）》，台北"国史馆"藏"外交部"全宗，第48页。

15. 外交部致日内瓦代表团电（1932年1月25日）

去电第26802号

日内瓦中国代表团：前调查团川装及代表团经费，现正竭力筹汇。外交部。二十五日。

资料来源：《国际联合会调查团（一）》，台北"国史馆"藏"外交部"全宗，第49页。

16. 外交部电文（日期不详）

查日方对于国联委员会之调查范围，迭经提议应包括中国本部及东省，不能仅限于东省一隅，其调查事项亦不应限于东省事件，举凡反对外人与反日运动及外侨之安全等项，亦应同时加以调查，其用意至为狡谲，均经我方随时加以反对。惟此事于我国前途关系甚大，调查团大约三月初到华，除由本部正编译有关系各种材料外，为未雨绸缪计，在我此时似应由中央召集党政各机关联席会议妥商办法，分别通令各省，尤以委员团行程所到地方之各级党部及军政机关，加意保护外侨之生命财产，审慎进行抗日工作，以期获得国际同情，免为日方所乘。是否有当，应请公决。

资料来源：《国际联合会调查团（一）》，台北"国史馆"藏"外交部"全宗，第50页。

17. 外交部致日内瓦颜代表电（1932年2月27日）

去电第2782号

日内瓦中国代表团：密，二百五十号电悉。调查一团行抵中国当局以及辖区域内时，自当格外注意其安全，希转告。外交部。

资料来源：《国际联合会调查团（一）》，台北"国史馆"藏"外交部"全宗，第51页。

18. 罗文干致日内瓦协会电（1932年4月10日）

去电洲973号

日内瓦中国代表团：第五百五十三号，密。顷据长春谢逆介石来电如下：中华民国外交部部长罗文干阁下台鉴：近据报告，贵国将派顾维钧氏协同随员随国际联盟调查委员来满等情，查我"满洲国"系依三千万民众之公意驱除军阀，建立崇高理想之新邦，对贵国极欲互修和好，如有代表或当道要人远来，自当以礼欢迎，惟迩来贵国任意宣传，斥我为伪国家，诬我当局诸人为叛逆，以致我国民众对贵国感情异常刺激，倘顾氏一行入境，难保毋与不逞之徒以种种机会，为将来双方亲善之阻碍，应请贵部长妥为设法，勿使顾氏一行东来免滋意外，特此辞谢，请烦查找，诸希谅察，"满洲国"外交总长谢介石佳unguote等语。兹已令南京电局通知长春电局称收电人拒收该电，并已分电顾氏代表译转李顿、江代办，用备忘录向日外部抗议，即祈兄酌转国联并声明倘因此而致顾代表之随同调查有所障碍，或致调查团之行使职务不能圆满，均应由日本负其全责，并应请国联即取有效之方法，使国联决议得以免分施行，沪会事另电。干。十日。

资料来源：《国际联合会调查团（一）》，台北"国史馆"藏"外交部"全宗，第56—57页。

19. 照译日内瓦颜惠庆致外交部电(1932年4月13日)

来电第32810号

南京外交部：第三百十号。

遵郭次长嘱关于蓝浦森留沪事，顷已与西门谈过，渠答以尊处加以熟虑，渠可约诺，但谓中国当局有时须不顾群众反对决定解决办法等语，我等昨晚曾提及人民反对之。特别委员会将于星期六晨开会，微达(Vida)不赞成所提之方案，以其附带条件而且时期太长，班勒斯(Benes)甚至谓整个争端或能在六个月内解决。庆相信委员会将否决方案内之条件，并将矫正期限。庆在演词内将述及我方所及，对主要之点请宣称本国政府不满于该方案，故请委员会加以否决，而建议与决议相符之备选方案。李顿报告傀儡政府来电，并渠应付之计划，即嘱日本领事转告长春人士，以调查团将迳行前去，并要求日方采保护手段。李顿认为此项反对非对顾氏而发，乃系对南京政府任命之人。庆以为傀儡政府提出此事，于我方有利，因反对襄助员即是反对国联也，将来设有讨论关于调查团之东行有最后解决时，国联对一般意见不甚重视之，傀儡政府之态度将见固定。关于抵货已经有建议由特别委员会指派小组委员会，作为中日争端之一部份加以研究，日方秘密播布两种方案，其一据说原系出于中国方面，而表面上系为日方者，前者与后者不同之处有二点：(一)用预计云云语句代替"希望"字样，(二)时期以四个月代替六个月等语，此项宣传如属不确，拟请尊处公布否认。以上乞转郭次长，尊电五百五十三号及五百四十八号，均已收到。庆。

资料来源：《国际联合会调查团(一)》，台北"国史馆"藏"外交部"全宗，第60—61页。

20. 颜惠庆致外交部电(1932年6月6日)

来电第34099号

南京外交部：三百四十九。

国际联合会秘书厅函称，调查委员会经费国际联合会已代垫美金五万元，请即汇还，并祈自六月十五日起按月汇付美金一万二千五百，总账将来结算等语,事关国家体面,请速筹汇,并盼复。惠。

资料来源:《国际联合会调查团(一)》,台北"国史馆"藏"外交部"全宗,第65页。

21. 照译日内瓦颜惠庆致外交部电(1932年9月27日)

来电第37627号

南京外交部:第四百十四号。

李顿报告书约在十月一日星期六下午印刷完毕,为使日内瓦、南京、东京三地同时发表起见,秘书处提议下列办法:尊处于十月二日星期日上午八时,东京于同日上午九时收到报告书副本,而行政院大会以及此间报纸则于同日正午收到,是以尊处与东京如于当日下午八时及九时分头交报纸发表,对照日内瓦时间,约在正午左右,如此星期一各地报纸均可发表同样消息。波利蒂斯(Politis)被举为大会常会之主席。

资料来源:《国际联合会调查团(一)》,台北"国史馆"藏"外交部"全宗,第67—68页。

22. 照译日内瓦颜惠庆致外交部电(1932年9月28日)

来电第37675号

南京外交部:第四百十五号。

报告书含有摘要,日本要求于星期五接到报告书,星期日晚间交报纸发表,庆提议折衷办法,双方于星期六收到,星期日晚发表,特拉蒙辞职已接受,继任人选将由下次特别大会委派,预料中日争议,大会亦将讨论,是以各国巨头届时应可齐集是间。

资料来源:《国际联合会调查团(一)》,台北"国史馆"藏"外交部"全宗,第70—71页。

23. 洛阳中国国民外交协会致外交部电
（1932年6月2日）

来电第34026号

南京外交部译转英国全国职工联合会工党、全国执行委员会钧鉴：读贵会最近宣言，欲求国际和平，人民安定，非解除武装不可，而解除武装必自制止日本军阀政策始，仁言卓见，钦佩莫名。德之威廉氏、俄之尼古拉穷兵黩武，一囚一死，祸延身家，影响世界。日本军阀犹不觉悟，强夺盗取，危害世界和平，果贵会坚持伟划，定能挽回浩劫，俾国际债务和平解决，人类失业恢复安生，则人道幸甚，世界幸甚。中国国民外交协会。东日叩。印。

资料来源：《国际联合会调查团（一）》，台北"国史馆"藏"外交部"全宗，第84页。

24. 郑州陇海路特党部等致外交部电（1933年2月2日）

来电第433□①号

万急。南京外交部译转伦敦中国公使馆转英政府首相麦唐纳勋鉴：贵国派驻日内瓦代表西门氏，最近竟有操纵九国起草委员会，反对在报告书中声明不承认伪组织之事实及贵国向日本保障不援用《国联盟约》第十五条之传说，此种公然袒日抹杀正义之谬举，由中国素日亲善之友邦发动之，中国人民对贵国绝对引为遗憾而誓死反对者也。希贵国顾全国际公道，友邦交谊，立即纠正此种违反正义之谬举，特电劝告，切盼察纳。中国国民党陇海路特党部执委会暨陇海工会。叩。东。

资料来源：《国际联合会调查团（一）》，台北"国史馆"藏"外交部"全宗，第86页。

---

① 编者按：该数字原档案残缺。

25. 北平市筹备自治委员会及商会致发起开洛克《非战公约》各国公使书(1931年)

敬密陈者:查列强于西历二九一八①年在开洛克②缔结《非战公约》,中日两国皆属缔约国之一。此次日本违背公约,以兵力袭占辽、吉,北平市自治各区公所及总商会认为,破坏世界和平,此为先导,自应依据该约代表商民向发起缔约之美、法、比、捷克、英、德、意、波兰等国公使陈述意见,请其转致各该国政府本诸缔约精神,为有效力之处置。当经缮具书面,并附英文译本,推出朱清华、周肇祥、杨绍业为代表,谒见各国公使,面致文书,除捷克、波兰两国使馆不在北平、快邮寄达外,均经各公使及代办接见、收受,表示善意,即转各该本国政府办理用,特照录书稿密达,钧部鉴照,为幸肃此,敬请,崇安。

附抄件。

北平市筹备自治委员会、北平市总商会同上。十月二日。

附件:

北平市自治各区公所、商会致发起开洛克《非战公约》各国公使书

美利坚国、法兰西国、比利时国、捷克斯拉夫国、英吉利国、德意志国、意大利国、波兰国各公使阁下:敬陈者:窃人类幸福端赖世界之和平,而世界和平基于各国之废战,是以一九二八年有开洛克《非战公约》之缔结,约内规定废止以战争为国际政争之工具,各缔约国发生任何性质之争执、纠纷,除用和平方法外不得用其他方法,意至盛也。中国、日本皆为缔约国之一,两国无论任何争执,均应用和平方法解决,今日本突令军队袭击侵占沈阳、吉林等处,伤害人命财产为数至巨,并于平宁路线用飞机抛掷炸弹炸毁客车,手段残酷更超于战争,日本所云因中国军队拆毁南满铁路出于自卫绝非事实。东北长官鉴于情形严重,早令驻沈军队收藏武器,期免冲突(观于日军攻击不为抵抗即可证明),岂有拆毁铁路之理。纵或匪徒破坏,当可要求中国捕惩,防卫之正多,岂

---

① 编者按:原档案为"二九一八",疑似抄录错误,《非战公约》缔结于1928年,故应为"一九二八"。

② 编者按:原文如此。《非战公约》即指《白里安-凯洛格公约》,签订于巴黎。下同。

能遽逞武力？其为捏饰，不辩自明，全国人民对此惨状惶迫悲愤达于极点，以为世界和平之破坏，此其先导，《非战公约》将成废纸。本市自治团体、商会等含辛茹痛，极力劝慰人民毋为激烈行动，静待国际之公正裁判，又以上列各国为《非战公约》创造者，对于世界和平更为尊重。为此，联合自治团体及商会代表中国商民，以至诚恳之态度陈述于诸位公使之前，敬祈转达各贵国政府，邀同加入非战各国本诸缔约精神，为有效力之处置，以保世界和平、人类幸福，岂特中国商民感激已也。专致虔颂，政躬万福。

中华民国北平市自治各区公所、商会同上

附英文一本。①

资料来源：《国际联合会调查团（一）》，台北"国史馆"藏"外交部"全宗，第87—96页。

26. 孔祥熙致特种外交委员会电（1931年11月3日）

迳启者：祥熙前往在沪接洽对外宣传日军暴行事，所有接洽情形及各外人团体个人拍出电稿业经抄送在案，兹续有中美协进会等五团体发致美波那参议员一电，特再录稿送上，即希察阅存查为荷，此致，特种外交委员会。

附抄电稿一纸。

委员孔祥熙启。

十一月三日。

附件：

中美协进会等致美国波那参议员电

波那参议员勋鉴：吾人对于先生对满洲问题所取之态度极表谢意，仍恳先生竭力调停，务使日军撤退，以期和平解决为盼。

中美协进会

中国国济贸易协会

商会联合会

国际商会中国分会

中国留美学生会

---

① 编者按：无附件文本。

资料来源:《国际联合会调查团(一)》,台北"国史馆"藏"外交部"全宗,第97—98页。

27. 北平张学良致蒋介石、戴季陶、宋子文等电
(1931年11月10日)

来电第26319号
限即刻到南京。
蒋主席钧鉴,戴委员长季陶兄、宋部长子文兄、外交部勋鉴:密。天津事变经过业经电陈此间,本日派员分赴英、法、美、意、德、荷、比、西各使馆,告以事变详情,并提议下列二事:(一)由各使馆转饬驻津各领事迅即组织调查团,就地调查事变真相,以明日方责任所在。(二)为谋侨民之安全起见,由各国共同劝告日本对于日租界内之暴徒赶速制止其滋事,弗再纵容。以上二事,各使馆均表同情,谨电奉闻。张学良。

资料来源:《国际联合会调查团(一)》,台北"国史馆"藏"外交部"全宗,第99页。

28. 外交部致张学良电(1932年2月3日)

去电第279号
北平张主任勋鉴:据路透社日内瓦一日电称,因中东路车务之停顿,李顿爵士决定东案委员会组于星期三乘船赴纽约,然后于最速期间来远东等语。外交部。

资料来源:《国际联合会调查团(一)》,台北"国史馆"藏"外交部"全宗,第101页。

29. 北平张学良致外交部电(1932年2月6日)

来电第30462号
南京外交部勋鉴:密,江电敬悉。东案调查委员改由美国来华一节,敬已诵悉,特复。张学良。六日。秘。

批示:奉部长谕,将□来本部重要工作随时撮要电达,用部长名义。

资料来源:《国际联合会调查团(一)》,台北"国史馆"藏"外交部"全宗,第102页。

30. 徐谟致蒋廷黻、何廉电(时间不详)

北平清华大学蒋廷黻、天津南开大学何廉先生鉴:国联调查团不日来华,我方亟须准备材料以资应付,东北外交研究委员会已备有说帖多种,但须经审核翻译,凤稔我兄对于东事研究有素,兹本部拟聘兄为条约委员会顾问,即请就近赴平与东北外委会接洽办理,盼兄电复。徐谟叩。元。

资料来源:《国际联合会调查团(一)》,台北"国史馆"藏"外交部"全宗,第103页。

31. 罗文干致北平张学良电(时间不详)

北平张主任勋鉴:密文,午电敬悉。调查团瞬将来华,吾方自应准备充分材料以资应付,弟就职后即注意及此。现在本部正在编制"九一八"以后日本暴行事实一览,余如平行线问题及一九一五年条约问题亦在赶制说帖。至东北外委会所拟各项说帖,似亟须整理翻译,本部在京专家不多,间有数人,亦以部中事物太忙,不便离京。兹已电聘清华大学教授蒋廷黻及南开大学教授何廉二君为本部条约委员会顾问,请其就近接洽办理。蒋何二君,学有专长,对于东事尤多研究,可资臂助。又燕京大学教授徐淑希、林椿贤二君,亦系学术界知名之士,徐君原系东北外委会委员,林君系本部条约委员会委员,似可请其担任重要工作。再,吾公尊电推荐王卓然等六员,本部拟聘为条约委员会顾问,暂请留平办理东北外委会事物。所有各项说帖翻成洋文后,务请随时寄部一份,部中拟就稿件后亦当即时邮寄尊处,以收分工合作之效。为本部于尊处所拟说帖题旨说明书外,编制其他说帖时,当先电达尊处,以免重复。至日本在东北侵害我国领土主权,破坏我国行政完整之实例,仍请尊处编译。罗文干叩。元。

资料来源:《国际联合会调查团(一)》,台北"国史馆"藏"外交部"全宗,第104—105页。

32. 外交部致张学良电(1932年2月26日)

去电第27789号

北平张绥靖主任勋鉴,并转东北外交研究会鉴:密。据本部驻沪办事处电称,探闻国联调查团三月一日抵东京,最迟于三月十八日来沪,转赴南京或洛阳,与我政府接洽后取道北平赴东省等语。外交部。

资料来源:《国际联合会调查团(一)》,台北"国史馆"藏"外交部"全宗,第106页。

33. 外交部致张学良、顾维钧电(1932年2月27日)

去电第27827号

北平张绥靖主任、上海顾少川先生勋鉴:据驻日本使馆沁电称,调查团秘书长昨抵东京,日方所拟招待日程:三月一日,总理午宴。二日,新闻记者团午宴,外相晚餐。三日,日皇午宴,午后外相夫人会国际联盟协会,晚餐。四日,德法大使午宴,午后实业团体观剧及晚餐。五日,海军大臣午宴,午后太平洋问题调查会茶会,意大使、大仓男爵分别晚餐。六日,游箱根、日光、本阪,晚餐。七日,陆军大臣午宴,外务次官晚餐。八日,离东京。九日,游京都。十日,游大阪。十一日,乘亚当总统号轮船离日。十四日午前可抵沪等语。外交部。

资料来源:《国际联合会调查团(一)》,台北"国史馆"藏"外交部"全宗,第107页。

34. 张学良致罗文干电(1932年3月25日)

来电第32325号

提前特急,南京外交部。

罗部长钧任兄勋鉴:密。现国联调查团决定由京绕道汉口来平,再行赴辽,此种计划之主动由于日人宣传我国内部秩序纷扰不宁,坚请该团调查各埠状况,以为将来解决东案之背景,并借以证明其所宣称中国非完整国家,不应享受现代各种国际条约上之权利者,非为虚语。日人阴谋狡计,诚无所不用其极。该团此行印象所关极重,关于沿途经过各地应如何加以部属,使无疏漏,同时并不可显露临时作伪粉饰表面之状态,我兄明察巨细,必已详密妥筹,谨贡其愚,用备参考。至于该团北来,对于此间一切应付办法,有何指教,并乞明示为祷。张学良叩。有寅。

资料来源:《国际联合会调查团(一)》,台北"国史馆"藏"外交部"全宗,第108页。

35. 张学良致罗文干电(1932年3月26日)

来电第32354号
南京外交部
罗部长钧任兄勋鉴:密。调查团行将出关,弟意可否由外部照会日本,声明自该国用武力非法占领东北、推倒合法政权后,地方秩序横被破坏,造成不安状态,本国为维持和平,尊重条约起见,采和平政策诉于国联,为达友谊的解决。而该国竟屡次违反国联公议,使事态益趋严重,复在东北强奸民意,造成伪国,蹂躏《国联盟约》、《非战公约》、《九国条约》。现国联调查团即日出关调查,为保护并予该团工作便利暨使本国官民免受该国武力压迫不得表示真意起见,请该国遵守国联各次决议即时撤兵,恢复去年九月十八以前状态,以便本国施行合法政权,否则倘该国感受困难或罹何种危险,当由该国负完全责任云云。如此,则我国可以占住地步,倘该团为日人蒙蔽,致结果不利吾人,届时可不承认,如该团受日本浪人暗算,吾人亦可不负任何责任。拙意如此,谨候明教。弟张学良。二十六日。宥子。

资料来源:《国际联合会调查团(一)》,台北"国史馆"藏"外交部"全宗,第109—110页。

36. 张学良致蒋介石、汪精卫、罗文干等电
(1932年4月2日)

来电第32565号
南京外交部
蒋委员长、汪院长钧鉴,外交部罗部长勋鉴:密。调查团北来,期过良处,

对于应付一切均经妥慎预筹,所有将来接会谈话至关重要。闻本月四日,两公同政府当局曾与该团会晤,有极重要之谈话,敬祈将此项谈话内容详为电示,俾便有所遵循,用资参考,以免将来应付上发生歧异,无任恳盼之至。张学良叩。冬二日。子秘。

资料来源:《国际联合会调查团(一)》,台北"国史馆"藏"外交部"全宗,第111页。

37. 张学良致罗文干电(1932年4月3日)

来电第32379号

急。南京外交部罗部长钧任兄勋鉴:密。我代表致调查团总说帖祈速用快邮寄平五份,以备参考。弟张学良。冬酉。印。

资料来源:《国际联合会调查团(一)》,台北"国史馆"藏"外交部"全宗,第112页。

38. 张学良致汪精卫、蒋介石、罗文干等电 (1932年4月13日)

来电第32807号

特急。洛阳汪院长赐鉴,南京蒋委员长赐鉴,罗部长钧任兄勋鉴:密。国联调查团于九日晚六时抵平,分寓北京、六国两饭店。十日在迎宾楼举行欢迎茶会,十一日晚八时良在怀仁堂举行欢迎宴,十二日午前该团接见东北元老,午后四时该团全体委员来宅正式谈话至七时止,彼方由李顿委员长发问,我方由良答复。其中最重要者为铁路交涉及各项悬案,并日方妨碍我国统一等问题,良根据事实详晰答复,该团尚称满意。已定明日午后继续谈话,该团明日午前接见东北民众团体及平市文化团体等。除嗣后情形随时续陈外,谨电奉闻。张学良叩。元十三日。丑秘。

资料来源:《国际联合会调查团(一)》,台北"国史馆"藏"外交部"全宗,第113页。

39. 北平张学良致罗文干电(1932年4月15日)

来电第 32853 号

特急。南京外交部罗部长钧任兄勋鉴:密。国联调查团抵平后情形业经电达,计邀察及。十三日,该团接见东北民众团体、平市文化团体及沈变时当事重要军官。午后四时来宅继续谈话,所谈问题为锦县撤兵、义勇军韩人待遇等事,至六时半止。晚八时,少川在本宅宴请该团全体。十四日午前,该团接见蒙古各王公及重要满人。午后四时来宅继续谈话,所谈问题为东省军队数目及分配,并中日事件解决办法,至六时半止。弟仍根据事实详晰答复,至解决办法一节,弟答以遵照中央政府命令办理,个人未便表示,该团各委员对于一般情形尚称满意。除嗣后情形续达外,特电奉闻。弟张学良。删日(十五)。子秘。印。

资料来源:《国际联合会调查团(一)》,台北"国史馆"藏"外交部"全宗,第114页。

40. 张学良致蒋介石、汪精卫、陈公博、罗文干电(1932年4月24日)

来电第 33043 号

南京蒋委员长、汪院长赐鉴,陈部长公博兄、罗部长钧任兄勋鉴:密。国联调查团到平后,行踪迭经电闻,计邀请察。惟查该团在平迭次会议情形较称繁要,殊非函电所能详备。兹特派朱处长光沐赴京晋谒,代陈一切。敬祈赐询,垂颁指诲为祷。张学良叩。梗秘。

资料来源:《国际联合会调查团(一)》,台北"国史馆"藏"外交部"全宗,第115页。

41. 张学良致罗文干电(1932年6月23日)

来电第 34561 号

南京外交部罗部长钧任兄勋鉴,顷接马主席占山电开,北平绥靖公署转日内瓦颜代表骏人先生,再酌转国际联盟会公鉴:窃自国际调查团行将东来时日，政府与军阀恐其暴迹之暴露，谋拒绝而掩蔽之者无所不用其极。初嗾使长春伪国府拒我顾代表，其实项庄舞剑意在沛公，非拒绝顾代表而实拒调查团也。既不可得则又捏造黑白，颠倒是非，以为掩蔽之计。据各方所报告，日方于事前威迫伪官利诱愚民，种种欲盖弥彰伎俩，想已为贵会所洞鉴。惟就军队一项而言，自"九一八"事变后，日方军队盘踞我东北者，虽属流动式，然常川来去，始终额数约不下五六万人。且其他居留地皆其新兵，一征发则立至（接第二页），其额数尤不可计算。乃近因调查团东来之故，将其各处军队秘密抽载于火车中及我哈埠江防舰内。其火车则开避于各路线之小站，或匿藏于附近各村屯中。江防舰则驶往下江边，乘机有本月一日犯我通河之事，屠毒之惨，殆无人理。调查团固不能遍履各地，乃竟为所蒙蔽。闻该团第一次报告谓日军在东北者仅二万五千人云，此占山不能不据实声明，请贵会注意者也。又当上月二日，占山脱离卜奎时，有敌骑兵第八旅旅长程志远者，本占山多年部属，年已六十矣，彼时因卧病其笃，未能出走。嗣闻日方以占山之去也，乃强迫程以为傀儡，并授意伪国府假以省长、司令官各头衔，借资号召。程因病笃，又经日人监视，尽失自由，凡所发命令虽署名为程，实无异于日人之自为之。昨经程密派心腹来黑河向占山报告，诉谓现困处樊笼，殆有求生不得求死不能之况。感受压迫已可概见，乃日方近犹利用程之名义，以发饷诱我各部队，令各通电正式声明服从该伪国府即为发饷，意在借各通电以为承认该伪国府证据用，蒙蔽调查团。查我江省各部队，多明大义，窃对日方阴谋印象极深，对于程之失去自由，所发种种伪命，尤为愤慨，断不至于堕彼计中。出此通电，万一或有此项通电披露，亦希贵会认清，决系日人伪造。盖据报纸载，日人为觅片面证据，对于字迹名章尚多伪造，复何有于两不照面之电文耶，此又占山不能不预先声明，请贵会注意者也。总之，日政府及军阀对于我东三省之暴迹以及假造伪国之阴谋，时至今日，已觉图穷匕见，无可为讳。而贵会所组织之调查团又适东来，遂不惜用诸卑劣手段以掩饰。贵会主张公道，维持正义，尚望转知该调查团十分注意，俾获真正报告，以资裁判，世界和平之策实利赖之，非仅我东三省三千万民众拜赐也。黑龙江省主席兼司令官马占山。真，吉。印。

此电三姓电台，五月文（十二日）转误，六月元（十三日）日另发印等语，特电奉达，请摘要汇转颜代表为荷。弟张学良。漾（二十三日）秘。印。

资料来源：《国际联合会调查团（一）》，台北"国史馆"藏"外交部"全宗，第116—119页。

四、国际联合会调查团（二）

1. 招待国联李顿调查团报告书
（1932年3月—1932年9月）

招待报告目录

一、上海

二、南京

三、汉口

四、平浦道中

五、北平

六、自北平至大连

七、北戴河

八、再至北平

九、青岛（附泰安）

十、三至北平

十一、四至北平

十二、离华反欧

附件一：调查团在华行程里数一览表

附件二：调查团全体人员译名单

招待报告

国联调查团于民国三十一年三月十四日由日本乘阿达姆总统号商船抵沪,嗣是由沪至京,由京而汉,而平而东北,复自东北回平,由平再赴日本,再度归平,完成报告书后乃分途返欧。其间经过情形,略如左述,业经随时电达外交部在案。兹再汇集胪陈,敬请鉴核。

一、上海

三月十四日下午八时,国际联盟会调查委员会委员长英委员李顿,意委员阿特罗黄题,法委员高禄德,美委员麦考益,德委员希尼及秘书长哈斯暨秘书专门委员等共十五人,乘大来公司阿达姆总统号商船,自日本横滨行抵上海浦东白莲泾。日本代表吉田伊三郎暨其书记官盐崎观三等,陆军上校渡九雄,海军上校佐藤市郎,关东厅事务官河相达夫等,共十六人同舟而来。

维钧先于调查团行抵日本之时,电请外交部转电我国驻日本使馆,询问日本招待办法,借资参考。嗣接外交部及驻日使馆来电,知日本招待一切甚妥周到,调查团抵日之时,其政府派代表亲赴横滨迎迓及抵东京以后,彼国政府重要人员及团体领袖,或开会晤谈,或设筵款待,几于无日无之。维时我政府迁至洛阳,而沪上战事尚未结束,人心惶惶,群情震撼,外人方面对我印象颇为可虑。幸我政府惟有迁都之议,而行政中心仍在南京,外交部罗部长率同部员照常办事,外人知我中枢维系有人,未致为日本浮言所惑。由维钧秉承外交部派员与上海市政府及各机关、各团体商洽,将一切招待事宜,分别筹备。

及调查团抵沪,爰与外交次长郭泰祺、上海市长吴铁城等及沪上各团体代表(袁履登、贝崧孙、陈蔗青、徐新六、董显光、黎照寰、王景岐、陈立廷等)至浦东登舟迎迓,北平张前绥靖主任亦派代表周守一等先期到沪,同往迎候。调查团一乘渡船至海关码头,各机关、各团体代表等数百人,列队欢迎,高呼口号,调查团各委员为之停步小立,表示感忱,旋即乘车至华懋饭店休息。日本代表及其参随人等,亦同寓于此。我国代表处办事人员,赁沧州饭店为办公住宿之所。调查团预定留沪七日,嗣以鉴于上海恢复原状之急需,乃延长留沪期间,希望在上海和平问题有相当把握后,舟行离沪。

自十五日起,进行办事,调查沪案,征集材料,甚为繁冗。其调查办法,大率先访问当地各国领事及著名人士,以采局外旁观之议论,然后及于中国各界代表。十五日午刻,外交次长郭泰祺宴会。下午五时,维钧举行茶会,请中外官商各界要人参与,到者一千余人,借视欢迎及介绍之意。调查团委员长李顿于傍晚招待中外新闻记者,发表言论,谓目前最关心者为上海之停战,如有机会,当与日军当局晤谈,至上海战区实况,日内即前往视察云云。是晚吴市长铁城设宴欢迎。我方预定招待日程,每日午晚均有宴会,调查团不欲酬应太繁,竭力辞谢,并谓即有不能谢却之处,亦不可过于华美,致滋不安。乃与各处洽商,量加节减,重定日程。

十七日新闻界午宴,维钧晚宴。

十八日市商会晚宴。

十九日宋副院长子文晚宴。

二十日美国远东海军司令晚宴。

二十一日孔部长祥熙晚宴。

二十二日太平洋学会晚宴。

二十三日律师公会晚宴。逐日宴会之时,日本代表处人员并未邀请,另由维钧备餐邀谈。

二十一日视察战区。事先由维钧与调查团秘书长接洽,并由该秘书长邀日本参与代表吉田到场协商,日代表提议一切布置应由日方军事当局办理。维钧以吾国为地主,应由我方主持,旋以该秘书长之调停,商定四项:

(一)参观区域,为闸北、真茹①、江湾、吴淞。

(二)车辆由中国代表处预备,午餐由日方预备。

(三)日军侵占区域内,日方担保安全。

(四)其详细办法,各派秘书接洽。

维钧当派代表处总务主任张祥麟,日代表派盐崎观三,续议细目。关于中国代表处参观人数,颇多争论,而于我方加入新闻界代表,随同参观,日方尤为反对。嗣商订车辆出发先后次序,日方要求日代表之车,应列在中国代表之前,以示日军所占之区,应由日代表带往参观。维钧坚持不可,谓我为地主,参观战区系由我发起,应由中国代表带往,如日方固执不允,宁将参观之举改期,而其责任应由日方负之。原定二十一日晨九时出发,而于二十日深夜,日方仍持原议,当由维钧用电话告知调查团秘书长,谓所争一点,关于原则,如日方不能理喻,中国代表恕不奉陪。该秘书长以我方所持理由公允,即赴日代表处力劝,遂允照我方所言次序办理。此商议参观沪上战区经过情形之大概也。

---

① 编者按:原档案为"茹",真茹亦为真如。

至代表处同去人员，应熟悉地方情形，俾可随时说明，故决定维钧率同本处总务主任张祥麟，专门委员戈公振，暨参议王景岐、张廷荣共五人。王为地方学界，张为本政府秘书，戈为新闻界名流，但皆以本处名义，会同前往。是日周历各地，适沿途风沙大作，极为劳苦。调查团委员，除意委员阿特罗黄题因病，秘书长哈斯因事，未能前往外，余均同往。其视察情形，略述如下：

第一线。上午九时在华懋饭店齐集出发，经北四川路、宝兴路、宝山路、宝通路、中兴路，而至真茹。宝山路一带满目瓦砾，了无人烟，凡交通要口，均有日兵驻守。真茹则防御工事，处处可见。调查团至暨南大学，日军官示以英文作战地图，并加以解释。

第二线。由暨南大学出发，经大统路、新民路，而至北火车站。日军预在月台，陈一大地图，由日军官说明当时作战情形。李顿询问颇详，并对于向无抵抗能力之平民抛掷炸弹，表示诧异，历一小时出站。经宝山路而至商务印书馆，其全部建筑，摧毁已尽，仅存钢骨水泥之墙垣。调查团登东方图书馆书楼故址，睹焚余之劫灰，为之叹惜不已。

第三线。出商务印书馆，经北四川路底天通庵车站、青云路、同济路、横滨路、三阳路、西宝兴路、柳营路、水电路、体育会西路，而至江湾跑马厅。日军官引调查团至房顶，说明附近作战情形，又往劳动大学及江湾车站一睹。时已下午一时有半，乃往黄兴路、翔殷路、宁国路、平凉路，而至大公纱厂，为日本军司令部所在。入内盥洗小憩，日将白川招待进冷食，白川问李顿是否须往吴淞，并云战地状况相同，似可不必前往。维钧力言吴淞地方之重要，必须前往一睹，李顿乃决定前往。

第四线。三时出大公纱厂，即沿军工路，而至吴淞。路上日军往来频繁，沿江一带，纯为防御遗迹。而吴淞一镇，居民住宅及商铺等一切建筑物，已全被轰毁，较之闸北，尤为惨酷。前行至炮台，炮基多炸毁，炮管多击断，惟炮身绕有电丝一头，似系住发电之所。细察炸裂痕迹，似出诸日军占据后之毁坏工作，非纯由日军飞机掷弹所炸者也。原设之炮，且有移去者，巡视一小时，循原路归，至华懋饭店已五时有半。是日巡视各处，因时间匆促，区域广阔，所有惨遭蹂躏之街巷，未能遍及，然已印象深刻矣。

视察战区以后，即按日接见各界代表及旅沪外人。其所见之人，在中国方面，有金融界代表张嘉璈等，市商会代表王晓籁等，慈善团体代表许世英等，总工会代表傅德术等，中华基督教徒救国会代表朱懋澄等及学术文化工商联合之一百余团体代表蒋君毅等。此百余团体，备有日军侵略东北前后与犯沪情形事实之意见书，签名者五十四万余人，名簿凡十六册。又前黑龙江省长朱庆澜往见，详述东省情形，谓事实系日本排华，非华人排日。又旅沪之英牧师数人见调查团，以日人残暴为言，调查团均甚注意。又杭州各团体，公推代表林叠、沈乃正、章颐年来沪欢迎调查团，并陈述日机扰杭情形，李顿询问甚详。

在日本方面，则有日本海军第三舰队司令野村及日本外务大臣代表松冈洋右等，此外随时会晤之人，以其时上海方在戒严期内，其姓名多不宣布。

自调查团定期来华，日本即积极进行组织伪团，以为将来对付之工具。当二月下旬，调查团秘书长哈斯，由沪赴日迎接该团时，维钧即先期向之接洽，力揭日方诡谋，请其转达该团，务乘彼方筹备未完，兼程赶赴东省，以免增加种种困难。及该团抵沪，复向李顿委员长重申此旨，力促其早日北行。而该团见沪事仍急，对于中日停战撤兵问题，颇拟有所尽力。嗣以日方态度强硬，中日两方及关系国代表会议多次，虽稍有眉目，而决定尚无确期，复经维钧一再催促，该团乃认为行程不能再缓，始决定二十六日起程。

临行之先，曾开会讨论行程及筹备此后赴北平等事，维钧及日本代表皆列席，调查团委员之一部分，拟于入京之时，便道经由杭州游览湖山之胜，决定分全体为二组。其一组由沪乘舟赴京，其一组由沪乘车赴杭。所乘船只，维钧初意以为如用我国兵轮，较为合宜，旋以适用者少，不得已，租定怡和洋行之德和轮船一只，备调查团及日本代表各乘坐，维钧亦携带本处重要职员，同乘此舟。而人数较多，舱位有限，因又添租招商局江新轮船舱位数间，以备应用。至由沪赴杭之一段，有沪杭火车通行，筹备尚易。惟由杭至京之一段，各委员拟经京杭国道，维钧先致电江浙省政府主席妥筹保护。我政府本拟由京派飞机至杭州近候，借便乘坐，而各委员意欲游览沿途风景，不愿飞行，故仍由公路赴京，并于京杭适中之宜兴县，布置临时休息之所，沿途派兵乘汽车护送。方调查团议赴杭时，日方力主派代表处陆海军武官随行，当时维钧以沪战甫停，协定尚未成立，倘或决裂，随时有再战之虞。松江、杭州及京杭国道间，均为我军事要地，断难令对方武官随同前往，对于日方提议，坚持不可。调查团以我方所持理由正当，遂行打消日武官随行之举。

二十六日上午十一时，英意两国委员、日本代表及维钧各率参随人等，总计六十余人，自沪启行，沪上各机关团体代表，在江干相送，委员长李顿代表该团，表示感谢之意。是日晚间，本处一部分职员附江新轮船赴京，其由沪赴杭之美德法三委员及参随等十六人,由维钧派秘书长王公使广圻等陪同前往。二十六日上午九时,自沪启行。惟调查团秘书长哈斯,以事留沪,至二十八日始乘飞机至京。

二、南京

二十七日晨,德和轮船至下关,我政府诸公,如罗部长文干、陈部长绍宽、陈代部长仪谷、司令正伦等及各机关首领,皆至江干迎迓,先往筹备。其由沪至杭之一组,途径松江地方,各界到站欢迎,有递声请书于代表团者。下午一时,抵杭县之城站,欢迎者自浙江省主席代表及省政府委员曾养甫等,凡二百余人,高呼请国联主持正义,打倒暴日口号。各委员下车,即由杭州市长赵志游等,分别陪乘汽车至灵隐寺等处,历观名胜。观飞来峰,旋至清涟寺游玉泉观鱼之胜,道经岳坟至西泠印社。至刘庄,主人刘学询出迎,入室观刘氏收藏书画。至雷峰塔故址,至汪庄,旋赴市政府茶会。市长赵志游致词欢迎。地方团体代表,以日本飞机有在杭州飞行场掷弹之事,拟请各委员就近视察,惟以时间不及,未能前往。是晚宿西泠饭店。

二十七日晨八时乘京杭国道汽车启行,各机关各团体欢送,十二时过宜兴,外交部及江苏省政府各派代表,县长孙巩圻率同地方各界,在任氏别墅招待午膳之后,即复启行。八时到京,沿途保护周至。到京后寓励志社,招待及接洽事宜,统由外交部事前筹备。调查团留京之期,定为四日。维钧在沪之时,迭次与外交部往返电商,预定招待日程,将会晤、游览、宴会时间分别支配,调查团以留京时日无多,注重与政府当局会晤谈话,减少应酬。

其关于调查团本身者,厥为赴汉口调查一事。长江上游,虽自"九一八"事变以后,时有日本兵舰游弋,究非直接兵冲之地,而日本方面,怂恿调查团必欲赴汉一行,且拟取道平汉铁路北上,其用意原有种种。当在沪提议此事时,维钧即以调查团任务,原在调查东省事件,到华后,亟应早日赴东省,绕汉口之行,殊无必要,不可因此阻滞北上行期。经商承我政府婉切劝阻,而调查团以去年国联议决派遣调查团时,日方曾以调查中国全部为承认该团之条件。国联方面,虽未允许,而为减少纠纷起见,曾允届时可酌察情形办理。今日方坚持赴汉,如必执不允,则问题不决,北上行期转更延缓,且一若我汉口地方,有不可令该团视察者,转中彼方之计。为敷衍起见,不如姑往一行,借杜彼方口实,且免以枝节问题,再阻北上行期。势不得已,遂勉定汉口之行。至由平汉路北上一节,则以其时该路,匪氛未净,且专车已在平浦路上备妥,故商妥该团，取消取道平汉之议，由汉折回浦口，仍遵津浦路北上。

又日方提议请调查团赴中国内地，如四川、广东各地方巡行查察，我方以其故意延缓北行，力争取消。后调查团乃由汉派秘书麦斯托①等，赴重庆一行，以资敷衍。而广东之议，根本打消。

调查团赴汉之行既决，当经维钧分电赣鄂两省主席迅速筹备招待，沿途加意保护，一面商由铁道部，令所备北上专车暂在徐州候讯。维钧以调查团赴汉之行，颇多关系，因电何绥靖主任成□，谓招待形式不妨简单，惟秩序必须注意。至四月一日，调查团在京接洽一切，业已就绪，是晚九时半乘怡和洋行隆和轮船起程，日本代表及维钧各率参随人等同舟而上。

三、汉口

四月二日过芜湖，轮舟未停，当地公安局派员前来致欢迎之意。过安庆，江干有军乐队排队奏乐。三日晨到九江，有地方官及各界代表欢迎，并有童子军列队江边，精神活泼。调查团登岸游览。维钧于先一日电南昌熊主席饬地方筹备欢迎。是日在九江停留数小时，乘车观览。各处市政府于江干酒楼招待休息并备早餐。调查团辞谢，仅进茶点，旋赴琵琶亭观白香山遗迹。至上午十一时，登舟起碇。下午过武穴未停。自南京起程，途中每日均有会议，四日上午抵汉。

何绥靖主任成□，夏主席斗寅，躬亲登轮，表示欢迎。又武汉各机关各团体代表齐集于江干者，约千余人。调查团各委员及维钧住省政府所预备之德明饭店，日本代表及余人，分住太平洋饭店、中央饭店。江岸所泊之日本兵舰，已先时开往上游停泊，汉口日本租界本设有防御障碍之物，至是一律撤除。

调查团到汉，稍憩以后，即往访何主任、夏主席，旋赴市政府宴会，下午接见来宾，赴西商联合会茶会，晚赴省政府公宴。五日至戴家山，观江干堤工，午后渡江，登黄鹤楼，下山乘汽车至珞珈山，参观武汉大学，游览毕，乘舟回汉。是晚七时半，乘隆和船东下。李顿之秘书爱斯托及法律顾问杨格，先于一日抵汉，二日乘飞机至重庆视察，四日返汉，与各委员会齐，即于五日同舟东返。

四、平浦道中

七日隆和船至下关，维钧邀调查团各委员入城，至外交部阅看某项重要档册，并与罗部长略有接洽。旋乃渡江，回至浦口，登车。

---

① 编者按：原文如此。

当调查团到沪之时，维钧即电铁道部及北宁铁路局预为筹备，经铁道部分饬津浦、北宁两局，由津浦局筹备专车，北宁局协拨花车二辆，饭车一辆，交津浦局应用。旋以两路车辆混合，外表新式不齐，观瞻有碍，又由铁道部饬北宁路局，就新出厂之专备调查团用车，选拔头等卧车一辆，头等车一辆，花车二辆，饭车一辆，行李守车一辆，编为一列，指为调查团专车。经行津浦时，一切责任及费用负担，津浦路局任之；经行北宁路时，北宁路局任之。

又因人数较多，恐临时不敷应用，经北平市长周大文与北宁路局商定，添拨头等二等混合车一辆，三等车一辆，并备机车二辆。列车开行之时，北宁路局派会计处处长及负责科长、车队长随车照料。

于是布置略定，而调查团有绕道平汉北上之说，中间几经波折，不得已，令专车开至徐州候讯，作为由徐州经陇海至汉口之准备。嗣经议定，仍遵平浦北上，遂将专车开至浦口。其行车保护之责，自浦口至徐州一段，由铁道炮队第三队刘文傅所部，分两列压道护卫；自徐州至德州一段，由第一队孟宪德所部，分两列压道护卫；自德州至天津一段，由河北省政府主席王树常派铁甲车于境上迎候。其车上保护之责，除随车之保安队外，另有首都宪兵营派员弁协同照料。此事前筹备之大概情形也。

七日傍晚，调查团及日本代表等，全体乘专车循津浦路北上，维钧率本处各职员同行。另有一部职员先期出发，于北平齐集。是日夜分车过蚌埠，各界代表在站欢迎，请调查团主持公道，维持东亚和平。李顿代表接见，表示好感。

八日上午三时抵徐州，维钧以是时正值旅行安寝之中，预在蚌埠电致徐州当地官员请勿迎候，列车在徐添煤装水，停留稍久，四时半由徐开行。道至兖州车站略停。车过曲阜时，维钧告调查团，谓此处乃孔子故里，孔林孔庙均在此。李顿云，幸过圣地，理宜瞻谒，以致敬意，惜为时间所不许。至泰山，有地方各界及童子军欢迎，李顿见其整齐活泼，甚为赞欢，仰至泰山，意欲登陟，云俟诸再来。下午三时到济南，山东省政府韩主席复渠因病不能躬迎，派建设厅长张鸿烈代表迎迓，并有地方各界代表，在站欢迎。调查团乘省政府所备之汽车入城，至省政府珠泉精舍进茶点，张厅长代表致辞欢迎，以孔子和平仁爱之旨为言，李顿答词于孔子极表示崇敬之意，旋游大明湖。至图书馆，观图书古物，上北极阁，登城头马路，徘徊良久。出城登车，晚七时半列车开行。

九日上午九时到天津，北平张绥靖主任学良派代表到津迎候，河北省政府王主席树常、天津市长周龙光等及地方政学工商各界，在站迎候者甚众。各国领事及侨商,亦多到车站相迎。调查团下车与各界代表及各国商会代表略作周旋,乘车至省市两政府所预备之西湖饭店休息。南开大学校长张伯苓代表各界,将津市民众团体及华北工业协会所拟之说帖,并平津各大报馆讨论中日问题,欢迎调查团各社论之英文译本,分送各委员。其籍隶东北之吴景濂、鲍贵卿、王廼斌三人亦先往见,接洽颇详。复有东北民众团体代表往见李顿,分别接晤。一时赴省政府访问,并赴省市两政府公宴。

三时乘列车开行,车中有新闻记者请见,李顿以疲乏婉辞,由秘书长哈斯延接。记者询以天津事变,将用何法调查,日后能否再来,哈斯谓将根据报告书加以审查,如必要时,再请天津民众派代表至北平面谈,或由调查团派人来津云云。七时抵北平。

五、北平

北平绥靖公署于调查团未抵上海之先,即经筹议招待之事,以为东北政权,虽不能直接行使,而不可无代表之人。拟在平组织东三省政府,以表示政权有属。故调查团抵沪之时,东北政委会选彭济群、李锡恩、臧启芳为辽吉江三省政府委员兼秘书长,于三月十八日用彭济群等名义,代表东三省政府致电欢迎。

一面在北平设立招待委员会,以刘前教育总长哲为委员长,主持办事。另延聘旅平人士素著声望及有关系者多人,筹商一切。而执行事务则有北平市周市长大文任之,预在北京饭店定妥房间,以为调查团及日本代表行馆。并以六国饭店为日本代表处职员住宿,又与外交部及北平档案保管处,商借外交大楼一部分,以为本处职员办公之所。另由北平招待委员会,就外交大楼修饰一部分,预备宴会招待之用。此事前筹备之情形也。

九日下午七时,调查团列车抵北平正阳门车站,门外高扎彩牌坊,欢迎人员自北平张绥靖主任学良、周市长大文、刘委员长哲等,以及外交团北平各机关、各界代表凡数百人,秩序颇为整肃。调查团下车,即至北京饭店休息。

翌日,访张主任学良,谈话历一小时,以东北重要职员皆在北平,为将来进行参考,甚愿共同作一长时间之会晤。是日午后四时,由张主任夫人等于外交大楼请调查团及中外来宾茶会。维时前东北边防长官公署军事厅长容臻,为事变时在沈亲历之人,是日赴会。张主任介绍于李顿,谈话甚多。北平各界先期已拟定招待日程,调查团欲专致力于调查资料,极力辞谢,故仅由张主任及维钧分日邀请,其余必不可却之处,亦力求俭省。

张主任于宴会席上演说三事。(一)东三省向为中国之一部分,有悠久之历史。(二)中国现处于改革之期,种种困难,乃必经之阶级。日本诋为不统一,实蒙蔽之谈。(三)中日纠纷真正原因,由于日本嫉视中国统一云云。调查团颇注意。

自十一日起,调查团陆续接见中外人士,访问一切。是日英美烟公司总经理克图往见,克氏当事变时,适在沈阳,故于当时情形,最为明了。又北宁路局车务处长、英人史梯理,具知事变后铁路破坏情形。又前东北矿务局总办王正黼,熟知中日路矿交涉。是日均先后往见。

十二日在绥靖主任官舍开第一次谈话会,日本代表并未参与。是日晤荣厅长臻及东北第七旅王旅长以哲,当事变之时,王旅长统率所部驻北大营,李顿以两人皆躬历其境,请各就事实作一节略,以备赴东北调查之参证。

十三、十四两日,迭至绥靖主任官舍开会,自张主任外,前吉林省政府张主席作相、前黑龙江省政府万主席福麟、前在锦州任辽宁临时省政府米主席春霖及荣臻等皆列席。十四日开会之前,适接黑龙江省政府马主席占山致国联调查团电报,揭破日本阴谋,当于开会时,送交调查团阅看。是日见满蒙王公代表及黄教喇嘛。

十五日上午见东北各法团代表,北平文化各机关代表,学术机关团体代表及各大学教授,下午见新闻记者代表,并赴绥靖主任官舍开第四次谈话会。

十六日见张主席作相、万主席福麟及北宁路局高局长纪毅等,详询经过事实,此为调查团抵北平之后,开会及接见各界之大概情形。至其他以个人资格往见,或由调查团约往晤谈者,不复悉举。

调查团到北平之后,正拟筹备出关。而日本忽横生枝节,先是调查团在沪时,于三月二十二日开会,中日代表均出席,讨论赴东北行程。日本代表即谓锦州、山海关之间铁路中断,可绕道大连前往,维钧表示反对。经议决俟到北平后,再行酌定。当时调查团之意,亦拟取道陆路,至出关以后,即在专车住宿。北平张主任为筹备调查团到沈以后住宿之所,亦拟为预定凯宁饭店、凌格饭店等处。

及调查团到平之次日,维钧接外交部来电,有长春伪外交部致我外交部电文一件,略谓顾维钧对于敝国,时有不好之批评,诚恐有激烈分子加以危害,影响将来邦交,故希望不来云云。此电我外交部拒绝接收,将原电退回。李顿等得悉此电后,甚为惊异,即日在北京饭店开会,维钧与吉田均列席,彼此争辩甚力。维钧声明中国代表之出关,系根据国联决议案,势在必行,不能因任何恫吓而中止。且此行系为国联调查团履行义务,如有关系方面不能担保其安全,则东三省为中国之领土,中国政府愿负派队保护之责。吉田反复申说,甚为支吾。当经调查团提议三种办法:一、调查团及中日代表同赴东省。二、全体不赴东省。三、中日代表一律退出,仅由调查团单独前往。维钧对后二项,表示不能承认。调查团电国际联合会详述情形,请示办法。维钧亦电外交部核示,并请选派得力队伍随同出关。

嗣维钧奉外交部电复,嘱即坚持。日本代表得其外务省训令,仅谓调查团抵沈后,日本在可能范围内,负责保护。而调查团之意,以伪国此举,不外要求调查团予以承认。将来出关后,如受伪国招待,原与承认无涉,并非因受招待而认其为独立政府。吉田表示对于调查团极表欢迎,对于维钧则在可能范围内设法保护。李顿谓维钧出关,如日本不能完全保护,则全体即不出关。此为关于前赴东北问题之十二日会议情形。

至十六日,国际联合会尚无复电,而日本代表声言南满铁道线外,地面不靖,不能负责。调查团则拟乘北宁列车出关,其车辆作为调查团租赁,以免日人借口,其路线则经行打通洮昂诸路,以达齐齐哈尔。相持不下,调查团留平日期,原拟以八日至十日为度,至是已届一星期。调查团所得资料,业已不少,在绥靖主任官舍开会,亦已四次,乃一面整理材料,一面进行斡旋。各委员中,或以余暇,游览故宫、天坛、国子监、雍和宫等处,十七日游居庸关、八达岭,登长城,归途乘汽车游明陵,张主任及维钧均陪同前往。

日代表秉其政府之意,对于路线一节,始终不肯放松,以为调查团东北之行,只可视作在南满游览,若出附属地以外及如中东路线,皆非日本所能保护。而对于维钧始终以危险为词,谓十分之九安全可虑。绥靖公署四次开会,均讨论及此,迄无妥善办法。维钧受政府委托之重,持以决心,无论日方如何恫吓,均所不计。嗣日代表提出分道之说,分调查团为二组,一由陆路,日代表同行;一由海道,维钧同行,至沈阳会齐。调查团有接受此议之意,维钧电外交部请示,得复仍主陆行。

是日调查团以期限日迫,焦灼异常,至十九日午间,彼此意见犹无接近之望。佥以路程问题,坚持不下,或致碍及调查团任务之进行。轻重之间,不无可酌。李顿遂主张分海陆二组,其海道一组,李顿乘海圻军舰,维钧率所属随员同行。德、法两委员及日本代表,各率一部分随员,乘日本朝颜、芙蓉两舰。美、意两委员及秘书长哈斯等,乘北宁路专车,至山海关后,即换乘伪奉山路所备之专车赴沈。日本代表犹以陆行一组，只可直达沈阳，不能沿路调查为言。调查团乃决定即晚启程。

至本处随往员数，其间经过情形亦多周折，就履行调查职务而言，必须多带熟悉东北情形人员，方能分别接洽。维钧初拟带三十员，北平绥靖公署推荐十员，而李顿之意，恐日本不能赞同，谓只宜以二十员为度。一再核减，二十员之数，不能再少，而日本代表则以照料不能周到为由，谓只可在十四人以内。此等限制，显系无理干涉，故临时仍定为二十人。计随同出关者，为参议刘崇杰、杨景斌、萧继荣、顾同端、讷何士，专门委员邹恩元、陈立廷、张伟斌、戈公振、鲍静安、刘广沛、杨承基，招待组主任严恩樾，秘书施肇夔、李鸿栻，助理秘书游弥坚、顾善昌、陈宜春，随员顾执中，医官谢恩增，另有平津报馆记者苏雨田、全达志二人，随车至秦皇岛。

至出关以后，函电往返，必多困难，自在意计之中。故密码之编置，收发之办法及信件之传递，均经一再斟酌，商定妥法。此调查团在平经过及临行布置之情形也。

六、自北平至大连

离平之时，各机关首领、各界代表在站送行，沿途警卫。夜半过天津，预发电报，请津市民机关，勿庸招待。夜分过唐山、凛州、昌黎等处，均有军警在站保护及地方团体代表欢迎。二十日晨，抵秦皇岛海滨，维钧偕李顿及德、法两委员，日本代表按照预定办法，分别上船，旋即启碇。美、意两委员及秘书长哈斯等，于秦皇岛分乘专车，下午抵山海关。各界代表在站欢迎，陆军第七旅旅长何柱国驻守于此，陪同两委员游长城。二十一日晨乘伪奉山路在榆关迎候之专车，是晚八时到沈阳。

维钧及李顿等所乘海圻军舰及日舰于二十日上午十一时半，同时开行，晚十一时到大连湾。日本两舰，系驱逐舰，速率较快，已先两小时至此。海圻军舰抵岸之时，日将本庄繁及代表吉田来近，新闻记者二十余人求见，维钧一一接晤。日本预备大和饭店为住宿之所，李顿患感冒，是晚宿于舟中，维钧及随员等，亦在舟中歇宿。码头日警，彻夜警备，随员中有登岸者，即有日探前来盘问，尾随其后。二十一日上午十一时半登岸，十二时二十五分乘南满路日人所预备之专车赴沈阳。所有关外一切情形，另编报告，兹不赘述。

七、北戴河

调查团于六月四日下午九时半，由沈阳抵山海关，我政府派本处秘书长王广圻等及北平绥靖公署所派之总务处长朱光沐等,先自北平来山海关迎候,致慰劳之意,并派随车卫队一排。其山海关至北戴河一段,由第九旅派队沿途戒备,调查团一入关内,顿觉精神愉快。是晚即开赴北戴河,宿于车中。五日晨游海滨,勘察住房,备作避暑及报告书起草之所。先是在上海时,调查团会同中日代表,讨论北行事宜,即筹议及此。维钧以北戴河为宜,吉田则主张宜在青岛,李顿谓俟将来察勘北戴河住宅是否敷用,届时再定。是日顺道前往察看。

北平绥靖公署前此,本已饬北宁铁路局指定北戴河住宅多处,嗣因调查团无赴北戴河确信,遂从缓议。至是所有本国人及外国人住宅,大都有人居住,至旅馆则在避暑之期,其房间早经有人租定,惟总税务司住宅一区及海关公用之房屋数处,设备完全,李顿以为尚属相宜。视察既毕,复乘专车赴山海关视察情形,何旅长柱国招待一切。车站附近有伪国派驻警察数人,并悬伪国旗帜,李顿甚为注意,详询伪警人数及悬旗面数,维钧嘱何旅长以书面转由本处答复。

上午十一时半,专车开行,计调查团全体合增加之专门委员凡二十七人,日本代表及其随员共二十一人,内有南满铁路代表四人。

八、再至北平

五日下午五时至天津,停三十分钟。当地官长及各机关、各团体代表在站欢迎。八时至北平,李顿入关时,即语维钧请电致北平,免去繁缛之点缀,故是日车站设备较简。北平张绥靖主任学良及各机关首领等均到站欢迎,下车后,仍住北京饭店。北平旧有英文导报,业经停办。故调查团初到北平之时,欲知正确消息,竟无华方出版之英文报纸。及维钧至大连,见日本有专记满洲事件之英文报,逐日分送调查团阅看,颇收宣传之效。幸再至北平,英文北平时事日报亦已出版,调查团均感便利。

调查团到平以后,整理所得材料,拟着手编纂报告书,其地点则李顿认北戴河为适宜。而日本方面,谓北戴河在北平当局势力范围之下,恐欠公允,日本势难信赖,主张在青岛另觅房屋。李顿以日本既有青岛之说,不能不亲往一看,再行定夺,故到平以后,即拟赴青岛一行,其留平之一部分人员,仍照常办事。调查团在东北之时,曾接得东北民众函件一千五百余封,除三件外,皆反对伪国及列举日军种种暴行。此等函件,皆转辗设法而达于调查团,李顿谓有翻译英法文之必要,乃派其驻威海卫领事默思暨秘书吴秀峯,总司其事。本处于外交大楼，分配房屋数间，为之临时延致笔员数人，节要译出，所有供应一切，均由维钧派人经办。此项翻译事务，凡十余日而毕。

九、青岛（附泰安）

八日下午六时，李顿及德、意两国委员携随员一人，乘专车离平，日本代表团四人偕行，维钧率参议刘崇杰等四人同往。九日晨到济南，转胶济铁路东行。是时阴雨连绵，车行迟缓，过周村车站，有地方各界代表及日侨百余人迎候。下午一时至张店，有路立小学校学生三百余人欢迎。

九时抵青岛，山东省政府韩主席复渠代表、海军司令兼青岛市长沈鸿烈等二百余人来迎，下车往迎宾馆。十日晨乘汽车游览青岛全市，市外五里许，有湛山，山麓有马路曰湛山路，湛山路之第二路，有房一所，地傍海滨，风涛澎湃。是日雾气弥漫，意委员素有风湿之症，认为不宜。嗣至太平角二路大和旅馆之傍，有两宅毗连，设备粗具，其后有美商新建之旅馆，不日开市，亦不适宜。日代表吉田导引至牟平路日本油商峰村住宅，门当山麓，而楼房则筑于山上，吉田云此处当可合用，李顿默然无语。视察既毕，赴沈市长宴会，旋至金□一路疗养院休息。午后，意委员游崂山，维钧偕行，崂山离青岛四十里，马路宽平，汽车直达山下，沿途有军警保护，登山游览至柳庄台而止。四时回青岛，六时全体离青岛，沈市长同行。

十一日上午四时到济南，转津浦路赴泰安，拟游泰山，时适大雨，李顿等意兴不减。黎明专车开行，七时到泰安，天色晴霁，泰安县政府已预备山舆五十余乘，即分乘登山。经斗姥宫中天门，备有汽水点心，略为憩息。午刻至碧霞宫午餐，毕，登南天门上玉皇顶观无字碑，游日观峰。五时下山，是日李顿等游兴甚豪，凡艰险处均舍舆而步。六时半专车北行，晚八时抵济南。

维钧预定赴南京诣政府报告出关经过，乃电嘱本处秘书长王广圻来泰安代为招待。至是王秘书长已到，维钧即于翌日率刘参议等，由济乘飞机南下。李顿等即日北行。

十、三至北平

十一日下午八时三十分，李顿等到北平，仍寓北京饭店，其对于编制报告书之地点一事，以北戴河既为日本所反对而青岛亦未便迁就，遂决定继续留平。谓将不拘地点，所至之处，携稿以行，随时编纂。将于东京开始，而在北平完成。各委员办工之暇，随时在意赴各处休息，不拘一定避暑地点。

先是调查团原拟由东北回平后，舟往日本一行，维钧奉命参与，自应偕同该团前往,而日本以拒绝维钧前往东北之计既未成功,乃于赴日之行又复多方表示。先于报纸宣传,对于维钧东渡表示拒绝,嗣乃由其代表一再声称不负安全责任。此事非维钧个人问题,应候我政府裁夺。

十八日行政院汪院长、宋副院长、外交部罗部长及铁道部次长曾仲鸣等,乘飞机赴北平,维钧率参议刘崇杰等同行,是日至北平。十九日上午在外交大楼开会,调查团五委员及汪院长等皆出席。二十日上午下午两次开会,调查团与我当局既经接洽,遂决定即日前往日本,与其当局晤谈。而维钧偕赴日本之议,汪院长、罗部长等一再考量,以为赴日与赴东三省不同,东三省为我国领土,日本则属异邦,彼既不表欢迎,自无前往之必要。日本代表吉田,因其外务大臣内田尚未就职,调查团到东京后,外务省无负责之人,请调查团展缓行期。故调查团日本之行,迟至二十八日始行就道。

是日下午六时半,乘专车赴山海关,留一部分人员在平,其同行者为五委员、秘书长等及日本代表团,共三十余人。我方人员概未参与,维钧仍派参议萧继荣、专门委员刘廼蕃等,伴送至山海关,以资照料。北平绥靖公署亦派参议张伟斌带卫队四十名护送。

二十九日上午六时专车抵山海关,有各界代表欢迎,李顿晤旅长何柱国,询问山海关近日情形。美委员及其夫人往游关门,天津德华日报记者二人,欲随同出关,请德委员征求日本代表同意,吉田答以恐"满洲国"不允,遂不果行。八时乘伪奉山路专车就道。

十一、四至北平

调查员东行以后,维钧在北平积劳卧病,医谓须赴海滨静养,当经电达外交部,暂赴北戴河休息。旋闻调查团于七月十五日自横滨乘日本商船秩父丸来华,遂于十七日由北戴河遄返天津,乘专车赴青岛迎候。十八日抵青岛,外交部派参事朱鹤翔、欧美司帮办朱世全来迎。调查委员长李顿于舟中发电,谓卧病不能乘车,可否派飞机到青岛,以便乘坐。即经电达北平绥靖公署,派福特飞机第一、第二两号前来,惟青岛无飞行场,只能停于济南。

十九日午刻,秩父丸进口,维钧及沈市长鸿烈并各界代表,均至码头欢迎,询知李顿体温稍高,尚非重病,登岸后及乘病床昇赴英国领事馆休息。沈市长邀请各委员及日本代表等在市政府午餐,餐毕,导游各处,下午六时乘专车西行。二十日上午七时抵济南,李顿偕法委员及维钧乘福特飞机第二号飞行,绥靖公署所派英员端讷随行,其他各委员及日本代表,则乘专车北上。八时飞机开驶,历一小时有半,即至北平。李顿乘预备之病车入德国医院,据医生诊察,系操劳过甚所致,尚无妨碍。我政府闻李顿抱恙,来电问候,李顿甚为感谢。

自此次以后,调查团留于北平,专致力于编制报告。组织起草委员会,每日举行会议,其对外接洽事宜,于李顿未愈以前,由意委员代理。李顿虽在病院,遇有重要文件,仍亲自阅看,或出院与各委员会商,事毕仍返院中。各委员及参随人等,得暇或赴北戴河,或赴西山,随时往返,并无一定。西山住所,商借静明园双清别墅数间,略事布置;北戴河住所,则为章家大楼、章家小楼、王松午宅、田家大楼暨海关四号五号等处,由北宁路局及北平绥靖公署组织招待处,遴员办理。

十二、离华回欧

八月杪,调查团报告书全稿完成,各委员即议定偕参随等,分途回欧。委员长李顿、美委员麦考益及夫人,暨意委员阿特罗黄题偕秘书四人,预定意国邮船甘吉号舱位,取道苏伊士运河,至意国威尼斯埠登陆。法委员高德禄①、德委员希尼及其余参随人员,则取道西伯利亚,由陆路西归。秘书长哈斯,尚须留平结束一切,九月中旬方能离华。维钧当即电陈政府,并电上海吴市长铁城,筹备招待,并预定旅寓,该团各委员以行期促迫,所有钱行筵宴等酬应,均声明辞谢,故钱行之举,各处一概省免。维时维钧奉命使法,兼出席国联大会,亦定同乘甘吉轮赴欧,遂先于九月二日乘福特飞机离平入京请训。三日偕外交部刘次长崇杰飞抵沪上。

九月四日晨八时,调查团报告书本由委员在平签字寄发,调查团使命完成。李顿委员长及美、意两委员偕秘书等,由本处顾问端讷伴送,于即晨十时乘福特飞机离平南下,张委员学良等及地方各机关重要职员,均莅场欢送,于场内派军乐队奏乐。午后三时五十分抵沪,维钧及吴市长铁城、刘次长崇杰、意公使齐亚诺等,均在场欢迎。李顿等下机后,即赴华懋饭店休息,时汪院长、宋副院长均在沪上,分别前往访谈,外交部罗部长、徐次长亦于当晚到沪。

五日晨九时半,李顿及美、意委员偕秘书等,至海关码头,维钧偕参随亦至,即同乘渡船,转登甘吉轮。汪院长、宋代院长、罗部长、徐次长、吴市长及意使齐亚诺均登轮相送,商会等各团体代表,亦均至码头送行。十一时启轮离沪,其法、德两委员及其他参随数人由本处派刘委员廼蕃等伴送,于四日下午

———————

① 编者按:原文如此。

四时乘火车离平,张委员学良等均到站相送,由塘沽乘日本邮船长城丸往大连,再转道西伯利亚铁路归欧。招待调查团各事,至此大致告竣,惟尚留专家及秘书数人,陆续俟事竣始分别起程。

调查团在中国"本部"及"东省"调查行程里数一览表

日期	行程	里数(公里)
三月二十六日	由上海水路赴南京	341.100
三月二十六、二十七日	由上海陆路经杭州赴南京	
四月一日	由京水路赴汉口	600.250
四月五日	由汉口返京	600.250
四月七日	由浦口赴天津	1010.39
四月九日	由津赴北平	139.33
四月十九日	由平赴秦皇岛	4 118.79
四月二十日	由秦皇岛海路赴大连	
四月二十一日	由山海关赴沈阳	418.910
四月二十二日	由大连赴沈阳	704.30
五月二日	由沈阳赴长春	
五月七日	由长春赴吉林	127.74
同上	由吉林赴长春	127.74
五月九日	由长春赴哈尔滨	238.47
五月二十一日	由哈尔滨赴沈阳	
同上	由哈尔滨赴齐齐哈尔	
同上	由齐齐哈尔赴沈阳	
五月二十五日	由沈阳赴大连	
五月二十七日	由大连赴旅顺	38.00
同上	由旅顺返大连	38.00
五月三十日	由大连返沈阳	
六月一日	由沈阳赴抚顺(往返)	5 290(往返:10 580)
六月四日	沈阳赴山海关	418.91
六月四日	由山海关赴北戴河	34.11
六月五日	由北戴河赴北平	387.76
六月八日	由北平赴青岛	8 839.84
六月十日	由青岛赴泰山	466.61
六月十一日	由泰山返平	562.18

(续表)

日期	行程	里数(公里)
六月二十八日	由平出关赴安东	1 101.03
七月十九日	由青岛返平	8 839.84
九月四日	由平赴沪	1 460.15
九月四日	由平赴塘沽、大连	182.77

国联调查团人名表

委员长：李顿爵士

委　员：阿特罗黄题伯爵　高禄德中将　麦考益少将　希尼博士

秘书长：哈斯

秘　书：彼尔德（国联秘书厅情报股股员）

　　　　万考芝（国联秘书厅掌理国际局事务之副秘书长之助理）

　　　　派斯塔柯夫（国联秘书厅政治股股员）

　　　　爱斯托（国联秘书厅临时职员派充调查委员长之秘书）

　　　　卡尔利（国联秘书厅情报股职员）

　　　　助佛兰（法国军队医药组少校派充高禄德将军私人助理）

　　　　皮特尔（中尉派充麦考益将军私人助理兼办秘书厅事务）

　　　　迪潘勒（法国驻横滨副领事充日文译员）

　　　　青木（国联秘书厅情报股职员）

　　　　吴秀峰（国联秘书厅情报股职员）

专　家：勃来克斯雷（美国克拉克大学教授）

　　　　台纳雷（法兰西大学助教）

　　　　道夫门（法兰西大学助教）

　　　　安葛林诺（博士）

　　　　希爱慕（加拿大国有铁路助理上校）

　　　　华尔特杨格（纽约世界时事社远东代表、哲学博士）

　　　　默思（英驻威海卫领事）

此外尚有助理秘书及速记等多人不备载。

参与国联调查团日本代表处人名表

代表：吉田伊三郎（特命全权大使）

参随：潘班（法律顾问）

　　　盐崎观三（大使馆一等书记官）

　　　林出贤次郎（公使馆二等书记官）

　　　森乔（大使馆二等书记官）

　　　木内良胤（领事）

　　　好富正臣（外务事务官）

　　　森山隆介（大使馆理事官）

　　　贵布根康吉（外务省嘱托）

　　　渡久[①]雄（陆军步兵大佐）

　　　澄田县四郎（陆军炮兵中佐）

　　　久保田正晴（海军大佐）

　　　中泽泰助（外务书记生）

　　　木村勇佑（外务书记生）

　　　陈新座（外务属）

　　　早崎政子（外务省雇）

　　　木岛贞子（外务省雇）

　　　金井清（满铁嘱托）

　　　木根（满铁嘱托）

　　　伍堂（理事）

　　　山口十助

　　　角田壮次郎

资料来源：《国际联合会调查团（二）》，台北"国史馆"藏"外交部"全宗，第4—39页。

---

① 编者按：原文如此。

2. 参与国联调查团中国代表致李顿关于日本干涉中国内政说帖(1932年5月4日)

迳启者,案查张主任同李顿爵士谈话,曾允给递日本干涉中国内政说帖,发由本会委员王大桢草拟,于四月十八日,将该说帖草稿交由贵处秘书程经远君转致矣。除原稿由会存查,不另补送外,相应函达,即希查照为荷。此致。参与国联调查团中国代表处。

说帖目次
1. 内政不干涉之原则
2. 相当同情与恶意干涉之区别
3. 日本干涉中国内政之手段与用意
4. 清末援助内乱之例证
5. 一九一一年中国革命时日本之两头蛇
6. 倒袁运动之助长与扰乱满蒙
7. 援助段祺瑞之经过
8. 中日小康时代日本军阀之鳞爪
9. 日本阻碍北伐上
10. 日本阻碍北伐中
11. 日本阻碍北伐下
12. 日本出兵干涉内政之反响
13. 日本干涉统一之最后一幕
14. 日本对于干涉统一失败之报复

批示:翻译时如有疑问商量请电询早晚东局二六五六,日间西局一二八八。

日本干涉中国内政说帖

1. 内政不干涉之原则及盟约

一民族之改革统一运动,固视其本身与内在的努力之如何,然倘不幸而时时遭遇外来有力的干涉,实足以妨害其顺序的发展,而破坏或迟滞其成功,此不独理喻如此。而吾人痛感中华民族改革运动过程中所受日本干涉之阻害尤深,觉内政不干涉之国际法原则与国际联盟第十条、《九国公约》第一条之规定,实为金科玉律,有不可移动之真理。而望各友邦相互尊重,以保障各民族应享之权利,即所以维护和平之道也。

2. 相当同情与恶意干涉之区别

凡改革运动,自有其新旧派别之对立,而其邻近或有利害关系之国家,因其立场或因缘上对于某派抱相当之同情,亦事实上所不可免者。如日本维新当时,法国颇同情于幕府,英国颇同情于萨长,而日本论者犹批评为一种内政干涉。然吾人平心观察,其所谓同情亦能各守其限度,未有如日本对中国以武或实力为露骨的横暴的干涉之实例,且所谓相当的同情,亦始终寄于一方。未有如日本对中国,一面煽动甲派,同时又援助乙派,卒使何派均不易成功,盖其用心别有所在耳。

3. 日本干涉中国内政之手段与其用意

自日俄战后,日本确定所谓大陆侵略政策,即一贯的向中国进攻。视机会如何,或渐进的先占领中国之一部,乃至猛进的并吞中国之全土是也。而其手段则可分为对华政策与对列强政策之两大部分。其对华政策即利用中国改革过程之派别不同,或扶助甲派以抑乙派,或同时暗中援助不同之两派,使相对峙互抗,不任何派成功,而延长中国之内乱,以便其对外宣传中国不统一,并多方酿成或保留其并吞与宰割之机会。其对列强政策则一面宣传中国不统一,非倚仗日本不能得和平贸易之保障,一面则注视国际情况之变化,或与某国分赃而排斥其他国之权利(如日俄协约后与旧俄国分赃垄断南北满之利益而排斥其他各国之资本)。或乘各国不遑东顾之机会而挟持胁迫以获得在中国政治上优越的地位,便变中国为其被保护国,待机并吞如灭朝鲜故事(如欧战期中,一九一五年二十一条之提出及向英国强求一九一五年十一月廿六日非与日本协议后无与中国开始签何等有政治性质的商议之企图等声明,与历次向各国求所谓特殊地位之承认等)。此点皆各国所深知,无庸细述,以下节略举其对中国干涉内政破坏统一之实例。

4. 清末援助内乱之例证

中国革命为中国民族之需要,然以日本之国体观之,其不欲中国易帝制为共和,此极显明之心理,一查当日日本之论调可知也。然事实上则革命党置本部于东京,并得日本朝野多数之便利与援助,何也?盖当时日本以后起之国,因清廷之视日本不如视他国之重,在北京外交舞台上不能展示。一面知中国革命机运酝酿将熟，不如结好于革命党，冀其成功后感恩图报，提高日本在中国之地位，至少在南方获得势力，以便其渐成对抗之。长江日英贸易得新政府之援助，此援助与其国体相反的革命党之私意所存也。不然何当日援助革命党之犬养，今身为总理，变为反对之急先锋耶？以革命党欲求中国之独立自由平等，仍不便其侵略之私欲故也。

当时接济军火援助革党之事例，不胜枚举。然日本或谓此为个人行动，非国家政策，则请以辰丸事件①证之。事为一九〇八年春，广东革命党由日本密购武器假托输入澳门而欲于广东沿岸之偏僻处所抛锚卸货，接济革党。事为广东总督所探知，派炮舰尾随监视，至过路湾岛抛锚欲卸货时，搜查押收之。于是日本训令广东领事及驻北京公使及要求释放、发还、谢罪、赔价等条件。当以赃证确凿，往复辩论，日本竟以最后通牒之高压手段，除武器由中国政府买收外，余均强迫承认其苛酷条件，是为激起中国排斥日货之第一次原因。于此有三点可注意者：(1) 日本武器取缔最严，倘事前非得其官宪谅解，不能购运，事后亦不致以最后通牒掩护此等秘密接济军火之行为。(2) 当时日本官宪坚持输入，澳门商人已得澳门政厅许可为理，然其后武器归中国收买，何以不见所谓澳门商人及葡国使领向中国有一言之抗辩？(3) 中国因此激起抛货运动，足见中国之民一面固求改革，而一面深震外人之干涉内政。

5. 一九一一年中国革命时日本之两头蛇

一九一一年中国革命之际，日本一部人则奔走南方，为犬养、头山、宫崎、寺尾、副岛等，多怂惠孙、黄，劝其推倒袁世凯以贯彻革命之目的。其另一部分人，如有贺长雄等，与其驻日公使则赞助北京清政府，冀其维持残局，曾向袁氏（时清政府起用袁世凯为内阁总理，冀其为曾国藩）表示中国之体宜于君主，如竭力维持，当乐与赞助。一面东京一部分人主张以日英同盟条约在日文方面有保全清帝国之独立等语，因发为怪论，谓革命党欲推翻清室，即为推翻清帝国，宜据约干涉。如此，日人对我新旧两势力，皆阳示赞成而阴促其对抗。于是孙、黄与袁世凯为避免公然干涉计，不得不忍痛妥协，遂由孙氏以临时大总统让与清内阁总理之袁世凯，不能为彻底之革命，成一时妥协之局尔，后纠纷潜伏于此。

6. 倒袁运动之助长及扰乱满蒙

一九一三年长江三督军之反袁独立运动其间，日本浪人之奔走连络，与日

---

① 编者按：系指二辰丸事件。

本在华邮局船舰或领事馆之代传消息或定购子弹［见日人为北京交通部顾（问）中山龙欲之秘密报告第三十三号，后经汇印成册］，皆公然之秘密也。反袁首领失败后，皆逃入日本，受其保护。然同年十月，袁氏当选为正式大总统，日本即首先承认中华民国，以见好于袁，双方操纵初此定，是其有定是在助长或挑拨中国之内乱而已。

一九一五年，袁世凯忍受二十一条之胁迫，原冀帝政问题不加干涉及筹安会起，日本果持旁观态度，日本人顾问有贺长雄等，复怂恿之。袁氏欲得日本之赞助，有派周自齐为赴日大使之议，然日本知帝制筹备已成，至是乃一再警告，使袁失措。一面复派其青木中将联络南方，与蔡锷等护国军通气脉，一面派浪人援攻上海兵工厂及抢肇扣兵舰，一面派萱野长知等赴山东与当地驻屯日军连络，援助吴大洲等在山东起事，一面派土井大佐等多数军官至大连给械贷款与宗社党首领肃亲王，在租借地内编练勤王军，一面由南满铁道运出旅顺关东陆军仓库大批武器，援助海拉尔之蒙匪巴布扎布编练所谓蒙军，亘全中国各派别在日本援助之下，起一大混乱（见后藤子爵秘书《在山东日本人及日本军队之行动》与《在满洲日本及日本军队之行动》两小册子）。而袁氏愤闷以死，吾人非赞成袁氏之专制称帝，然不能不深恶日本之露骨的计划的干涉内政，扰乱中国。若日本谓援助南方，乃欲扶植中国民主势力，打倒专制者，试问何以解于同时援助与民主势力相反之复辟党及蒙匪耶？更何以解于尔后之援段而压制南方耶？

7. 援助段祺瑞之经过

袁氏既倒，黎氏继任，段组内阁，日本先派其参谋次长田中义一借对德宣战事来华视察，一面嗾使浪人与复辟党勾结张勋，怂恿复辟。迨段收复北京，日本积极表示援段，欲扶植与日本接近之安福系武断势力于北方，以压制南方之民主势力，而乘机攫取权利。于一九一七年起，借参战为名，大借日款，大购日械，并派遣日本将校编练所谓参战军，实则未出国门，全备内战之用，即著名之寺内内阁对华积极政策及所谓西原借款是也。迨一九二〇年夏，曹锟、张作霖及广东政府先后声讨段氏，安福系失败，其首领徐树铮等皆遁入日本使馆，其后复由使馆武官与天津驻屯军时司令官，即为此次主张占领满蒙之南陆相连络，由小野寺大佐将徐装入大柳条箱密运天津而释放之。其后二年复助徐，使潜入福建组织所谓建国政制政府，此亦日本干涉内政之一幕杂剧也。

8. 中日小康时代日军阀之鳞爪

寺内内阁既倒，日本政府鉴于援段政策引起中国国民之恶感与国际之非议,停止公然之内政干涉。然日本军阀尚未能忘情,虽不敢为露骨的行为,然犹唆使其所组织之大平公司(专为供给中国武器,延长内乱之辅助机关)密卖武器于广东。一九二一年五月,经北京政府抗议,一面利用海参崴驻军之便利,私售武器于奉天,并借其在华军事顾问等恫喝东三省当局,使不与关内往来,亦勿预闻关以内事,欲借以延长奉天、北京、广东对峙之局面。

即以北方而论,一九二四年曹锟、吴佩孚逐走卢永祥以后,北地亦可小康矣,然段、张、冯之联合,日本实阴为之怂恿,以推倒曹、吴,而引起北方之一大战哉。其时某军之资金由朝鲜银行接济不少,吾人于此非欲论列内政上之是非,特日本军阀不欲中国有一息之安定,亦大可注意也。

9. 日本阻碍北伐上

中国民主势力,自一九二四年以后,发扬滋长,有镇定长江、披靡全国之势。日本于其初起,颇示同情,中日感情亦渐和睦,然其后内阁更换,由军阀首领田中当权,态度陡变。乘此种民主势力既定南方,向北方推进之际,日本先后三次出兵阻止其北伐统一事业。

一九一七年①国民革命军既克南京渡江,北伐军不月余即占领蚌埠、徐州,正进攻山东,直逼幽燕。日本不惬于革命势力北进,借口保侨(实在大可聚迁上青岛或回国),突然声明出兵,不顾中国抗议,由青岛登岸,先后以大批武器运至济南,暗中援助孙(传芳)、张(宗昌),并压迫胶济沿线陈以燊之革命军,以张北军气势。一面由田中总理派山梨大将赴北京、山东各地游说北军将领,欲其联合对抗,与北伐军以重大打击,而延长南北对峙之局。

其时一面国民政府因发现共产党对内对外各种"破坏阴谋"(如宁案及湘鄂之"暴动"),正在举行清党反共,欲整顿陈究,再图北进。未几日军亦撤回本国,并为保留再度出兵之声明,暗示国民革命军之北伐为日本所反对。

日本所以援助北方,阻止北伐。此其用意之最小限度,欲乘北方垂危之残局,威胁利诱,以夺取满蒙权利。故于一九二七年六月召集驻华统领等开所谓东方会议,八月中旬复召集日使芳泽及驻华之铁道军事各首领与充奉天当局之日顾问松井、町野等在大连开所谓第二次东方会议,决定要索满蒙权利之条款,而以借给军费一千万元,先交三百万元为饵。日使回任后即与松井、町野、江藤、山本等先后包围张大元帅及杨宇霆等,逼令承认其要求。日本明知其不

---

① 编者按:应为"一九二七年"。

合,然欲借此得何等证据,为他日要求国民政府追认,或借□以为承认国民政府之交换条件。此日本之所以不惜以武力干涉内政也。

10. 日本阻碍北伐中

一九二八年,蒋介石复任国民革命军总司令,提师北伐,而日本再度出兵山东之说复炽。先后经国民政府抗议,并由外交部派人赴日担任保护侨民、劝阻出兵,均无效。迨北伐军以破竹之势进入山东,四月十八日,日本复派陆军赴青岛、济南,五月一日革命军既占领济南,声明保护外侨,秩序整然,即分兵进攻德州,为直捣北京之势。而日军司令福田突于二日抵济南,三日即造成中日冲突之惨案,我方军民死伤甚多,虽我方奉令退让,而日本以大炮轰击,并调兵增援,杀我交涉员蔡公时及战地政务委员会外交处职员全部,黄外交部长办公室亦被搜去。六日蒋总司令退党家庄,并令全军即离开济南,分途绕道北伐。而福田突于七日致最后通牒于蒋介石之驻济代表,其最要者:(1) 革命军须退出济南及交际铁道沿线二十华里以外。(2) 解除在日本军前抗争华军之武装。(3) 驻辛庄、张庄之华军,应即撤退。且限十二小时回答。即由其代表收通牒送到泰安蒋手,时间亦正匆迫,毫不与以考虑之余裕。且令革命离开胶济沿线二十里以外一项,犹妨害北伐军事之进展,难以承认。

日本军即于八日晨四时炮击济南城,同时袭击辛庄、党家庄之革命军,并派飞机向泰安总司令部轰炸,并将沙河铁桥炸毁,阻断我军进路。九日日本更决定三次出兵,令名古屋第三师动员出发,十日晨复用大炮轰击,济南居民死伤枕藉,房屋化为焦土。我军十一日悉数退去,日本即入城占据。我国事前一再声明保护外侨,并表示如聚迁青岛,愿负担费用,欲以劝阻其出兵,不听,而其出兵后之举动与通牒内容皆远出保侨范围之外,其为对于北伐统一,不惜为武力之横暴干涉,而直接与革命军一大打击,虽百口亦不能辩。当时经我国根据《国联盟约》第十条及第十一条陈诉国联,并同时电告美总统柯立芝,有案此也。

11. 日本阻碍北伐下

日本对于济案不独毫无悔祸之心,而革命军亦不因日本威胁而馁气,绕道北伐,所向无前。日本复于五月十日由驻宁日领提出日本第三次出兵声明书,仍借保侨及保护胶济交通为名,增派第三师团往山东。此外,同时再由内派兵五连赴天津及增派巡洋舰及驱逐舰若干至长江及南华一带。五月十五日邀集驻天津各国军官在日武官新井处会议,新井主张联合警备,在二十华里以内禁止作战，但英美法意均主张照向来办法，仅守租借。日本诡计遂不得逞，然犹欲直接向中国恐吓，于十八日送觉书于国民政府，竟声称"战事将波及京津，而满洲方面亦将有蒙其影响之虞，因维持治安在我国最为重要……故战争进展至京津地方，其祸乱或及于满洲之时，帝国政府为维持满洲治安起见，或将不得已有采取适当有效之措置"，虽假意声明对交战者严守中立，然实为对北伐统一之军事行动公然为一种阻止之威吓，明眼人一察即知之也。

日本一面向国民政府威吓，一面同时致同样通牒于张作霖，并于张通电罢战出关之后，十九日由日本武官向张威吓，谓奉军应于现地停止，倘以败退状态撤回关外时，日本将解除其武装。二十日日本宣言在山东停止军事行动后，复派飞机向泰安轰炸，向南方示威。二十二日竟以原驻旅顺之关东军司令部移入奉天省城，日司令官村冈中将以迅速之处置，集中一师两旅一独立守备于奉天并向锦州山海关布防，对张示威。二十三日北京公使团集议战事延及京津时之自卫方法，日使提出非常警备一案，欲与北伐以威力阻碍，其他各使以其超过自卫以上之行动，表示反对，其阴谋复不得逞。然二十四日以后，济南日军飞机仍不断至泰安掷弹示威。二十五日日本第三次派遣军司令官安满中将发表宣言，劝南北两军撤退其驻在地二十华里以外。

日本之露骨的干涉内政，妨害北伐统一，不独为中国所反对，列国亦不直其所为，前已举其两例矣。二十六日美国撤退唐山警备，以避有参与日本干涉的举动之嫌，日本竟公然指摘，美使马慕瑞特向日使声明，倘日本果在南满区域外之锦州有军事行动，美政府将邀请参预华会各国解释《九国公约》。

二十九日日本海军公然宣言，禁止中国南北海军在青岛、烟台、龙口、大沽、秦皇岛领海各二十里内交战，各国海军武官以此举有干涉内政之嫌，且未通过，于"列国海军武官会议"表示反对。

三十日，因日本宣言书中有日兵保护在中国侨民一语，引起各国诘难，日方加以解释，谓系指在满洲及日租界之各国侨民。日本目空一切之气焰，处处与人以不快，而处处受人指摘，可恶亦复可笑。

12. 日本出兵干涉内政之反响

日本大规模且无忌惮的扰乱中国及妨害统一，除一九一六、一九一七年间大隈内阁之助长倒袁及寺内内阁之援段以外，尤以此次田中内阁之阻碍北伐为最横暴最露骨。先后三次出兵山东，欲以武力妨害北伐而不可得，则欲利用华北治安问题怂恿各国陆海军武官及各国公使共同以武力干涉，又不得逞，则又直接一面威吓南军，欲使其不敢进，同时威吓奉军，欲使其不敢退，用尽日本政府及其在华外交官、陆海军与浪人、策士、新闻记者之全力，欲以保持南北对抗之局面，而便其威胁利诱，趁火打劫之阴谋。吾人非故为恶评，试一检视在此期内之对华交涉，如济案交涉，矢田与芳泽与王部长会谈，均侧重满蒙特权，而回避济案，一面在北京以外交官、军人、满铁社长等包围奉张及杨宇霆，逼索满蒙权利，其情急气盛不可向迩。日本对华外交手段大抵如此，吾人无以名之，惟有名之为暴力外交、劫持外交或拙劣外交而已。

日本之趁火打劫的外交与干涉内政，其受国际之指摘与当时在华欧美外交官、陆海军人之公正的态度，前已述之矣。然则在中国国内之反响如何？

日本之援乙倒甲或两边援助之故技，中国既饱尝之矣。故以此次日本干涉最力而中国觉悟亦最大。一九一一年五月底及六月初日本出兵山东时，南京国民政府陈友仁与北京政府顾维钧均有严重抗议，是双方政府均反对其干涉也。同时南方厉行清党，以固基础。而四川刘湘、贵州周西成皆表示服从中央，北方阎锡山、商震均表示拥护国民政府，并由阎劝奉张服从三民主义，向蒋接洽和平。且北政府派在欧美之公使至是亦接受国民政府之指挥，是国内将领与驻外使领皆恨日本干涉，而感统一之必要也。

次年四月，日本第二次出兵，亦遭南北双方之抗议。济案发生及日本决定三次出兵之时，张作霖通电停止内战，罢兵出关，阎、冯亦联名通电，一致服从中央，团结奋斗，使日人纵横捭阖之惯技无从得逞。至是日本乃不得不对奉张为前述最后之警告与武力的威吓，欲阻止其退兵出关，不听。至是统一之机运益熟，而日本之干涉几全失败，而日军阀之愤怒极矣，此张作霖之所以被有计划的炸死也。

13. 日本干涉统一之最后一幕

张既被炸死，倘非日本顾虑前述一九二八年五月二十六日美使对于日本锦州一带如有军事行动，将邀请参预华会各国解释《九国公约》之警告，则"九一八"事变恐已发生于当时矣。然而日本尚欲劫持东三省保安司令张学良，欲使与国民政府分离，供日本侵略满蒙之凭借，其实张学良早已赞成和平统一，前次因闻济案，停止内战之通电即其所建议者也。同年七月十日张派邢士廉等代表四人赴碧云寺晤蒋介石，蒋告以东三省须先易帜，服从三民主义。张内定二十二日举行。十九日热河汤玉麟亦通电易帜，日本惶急，竟于同日由驻奉日本总领事向张警告，反对东三省服从国民政府及改悬青天白日旗。二十一日由驻日公使汪荣宝向日外部抗议驻奉日领干涉统一之行为，日方狡辩仅为对张忠告，并非干涉内政。诚可发一噱！先是前满铁社长松冈洋右（现在上海充犬养之代表）、陆军中将菊池武夫及吉冈并驻奉日军司令官村冈等，直接间接以如果易帜，是自取灭亡语气，威胁阻止，于是二十二日易帜预定以顾虑日本之干涉，遂暂缓行，乃派人赴日以观态度。二十八日电驻平代表邢士廉等，表示服从中央。

八月初，张对统一易帜问题已决定，而日本田中派代表林权助男爵以吊丧为名，于八月九日向张警告易帜，劝中止进行。十日张答访林男爵时，林总领事、佐藤少将均在座，更以极严重态度劝张对统一问题中止进行，如不顾日本态度而易帜，日本定取自由行动，或发生重大事情，并劝张取缔赞成统一派分子，必要时，日当扶助。佐藤亦谓田中态度已决，万不可行，否则定有意外结果。故二十八日张派代表邢士廉到沪晤蒋，报告东三省服从中央不成问题，待外交有办法即行易帜，可见日本妨害统一之强硬与东三省所受压迫之严重也。

日本见张学良内意已决，知难阻止，乃复鼓动北军残部张宗昌反对张学良。初战于昌黎，奉军小挫，于是张宗昌于九月十四日通电谓班师回奉，势除张学良左右奸佞。所谓奸佞，即林权助等所请取缔之赞成统一派诸人是也。此等违反东三省民意之举，当然不得人心，故未几即被击破。

张学良服从中央，赞助统一之志既决，而中央亦于十月八日任命张学良为国民政府委员。二十八日国府电张学良，以后东三省外交一律移交中央办理。十二月二十九日任命张为东北边防司令长官，至是东三省政治军事外交名实皆统一于中央，恢复从前常态，而日本之干涉政策完全失败。

14. 日本对于干涉统一失败之报复

日本如有觉悟，应痛改前非，抛弃其不合理之扰华劫掠政策，顺应中国国民和平统一之大要求，以静肃宽大的态度，严守不干涉主义；以平等互助的精神，调整中日两国之关系，树东亚真正和平之基础，方为良策。

然而日本不独其干涉统一之非，转对中国之完成统一加以愤恨嫉妒，反汲汲专谋对于干涉统一失败之报复，对于国民政府常抱恶意。一面与援助南方不平分子，煽动倒蒋运动，一面在北方煽动石友三叛变，以谋倒张，复遭失败，仍不稍反省，转老羞成怒，欲借口实以军事行动为直报复手段。观"九一八"事变以前日本南陆相、陆军次官杉山、政友会要人森恪（现内阁秘书长）、参谋次长二宫与奉天特务机关长土肥原之主张实力发动，以武力解决满蒙等言论及其匆匆往来,频频集议发动方法之行动,与乎事变前在满日军之调动,事变前后松井大佐等等煽动蒙匪及对凌印清等土匪之利用,对袁金铠、臧式毅等之威胁,对赵欣伯、熙洽等之操纵,以制造朝鲜第二之所谓"满洲国",是日本整个直接以武力夺取满洲之计划的行为,亦即对于干涉统一失败之泄恨手段,明眼人自知之。非所谓中村事件等悬案的口实及其自炸南满铁路之伪造的理由所能一手掩尽天下耳目也。

夫一国之改革统一大业,自各有其环境上之困难与不得已之牺牲。小如日本,在维新当时尚经过二十余年之内战,至西南战争始获统一。以中国之大,人口之多,交通之难,其困难自较日本更增倍。徒吾人对于前此内战之不宁,固极遗憾,然不得已之战争,实为消灭反动,巩固统一之所不得已牺牲。为邻国者,应如何遵守不干涉之原则,以观其成,而共享和平贸易之利益。若一面不断援助内乱,干涉统一,而一面宣传中国为非统一国家,以供其侵略之口实,此实国际道德上所不容之罪恶,而为真正和平之搅乱者。吾人非对于日本有何偏见,特希望其反省,停止其破坏统一之阴谋,而与吾人为平等互相之合理的携手耳。

吾人欲求中国之和平统一,但吾人拒绝一切外力的干涉。吾人鉴于往事已结,拒绝苏俄之干涉,毅然清党反共,同时对于日本军阀所加于中国之内政的干涉,如制造所谓"满洲国"等亦深恶痛绝,不能忍受。吾人以自力建设改造其国家,固希望各友邦之善意的同情,所谓善意的同情,即严守不干涉主义。换言之,即遵守《国联盟约》第十条与《九国公约》第一条之义务是也。

资料来源:《国际联合会调查团(二)》,台北"国史馆"藏"外交部"全宗,第40—66页。

3. 刘穗九致钱泰电

阶平先生大鉴:迳启者,拙著第一页关于汉代与唐代年历应改正如下:"纪元前二〇六(汉代)——纪元后九三一(唐代)①。"前中英文本误至数百年之远,法文本仅错唐代。余如文中凡民国纪年均应改为西历也。此谨。公绥。弟刘穗九,存启。五月十日。

---

① 编者按:原文如此。

资料来源:《国际联合会调查团(二)》,台北"国史馆"藏"外交部"全宗,第67页。

4.《日本破坏中国统一概况》
（又名《日本对中国之阴谋》）

日本与中国,地理上与历史上关系至为密切,同种同文亦为可证明之事实。日本近代工业上所需之煤与铁,百分之八九十赖中国之供给,纺线方面亦需中国供给多量之棉花。

中国远自汉代迄有唐(纪元后七三二——九五九年)[1],以文化之灌溉,养成日本之文物制度,复以如上述日本工业上所需原料充分输给之,作友谊的互助。然中国以友谊遇而日本以暴力报之,吾人在历史可得不少日本对中国破坏侵略行为,良可叹也。

日本昭和二年(民国十六年)七月二十五日,首相田中义一氏于东方会议后上日皇奏章云:"欲征服全世界,必先征服中国,欲征服中国,必先征服满蒙,倘中国被我国(指日本)征服,其他如小中亚细亚与印度南岸等民族,必敬我畏我而降于我……此乃明治大帝之遗策。"

可见日本对中国不断之侵略,乃预备征服全世界之第一步,其最后目的乃在毁灭全世界国家之独立与民族之自由无疑。

日本对中国不断之侵略约如下:

（一）日本侵略中国之初步乃在先灭朝鲜,西纪一五八五年,丰臣秀吉氏为日本大政大臣,阅六年发陆军十三万,水师九千,不宣而战进攻朝鲜。中国欲以正义理论,未克充分备战,而朝鲜遂亡。

（二）西纪一六〇九年,日本德川秀忠将军命岛津家久出琉球不意,忽然进犯,将尚宁王掳去,并隶琉球为萨摩藩属,监督其财政。一八四〇年中英鸦片战争后,日本派外交官四人驻琉球,代掌一切外交事宜,同时照会各国公使,申明琉球已归日本,将琉球与美、法、荷三国所缔条约,改为日本政府之条约。当时各国昧于远东大势,意为日本所欺蒙,琉球亡而各国外交亦失败于日本。

（三）日本得中国藩属后不能餍其欲,更见各国之可欺,乃作侵台之想,于

---

[1] 编者按:原文如此。

一八七四年四月,日本政府命陆军中将西乡从道为"台湾事务都督",率海陆两军直向台湾,不宣而战。

(四)日本见中国之和平可欺,欧美之易于玩弄,乃步步进逼,造成"中日战役"(甲午年)。

(五)日本借口朝鲜不与外国交通,忽派兵舰驶入江华岛。一八九四年,朝鲜与中国为日本计诱,堕入彼术中,而与日本正式开战,结果朝鲜遂亡。

(六)日本见其预定计划,着着胜利,琉球、台湾、朝鲜相继入彼掌中,乃欲进占中国之东北部(即世称之满蒙是也),因设法造成对俄作战。当时因畏俄国之强,恐不易对之贸然作战,遂利用英俄二国在远东利害冲突弱点,乘机挑拨,而英国竟中其奇计,于一九〇二年与日本签订《英日同盟条约》,盖日本用意非在谋英日之友谊,而在预备对俄作战也。

俄见"英日同盟"之为对彼而有,乃有"俄法同盟"之成。一九〇四年,日俄两国断绝国交,正式宣战。是役也,日本乃为欲进占中国之东北部(满蒙)而发,当时英、法、美、意等国,复不明其中窍要,均力劝中国守中立,中国亦愿与各该国维持良好友谊,听之。而俄国单独与之作战,其势孤,遂以致败。结果,中国东北部让日本势力侵入,中国当日固经中日之役,不无疲惫,而宣告中立,实亦听各友邦之劝告之所致也。

日俄战后《朴次茅斯条约》第五款规定:"俄国以中国政府之承认,将旅顺、大连湾及附近领土领水租借权,与关联租借权及现成一部之一切特权让与,又租借权效力所及地之一切公共房屋财产,均让与日本。"

同约第六款中:"俄国以中国政府之承认,将长春、旅顺间之铁路及一切支线,并同地方附属一切权利、特权及财产与其所经营之炭坑无条件让与日本。"

中国东北部权利从此为日本夺去,而造成今日之局势,中国固备受日本之欺凌!各国何亦竟未悟日本之榨取?

(七)日本大陆政策着着胜利,然终恐列强或一旦觉悟其诈术,因之极力运用外交与各国周旋,用种种巧辞饰辩,耸动各国,混乱听闻,且为使各国确实入彼范围计,乃订立各种盟约:

　　A. 一九〇五年《日英新同盟》

　　B. 一九〇七年《日法协约》

　　C. 一九〇七年《日俄协约》

　　D. 一九〇八年《日美照会》

诸盟约订定后，日本乃高枕无忧，而□为所欲为矣。当时各国信日本有"维持中国独立，保全中国领土，各国在华之商业机会均等主义"之同意，不知暗中实全，为其所利用也。

（八）一九一四年，欧洲大战爆发，日本见列强无力东顾，乃试验其征服全中国之野心，由满蒙之占领而渐及于中国内部沿海之青岛。日本借词与英国同盟，于中华民国三年八月十八日向德国提出最后通牒，并限德国于同年九月十五日以前，将胶州租借地交让于日本，同时忽派海陆军二万余人及舰队围攻青岛。英国以为日本果有与之同盟好意，亦派驻中国北部之印度军助之。其时中国尚守中立，德军之数又仅五千以内，卒以众寡不敌致败，而中国之青岛遂一度落于日人之手。

（九）一九一五年一月十八日，日本借口中国要求其政府撤退驻中国领土内之军队为有污辱性质，不顾国际惯例，直向袁世凯提出二十一条之要求，以稳固其独占中国权利之基础，而确定满蒙之吞食，利用中国一二亲日派，与之协商。

（十）郑家屯为中国领土内东部内蒙古哲里木盟地，民国成立改为辽源县。日本思欲占领，设计命一居住该处日商某，向一中国少年买鱼，该少年因该日商出价太少，不肯卖，该日商某竟痛殴之，且奔日营引带武装日兵二十余名，向中国当道干涉。又对华兵开枪，不久居然逼令所有中国军队，一律退出城外三十里，且张贴布告，宣称由郑家屯至四平街三十里以内，不准华人入境。日本强占中国领土行为，荒谬□有类此者！

（十一）日本欲充分单独占有中国利益，乃不得不尽量愚弄中国以外之各国，其最显著之事实为：

A. 日本与英国订立密约（民国六年三月一日），诱成英国承认战后允许日本收领赤道以北德国固有各岛屿及承受德国在中国山东省之权利。

B. 同年二月二日，诱俄国共订操纵远东合同。

C. 同年三月一日，诱法、意两国共订于日本有利之密约。

D. 日本于四大强国受其愚弄，诱入术中，均经成立密约后，乃复派遣石井子爵为赴美全权大使，用巧妙措辞引诱美国国务总理蓝辛氏与之订定《蓝辛石井条约》，于民国六年十一月七日发共同宣言，中有"……美国承认日本在中国有特殊之利益"云云。

各国既屡受日本之调度而日本在世界政治舞台上遂不复有所忌惮矣！

（十二）日本对世界各国之安置既妥善，乃对中国内部运用，政治、军事外，经济方面之铁路、电信、军械、参战等借款，总额约达五万万元。

一九一八年俄国革命，日本乘机出兵试行占领贝加尔湖珂穆尔沿海三省。一九一九年二月十八日，公布之《中日军事协定》尤足证明日本在中国侵略之势力范围远达北满洲与外蒙古矣。

（十三）一九一九年一月十八日欧战停止，法国巴黎开和平会议，中国北京政府特派外交总长陆徵祥氏及驻外公使，南方代表顾维钧氏等为全权代表列席和会。日本恐中国于和会占优势，竟嗾使驻北京公使团向中国政府提出参战不力之觉书，而中国出席和会代表赴会时路经日本国境，忽被窃去重要文书一箱。和会中因关于与日本交涉案件问题致间接引起中国社会之"五四运动"。

（十四）民国八年夏季，日本武装军队酿成"长春事件"。又同年十一月十六日，日人枪杀中国巡警史孝亮，日政府且派军舰、驱逐舰至福州，酿成"福州事件"。又如民国九年十月，日本借口韩人作乱，派大军进占珲春、和龙、延吉、东宁、宁安等县及"长沙六一惨案"等类扰乱中国事件，不一而足。

（十五）民国十二年九月一日，日本发生大地震，中国人民急于公义，不计历来日本侵略之私仇，从事热诚的援救。而日人在地震之时期，居然逞机惨杀中国侨民四百余人，仅于民国十三年四月二十六日由日外务省向中国驻日汪公使道歉，轻轻了事（拒绝抚恤等项）。

（十六）中国内部民众惨案，几无不多为日人引起。一九二五年五月三十日惨【案】——著名之五卅惨案——乃由上海日人所办之内外棉纱厂，由日人开手枪打死中国工人顾正红而起。

（十七）民国十六年五月，日本忽出兵于中国山东省之青岛、济南二地，在济南府施行大屠杀，中国交涉员蔡公时先生因之殉难。

（十八）中国国民告成，日本阻止中国东三省易帜，由田中内阁训令驻奉天林总领事于七月十九日突向张学良氏提出"警告书"并加以威吓。

（十九）张作霖将军，由北京归奉天乘火车经过日人经办之南满铁路范围内时，忽被炸死，亦为一重大疑案。

（二十）最近如日人利用韩民滋扰而成之"万宝山惨案"及"韩人暴动案"。

（廿一）日本于九月十八日突派大军占领沈阳（奉天），同时占领安东、长春等地。

（廿二）又于翌年（民国二十一年）一月二十八日，日本在上海不宣而战等，破坏中国统一与治安，毁尽中国最大文化机关等，不胜缕述。

（廿三）其余如在中国各军政机关之日本顾问，向中国各方挑拨政潮，鼓起内乱，而以中国军事政治秘密按期报告日本政府，受日本参谋本部之具体指挥，造成中国局部分裂。又在山东及大连、旅顺等处实施文化侵略——日本化——教育，尤足证明日本处心积虑，破坏中国之完整独立。统观日本历来对中国之种种阴谋举动，均属有计划的、有组织的，而绝非偶然的。

日本种种阴谋破坏中国统一，造成中国内乱，不特为中国之祸患，实亦造成全世界纷乱之总因，盖有甲午中日之战争，乃有三国主张归还辽东之干涉。此后日本引起列强对中国之误解行为乃发生庚子之排外，而俄国因之占领中国东北部（满洲），酿成日俄之役。自后遂横行于中国之东北，间接产生欧洲大战，日即利用时机侵占青岛。而"二十一条"、"中日军事协定"及中国内乱"济南惨案"、干涉东三省独立、炸毙张作霖将军、"万宝山案"、"非法强占东北部（九月十八日）案"及在"上海不宣而战案"等各相继发生，几无少息之时。世界各国如对日本为祸患于中国事实认识不清，解决失当，或处置无方，则未来之世界将从此多事矣！

二十一年四月十五日　北平草藁[稿]
刘穗九

资料来源：《国际联合会调查团（二）》，台北"国史馆"藏"外交部"全宗，第68—80页。

五、国际联合会调查团（三）

1. 国联调查团说帖摘要报告（1932年）

查东省事变之原因及其事实，世界耳目未必周知，加以虚伪之宣传辟不胜辟，维钧为使调查团明了事实真相起见，特向调查团提供各种说帖，俾有依据。计自五月至八月提出总说帖一件，分说帖二十八件，总说帖对于中日纠纷之种种问题及日人之违法行为作大体之陈述，分说帖则对于各种问题更为详细之讨论，其性质又可以分为两种，一为指出日人种种之侵略行为及违法举动，例如日本占领东三省之说帖，日本破坏中国统一谋划之说帖，一九三一年朝鲜仇华暴动之说帖，日本企图独占东三省铁路之说帖，日本违背条约侵犯中国主权之说帖等等皆是；一为驳正日方所为之恶宣传而加以说明，例如关于平行线问题及所谓一九零五年议定书之说帖，关于二十一条及一九一五年中日条约之说帖，朝鲜人在东省地位之说帖，关于抵制日货之说帖，所谓东三省之独立运动说帖等等皆是。兹将各种说帖【之内容逐一加以说明如左】①。

（一）关于中日纠纷问题之总说帖

本说帖历述六十年来日本侵略我国之历史，若占领琉球、台湾，若并吞朝鲜，若出兵山东，若此次东北事变、天津事变、上海事变均为上述侵略政策最著之事例。并序述中日两国条约关系之基础，驳斥日本侵占东省之饰词声辩，近来中国民众表示之正当及中国官厅对于抵货风潮不能取缔之理由，末章说明日本所采行为违背国际公法通则与条约之规定。举凡《国联盟约》、华会条约、《非战公约》，无不破坏殆尽。目下应急之务在于遵照国联之决议，将驻扎所谓铁路附属地以外东三省各地方之日军立即撤退，由中国制定并执行保护日本

---

① 编者按：原文中这几个字被划去，此处为保证文意通顺而保留。

人民财产之条约，恢复中国东北之政权，公平解决日本此次侵犯各处之责任与赔偿问题，盖非若此不能为中日纠纷图一根本及公平解决之方法也。

（二）关于平行线问题及所谓一九零五年议定书之说帖

本说帖说明在一九零五年北京会议时并无任何秘密议定书之签订，日政府所称秘密议定书十六条云者，乃于每次会议所记载之临时谅解中任意摘出分定，甲乙此项谅解苟非随后列入正式条约之中，或对于正式条约内所载之未决事项足以阐明其意义者，则其本身可谓毫无约束之能力，缘由一九零五年北京会议所产生之。一九零五年十二月二十二日，中日正式条约及附约并未提及平行线问题，更无条文给予日本权利，使得因此阻止中国在东省建筑铁路，故自上述两约经中日两国批准之日起，日方所称之秘密议定书业已丧失其法律之意义及效力。

（三）关于日本占领东三省之说帖

本说帖首述日本处心积虑而行其侵略之程序及其逐步之实现，次述此项东省事变经过之情形，末尾二章谓目下东北一切战略上之地点、重要之城镇、铁路之中心皆已为日军所攫取，日本之筹划不仅为对外力来侵时作战略上之防御，且为将来侵入长城以南之张本，同时中东路中段之被占可使日本阻止他日苏联政府保护其海滨省之动作。查日本此次之于东省轰炸毫无防御之城市，杀我无辜人民，非法没收私人财产，置海牙陆战规条于不顾，即使中日处于实际战争之状态，于例亦有所未合。目下东省各项行政机关无一不入日人之掌握，其种种措施似非所以维护世界之和平及和平所倚赖之国际谅解也。

本说帖复将九月十八日事变以前日本对于三省军事上之准备及该事变以前三省中国军队之配置、军队之实力，暨长春之占领、龙江之占领，九月十八日以后锦州备战之经过、日本破坏东省邮政之情形逐一述其概略，编为附件六件，附于本说帖之后，以补充说帖内之所未尽。

（四）关于二十一条及一九一五年五月二十五日中日条约之说帖

本说帖依据法律上及公理上之理由说明，日本当日提出二十一条及要求签订一九一五年条约时之情形，在习惯上、先例上、学理上均无此例。该项条约实违背《国联盟约》，蹂躏中国独立及其领土行政之完整，破坏门户开放主义，中国代表在巴黎和会及华盛顿会议中屡次声明，该条约之于中国不过有此事实，而众议院及参议院亦曾于一九二二年十一月一日及一九二三年二月十九日先后通过该条约无效之决议。中国政府并于一九二三年三月十日经由中国驻东京使馆照会日本，声明此项条约及换文，本国舆论始终反对，本国代表迭次在巴黎和会及华盛顿会议提出此案要求取消等语。即日本自身亦不视该条约为确定，有时取消其中某一部分，有时表示该国承认该条约根本上可容修改。中国政府认为该条约之重加考虑予以废止，乃为奠定远东和平必要条件之一种。中国之所以反对该条约者，由于日本有强索中国让与权利之性质，亦由于日本所用以取得此项让与权利之方法也。

（五）关于朝鲜人在东北各省地位之说帖

本说帖叙述朝鲜人移居东北问题之复杂，援引中日两国国籍法以说明，朝鲜人之二重国籍问题实为本问题最难解决之一端。初时，间岛一带朝鲜人之地位有一九零九年满韩定界条款以规定之，但嗣因日本插入一九一五年中日条约及换文问题，遂使一九零九年条款所规定籍法之适用增加纠纷，复加之以日本在该地一带设立毫无条约根据之日本警察干涉中国地方官之施行职权，情形乃愈形严重，遂致事变迭出，其最著者自为日方所借以辩护其侵入东省全部之万宝山事件。

本说帖并将民国十四年中日双方商定取缔韩人籍法大纲及同年取缔韩人籍法施行细则，译列篇末作为附件，并于说帖内说明中国当局常被指摘，谓为压迫韩鲜人。要知避居东北朝鲜人中之一部既深怀恢复祖国之念，常有秘密之政治活动，中国为表示对日邦交起见，不得不尽力为之约束，且朝鲜人为善于种植稻田，常为本地农民之劲敌，中国官厅之行使其固有职权，公布章程条例保护本国农人之利益，亦属当然之事。

（六）关于吉会铁路之说帖

本说帖叙述吉会铁路之历史，驳斥上年十一月日本发表五十三悬案内所提出三项之诬蔑，说明日本代表送达调查团小册内所称一九二八年五月十五日中日当局为完成吉会铁路所签订之两项合同，国民政府并无副本，亦未接有何项报告，不能受其拘束，结论谓实现吉会铁路计划之所以迟未实行者，一由于日本要求委派合同所未规定之主要位置，一由于南满铁路公司不与中国当局解决该路吉敦段之实在建筑费问题，以及因此而发生中国政府之正式接收问题，加以该路不仅为商务上重要之路线，且关系国防綦重且大，中国政府于承允完成该路之前，当然希望其国防之利益有所担保，以免可能之危害也。

（七）关于南满铁路护路军之说帖

本说帖援引一九零五年条约及一九零五年会议记录说明，中国并未应允日本得有设立护路军警之权,护路军警之设立乃不过一种临时之性质,近来该项军警非法干涉中国地方行政,活动范围远出铁路区域以外,尤与一九零五年日本全权之宣言不符,此事中国在巴黎和会及华盛顿会议迭有声明,均无结果。关于以往事实,凡南满铁路经过之地段,因护路军警之驻在,局势不但不能较为良好,且愈形严重,故其存在不惟在法律上毫无根据,即在事实上亦毫无理由之可言,深信应予取消为得计。

(八)关于万宝山事件

本说帖历述万宝山案件,当日双方争执之事实及地方官与日本当局交涉之经过,外交部与日使馆往来之文件,结论谓本案初不过牵涉耕地租约效力之问题,系一民事案件,不难照民事案件予以解决,旋因应受中国法律裁判之韩人故意毁坏安居乐业诸华人之产业,违抗中国官吏之命令,乃由民事案件变成刑事案件,然亦可依照中国刑法妥为处置。迨后日警侵入中国内地,于是构成外交案件,至日警借口保护鲜侨,枪击华农,局势遂愈严重,且日本对于案件之解决缺乏诚意,故破坏中日之条约,而使争端愈趋复杂,局势愈趋严重,本案不能得一良好之解决者,日本实应负其责任。

(九)关于一九三一年七月朝鲜各地仇华暴动之说帖

本说帖列举仁川、京城、平壤、镇南浦、釜山、元山、新义州各地仇华暴动之情形,并将华侨死伤及财产损失之数目列表载明,声明此次朝鲜各地之惨杀华侨虽经中国领事迭次急切请求,而各地警署对于华侨生命财产不能予以相当之保护,则日本官厅之应负责任甚为明显。

(十)说明日本不赖东三省供给原料粮食之统计表

本统计表将一九二九年东省之国外贸易及一九二八年日本之输入与东省原料之出产各列一表,附以说明以辟日人谓该国原料粮食强半取给东省之宣传。

(十一)中国对于日本所谓五十三悬案之驳正

一九三一年十一月三日,日使馆在上海表[报]纸发表其所谓中日间之五十三悬案,本说帖将各该案逐一驳正,俾明真相。

(十二)日本破坏中国统一谋划之说帖

本说帖谓近二十年来日本对华之政策为同时扶助对垒之两方,以延长中国之内战,妨碍中国之统一。此种政策之发展大约可分为四个时期,一为鼓动革命时期,一为接济内战时期,一为破坏统一时期,而最近则竟强占我国东省之领土,制造独立之运动,建设傀儡之政府,以为将来施其吞并伎俩之初步。说帖内并列举历来种种之事实,以证明日本此种政策无时或变。

(十三)关于日本在东北及沪津以外各地挑衅寻仇情形之说帖

本说帖叙述日本在汉口、青岛、福州、南京、汕头、镇江、苏州、杭州各处挑衅之行为及我国政府交涉之经过,说明日本此种举动目的在于企图激起我方敌对行为,俾得借此扩大在华之行动。

(十四)关于抵制日货之说帖

本说帖就国内法及国际法两方面解释排货问题法律上之地位,并说明中国对于日本不能负任何责任。就国内法论,凡简单之抵制货物,即个人不买某国货物,无论何处均为法律所不禁,个人抵制货物既属合法,于是法人及机构之抵制货物与夫经合法手续劝告他人抵制货物亦均非违法之举。就国际法论,中日两国所订条约既无强中国购买日货之规定,而国际习惯、国际学说及盟约第十六条亦承认抵货为一种施行压力之合法方法,中国抵货风潮自一九三一年至一九三二年以来,无一直接施于日本人民者,有时因抵货而发生轨外动,但此种行为亦均施之于华人,故中国政府之于日本不能负有任何责任甚为明了。此次中国排货风潮乃对于朝鲜惨杀华侨、日本侵占东省及攻击上海挑衅举动之反应,系一种报复行为,凡一国家受他一国之侵害而不愿用武力以图自直者,国际公法固承认其得诉诸此种报复之行为也。

(十五)关于日本企图独占东三省铁路之说帖

本说帖说明日本如何干涉东省铁路之建筑及运用借款方法以独占该处筑路之权利,并列举该国阻碍新民屯至法库门、锦州至瑷珲、打虎山至通辽、沈阳至海龙、吉林至海龙五路建筑之经过及其用借款方法企图监督长春至吉林、吉林至敦化、四平街至洮南、洮南至昂昂溪四铁路之情形。

(十六)关于日方所谓中国教科书内排外教育之说帖

日方近即行小册两种,名曰中国之排外教育及中华民国教科书内发现之排外记事,以图证明中国之初等教育系属排外性质。本说帖说明各该小册所录之课文,其中实无排外性质者甚多,且间有若干课文或为原书之所无,或系牵强失真之译文,其所引各种教科书亦未有经教育部审定者,本说帖更说明日本在明治时代最初二十年间亦曾培养该国目下所谓排外之主义,即在今日,该国历史纪事及报纸记载,尚时有缺乏平心静气之论调,结论谓中国方面对于教育部审定各教科书之重行审查,将必须修正之课文加以修正并无异议,惟日本如不取同样步骤删除该国教科书内之排华课文，则纵使中国将教科书加以修正，亦难望其有久远之影响。

（十七）关于中国努力开发东三省之说帖

本说帖列举近年来中国对于东三省在司法上、移民上、农业上、林业上、渔业上、矿业上、交通上、商业上、教育上努力发展种种之事实，以辩正近来日方宣传东三省之发达全赖日本之说，并说明日本在该处所经营之各项事业，完全以日本自身之利益为目的，故不惮阻止投资以图遂其垄断之计划。中国甚愿开拓三省富藏，欢迎各国协作，使中国及全世界人民同蒙其利。

（十八）日本违背条约与侵犯中国主权之说帖

本说帖将近年来日本在华不法之事实，举其大者、著者分为二十七案，以证明日本违背条约及侵犯主权之行为。

（十九）关于东三省币制及其与大豆关系之说帖

本说帖说明东三省之币制史，可划分为二时期，一为战事与币制紊乱时期，一为和平与币制稳定时期。而一九二八年实为二时期之分界，其第二第三两章叙述东省币制及银行事业与奉票之整理，第四章解释东省银行所以收买大豆之理由，半由于垫借农户款项有时不能归还，于是不得不受其抵押之大豆，而半由于维持大豆出产之过剩及抵制日商之出价勒买，末章序述日本朝鲜与正金两银行在东省滥发纸币，东省纸币之紊乱，日本实不能辞其责任。

（二十）关于中国政府在沪案开始时决定和平政策之说帖

本说帖说明第十九路军移防上海及嗣后中央以宪兵团接替该军防务之经过情形，以辟外间所传中国政府派遣该军至沪攻击日侨、危害公共租界及对于该军缺乏信任之风说，使调查团得明了事实之真相。

（二十一）关于外蒙古之说帖

调查团前在南京时，曾询及外蒙问题，本说帖历述中国与外蒙历史之关系，并说明外蒙之自治系经中国宪法之认可，中国迄未承认外蒙现在事实之状态，中国始终认定外蒙为中国领土之一部，其地方自治不能越出中央政府所决定范围之外。

（二十二）关于东三省匪患之说帖

本说帖历述日本庇护军火之私运、扶助东省之马贼，并援引日人所著各书籍之记载，以资证明并说明东省匪风与日人之势互相消长。在日本势力未达东省以前，该处秩序异常平安，最近日本益肆无忌惮，扶助盗匪以达其政治及军事上之目的，如凌印清、张学成均受日方大宗之接济，日本谓该国继续在东省之用兵目的在于"剿匪"，惟其结果适得其反。

（二十三）关于东三省海关被劫经过之说帖

本说帖叙述日本攫取东三省海关之步骤及其占领龙井村、安东、牛庄、哈尔滨、大连各海关经过之情形。

（二十四）关于在中国共产主义之说帖

本说帖叙述共产主义输入中国之由来及"剿共"之成绩，其第四章详述中国共党之组织，而结论则谓"剿共"之胜利在收复各地之善后。中央政府现拟有关于"剿共"之政治经济善后计划，注意筑路借以救济灾区之人民，加增地方之出产，恢复地方之安宁，便利行政上之施设。

（二十五）关于东三省盐税被劫经过之说帖

本说帖叙述日本攫取东三省盐务之经过，并说明自上年十月三十日起至本年四月十二日止，日本攫取盐款共达七百零八万三千二百七十二元，盐务行政之完整遂被其破坏，而运盐前往吉黑行销亦大受影响，至此后以盐务担保外债之摊款是否仍能继续照解，亦属疑问。

（二十六）关于所谓东三省之独立运动之说帖

本说帖叙述日本图谋东省之处心积虑及傀儡政府组织经过之步骤，并说明所谓"满洲国"者，其政权完全在日人掌握之中，若军队、若警察、若铁道，无一不在日人监督之下，而对于教育方面，日人尤为重视。结论谓除少数无聊政客外，三省民众无不反对现在之状态，自马主席占山及丁司令超、李司令杜首先抗日以来，目下后起者尚不乏人。

（二十七）关于东三省邮政被劫经过之说帖

本说帖说明日本攫夺东三省各地中国邮局之情形，并叙述日本强取辽宁及安东邮局之密码电本，设立军事邮便，企图办理沈阳、滨江、龙江、洮南及四平街各地之航邮，虐待邮局服务人员，杀戮额穆邮局局长且阴谋加害辽宁邮务长巴立地。二十一年七月十六日伪监察官开始将伪邮票送至三省邮政管理局，定期于八月一日发行，至是自九月十八日事变后，三省邮政当局为中外民众便利起见，历经艰苦维持十个月之邮政，乃不得不宣告停办。

（二十八）关于日本劫夺东三省担保外债盐税摊款之说帖

本说帖首述自四月一日东省盐务机关强遭攫夺后，即担保外债之款项，我国亦并未收到，迭经交涉，均鲜结果。次则说明四月十四日日本公使致盐务稽核所之公函实详解当日之情形，至该函所称，日本当局并未劝告或允许强占盐务稽核所及"满洲国"当局注意不使中国偿还外债。现在之办法归于停顿，各节关于种种之事实殊难置信。

（二十九）日本人民商行在华贩运麻醉毒品之说帖

日人以毒物祸华，意在使我国人种日就衰弱，其用意至为阴险，本说帖历举日人在中国东三省及山东、北平、天津、青岛、山西、保定、福州、厦门等处违法贩运、制造麻醉毒品，系根据禁烟委员会、海关北平公安局、山东省政府、青岛市政府及河北省政府报告，其未经中国官破获者尚不知凡几，其数目及区域诚为可惊。

至说帖之外，调查团专门委员对于各种问题往往开列细目，多端逐项询问，请我方加以答复，其间所开各项问题有比较简单者，亦有甚为复杂者，均经我方分别答复，其尤重要者如：

1. 东北铁路问题
2. 中日在东省合办之事业
3. 大连两重关税问题
4. 东省币制问题
5. 东省行政问题
6. 东省货物输入中国本部之统计
7. 中国移民东省问题
8. 东省农业问题
9. 东省特区行政问题
10. 哈尔滨市政问题
11. 中国海关统计之说明及各国与东省输出入关系
12. 上海事变中国军官、兵士、贫民死伤、失踪及财产损失之数目等

此外随时提供调查团应用或参阅之证据或文件甚繁，不及备举。

资料来源：《国际联合会调查团（三）》，台北"国史馆"藏"外交部"全宗，第4—20页。

2. 国联调查团声叙日本非法侵略东北各矿之经过(1932年3月至4月)

国际联盟调查团诸公阁下：敝局对于阁下等慨允调查日本在敝国所造成之纠纷深切感佩，尤盼注意东三省即辽宁、吉林、黑龙江向为日本以淆惑观听手段而称为满洲者，窥其险恶用心，意殆称满洲为非我国之土地部分，昧尽是非卑鄙宣传，诚为日本惯有之伎俩，无足为怪。今阁下等以熟悉远东情形，并深知敝国之酷爱和平，且明了日本之侵略大欲，能鉴别日人之粉饰报告，以彻底分析之诈伪而为公正之评判，此皆敝局可祷企而钦服者也。

兹谨以最诚恳而最明确之事实奉陈阁下等之前，但敝局深信我国横遭无理压迫之冤，抑机伸其以武力强据，我国之土地亦必能完整归还，以及被威胁所攫夺之铁道、矿产、森林、各大工厂之能回复原主，胥皆基于阁下等之报告国联以及最后之公正处置也，敝局谨就照商法组织之东北矿务局范围内所管辖之矿林公司之被占情形，约略述之于另篇，题曰《日本军阀强占东北矿务局所管辖之矿业木业公司及各职员有被扰害之事实》，此次日本武装侵略，我国所受损失程度之重大，难以数计，故各方面所举损害自必繁多，预料日本必有种种之饰词声辩，以掩其暴戾之行，然阁下等之目的重在实地查勘，则关于我国被其炮火摧毁、武力强占之区域，数万人民所受之损害与痛苦，自必遍览无遗，与同情之忧叹。兹敝局所陈者，亦仅局部之事，故从简单叙说，倘更欲详尽者，犹可续陈，以兹事庞大而复杂，非敢仓卒所可历举也。

查日人之蹂躏中国主权，诡诈欺蒙破坏国际公约，其奸伪已昭然若揭，此次借口我国军人炸毁南满线之一小段之轨道，竟大举兵戎逞凶东北，以遂其鲸吞三省铁道、矿产、森林、农牧之野心，蛮横兽行，已失其文明国家之态度，诚非意想所及。尤遗憾者即著名中日合办之事业亦遭压迫，从中日合办本溪湖煤铁公司以观其处施之横暴，是以证明之。查该公司系在日俄战争时由其强占于一九一零年，由我国政府于日商大仓组合办，以利益均沾为原则，而实权则由日人暗行添纵，排挤倾轧，无恶不作，沈阳被占以后，则将敝国方面之职员强迫退职，卒有一员几遭谋害，而公司于行凶者曾无若何责罚，则至工人团集以谋责问时，竟为日兵枪伤甚多，蔑视人道，惨无天理，言之发指，其尤显著者。事变以后该公司所运之生铁仅一大车，而强此后虽值市场衰敝，忽增运数万吨，其意殆为储实军备,而曾不一顾公司之营业主旨,盖悉以政治为背影,此后我国之不能与其合组事业,可对言也,拉杂以陈,并伸敬仰,谨祝阁下等之康健。

东北矿务局总办王正黼。印。

日本军阀强东北矿务局所管辖之各矿业木业公司及各职员有被扰害之事实

查东北矿务局系依照公司条例所组织,以经营左列之各矿、电厂、森林等事业,其资本完全为我国人民与银行界所投资者。

原有名称	经营事业	地点	资额	每日产量
辽宁矿务局	煤矿与电厂	黑山县	3 600 000元	250吨
东北矿业公司	煤矿与轮运	复县	2 500 000元	800吨
西安煤矿公司	煤矿	西安县	1 440 000元	800吨
本溪湖木业公司	森林及木厂	本溪县	150 000元	每年采三十万株

以上事业之所在地均位于辽宁省域,惟木业公司则沿南满铁路,但在其租借地以外,总局则在省城,以便于联络指挥各处之事宜,并探勘其地有价值之矿产。

于一九一九年以资本五十万元为八道壕煤矿业务之开始,至一九二二年四月,由王正黼博士任总办,扩充范围、工作效率日有进展,在此次事变以前,各矿各厂及林务俱在发展蓬勃之过程中,而组织亦堪称完善者,于总局设有营业会计、秘书、审计、庶务五科,虽工程事务难统一指挥,而各矿厂之账项则独立,以期有条不紊,年来产量与销路均有相当成绩,职是致遭日人之嫉视而为非法之武装强占矣。考日本侵略之主要目的固欲霸夺东三省之权利,然尤注意于铁道、交通、矿场、森林、工厂之所在,于矿务局之事业亦为其要图之部,故于强据沈阳以后,即将敝局存储各银行之款项与各机关公款所存者同一截留也。

矿务总局之被劫 一九三一年十月十日,忽有日兵五十余名闯入局内,适为双十节假期,留局职员无几,逡巡各屋经一小时而去,十月十四日,有便衣日人二名及日兵一名直冲入局并擅阅各公事室之文件,随即加以封条,凶横之态度溢于言表。翌晨复来抄录档案,并询问我局之组织、经济、营业股东姓氏之详细且嘱为书面声明,迨临行时将重要之矿图及计划书又携带去多件。嗣经职员傅锐君之斡旋,于十月十二日将公事房启封,各职员始自由出入,然各公事柜及铁柜依旧为之封固。于十月十九日又有二日人来局，行动诡异，尤注重铁柜内之所储，并查问究接济张学良款项若干，横加干涉，丑态可哂。十月二十日，忽又来日探及通译，将我局孙显惠科长及徐郑等职员由日兵八名以载重汽车捕走，随押往该宪兵本部，固无所谓法律，且亦不问情由，拘留经六小时释放。十一月十二日，又来日兵将局内所有物件及一切精粗器具抢掠一空，而书籍、矿图、地质标本复破坏无余，并将铁柜打破，虽俱乐部中之什物亦一并摧毁而无余，职员私人之所有物亦囊括以去，行同盗劫，亦犹之风卷残云也。

复州湾煤矿之被占经过　本矿距县城三十里，位处海滨，有自筑之码头，能装五十吨之船只，并有自备之轮船，装煤运销各岸，惟冬日冻海是其缺点，采掘上等白煤销行沿海各岸及长江流域以及日本等处。在一九二八年底，原矿主以债务逼迫，遂以二百五十万元售价卖与东北矿业公司，经公推，王正黼博士为总理。于此次事变后，在十月二十六日，本局顾问德人盛翼德君因往复矿视察新建之煤球机之试验，行经瓦房店，又为日警长盘问一小时，且谓途中有匪，大肆恫吓，又谓工人有暴动者，惟恐矿之不乱。而日商且有以出售与矿场坑木款一万余元，威逼以矿抵押，但此款一年前业已付清，盖此行纯为敲诈性质也。及至十一月二日，忽有便衣日人及日军四十人带同机关枪包围矿场，强迫点交，复将我矿长王翼臣拘押一天，随派日人为矿长，并分派各科日人顾问等七人，支配全矿。此攫夺我矿权利之经过也。

本溪湖森林及木业公司被占之经过　一九二三年购大夹砬子森林，该林区在县北三十英里，嗣又购林区二段，为便利运输起见，于南满车站之旁设立事务所。在事变时，该所存木有五万株以上，其价超过五万元。当时曾有满铁事务所职员某声言中日全资共管林场，致林场主任刘廉士无法留守，于十一月二十一日，日军即将事务所封闭，而将厂木拍卖。此攫夺我矿局林权之经过也。

西安煤矿被占之经过　本矿处沈阳东北二百英里，有沈海支线直达，原为十矿商所分组，于一九二六年间始统一矿政，改称为西安煤矿公司，产销上等烟煤，接济沈海、吉海两铁路线及省区各大工厂等燃烧之需，可与抚顺煤相抗抵者，亦惟此矿为有力耳。于一九三一年三月，仍有王博士正黼兼管主持扩充工程，故工人达五千以上，自沈变后，限于经济无法维持，遂裁汰工人四千，因银行存款既为日军扣留无已，而以取煤条开付工资，良可叹矣。迨后从日产八百吨而降至一百吨，犹冀苟延残喘，讵日人占矿野心已非朝夕，即有日兵于十二月七日及十七日往矿两次要求交代，经傅锐代矿长缓言拒绝，于二十二日值传在沈交涉运输,忽将傅君拘押至十二月二十九日,始行放出,而日军竟于二十八日派人往矿强接,我西安煤矿至此又为之攫夺而去矣。

　　八道壕煤矿及各电厂被占之经过　　本矿位置在北宁路大通线大虎山北十七英里,有铁道交通运输便利,其煤性质含有百分之十二之油量,在矿设置大电机为四千KVA之透平两部,三万五千伏尔脱专线三路,一由八道壕经过芳山镇而达新立屯,一由八道壕经北镇而达沟帮子,一由八道壕经黑山、大虎山、白旗堡而达新民各城镇,均设立分厂,将电压变小而为之电灯之用。在事变时,壕矿工人达一千以上,随解散四分之三,嗣后日本飞机即常往壕矿为飞行之侦查盘旋,四周人心惶恐达于沸点。在一九三二年一月二日,日军占领锦州后,随以武力占据壕矿,于一月二日,有日骑兵一百五十人驻矿,一月八日,实行据管,而以日人为主体,其时有我矿职员毛君为日兵痛打,并以刺刀刺臂寸许,几伤性命,而毛君并持德商西门子洋行与矿之信件,竟遭误会,野蛮兽行,诚堪发指。而壕矿本为我局夙具规模之矿厂,至此又为之攫夺矣。

　　往者日本向以文明国家自视,兹以侵略我国土地之故,而不惜毁败其声誉,大露其暴行,等同盗袭,诚为日本羞况,其专以军团侵略主义之武力压迫,而以强踞我国土地为能事,按照国际公法有是理耶?

　　王正黼。印。

　　资料来源:《国际联合会调查团(三)》,台北"国史馆"藏"外交部"全宗,第21—29页。

3. 外交部电国联调查团中国代表处
(1932年3月23日)

第1543号

　　国联调查团中国代表处勋鉴:准。东北外交研究委员会函送东北矿务局提交调查团之说帖一件到部,兹由航邮寄上,希察收,应用为荷。外交部。梗。印。附说帖一件。①

　　资料来源:《国际联合会调查团(三)》,台北"国史馆"藏"外交部"全宗,第42页。

---

①　编者按:无附件内容。

4. 万福麟致顾维钧电(1932年4月17日)

少川仁兄伟鉴：关于鹤冈煤矿被侵占事，兹据该矿总稽核沈诏墀所述甚详，附上沈君说帖一件，请察核，如有咨询事件可否即令沈君面达。统希卓度专布肃颂，勋祺。附说帖一件。弟万福麟拜启。四月十七日。

鹤冈煤矿公司总稽核沈诏墀说帖(1932年3月23日)

查黑龙江鹤冈煤矿自开办以来，将近十有六年，其间虽几经改组，然始终为华资经营，所有技术以及事务人员均系华人充任，惨淡经营迄至民国二十年，始章程粗定，规模略具，业务遂见发达(前后共收足资本□洋三百七十余万元)。慨自"九一八"事变以后，哈埠工业顿受影响，该公司因而大受打击，销路阻滞，于二月十三日陷落哈埠后，由土肥原派日员带领武装日兵、宪兵到该公司，将主要职员拘至一室，威迫常务董事增子固、总务课长赵云路用书面证明该公司绝无外人资本，事前亦未押与外商，事后不经日方同意不得转让他国人，如股票转移亦须报告日方，倘有违背情形，即由该二人是问，强令签字盖章并勒索账簿，迫开全库，将所有库存矿照、现款及其他重要文件一并携去，东方拓殖公司及正金银行会同审查。悬隔多日，日方乃派日人井上藤次为该公司顾问，并委秘书谢华辉前往，仅将账簿交回，而库存矿照全份仍被扣留，迄今未送还。且自日方加派顾问后，所有该公司事务悉听日人顾问井上藤次指挥，并将办事人员大加更动，逼迫总理梁作舟辞职，即以素称亲日之协理赵树人兼充之。其他重要职员亦多被撤换，现职人员不过形同傀儡而已。窃查鹤冈煤矿为东三省北部惟一矿产，所有北部燃料大都仰赖于此，况纯系华商集股经营办理，与日方毫无关系，此次横被侵占，不惟害及商人血本，抑且碍及江省全区民生尤为至巨。此种横暴行为殊非国际公理所许，谨将被占经过详情略述如右①。

鹤冈煤矿公司总稽核沈诏墀。

资料来源：《国际联合会调查团(三)》，台北"国史馆"藏"外交部"全宗，第44—46页。

---

① 编者按：相当于"上"。

5. 东北外交研究委员会电国联调查团中国代表处（1932年6月8日）

迳启者：案查张主任同李顿爵士谈话时曾允拟送日本皇谟说帖一份在案，现该说帖草稿业已完成，相应函送贵处查照，酌量加入总说帖内，并希见复为荷，此致。参与国联调查团中国代表处。计附日本皇谟说帖一份。

日本军阀借口皇谟以侵略政策说帖

第一章　日本军阀借口皇谟之所以

第一节　所谓皇谟及军阀滥用之例

日本军阀欲行侵略政策，若遇国内反对，则每借口皇谟或统帅权名义，以钳制舆论、压伏政党，如西园寺内阁以来之增加师团案，最近伦敦海军协定之反对运动与不待阁议之满洲出兵及违背宣言之锦州攻击等，皆此类也。其法及形式间或微异，而其挟天子以令诸侯则一也。

往古日本政权或操于武家，或委之幕府，天皇亲政者少，即明治维新颁行宪法以后，对于政治亦非直接向议会发言干预，故其真正或据为皇谟之直接文献甚少，然军阀则转因此而得活用或滥用所谓皇谟之内容或意义。

日本第一代元首神武天皇开国诏中有云"兼六合（东西南北上下之义）以开都，掩八弦（即八方八极之义）而为宇"，此不过后世史臣润饰之词藻，而日本军阀及抱侵略主义之御用学者则多引为统一世界之遗训。即如最近（本月四号）荒木陆长在陆军机关杂志偕行社记事发表煽动战争、鼓吹侵略之一论文，题为《昭和日本之使命》，其中即引用此最古之皇谟（同杂志第十二页）于痛骂英美苏俄、评论法德之后，公然声明不惜与任何国家为敌（同十二页至十七页），并激励其词曰"东亚诸国已成白色人种压迫之对象，既觉醒之皇国日本，更不能在今日以上容许白人之横暴，无论任何强国之行动，倘不以皇道为法，则当断然排击之（同十二页）"。

又曰（同十七页）："意气可以解决一切倘有碍皇国日本之进路者，不问何物断排除，虽一步亦不容假借。"

全篇借口皇谟皇道，昭示不惜以战争手段排斥干涉而占据满蒙，独霸亚细亚，以完成其所谓兼六合掩八弦之大理想，并激励日本军民，应粉骨碎身以扶翼此皇谟（同八页），而自忘其今日压迫亚细亚诸国之最甚者乃同种之日本，此尤为借口皇谟鼓吹侵略之最大胆最显著之近例也。

第二节　日本法制上之缺陷及军阀政治之形成

日本所以养成军国政治者，固由于明治维新以来，长阀萨阀之恃功专横，亦实因日本法制上之缺陷，易供军阀之利用。其最著者：

1. 所谓陆海军大臣之帷幄上奏权
2. 陆海军大臣以武官任用制

查日本内阁制度，凡国家政务，概由国总理直奏天皇，其各部大臣不得越级而直接上奏，此因内阁统治上一般之原则，惟日本独于军务不同。

由内阁官制第七条中规定，关于军机军令须直奏天皇者，除依皇旨下付于内阁者外，当待事之决定以后，由陆海军大臣报告于内阁总理。故不独参谋总长海军军令部长，以大元帅幕僚名义独立于内阁以外者，得直接上奏，非内阁所能过问，即同为内阁一员之陆海军大臣，亦可不经过总理而直奏天皇，有时虽非军令而属军政问题，难得内阁同意者，亦滥用此上奏权，此即日本最盛行之帷幄上奏问题是也。因此日本内阁总理除依附军阀与军阀政策妥协外，实无统治内阁全体之权能，苟与军阀相反，则内阁不免崩溃，故日本有二重内阁之观。

陆海军大臣由文官或武官任用，各国均无限制，即日本法令正条亦无明文，惟官制附表有陆海军大臣以大中将任之注记，而日本军阀借此为护符，而绝对拒绝文官为陆军大臣。虽政党及舆论盛唱陆海军大臣改用文官制，皆不值军阀之一顾，因此日本陆海军在政治上之地位、权力远非政党及任何人所能比拟。故内阁政见，若与军部相左，陆海军大臣即可借口皇谟或统帅权而反对，或以辞职不推荐后任为胁迫以倒阁，然而内阁崩溃，陆海军大臣反得留任或连任，故真正意义之政党责任内阁在日本无从发生，亦不能存在。在日本政治史上只容易发现政党变节，因维持或获得政权不惜牺牲政权，而与军阀妥协。维新以来，真能一贯不变者，惟有军阀之武断政治与侵略政策而已。

此帷幄上奏权与陆海军大臣武官制实为日本形成军阀政治之二大基础，而军令机关之独立及借口统帅权之殖民地总督武官任用等，亦其有力之羽翼，因此军阀势牢不可拔，皆隐于天皇大权之下。借口皇谟或统帅权，对内行其武断政治，对外行其侵略政策。

第二章　日本之传统的侵略政策

第一节　历史上侵略思想之养成

日本封建制度维持最久,其间互相侵并,耀武开疆,实养成其好战的侵略思想,即个人亦好斗尚武,庶人佩刀之禁止(明治三年)、武士佩刀之废止(明治四年)皆最近之事,其遗形则尚存于今日日本之军警佩剑,而其历史上有名之神功皇后之三韩(今朝鲜南部)征伐、丰臣秀吉、加藤清正之朝鲜侵略,皆日本野心家所常引为模范者也,就中丰臣秀吉之征韩,实以侵吞中国为目的。赖山阳著日本外交史载,丰臣答朝鲜国王书中有云:"夫人之居世,自古不满百岁,安能郁郁久居此乎?吾欲假道贵国,超山越海,直入于明,使其四百余州尽化我俗,以施王政于亿万斯年,此秀吉宿志也。凡海外诸藩,后至者皆所不释。贵国先修□币,帝甚嘉之。秀吉入明之日,其率士卒,会军营,以为我前导。"观此则其个人的功名热与国家的侵略欲皆为日本军阀之典型,而其所指为"秀吉宿志"者,又其传统的大陆政策之张本也,不第此也,其征服世界膺惩白人之思想,亦自有历史上之渊源。

兹摘幕末攘夷论之一二,如左:

1. 佐贺藩主锅岛肥前守[Nabeshima(锅岛),Feudal lord of the Saga(佐贺) and guardian of the Hizen(肥前)]上书中有云:"幕府之职世号征夷大将军,此征夷二字为万世不易的眼目,当今太平日久,士气伦堕,正宜乘时奋发,耀威国内外,乃遣以挽回末运,奠定国基。"

2. 松平太和守上书中有云:"凡诸外夷对于皇国权有所不敬者,先宜施以皇国武力,悉加诛讨,以光国威。"

3. 在西乡隆盛以前,热心主张征韩及瓜分中国之大木乔任论《日本国是》有云:"世界各国惟有俄国最可惧,是最能妨害日本大陆发展者,日本如果欲向大陆发展,应与俄国同盟,而由日俄两国平分中国的领土。"

一之例即日本军阀转移对内不平而倾注于对外侵略之惯用手段,远之如明治初年西乡之主张征韩,近之如"九一八"事变、上海事变,皆此类思想之表现也。

二之例即日本军阀排斥第三国干涉而贯彻其扩张领土之野心,远之如与中及俄战而并吞朝鲜、侵略满蒙,近之则荒木、南、金谷一流所谓不惜与任何强国为敌,凡有阻碍皇国在大陆发展者,皆排击之之类是也。

三之例即日本向大陆侵略,在形势未许其独吞以前,则引诱他强国暂时分赃，而待机垄断之思想。远之如日俄战后与俄协妥缔结日俄协约，而暂分南北满之利权，以待势力变化而谋独吞，如今日之事。近之欲以圆桌会议诱强国设所谓上海自由市，模仿辛丑条约，除去中国防御本首都、海口及各要地之武装，使中国不能自卫，并欲以国际都市名义使各商埠脱离中国而成特殊之中立地域，以便于日本利用为侵扰中国之策源地，反令中国不能用为自卫之资助，然后彼以近接之便利，待他日国际变化，列强势力减退时，挟其强大陆海军以独吞中国，以完成其大陆侵略之夙梦，而树征服世界之基础，此列强所早应注意、勿堕诡谋者也。

第二节　明治以来之侵略政策

明治初年，日本固力求其国家之独立稳固，然而随其内政之改革，即启对外侵略之野心。一八七三年（明治六年）西乡隆盛主张征韩，虽木户以内政未充反对而止，然而侵略派野心不熄，故翌年即移征韩之旗，而为侵台之举（一八七四年）。日本识者亦认此举表面借台湾生藩杀伤琉球漂民为口实，而内容实为迎合侵略派之感情，故三浦（观树）将军当时在六部省痛斥为无名之师，拒绝发枪，愤而辞职（《观树将军回顾录》第9页至第109页）。侵略派狃于侵台之获利（赔款五十万两），于是更出兵琉球而合并之（一八七九年），然终未免情于朝鲜与台湾也。乃乘东学党之乱，进兵争朝鲜，而惹起中日战争，卒割台澎并假朝鲜独立为名，使脱离中国，筑他日并吞之基础。日本既得台澎，乃欲乘机进占福建、浙江两省，为侵略南华地步，会拳匪事起，台湾总督儿玉进兵，欲由厦门先占领福建，外有美国之反对，内有伊藤之异议而中途罢兵（《伊藤博文秘录》第130页至133页，吉野《支那问题》46页）。然在中日战后日俄战前，日本常欲占据闽浙之意图，固未止也。[《伊藤博文秘录》第2页"日俄开战与元老内议之大意"，又同书第433页山县（yamataga）向伊藤献东方策文尾。]

日俄战后日本北方既得承继南满权利，乃并吞朝国，急图满蒙，故在明治年间虽未得完成其大陆侵略政策，然其南进政策已得台湾、澎湖列岛为根据，而北进政策更席卷朝鲜而进占满蒙并得驻兵平津、津榆沿线之权利，与满鲜驻兵连成一气。大隈所鼓吹之蝎形政策，皆于明治时代已获得牢固之前进阵地，只待机进取而已。此近来日本军阀主张吞并中国者，动辄借口明治天皇之宏谟或称为明治大帝之遗策者，良有以也。

第三节　大正以来日本并吞中国野心之暴露

日本侵略大陆之计划在明治时代已树其根基，筑成据点，遇有机会着着进行。俄国战败不独，日英同盟已减其需要，且日俄协约成立后平分南北满利权，共同排斥其他列强资本之侵入，更进而日俄并僭入扬子江流域，树侵略南华之基础。如一九一一年中国革命之际，即出兵汉口十年不撤，迨一九二四年欧战勃发，日本遂认为侵略中国之绝好机会。

日本以参战为名出兵山东占领青济沿线，欲继承德国在山东之权利（《观树将军回顾录》421页"大限初年交还之意"）。战后，仿南满例于青岛设派遣军司令官，于胶济铁道沿线设铁道守备队六大队，有永久占据之意思。至是满洲日军与平津、津榆、驻山东日军及中部汉口日军与海军第一、第二、第三遣外舰队互相呼应，而中国全地皆在日本海陆军控制形势之下。

一九一五年春夏之交，日本借词驻军交代，突然将在华各地驻兵增加一倍以上，遂提出有名之二十一条要求，几欲以中国为第二朝鲜，在层层武力威逼之下，几经交涉仅得将第五项希望条件撤回，而以最后通牒逼中国签字。同年五月十五日美国抗议不予承认，其后英公使朱尔典及总统府顾问辛博森等欲救济远东局面，劝中国参战事，为日探悉，乃训令驻英井上大使向英外部抗议，百端要挟，意在取得中国政治上优越地位指导中国外交。英国因战事吃紧、日本举足轻重，不得已有一九一五年十一月二十六日英外相克烈之对日声明，大意云：英国非与日本协议之后，□与中国开始何等有政治性质的商议之企图，特此声明（《东亚同文会增补支那关系特种条约汇纂》第591页）。

于是日本政府以此声明照会，俄、法、意三国虽无正式承诺，亦未提异议，一面与旧俄政府缔结密约，一面派石井游说美国，骗取日本共同宣言。于是日本举国狂热，以为列强均已明认或默认其中国有政治上优越的地位，即中国将渐变为日本之被保护国。外务大臣本野子爵在议会演说亦表示此等意义。日本并吞中国之计划，其军事的外交的积极行动均于此时完全暴露。

不仅侵害中国已也，日本乘各国共同出兵之机会以七万三千四百名（越过约定额七千人之十倍半）之大兵驻屯于东部西伯利亚。虽各国以援助捷克之目的既达，陆续撤兵，而日本独借护侨为名，以兵力为背景，彻头彻尾尽力制造为日傀儡之缓冲国，与今日制造"满洲国"如出一辙，事虽失败而其欲割吞东亚之心昭然若揭也。

第四节 最近日本之侵略的国防方针与作战计划

日本在欧战期中趁火打劫之露骨的行动与全世界以一大警悟，招世界舆论之攻击，于是有华盛顿会议之召集。日本和平的政治家及有觉悟之国民亦深恨军阀之横行撞祸，愿接受世界公论之裁判，以赎前愆，于是归还山东旧德国有之权利，陆续撤退山东、汉口及西伯利亚之驻军，一时表面上有放弃大陆侵略之表示，然此决非日本军阀所甘心。故其时日本政府虽采和平政策而军阀则野心不死，仍汲汲准备战争计划侵略。吾人试一观一九二二年日陆长在议会答复国防方针之质问及同年海陆军元帅会议所决定之新作战方针即可了然。同年三月十三日山梨陆相在众议院答鲜国防方针书：从表为本邦之某国（指英）今已废弃同盟，若一旦开战日本将受各国经济封锁，此时必须占领大陆（指中国）及西伯利亚之动脉，以吸收军需品及粮食品云云（议会记事录参照）。

同年三月三十一日日本开海陆军元帅会议，审定新作战计划。四月一日东京《读卖新闻》已揭载大要，兹节录其对大陆方面及陆军作战方针如左：

国防第一线：大陆方面以联络汉口、山东、哈尔滨、库页国境之线为第一线。以此线内为作战区域，确保与本国交通。

作战方针：陆军为巩固守备之目的最先增加台湾、库页、朝鲜之驻军，为便持久战成功，在大陆方面因得煤而确保与萍乡交通，因得铁确保与汉阳之交通，为防止国际关系之急变而占领北京，为从满洲得粮食而占领奉天、长春。以其余部队为战列军，若不幸而主力舰队失败，则以补备舰艇及陆军之力，努力确保对马海峡之连络。

由此观之，则中国东北东南及平汉路以东，凡国土三分之二以上，皆为日本作战计划中之预定占领区域。然此犹十军前事也。

而后日本更扩大其计划，虽以军机未得政府之宣布，然就其军阀要人及军事专家著述中可以发表者如左：欧战后日本以美华联合为假想敌国（中尾著《军备制限与陆军改选》30—40页），最近则海军以英美联合，陆军以中俄联合为假想敌国（陆军大井大将著《极东平利与帝国陆军》45、50页，61页，70页；海军少佐石丸著《日美果战耶》，200页，366页，372页。），而其预定国防线包括北自堪察加，南至法领印度支那（安南）（石丸著《日美果战耶》2250页、251页。）而西伯利亚满蒙及山西、河南、湖北、湖南、广西、广东以东各省，皆为其预定占领区域。此其可惊之侵略计划也。

第五节　日本军阀对华盛顿会议之反动

华盛顿会议以后，日本军阀对此将有一大反动亦在世界识者预料之中，略也。一九二七年，日本军阀首领田中义组阁，自兼外务大臣，见中国国民革命军正以破竹之势大举北伐，势将完成统一，认为将不利于日本之侵略进行，乃两次出兵山东以阻碍北伐。虽惹起济南惨案而革命军容忍制止抵抗,绕道北伐。田中复警告南北两方,欲限制平津附近之作战,而妨害统一不成,乃炸死张作霖,欲乘机先攫取满洲,又因东北之将领镇静图统而未得逞,复欲阻止张学良之易帜,统一亦彻底失败。于是日本军阀不独不觉悟,反老羞成怒,遂欲乘机驱张,以直接的军事行动占据满洲,此"九一八"事变之真因也。

田中既死,南、金谷、荒木、本庄、林一流之军阀首领继其遗志,暗中增加鲜满驻兵,待机实行,遂乘全世界经济恐慌及中国大水灾之际,借虚构之满铁破坏为口实,然以重兵占东三省,仿当年在西伯利亚援助谢米诺夫一派制造所谓缓冲国之惯技,在东三省制造伪国,欲使与中国脱离。为并吞地步,其在满洲作此等工作之军队有五师以上(第二、第八、第十、第二十各师团,第十九师之三十八混成旅,南满铁道守备队及骑兵旅航空队、战车队、铁道队等特别部队)之兵力,而其预备后备官兵之参加伪国军队者尚不在内。

同时日本以四师以上(第九、第十一、第十四各师及一混成旅,并海军陆战队其他航空队、战车队等)之陆军与海军协攻上海吴淞一带,以威胁中国首都。其兵力之大、用心之深、形势之严重,远在一九一五及华府会前以上。最近上海日陆军虽已撤退,而是否不卷土重来如山东二次出兵之故事,任何人不能保障。且正以所谓圆桌会议设上海自由市场等谬说劝诱各国分赃,欲以达到仿照辛丑和约解除中国首都及要地之防备,自不能自卫,然后待国际形势变化,彼以近接便利,即可挟是陆海军而进攻独吞之甚望,各国勿贪目前之分赃小利而应他日之大祸也。

今日□华会以后,日本军阀之一大总反动,其大陆侵略政策已向南北两方同时进攻,吾人固应为正义的自卫作长期之死抗,深望友邦亦洞烛奸谋而勿助纣为虐也。

吾人试观前节所引荒木之议论,满满借词皇谟皇道,不惜与任何国为敌而向大陆侵略,以巩固其征服世界之理想,此可为代表日军阀最近对世界之威胁的宣言也,而其具体的计划则田中密奏载之綦详,日本人因密奏内容泄露转诬为中国之伪造,不独其中侵略计划之绵密,用心之狠毒每为中国所想象不到。且一九三一年七月三十一日日本中外商业新报及同年九月号日本杂志《中央公论》均已引用田中秘密奏章并无疑问,特其后已引起国际之注意,乃推为中国人伪造耳。其中借口明治天皇之遗谟,以鼓吹其侵略政策者屡现不一,与荒木近发表之昭和日本之使命一文,其精神口吻如出一辙。不过彼详于计划,此巧于煽动而已。如密奏果系伪造,应为日军阀之伪造而非中国人所能模仿者也。

资料来源:《国际联合调查团(三)》,台北"国史馆"藏"外交部"全宗,第61—77页。

6. 王卓然致钱泰电(1932年8月6日)

阶平兄阁下接奉:台函送到英文皇谟修正稿一件,嘱付印并嘱将打好印本送上一份,业经交印,乞当即检请核正,惟本会现无打好印本,无可检送,暂将原稿送还,用备参考,方命之处,尚希谅宥,专此布复,顺候日安不既。附说帖乙件[①]。王卓然。八月六日。

资料来源:《国际联合调查团(三)》,台北"国史馆"藏"外交部"全宗,第78页。

7. 东北外交研究委员会致调查团中国代表处公函
(1932年7月13日)

迳启者,查本会委员会王芃生所拟日本之皇谟说帖中文草稿业经函送在案,兹本会将该说帖译成英文,相应检送一份,即希查收,见复为荷,此致代表处。

附英文皇谟说帖一份。[②]

资料来源:《国际联合调查团(三)》,台北"国史馆"藏"外交部"全宗,第79—80页。

---

① 编者按:原文如此,指"一件"。下同。
② 编者按:无附件内容。

六、国际联合会调查团(四)

1. 金问泗致外交次长徐谟电(1932年2月13日)

南京外交部徐次长叔谟兄鉴：孺密。国联委员会不久来华，诸事亟待准备，少公嘱电达数事：(一)东案文件兄处想有全档，请饬录副，装订成册，分类标题，以备参考；(二)东案发生、在位、在野诸公于中西文报纸发表意见甚多，请饬尽量搜集编册备用；(三)1905年密件兄谓曾见签字正本，请再饬查示复；(四)代表团诸事请兄筹画襄助，并乞转恳阶平兄襄助；(五)请铸九兄将接收委员会预算案详示。弟泗叩。元。

资料来源：《国际联合调查团(四)》，台北"国史馆"藏"外交部"全宗，第8页。

2. 顾维钧致张学良电(1932年2月25日)

北平张副司令勋鉴：密。参加国联调查团一事，弟辞谢不获，只能勉竭绵薄。该团约于下月中旬抵沪，暂定由沪绕京赴平，再转东省。所有搜集材料及撰拟说帖等事，尊处及外部分头进行，尽□甚佩，此间并酌为筹备。现在研究会业经拟就之说帖系何项问题，敬乞饬查示知。再，弟意说帖内叙列事实务须力求真确，少加判断，尤不可先予发表，盖恐发表之件将来正式提出必致减少力量也。关于损失部分，所列数目并须真确，尤当详列证据以昭信实。至调查团拟在平津多处召集中外证人征求各方意见与经历。在我似宜赶紧事前秘密接洽，俾所陈意见不致参差抵触，致失效力。以上各点倘尊意赞同，乞饬属司分别注意进行，是所至祷。再，弟拟请王继曾、刁作谦、王卓然三君担任代表团参议，卢敬贵、曹麟生、汤国桢及研究会各委员担任专门委员，并乞分别通知为感。此外兄处倘有适当人员并恳示悉,以便邀聘襄助。弟维钧叩。有。

资料来源:《国际联合调查团(四)》,台北"国史馆"藏"外交部"全宗,第9页。

3. 金问泗致徐谟电(1932年2月26日)

南京外交部徐次长叔谟兄鉴:任密。报评两包及快邮平行线件先后收到,罗部长寄少公密件亦收到,特复。再 Vilna 一案部中有无文件可资参考,乞饬司查明见复为荷。弟泗叩。寝。

资料来源:《国际联合调查团(四)》,台北"国史馆"藏"外交部"全宗,第14页。

4. 顾维钧致张学良电(1932年3月4日)

北平张副司令勋鉴:密。艳电敬悉,据调查团在日本向新闻记者谈话,将自日本来申赴京与我政府接洽,并有十一日离日来申之说,时期迫切,各方准备人员材料,似须有一集中地点以利进行。弟因筹备此间招待暨整理外部文件材料,目下未能来平,可否请转告东北外交研究委员会王惠波兄偕同其他会员即日携同材料文件来申,以便汇总整理。至于会中事务,似可酌留一二人在平以资接洽。调查团自申而京而平,莅平约在匝月后,届时再将办事处移设北平,此为事务便利起见,亮蒙鉴允,王君等行期定后并乞电示。弟顾维钧叩。支。

资料来源:《国际联合调查团(四)》,台北"国史馆"藏"外交部"全宗,第15页。

5. 顾维钧致日内瓦颜惠庆电(1932年3月4日)

请将尊处提交大会说明书及附件寄申。维。

资料来源:《国际联合调查团(四)》,台北"国史馆"藏"外交部"全宗,第17页。

6. 罗文干致外交部司长沈觐鼎电(1932年3月6日)

南京外交部沈司长鉴:请即饬司搜集关于津、青、福、宁等处开衅资料寄沪,其他资料亦请从速搜罗。罗。鱼。

资料来源:《国际联合调查团(四)》,台北"国史馆"藏"外交部"全宗,第19页。

7. 钱泰、金问泗致徐谟电(1932年3月6日)

南京外交部徐次长叔谟兄勋鉴:任密。微电悉,九一八以后,日人迭至天津、青岛、汉口、南京、镇江、福州、厦门、广州、汕头等处借端寻衅,此间调查各该案事实分别作成简明英文节略,一一叙明日期,从速付航空邮寄以备调查团到沪后撰具说帖之用。弟泰、泗同叩。鱼。

资料来源:《国际联合调查团(四)》,台北"国史馆"藏"外交部"全宗,第23页。

8. 上海致外交部司长沈觐鼎电(1932年3月7日)

南京外交部沈司长鉴:任密。中村案说帖想已拟就,请即寄来,并电程经远即将万宝山案说帖寄沪,华叩。阳。

资料来源:《国际联合调查团(四)》,台北"国史馆"藏"外交部"全宗,第25页。

9. 钱泰致外交部司长沈觐鼎电(1932年3月7日)

南京外交部沈司长沧新兄鉴:任密。请将国府中日修约经过并来往公文日期航空快邮见示。泰。阳。

资料来源:《国际联合调查团(四)》,台北"国史馆"藏"外交部"全宗,第26页。

10. 谭绍华致外交部楼光来电(1932年3月10日)

南京外交部楼光来兄鉴：任密。日军行动一览表各编及续至现在止，又各地日人非法行动各编及续至现在止，盼速会同起莘兄译成英法文寄下，并检寄白皮书全套一份。绍华。灰。

资料来源：《国际联合调查团（四）》，台北"国史馆"藏"外交部"全宗，第28页。

11. 谭绍华致外交部司长沈觐鼎电(1932年3月10日)

南京外交部沈司长鉴：任密。函悉，附电已转顾代表，请即派员草中日修约经过简明说帖，并抄寄十五年十月廿日、十六年十一月十日、十七年七月十九日、同年同月卅日、同年八月十四日、十八年四月廿二日、同年同月廿七日中日来往照会及英译本暨其他有关文件。绍华。灰。

资料来源：《国际联合调查团（四）》，台北"国史馆"藏"外交部"全宗，第30页。

12. 中国代表处致外交部司长沈觐鼎电
（1932年3月11日）

南京外交部沈司长鉴：任密。济案请派员用英文速拟简明节略，连同解决换文钞件一并寄沪。中国代表处。真。

资料来源：《国际联合调查团（四）》，台北"国史馆"藏"外交部"全宗，第31页。

13. 钱泰致外交部许念曾电(1932年3月11日)

南京外交部许念曾兄鉴：任密。二中会对复交如何决定，盼电复。弟泰。

资料来源：《国际联合调查团（四）》，台北"国史馆"藏"外交部"全宗，第32页。

14. 谭绍华致外交部司长沈觐鼎电(1932年3月11日)

南京外交部沈司长鉴:任密。为交涉撤退驻华日领馆警察东北政务委员会之咨文,本部十九年五月卅日致日使之照会及日使复文,请饬一并速抄寄。绍华。真。

资料来源:《国际联合调查团(四)》,台北"国史馆"藏"外交部"全宗,第33页。

15. 中国代表处致徐谟电(1932年3月11日)

南京外交部徐次长勋鉴:任密。朝鲜暴动案请派该管司员用英文编节略寄沪。中国代表处。真。

资料来源:《国际联合调查团(四)》,台北"国史馆"藏"外交部"全宗,第34页。

16. 谭绍华致外交部李迪俊电(1932年3月11日)

南京外交部李迪俊兄鉴:任密。鲜案汪公使及张总领事报告英法文译本请速检寄。绍华。真。

资料来源:《国际联合调查团(四)》,台北"国史馆"藏"外交部"全宗,第35页。

17. 中国代表处致外交部司长沈觐鼎电
(1932年3月12日)

南京外交部沈司长鉴:密。烦咨请交通部迅将中日间关于邮电各种已公布或未公布之合同协定抄送过部转沪。中国代表处。文。

资料来源:《国际联合调查团(四)》,台北"国史馆"藏"外交部"全宗,第36页。

18. 顾维钧致张学良电(1932年3月13日)

北平张副司令勋鉴：密。请转告北宁路高局长将日军侵占东北期间北宁铁路被扰纪要之英译本寄沪。弟顾维钧叩。元。

资料来源：《国际联合调查团（四）》，台北"国史馆"藏"外交部"全宗，第37页。

19. 钱泰致徐谟电(1932年3月14日)

南京外交部徐次长叔谟兄勋鉴：任密。请派该管司员速编"九一八"迄现在止东省事变经过始末记，可勿涉及东省以外事件，并参考我方报告国联各电，以免两歧，编就速航邮寄沪。弟泰。寒。

资料来源：《国际联合调查团（四）》，台北"国史馆"藏"外交部"全宗，第38页。

20. 钱泰致徐谟电(1932年3月15日)

南京外交部徐次长叔谟兄勋鉴：任密。本处需用最近国联议决案英文全份，盼速航邮寄沪。泰。删。

资料来源：《国际联合调查团（四）》，台北"国史馆"藏"外交部"全宗，第40页。

21. 顾维钧致张学良电(1932年3月16日)

北平张主任汉卿兄勋鉴：密。中村案交涉，我方有致日领公文及当时向日领交涉如何措辞，请速查复。弟顾维钧。铣。印。

资料来源：《国际联合调查团（四）》，台北"国史馆"藏"外交部"全宗，第42页。

22. 钱泰致徐谟电(1932年3月16日)

南京外交部徐次长叔谟兄勋鉴：密。日方宣称外部民十七三月颁布管理日人入境居留及护照办法五条，通令各省，有无此项法令？如有，盼检寄。弟泰。

资料来源：《国际联合调查团（四）》，台北"国史馆"藏"外交部"全宗，第44页。

23. 钱泰致徐谟电(1932年3月18日)

南京外交部徐次长叔谟兄鉴：任密。国联二月十六日十二国通告日本照会英文，乞航快邮寄沪。弟泰。

资料来源：《国际联合调查团（四）》，台北"国史馆"藏"外交部"全宗，第45页。

24. 顾维钧致铁道部部长顾孟馀电(1932年3月19日)

外交部，任密，请译转铁道部顾部长孟馀兄勋鉴：民国十七年五月十五日，前交通部航政司长赵镇与日方签订之长大、吉会五路合同内容如何，前交通部旧卷内谅有可稽，请查案电复，并将案卷饬抄一份，航邮寄申。弟顾维钧。效。

资料来源：《国际联合调查团（四）》，台北"国史馆"藏"外交部"全宗，第46页。

25. 中国代表处致外交部司长沈觐鼎电
(1932年3月21日)

南京外交部沈司长勋鉴：任密。日本违法悬案之一部，其中各案尚待补充，请着原经手编辑司员先将曾经引用之案卷开单汇部中，由处派员回部补充。中国代表处。筒。

资料来源：《国际联合调查团（四）》，台北"国史馆"藏"外交部"全宗，第48页。

26. 顾维钧致罗文干电(1932 年 3 月 24 日)

南京外交部罗部长钧任兄勋鉴：任密。请分函军政部、实业部，将剿共情形及改善农民待遇、改良农村办法速备节略见示。弟维钧。敬。

资料来源：《国际联合调查团（四）》，台北"国史馆"藏"外交部"全宗，第49页。

27. 顾维钧致张学良电(1932 年 3 月 29 日)

北平张副司令汉卿兄勋鉴：密。凡关于日人伪造东省民意，利用傀儡政府压迫民众之所为，祈将各种事实证据广为搜集，密速编辑，如能由东省民众团体将受压迫情形署名陈述，俟调查团到平时一并汇送，以揭穿日人诡谋，俾免出关后为其所蒙蔽，特先电陈，敬乞注意。弟顾维钧叩。艳。

资料来源：《国际联合调查团（四）》，台北"国史馆"藏"外交部"全宗，第51页。

28. 顾维钧致罗文干电(日期不详)

钧任兄勋鉴：密。中日两国关于满洲一切条约协定及各种铁路合同，请饬分别编一详表寄下，以便到平参校，在宁与调查团所谈接收东省后关于该地方行政制度、保安队问题以及保侨与维持治安等改良办法，祈向政府提议先订一具体草案见示，以充讨论之根据，而资遵循，特陈。弟维钧。

资料来源：《国际联合调查团（四）》，台北"国史馆"藏"外交部"全宗，第53页。

29. 顾维钧致罗文干电(1932 年 4 月 2 日)

南京外交部罗部长钧任兄勋鉴：密。关于南满铁路驻兵问题，一九〇五年十二月十七日会议录所载颇详，请将该编会议录饬摄影，办妥后派人送浦口车上为荷。顾。冬。

资料来源:《国际联合调查团(四)》,台北"国史馆"藏"外交部"全宗,第55页。

30. 顾维钧致罗文干电(1932年4月6日)

钧任兄勋鉴:密。前印中日会议东三省事宜影片尚需一份,明日下午二时抵浦口,四时开车北上,请将该影片饬人送车,并盼徐次长到车一谈,并可代表吾兄向调查团送行也。弟维钧。鱼。

资料来源:《国际联合调查团(四)》,台北"国史馆"藏"外交部"全宗,第56页。

31. 顾维钧致罗文干电(1932年4月11日)

南京外交部罗部长钧任兄鉴:任密。真平三电计达,请将会议录照片及二十二日会议录英文译文先行从速寄下为盼。弟顾维钧。真。平四。

资料来源:《国际联合调查团(四)》,台北"国史馆"藏"外交部"全宗,第59页。

32. 顾维钧致罗文干电(1932年4月11日)

钧任兄勋鉴:密。贵部科员顾景周女士藏有十七年交通部与日本所订长大、老图等三路合同抄本,请酌与酬金,饬其交出。弟顾维钧。真。平五。

资料来源:《国际联合调查团(四)》,台北"国史馆"藏"外交部"全宗,第61页。

33. 钱泰致沈觐鼎等电(1932年4月12日)

南京外交部沈沦新、徐养秋兄均鉴:中日悬案说帖待用甚急,希速送平。弟泰。文。

资料来源:《国际联合调查团(四)》,台北"国史馆"藏"外交部"全宗,第62页。

34. 王广圻致徐谟电(1932年4月12日)

南京外交部徐次长叔谟兄鉴:密。东省韩侨归化我国者,日本方面每以该国之籍法韩侨不能适用为词发生纠纷,关于此项案件,拟请饬检最要者一二件,撮要电示,俾资参考。圻。文。

资料来源:《国际联合调查团(四)》,台北"国史馆"藏"外交部"全宗,第65页。

35. 钱泰致外交部转瞿纯伯电(1932年4月13日)

南京外交部译转瞿纯伯兄鉴:密。请转询顾景周女士,渠前与魏文彬兄所谈文件,如系关于十七年五月长大、敦老、老图等五铁路之文件,盼火速寄平。泰。元。

资料来源:《国际联合调查团(四)》,台北"国史馆"藏"外交部"全宗,第66页。

36. 钱泰致徐谟电(1932年4月14日)

南京外交部徐次长叔谟兄鉴:任密。养秋兄北上时请其将鲜案汪公使中文报告书携平备查为祷。弟泰。

资料来源:《国际联合调查团(四)》,台北"国史馆"藏"外交部"全宗,第67页。

37. 钱泰致徐谟电(1932年4月25日)

南京外交部徐次长叔谟兄鉴:密。现因撰拟说帖,请嘱将民国以来日本私运军火各案摘要电处以资参考为祷。弟泰。有。

资料来源:《国际联合调查团(四)》,台北"国史馆"藏"外交部"全宗,第71页。

38. 中国代表处致南京外交部电(1932年4月26日)

南京外交部鉴：任密。关于日本破坏东省关税、盐务、邮政、电信各事项，请分别转请财务部、交通部拟具说帖寄平，以便向调查团提出为祷。中国代表处。宥。

资料来源：《国际联合调查团（四）》，台北"国史馆"藏"外交部"全宗，第72页。

39. 中国代表处致南京外交部电(1932年4月27日)

南京外交部鉴：任密。请将一九二七年十二月十六日日使芳泽请北京政府拒绝鲜人入籍要求案饬抄一份寄平为荷。中国代表处。感。

资料来源：《国际联合调查团（四）》，台北"国史馆"藏"外交部"全宗，第73页。

40. 中国代表处致南京外交部转教育部电
（1932年4月27日）

南京外交部译转教育部朱部长勋鉴：任密。日方刊行之排外记事一书，内载所谓我国排外教科书者不下廿余种，除国耻读本前贵部所拟说帖曾声明并未经政府审定外，其余各教科书是否均已审定有案，再贵部说帖称新主义国语教科书内并无辽东半岛两个渔人一篇，惟日所引其他各篇是否均见我国教科书中，统希饬属查明电复为荷。中国代表处。

资料来源：《国际联合调查团（四）》，台北"国史馆"藏"外交部"全宗，第74页。

41. 中国代表处致南京外交部电(1932年4月29日)

南京外交部鉴：任密。希转电广州朱视察专员，设法查明民十四广东对英发生排货风潮时，英方曾否抗议，根据何项理由，我方如何驳复，盼电复为荷。

代表处。艳。

资料来源:《国际联合调查团(四)》,台北"国史馆"藏"外交部"全宗,第76页。

42. 钱泰致徐谟电(1932年4月30日)

南京外交部徐次长叔谟兄鉴:任密。民十二国会否认廿一条条约决议案全文请饬抄一份航快寄平。弟泰。卅。

资料来源:《国际联合调查团(四)》,台北"国史馆"藏"外交部"全宗,第77页。

43. 中国代表处致外交部电(1932年3月24日)

南京外交部:任密。马代电悉,日兵截断山海关车站电线事,可于将来所备说帖内酌为提及,现似未便枝节提交调查团,尊意如何?希察核。代表处。敬。七九。

资料来源:《国际联合调查团(四)》,台北"国史馆"藏"外交部"全宗,第78页。

44. 中国代表处致日内瓦中国代表处电
(1932年5月10日)

一九三二年五月十日下午六点卅分发

中国驻日内瓦代表处(Sino Delegate Geneva):十码,请将贵处向国联所提满洲傀儡政府节略寄平一份为荷。国际调查团中国代表处。十日。

又中日问题各文件全目并望惠寄一份为荷。

资料来源:《国际联合调查团(四)》,台北"国史馆"藏"外交部"全宗,第80页。

45. 钱泰致徐谟电(1932年5月12日)

南京外交部徐次长叔谟兄鉴:任密。请嘱将现在日军在东省占领地点绘成详图寄平,以便附入提交调查团说帖为感。弟泰。文。

资料来源:《国际联合调查团(四)》,台北"国史馆"藏"外交部"全宗,第81页。

46. 中国代表处致南京外交部电(1932年5月18日)

南京外交部鉴:任密。查日方所称五十三悬案内如三十七、三十八各条多涉及西原借款,查贵部所拟答复草案中略谓各该借款,北京旧政府曾核定归入整理案内,送交旧财政整理会核办,国民政府成立,特设整理内外债委员会,对于各项外债赓续整理,此项借款自应由该委员会汇案审办等语,是否照此提出,乞电示遵。又查贵部所编日方悬案事实真相内关于日方理由,未知当日编译时根据何种文件,请将原件寄示为荷。代表处。巧。

资料来源:《国际联合调查团(四)》,台北"国史馆"藏"外交部"全宗,第82页。

47. 中国代表处致沈觐鼎电(1932年5月21日)

南京外交部亚洲司沈司长鉴:任密。请派员速制万宝山租田位置面积详细地图,即日寄平为荷。代表处。马。

资料来源:《国际联合调查团(四)》,台北"国史馆"藏"外交部"全宗,第83页。

48. 中国代表处致南京外交部电(1932年5月21日)

南京外交部鉴:任密。关于万宝山案,六月十一日长春市政府与日领馆双方代表报告计十条左右,请即日检卷抄寄为荷。代表处。马。

资料来源:《国际联合调查团(四)》,台北"国史馆"藏"外交部"全宗,第85页。

49. 钱泰致沈觐鼎电(1932年5月23日)

南京外交部沈司长沦新兄鉴:任密。十八日函悉苏联撤退外蒙驻军,照会准保管处查复,似在前次送部外蒙卷内,希饬查抄示为荷。弟泰。

资料来源:《国际联合调查团(四)》,台北"国史馆"藏"外交部"全宗,第86页。

50. 中国代表处致上海市长吴铁城电(1932年5月25日)

上海市政府吴市长勋鉴:政密。上海此次事变,我方所受各种损失,前贵市社会局曾制有统计表,现想业已修正定稿,请速寄平一份,以便提交调查团为感。北平外交大楼国际调查团中国代表处。有。

资料来源:《国际联合调查团(四)》,台北"国史馆"藏"外交部"全宗,第87页。

51. 中国代表处致南京外交部电(1932年5月26日)

南京外交部鉴:任密。调查团不日返平,前请贵部代查文件及代绘图说,希从速设法交由平浦通车寄平,以资应用为荷。代表处。宥。

资料来源:《国际联合调查团(四)》,台北"国史馆"藏"外交部"全宗,第88页。

52. 钱泰致曾镕甫电(1932年5月26日)

上海九江路二号财政整理会曾秘书长镕甫先生赐鉴:道胜清理处如有前道胜银行之《中东铁路公司的土地及土地管理》(*The land and land administration of Chinese Eastern Railway Company*)等,请设法代觅两本,赐寄北平外交大楼代表处为感。钱泰叩。

资料来源:《国际联合调查团(四)》,台北"国史馆"藏"外交部"全宗,第89页。

53. 中国代表处致南京外交部电(1932年5月28日)

南京外交部鉴：任密。日本破坏关税、盐务说帖迄未准财部寄送前来，现调查团不久回平，请向该部催询速寄以资应用为荷。代表处。俭。

资料来源：《国际联合调查团（四）》，台北"国史馆"藏"外交部"全宗，第91页。

54. 金问泗、钱泰致徐谟电(1932年6月2日)

南京外交部徐次长叔谟兄鉴：任密。关于我方收回东北后，该地方治理制度、宪兵警察税务等办法及中央与地方之关系等事，四月廿六日函计邀惠鉴，闻调查团对于此事认为与收回东北有密切关系，甚为注意，前李顿在宁与汪院长谈话时业已询及，当时我方并允一俟该项计划草成，当即提供该团参考，现该团不久回平，请转陈部长，由贵部会同主管机关拟定方案以资应付，至纫公谊。弟泗、泰。冬。

资料来源：《国际联合调查团（四）》，台北"国史馆"藏"外交部"全宗，第92页。

55. 顾维钧致罗文干电(1932年6月6日)

南京外交部罗部长钧任兄勋鉴：任密。敝处所拟提交调查团各种说帖，除已交者外，尚有十余件大致就绪，依该团希望赶于日内尽量送交，惟民四条约为根本问题，若不确定方针，则其他相同问题均难有相当之主张。查民四条约一案，前于巴黎和会及华盛顿会议迭经本国代表提请修改废止在案，现在似应根据迭次会议之主张，继续坚持。惟该约于民国十二年由国会议决认为无效，并经照会日外部。而一方面默察国际形势，似乎对于片面否认条约之说视为倡例，难于赞同，则吾国对此问题似不如仅声明该约签订情形既多威胁，签订以来碍于情势无实行之可能，而置效力问题不谈，如此说法似于历来主张尚属相符，一面亦不致引起他国无谓之疑虑而遭反感，究竟此项主张是否有当关系重大，未敢迳自决定，应请转陈汪院长，迅赐决定电示遵行为祷。弟顾维钧。

鱼。燕二。

资料来源:《国际联合调查团(四)》,台北"国史馆"藏"外交部"全宗,第93页。

56. 顾维钧致罗文干电(1932年6月7日)

南京外交部罗部长钧任兄勋鉴,十码并请转陈汪院长、蒋委员长:关于东北失地收回后施政计划,前自沪汉平迭次电请政府早日商定示知,前次调查团到京,黎顿①爵士亦曾向汪院长询及此点,如民政之设施、宪兵之派遣、租税之征收,种【种】问题千头万绪,而中央与东北地方间相互关系以及地方自治宜至若何程度各点尤为全案关键所系,现在该团调查毕事,正在研究解决办法,对于东省将来之施政办法尤为注意,各委员会曾一再询弟政府之意旨,不久当正式与吾商议,谅此事早在政府当局尽筹密画之中,拟请早日赐示,俾于见询之时有所依据答复,是所至祷。弟顾维钧。七日。燕八。

资料来源:《国际联合调查团(四)》,台北"国史馆"藏"外交部"全宗,第95页。

57. 顾维钧致罗文干电(1932年6月8日)

南京外交部罗部长钧任兄勋鉴,并请转陈汪院长、蒋委员长:宁密,日方对调查团每为不利于我之种种宣传,诬我内政纷乱、缺乏统治能力、几不成国,此种论调实属故意毁诋我,为辩护计,亟应将国民政府成立以来种种建设成绩胪列事实,供给该国,以证我实有统治能力。至所称成绩宜重事实,例如京沪平粤各处市政设施与年来中央整顿财政办法,以及卫生、教育、交通、铁路、航空、工业暨其他设施等均是,至于纸片上之计划,尚未见诸实行者一概无须提及,以免徒遭指摘。此外尚有共党捣乱情形及剿共计划,该团因日方曾有说帖提出对此久加注意,除剿共一事先由弟处拟送说帖外,关于建设成绩拟请商承汪院长饬令各主管机关从速妥拟说帖,以便转送该团,该团不久即当着手编制报告,务祈从速商办为祷。弟顾维钧。庚。燕八。

资料来源:《国际联合调查团(四)》,台北"国史馆"藏"外交部"全宗,第97页。

---

① 编者按:原档案为"黎顿",即李顿。

58. 钱泰致外交部转顾维钧电(1932年6月11日)

南京外交部转顾代表赐鉴：密。日人干涉东三省关税、盐务、邮政三项，前曾请财、交两部拟有说帖，惟该项说帖似觉不甚详尽，可否密商宋、陈两部长，令总税务司、稽核分所及邮政总局主管洋员详拟说帖之处，乞卓裁。泰。

资料来源：《国际联合调查团（四）》，台北"国史馆"藏"外交部"全宗，第99页。

59. 中国代表处致南京外交部电(1932年6月15日)

南京外交部鉴：任密。调查团面交日本不满我国之点，内有关于征收卷烟税事项。据称，营口对于卷烟税仅征收税额五分之一，其余五分之四以退还名义发还，大连则征收全额等语。我方应如何答复，请转询财部电复为荷。代表处。咸。

资料来源：《国际联合调查团（四）》，台北"国史馆"藏"外交部"全宗，第101页。

60. 钱泰致沈觐鼎电(1932年6月18日)

南京外交部沈司长沦新兄勋鉴：密。日本违法悬案之一部韩籍私贩捣毁安东关卡案，称该私贩等捣毁渡江分卡，日警署不加制止，税务司请日领派警守卫，何以中国警察不行使职权？该卡是否在安奉铁路附属地内？请速电复。弟泰。巧。

资料来源：《国际联合调查团（四）》，台北"国史馆"藏"外交部"全宗，第102页。

61. 金问泗致刘季陶电(1932年6月21日)

上海霞飞路兴业里六号刘季陶兄鉴：函悉顾君能来甚幸，北留两星期，当于所事有益，兄所缮答案仍请寄平。泗。马。

资料来源：《国际联合调查团（四）》，台北"国史馆"藏"外交部"全宗，第106页。

62. 金问泗致刘季陶电(1932年6月25日)

上海霞飞路兴业里六号刘季陶先生鉴：调查团经济专员不日赴沪，倘顾君宗林尚未启程北来，请转告顾君在沪相候。弟问泗。有。

资料来源：《国际联合调查团（四）》，台北"国史馆"藏"外交部"全宗，第109页。

63. 顾维钧致汪精卫、罗文干电(1932年6月25日)

南京汪院长勋鉴，并转罗部长钧任兄：密。调查团定廿八日启程赴日，解决东案办法大纲倘已通过，乞速电示，俾拟说帖交该团赴日会谈参考之用。顾维钧。有。

资料来源：《国际联合调查团（四）》，台北"国史馆"藏"外交部"全宗，第111页。

64. 金问泗致徐谟电(1932年6月26日)

南京外交部徐次长叔谟兄勋鉴：密。调查团经济专家道斯孟①明晚绕京赴沪，星【期】三过京晋谒吾兄，请兄介见。吾国专家如马寅初、卫挺生、陈长蘅诸君讨论东省财政、经济、金融问题，尤注意奉票一事，讨论完毕后并请将讨论情形印刻撮要通知刘大钧君，以资接洽。因道斯孟到沪尚须与刘及顾宗林一谈也，刘寓霞飞路兴业里六号并闻。再代表处奉票说帖已定稿，由星期二航空寄京以备参考，乞于是日饬取以免迟递。弟泗。廿六日。

资料来源：《国际联合调查团（四）》，台北"国史馆"藏"外交部"全宗，第114页。

65. 金问泗致徐谟电(1932年6月28日)

急，南京外交部徐次长叔谟兄勋鉴：十码，密。调查团经济家道斯孟拟在

---

① 编者按：指调查团专家组成员彭道夫门(Ben Dorfman)，下同。

京沪与我国专家会谈,前电计已邀鉴,现道君明晨抵浦口,留京一日即晚赴沪,请派员到浦口一接,再道君往沪并拟谒见宋部长,并与关务署长晤谈,拟请先为接洽为荷。弟泗。

资料来源:《国际联合调查团(四)》,台北"国史馆"藏"外交部"全宗,第120页。

66. 顾维钧致汪精卫电(1932年6月26日)

限即刻到,南京行政院汪院长精卫兄勋鉴:勋密。宥电敬悉,东案办法大纲想经通过,林秘书能于廿七日到此最所企盼,拟乘何机,何时抵平,莅止何站,均祈电示以便派人迎接。弟顾维钧叩。宥。

资料来源:《国际联合调查团(四)》,台北"国史馆"藏"外交部"全宗,第121页。

67. 汪精卫致顾维钧电(1932年6月26日)

平汉路转来汪院长宥辰电

限即刻到,铁狮子胡同顾代表少川兄勋鉴:有电敬悉,勋密。东案办法大纲及十九路军关系文件统交林秘书汝珩,由飞机赶廿八日前送到。弟兆铭。宥辰。

资料来源:《国际联合调查团(四)》,台北"国史馆"藏"外交部"全宗,第123页。

68. 顾维钧致罗文干电(1932年6月30日)

南京外交部罗部长钧任兄勋鉴:关于宪兵派赴上海问题,正在根据汪院长来函赶编说帖,惟宪兵第六团人数若干,由何人统率,由京赴申闸北开衅时有无宪兵在场,请转询汪院长速电复。弟顾维钧。

资料来源:《国际联合调查团(四)》,台北"国史馆"藏"外交部"全宗,第128页。

69. 顾维钧致汪精卫电(1932年7月1日)

南京行政院汪院长勋鉴：勋密。卅电敬悉，贱恙远承慰问，良深感谢，今已小痊，遵医嘱不日赴北戴河休养。前奉感电已遵照转告调查团，林秘书俭日抵平，当经电罗部长转陈，现于昨晚车返京，谨复。弟顾维钧叩。东。

资料来源：《国际联合调查团（四）》，台北"国史馆"藏"外交部"全宗，第130页。

70. 顾维钧致陈公侠电(1932年7月2日)

南京军政部陈部长公侠兄鉴：密。前承面兄赐给关于"共党"材料及"匪区"收复后善后办法，请早日寄平以便撰拟说帖提交调查团至感。弟顾维钧。

资料来源：《国际联合调查团（四）》，台北"国史馆"藏"外交部"全宗，第134页。

71. 中国代表处致外交部转财部关务署电
（1932年7月14日）

南京外交部译转，密。财政部关务署鉴：关于调查团询问一九二六年以来东省输入中国本部物品数量及价值事，二日函计达，现调查团不日回华，希将各该事项从速查明示复为荷。中国代表处。

资料来源：《国际联合调查团（四）》，台北"国史馆"藏"外交部"全宗，第135页。

72. 王广圻致刘子楷电(1932年7月22日)

南京外交部刘次长子楷兄勋鉴：调查团某君现正从事研究我国抵制日货情形，惟其所有材料多从日方得来，日方说帖某种载有去年万宝山案以后及沈阳事变以前上海抗日会所通过关于抵制日货条例，某君恐单独根据日方说帖未免偏袒，用特密为表示极愿我方有所供给以资参考，即请设法搜集并向上海搜罗上述原案,迅速飞邮寄来以便转交为盼。弟王广圻。号。

资料来源:《国际联合调查团(四)》,台北"国史馆"藏"外交部"全宗,第 136 页。

七、国际联合会调查团(五)

1. 顾维钧致钱泰电(日期不详)

人口迁移及农业各问题清单暨何廉函及印件均已阅悉,印件颇有研究。惟间有所述,对外未便正式提出,如三六一页至三页,又三九四页至四百页,虽系实情或已过去,如晋省近半年治安、田赋已改良匪鲜,或与我已提说帖不免矛盾。弟意可将清单所开各问,依据印件酌拟简明答复,其□印件所未述者,如人口清单第一页,又第五页三、四问,第六页第一节,亦请何君代制答复。至关农业各问,查虞振镛为留美农学专家,久在东省经营农业,现住北平,希即告杨仲达代邀担任拟答,间有不能答者可说明,统计未全统,希速办为盼。弟。

再闻译洋文事甚忙,短时期内不及赶办,如仿照调查团办法,加雇大学生赶译,逐件或逐日酬报,以资迅速,希酌办。

资料来源:《国际联合会调查团(五)》,台北"国史馆"藏"外交部"全宗,第6页。

2. 施肇夔致关务署署长张福运电(1932年7月26日)

关务署署长勋鉴:政密。久羁职守,悚歉殊深,七月二日顾代表致宋部长英文电,关于调查团所提满洲关税三问题,请备答案事度已由部转公,现该团催索甚急,少公嘱恳,我公迅赐饬办,无任祷盼。施肇夔叩。宥。

资料来源:《国际联合会调查团(五)》,台北"国史馆"藏"外交部"全宗,第9页。

3. 施肇夔致关务署署长张福运电(1932年7月28日)

关务署张署长勋鉴:政密。感电敬悉,尊件奉到,感谢顾代表今日托宋部长转英文电,祈察照为祷。施肇夔叩。俭。

资料来源:《国际联合会调查团(五)》,台北"国史馆"藏"外交部"全宗,第11页。

4. 顾维钧致南京交通部黄绍雄①电(1932年7月28日)

外交部,密。请转南京交通部黄部长鉴:政密。请令邮政总局将日人抢占东北邮政情形,迅行拟具节略,电示为祷。弟顾。俭。

资料来源:《国际联合会调查团(五)》,台北"国史馆"藏"外交部"全宗,第12页。

5. 钱泰致沈觐鼎电(1932年7月30日)

南京外交部亚洲司沈司长沧新兄鉴:密。闻济案解决后曾有令取缔排货,是否即系十八年四月二十日命令,请查明电复。弟泰。卅。

资料来源:《国际联合会调查团(五)》,台北"国史馆"藏"外交部"全宗,第16页。

6. 国联调查团中国代表处致南京外交部电
(1932年8月3日)

南京外交部任鉴:任密。美国公布日本占领东省各种文件,闻已印成为册,大部如有,乞迅寄一份,盼电复。代表处。江。

资料来源:《国际联合会调查团(五)》,台北"国史馆"藏"外交部"全宗,第17页。

---

① 编者按:黄绍雄,即指黄绍竑。下同。

7. 施肇夔致南京关务署署长张福运电
（1932年8月5日）

南京关务署署长勋鉴：政密。顾代表前日接尊电至感。又顾代表七月二十六日致宋部长英文电，关于海关贸易统计事，如已由部转公，仍乞迅赐饬办为祷。弟施肇夔叩。微。

资料来源：《国际联合会调查团（五）》，台北"国史馆"藏"外交部"全宗，第19页。

8. 顾维钧致南京交通部黄绍雄电（1932年8月6日）

南京交通部黄部长勋鉴：政密。卅电获悉，关于东省邮政被攫事，调查团催送说帖甚急，请从速寄平为感。弟顾维钧叩。虞。

资料来源：《国际联合会调查团（五）》，台北"国史馆"藏"外交部"全宗，第21页。

9. 国联调查团中国代表处致南京外交部电
（1932年8月9日）

南京外交部鉴：密。关于东省邮政被攫说帖，已由交通部送交大部，请迅即寄平为感。代表处。佳。

资料来源：《国际联合会调查团（五）》，台北"国史馆"藏"外交部"全宗，第23页。

10. 国联调查团中国代表处致南京外交部电
（1932年8月12日）

南京外交部鉴：密。关于日舰炮击南京事件，大部所送材料，业经译送调查团在案。兹据调查团声称日方对于此案报告极为详细，中国方面较为简略，希望送一详细报告云云，即希查照搜集材料，快邮寄下，以便转交该团为荷。

代表处。文。印。

资料来源:《国际联合会调查团(五)》,台北"国史馆"藏"外交部"全宗,第25页。

11. 钱泰致刘季陶电(1932年8月15日)

张祥麟兄,密。速转上海霞飞路兴业里六号刘季陶兄鉴:华商因抵制所受损失,请速代搜集材料见示为荷。弟泰。删。

资料来源:《国际联合会调查团(五)》,台北"国史馆"藏"外交部"全宗,第27页。

12. 国联调查团中国代表处致上海市政府电
(1932年8月19日)

上海市政府鉴:密。华商因抵制日货所受损失数目,即请迅商商会速予查明,电知本处为荷。代表处。皓。印。

电复北平两处挂号(七三三六)。

资料来源:《国际联合会调查团(五)》,台北"国史馆"藏"外交部"全宗,第28页。

13. 顾维钧致关务署署长张福运电(1932年8月24日)

南京关务署张署长景文兄勋鉴:政密。梗电奉悉,已将尊意转电日来弗颜代表,俟得复再闻。弟顾维钧。敬。

资料来源:《国际联合会调查团(五)》,台北"国史馆"藏"外交部"全宗,第30页。

14. 顾维钧致吴铁城电(1932年8月26日)

万急。上海市政府吴市长铁城兄勋鉴:密。顷调查团询问上海战事,我方兵士平民死伤各若干人,又问及财产损失。贵处社会局前曾编有初步估计,此后是否续有估计,均请查明,即日详细电示,因该团亟待参考故也。弟维钧。宥。

资料来源:《国际联合会调查团(五)》,台北"国史馆"藏"外交部"全宗,第32页。

15. 金问泗致徐谟电(1932年8月26日)

急。南京外交部徐次长叔谟兄勋鉴:密。顷调查团询问上海战事,我方兵士平民死伤各若干人及财产损失之数,请即日查明,详细电示,因李顿爵士急待需用。弟泗。宥。

资料来源:《国际联合会调查团(五)》,台北"国史馆"藏"外交部"全宗,第34页。

16. 顾维钧致吴铁城电(1932年8月29日)

急。上海市政府吴市长铁城兄勋鉴:密。宥电计达,请将上海战事我方兵士平民死伤数目财产损失估计各节,调查团亟待参考,务请迅饬查明,详细电复为荷。弟顾维钧。艳。

资料来源:《国际联合会调查团(五)》,台北"国史馆"藏"外交部"全宗,第36页。

17. 顾维钧致吴铁城电(1932年8月31日)

万万急。上海市政府吴市长铁城兄勋鉴:政密。宥、艳两电计达,调查团查询沪战时,我方军队及平民死伤各若干,又财产损失若干,现该团报告书案已编成,专待此项材料。谆嘱即日必须送去,以便加入,否则将赶不及,务请饬于即晚立速电复为祷。弟顾维钧。世。

资料来源:《国际联合会调查团(五)》,台北"国史馆"藏"外交部"全宗,第38页。

18. 顾维钧致上海张祥麟电（1932年8月31日）

限即刻到。上海张祥麟兄鉴：宁密。调查团查询沪战我方兵士及平民死伤各若干，又财产损失若干，请即刻向市政府查明，当晚用明码急电北京饭店萧继荣兄收。钧。世。

资料来源：《国际联合会调查团（五）》，台北"国史馆"藏"外交部"全宗，第40页。

19. 施肇夔致徐谟电（1932年9月3日）

外交部徐次长叔谟兄勋鉴：任密。顾代表所需中英藏案抄件，嘱弟带欧，业经电达，拟请从速饬抄，何日可竣，电示为荷。弟施肇夔。江。

资料来源：《国际联合会调查团（五）》，台北"国史馆"藏"外交部"全宗，第42页。

20. 徐谟致金问泗电（1932年3月2日）

金纯孺兄鉴：任密。寝电祗悉一案，部中现查无正式文件可资参考，惟就私人记忆所及，数年前西文杂志关于此案记述颇多，历年刊载国联经办此案文牍亦甚详尽，堪供采觅。弟谟。冬。

资料来源：《国际联合会调查团（五）》，台北"国史馆"藏"外交部"全宗，第48页。

21. 徐谟致金问泗电（1932年3月5日）

速送霞飞路兴业里一号金纯孺兄鉴：任密。前电嘱抄东案档案刻已抄齐，最重要者计二十九册，明日托徐委员养秋带沪。弟谟。微。

资料来源：《国际联合会调查团（五）》，台北"国史馆"藏"外交部"全宗，第50页。

22. 徐谟致钱泰、金问泗电（1932年3月6日）

霞飞路兴业里一号钱阶平、金纯孺兄均鉴：任密。鱼电奉悉，已嘱司照办，惟英文人手不济，只得仍用中文编制，由尊处节译，大约二三日即可寄到，特复。弟谟叩。鱼。

资料来源：《国际联合会调查团（五）》，台北"国史馆"藏"外交部"全宗，第52页。

23. 徐谟致钱泰、金问泗电（1932年3月7日）

霞飞路兴业里一号阶平、纯孺两兄勋鉴：任密。明日先航邮汕头、南京、镇江、青岛、苏州、杭州、福州等案，余续寄。弟谟。虞。

资料来源：《国际联合会调查团（五）》，台北"国史馆"藏"外交部"全宗，第54页。

24. 外交部致顾维钧电（1932年3月10日）

顾少川先生勋鉴：任密。所有东北外交研究会寄来材料，为敏捷起见，均先寄沪备考，请饬编译后仍将原件送还亚洲司为荷。外交部。蒸。外四二。

资料来源：《国际联合会调查团（五）》，台北"国史馆"藏"外交部"全宗，第56页。

25. 外交部致国联调查团中国代表处电（1932年3月13日）

鉴：任密。接北平张主任电，据山海关何旅长电称，满洲伪国成立，奉山火车亦悬伪新五色旗来关，锦、义、兴、绥各线强迫各乡长具结，驻在日军乃地方自动请保护人民者，关于伪国，日方亦诿之自动，均为应付国联之计。此间日守备队惑于谣言，戒备加严等语，特电奉达，备为提交调查团之材料。外交部。文。外四八。

资料来源:《国际联合会调查团(五)》,台北"国史馆"藏"外交部"全宗,第58页。

26. 张学良致顾维钧电(1932年3月15日)

顾部长少川兄勋鉴:公密。元电奉悉,记载译本已转电高局长从速检寄矣,特复。弟张学良。删。秘。印。

资料来源:《国际联合会调查团(五)》,台北"国史馆"藏"外交部"全宗,第60页。

27. 罗文干致顾维钧电(1932年3月15日)

上海顾代表少川兄勋鉴:顷汪院长面交日本侵略满蒙计划书一册,嘱特请吾兄交译洋文,除将该书飞邮寄奉外,特先电达。弟干。寒。外五五。印。

资料来源:《国际联合会调查团(五)》,台北"国史馆"藏"外交部"全宗,第62页。

28. 张学良致外交部电(1932年3月19日)

铣电奉悉。公密。增聘专门委员办法,弟极赞同。中村案在九月十八日前迭经我在沈负责军民长官边署参谋长荣臻、辽宁省主席臧式毅与驻沈日总领林久治扒①暨日副领森冈口头交涉,但并无公文往还。在九月十八日午后三时与日领森冈会晤,当时事实真相尚未查明,曲直未判,仅口头答以"果事实查明确证其曲在我,则我方必依照国际惯例负责"云云。当场并将中村调查我国有关军事之日记册及地图面交森冈阅过,惜此项日记及地图均于事变时遗存沈阳边署,现已无法检取矣,此其经过情形,特以电达。弟张学良。巧。戍。秘。印。

资料来源:《国际联合会调查团(五)》,台北"国史馆"藏"外交部"全宗,第64页。

---

① 编者按:指林久治郎。

29. 外交部致顾维钧电(1932年3月19日)

顾代表勋鉴：任密。篠电奉悉。本部无特别说帖提交调查团，所有材料均已陆续寄交尊处，每种说帖制就后，务请送本部一份。外交部。皓。七十。印。

资料来源：《国际联合会调查团(五)》，台北"国史馆"藏"外交部"全宗，第67页。

30. 张学良致顾维钧电(1932年3月19日)

顾部长少川兄勋鉴：巧电、巧子电均奉悉。公密。两示与国联调查委员长晤洽，各端具见，尽筹周详，佩慰，窃似东省傀儡政府完全由日方卵翼而成，所有一切措施，莫不被其操纵，在事各员大都迫于威胁利诱，遂至受人愚弄，失其自由。将来国联委员到达东省后，该傀儡政府或人民方面倘有何种不利于我之表示，当系日方发纵指示，断难认为东省人民之真意。纵使人民不满于旧当局，尽可更换人选，不能因人问题而背叛祖国，且现在东北行政各官吏仍皆系旧人，尤足证明人民对于旧政府之依赖心。国联委员必须注重事实，考察经过详情，方克得有真相，否则日方施其鬼蜮伎俩，势必假借名义，淆惑视听。我兄再与该委员等过谈时，仍乞将傀儡政府内幕尽量揭破，俾该委员等得有深刻印象，以免临时被日欺蔽，致我不利，特电奉复。弟张学良。效。秘。印。

资料来源：《国际联合会调查团(五)》，台北"国史馆"藏"外交部"全宗，第69页。

31. 傅斯年致顾维钧电(1932年3月20日)

沧州饭店顾少川兄勋鉴：敝所编辑之《东北史纲》英文节本，今日快邮寄上廿册，乞分送国联为感。中央研究院历史语言研究所所长傅斯年。效。

资料来源：《国际联合会调查团(五)》，台北"国史馆"藏"外交部"全宗，第73页。

32. 王承传致国联调查团中国代表处电
(1932年3月20日)

静安寺沧州饭店中国代表处鉴：敬密。民十七年外交、内务两部呈请检查外侨国籍，应先发给居留执照，并会订发给外侨居留执照暂行章程十二条，同年五月十日奉大元帅令，开准如所拟办理，即由内务部通行遵照等因，并在政府公报公布，该项文件即抄寄。承传叩。号。

资料来源：《国际联合会调查团（五）》，台北"国史馆"藏"外交部"全宗，第76页。

33. 铁道部部长顾孟馀致顾维钧电（1932年3月21日）

沧州饭店顾代表少川兄勋鉴：任密。效电获悉，所称民国一七年五月十五日前交通部航政司长赵镇与日方签订之长大、吉会五路合同。兹查明本部并无该项合同，特此奉复。弟顾孟馀。马。

资料来源：《国际联合会调查团（五）》，台北"国史馆"藏"外交部"全宗，第78页。

34. 浙江省政府主席鲁涤平致顾维钧电
(1932年3月24日)

顾代表勋鉴：政密。本日上午十时十分有日机一架由沪至杭，在城站及新市场等处空际翔于约十分钟后向上海方面飞去，除电请外交部即向日方提出严重抗议外，相应电达，即希查照，并转知国联调查团为荷。浙江省政府主席鲁涤平叩。保。获。印。

资料来源：《国际联合会调查团（五）》，台北"国史馆"藏"外交部"全宗，第80页。

35. 张学良致顾维钧电(1932年3月25日)

上海顾部长少川兄勋鉴:公密。方正丁总司令赵李镇守使杜养电称,本月十八日,日机四架轰炸海林站附近五河林,燃烧民房廿余间,伤亡兵民十五人,廿二日,机五架在方正延寿县城及高力城子镇抛掷炸弹廿余枚,燃烧民房卅余,所伤亡兵民六人等语。特闻。弟张学良。有。秘。

资料来源:《国际联合会调查团(五)》,台北"国史馆"藏"外交部"全宗,第82页。

36. 浙江省政府主席鲁涤平致外交部电
（1932年3月25日）

南京外交部:密。本日上午九时四十分有日机一架由沪到杭,在市区空际盘旋一周后,向上海方面飞去,除电请顾代表转报国联调查团外,相应电请查照,并向日方提出严重抗议为荷。浙江省政府主席鲁涤平叩。保。有。

资料来源:《国际联合会调查团(五)》,台北"国史馆"藏"外交部"全宗,第84页。

37. 外交部致国联调查团中国代表处电
（1932年4月29日）

转中国代表处鉴:信密。感电悉,拒绝鲜人入镜[境],本部查无此案,疑系鲜人入籍之误,但遍查入籍卷内,亦无一九二七年十二月十六日芳泽来件,希迳向档案处详查为荷。外交部。俭。

资料来源:《国际联合会调查团(五)》,台北"国史馆"藏"外交部"全宗,第86页。

38. 教育部致外交部电(1932年4月29日)

任密。电悉,日方刊行之排外记事六十七条之中,除第一部第一项一、第二项一八九、第六项一三,第二部第一项二三四五六八九、第二项一二三、第三项一六、第四项一,第三部第一项第一、第四部第一项一、第二项一四五六七、第三项一,共二十七条。在十四种教科书中,系经本部审定外,其余四十条均未经本部审定,有失效之书,有私人著作,有无此课文者。即上列廿七条之中,对日不过三条,对英五条,述英印关系一条,对各外国八条,我自述苦况无所指者十条,且均系事实的记载。而日本侵华仇外教材颇多,措词比我为甚,并请注意。教育部。艳。印。

资料来源:《国际联合会调查团(五)》,台北"国史馆"藏"外交部"全宗,第88页。

39. 应尚德致国联调查团中国代表团王广圻秘书长电（日期不详）

中国代表团王秘书长劼夫兄勋鉴:北宁铁路派代表英人唐森、华人胡光麃、秘书谭成庆携有东北铁路要件晋谒顾代表,该代表等已于今午乘轮来沪,特电洽。弟尚德叩。漾。外七五。

资料来源:《国际联合会调查团(五)》,台北"国史馆"藏"外交部"全宗,第91页。

40. 罗文干致顾维钧电（1932年4月12日）

万急。转顾代表少川兄勋鉴:真三、四两电均悉,会议录照片三色本日快邮寄上,廿二本全部送李顿,十本系补足上次交兄之缺少部分,廿二日会议录英文今晚另电奉达,至其余议录译英一节,因本部通晓英文人员出差者甚多,不敷分配,仍请尊处翻译较为便捷运。弟文干。文。外四八。

资料来源:《国际联合会调查团(五)》,台北"国史馆"藏"外交部"全宗,第93页。

41. 顾维钧致王广圻、罗文干电（1932年5月26日）

劼孚兄鉴:日代表团所提中国现状及中国"共匪"二件,盼与纯孺、阶平、心海接洽,速译汉文付印,分送京外各机关参考为祷。

再下转罗部长勋鉴:日本向调查团所提说帖及要人陈述意见均注重吾国排日各点,弟意除解释外,吾当将日本苛待华侨详情收集资料以资反驳,请速电饬驻日鲜使领各馆将日当局与人民抵制华货、虐待华侨、取缔行动与通讯自由、威迫回国人数等速编报告书,寄部转示,以便撰拟说帖,送调查团为盼。弟维钧。有。行。卅六。

又,请告筱峰将弟呢单洋服两身托颜君带来。钧。有。

资料来源:《国际联合会调查团(五)》,台北"国史馆"藏"外交部"全宗,第95页。

42. 吴铁城致国联调查团中国代表处电
(1932年5月29日)

国联调查团中国代表处勋鉴:昨电奉悉。政密。上海此次事变我方所受各种损失,因撤兵区域方始接管,调查统计尚未竣事。前由市社会局、市商会及会计师公会办理之初步调查,所制统计表并不准确,除饬社会局先将该项统计表即日寄奉外,谨此电复。上海市市长吴铁城叩。勘。

资料来源:《国际联合会调查团(五)》,台北"国史馆"藏"外交部"全宗,第99页。

43. 顾维钧致张学良电(1932年5月31日)

汉卿兄勋鉴:三十二宥电计达。调查团在东,日方虽有种种为难,而招待则极周到,此次回平工作,我方于礼仪上固不必铺张,惟事实上必须诚恳优待,庶免相形见绌,该团专门委员人数近有增加,日代表团仍拟随同来平,拟请尊处饬配汽车二十六辆方足应用,又李顿对于"九一八"事变所得日方材料颇有怀疑,回平后,拟邀北大营军官目睹情形者再加面询,以明真相,请酌留数人布置,在平候召,特闻。弟维钧。卅日。三十三。

资料来源:《国际联合会调查团(五)》,台北"国史馆"藏"外交部"全宗,第101页。

44. 北平绥靖公署秘书处第三科致国联调查团北平办事处电(1932年5月31日)

敬启者:本科顷接沈阳来电一件,想系调查团拍发,惟用通调查团各本查译均不成文不识,贵处如有无此项密本,兹将来电附上,敬希。

费神代为一查,如能译出,译毕请用电话通知,本科即派差前往取琐事奉读,务乞。亮察为荷,此致国际调查团北平办事处。

北平绥靖公署秘书处第三科。五月卅一日。

资料来源:《国际联合会调查团(五)》,台北"国史馆"藏"外交部"全宗,第102—103页。

45. 外交部徐谟致金问泗、钱泰电(1932年6月3日)

纯孺兄、阶平兄均鉴:冬电奉悉。任密。正由主管机关会筹办法,余函详。弟谟。江。

资料来源:《国际联合会调查团(五)》,台北"国史馆"藏"外交部"全宗,第104页。

46. 罗文干致顾维钧电(1932年6月8日)

——燕、二三四两电奉悉,民四条约事本日上午十时提交公论,行政院会议已照遵旨通过。至东案切实办法及偕国联调查团赴日等事,统俟兄到京后面商。弟罗文干。一〇五号。七日。

资料来源:《国际联合会调查团(五)》,台北"国史馆"藏"外交部"全宗,第106页。

47. 罗文干致顾维钧电(1932年6月9日)

顾代表少川兄勋鉴:七日八号电报奉悉。东北失地收回后,施政计划可分政治、经济二部,前者系属内政、军政、财政各部主管,后者关系铁道、实业所辖事项,弟迭请汪院长指定有关系机关,会同本部筹拟方案,昨天经院议决定,迅由各部慎密进行,俟拟有方案,大概仍须经中央政治会议审核也。弟罗文干。外一〇〇七号。

资料来源:《国际联合会调查团(五)》,台北"国史馆"藏"外交部"全宗,第108页。

48. 外交部沈觐鼎致钱泰、金问泗电(1932年6月21日)

钱参事、阶平兄勋鉴:任密。巧电悉,安东关渡江分卡设在安奉路用地内,日本在该用地内擅设警察,迭经要求撤退,迄未解决,故实际上华警不在该处行使职权,特电奉复。弟鼎。马。

资料来源:《国际联合会调查团(五)》,台北"国史馆"藏"外交部"全宗,第110页。

49. 汪精卫致顾维钧电(1932年6月26日)

平汉路转来汪院长宥辰电

限即刻到。铁狮子胡同顾代表少川兄勋鉴:宥电获悉。勋密。东案办法大纲及十九路军关系文件统交林秘书汝珩由飞机赶廿八日前送到。弟兆铭。宥辰。

资料来源:《国际联合会调查团(五)》,台北"国史馆"藏"外交部"全宗,第112页。

50. 汪精卫致顾维钧电(1932年6月26日)

平汉路转来汪院长宥未电

限即刻到。北平铁狮子胡同顾少川先生勋鉴:勋密。此间因无飞机,林秘书汝珩改于今晚通车来,廿八日正午方可抵车。弟兆铭。宥未。

资料来源:《国际联合会调查团(五)》,台北"国史馆"藏"外交部"全宗,第114页。

51. 汪精卫致顾维钧电(1932年6月27日)

平汉路转来汪院长感电

顾少川先生勋鉴：寝电获悉。勋密。林秘书昨晚通车来平，廿八日午始到北平，又弟等意于我方未明了日方具体办法以前，我方具体办法不可提示日方，请转告调查团为荷。兆铭。感。

资料来源：《国际联合会调查团(五)》，台北"国史馆"藏"外交部"全宗，第116页。

52. 汪兆铭致顾维钧电(1932年6月30日)

平汉路转来汪院长卅电

铁狮子胡同顾少川先生勋鉴：密。闻尊体违和，甚念，尚祈珍摄。林秘书汝珩已否抵车？盼复。兆铭。卅。

资料来源：《国际联合会调查团(五)》，台北"国史馆"藏"外交部"全宗，第118页。

53. 陈仪部长致外交部电(1932年7月4日)

冬电获悉。政密。"剿匪"报告书正由军委会赶编，"匪区"收复后办法已请内部黄部长主撰，稿成即寄。弟陈仪叩。支。

资料来源：《国际联合会调查团(五)》，台北"国史馆"藏"外交部"全宗，第120页。

54. 罗文干致顾维钧电(1932年7月21日)

顾代表少川兄勋鉴：俊人兄来电，提议向调查团提出日人制运麻醉品祸华之说帖，以暴露其罪恶。查关于此项材料，本部有案者，前已编入日本违法悬案内，但恐其中事实未详尽，兹已分电关系部会及各省市政府详细搜集，俟复到再行汇寄，以备补充，希查酌办理。弟干。二十一日。外一百十二。

资料来源:《国际联合会调查团(五)》,台北"国史馆"藏"外交部"全宗,第123页。

55. 刘崇杰致王广圻电(1932年7月22日)

王秘书劼孚兄:电敬悉。已电请上海市长即速搜集,寄部转送尊处备用。弟崇杰。廿二日。

资料来源:《国际联合会调查团(五)》,台北"国史馆"藏"外交部"全宗,第125页。

56. 绥靖公署转朱兆莘致顾维钧电(1932年7月20日)

顾代表少川先生勋鉴:来电一件,照转如下,北平张主任转顾代表篠电获悉,英领函称广州罢工委员会颁布排货章程违背《天津条约》,我方复称章程未颁布,抄件邮呈。兆莘。皓(十九)。印。绥靖公署秘书处叩。号(二十)。代。

资料来源:《国际联合会调查团(五)》,台北"国史馆"藏"外交部"全宗,第127页。

57. 宋子文致顾维钧电(1932年7月5日)

顾代表少川兄勋鉴:支电奉悉。特密。国联调查团人已来沪,弟业将案卷抄送,并饬另抄一份寄请吾兄正式提出,尊体已健复否,敬念之至。弟子文叩。歌。

资料来源:《国际联合会调查团(五)》,台北"国史馆"藏"外交部"全宗,第129页。

58. 交通部黄绍雄部长致国联调查团中国代表处电
(1932年7月30日)

俭电奉悉。承嘱,密。令邮政总局办具日人强占东北邮政节略一节,已饬局遵办矣,特复。弟黄绍雄叩。卅。

资料来源:《国际联合会调查团(五)》,台北"国史馆"藏"外交部"全宗,第

131 页。

59. 外交部致国联调查团中国代表处电（1932 年 8 月 6 日）

江电悉。美国公布东省文件，本部仅有一部，其中往来文件只载至正月间锦州事件为止，已另邮寄。至二月以后，是否尚有其他公布文件，业经电令驻美公使馆查寄矣。外交部。鱼。

资料来源：《国际联合会调查团（五）》，台北"国史馆"藏"外交部"全宗，第 134 页。

60. 南京黄绍雄部长致国联调查团中国代表处电（1932 年 8 月 8 日）

政密。虞电获悉，关于东省邮政被攫说帖业已编竣，即送外交部转寄贵处备用，特复。弟黄绍雄叩。庚。

资料来源：《国际联合会调查团（五）》，台北"国史馆"藏"外交部"全宗，第 136 页。

61. 外交部致国联调查团中国代表处电（1932 年 8 月 10 日）

佳电悉。邮政说帖已于九日寄上，特复。外交部。灰。

资料来源：《国际联合会调查团（五）》，台北"国史馆"藏"外交部"全宗，第 138 页。

62. 张祥麟致外交部电（1932 年 8 月 17 日）

刘季陶复抵日损失未便代集，应向商会接洽。麟。篠。

资料来源：《国际联合会调查团（五）》，台北"国史馆"藏"外交部"全宗，第 140 页。

63. 张福运致外交部电(1932年8月20日)

海关总署税务司李度对于日本攫夺海关情形知之甚详，将假道欧洲归美出席国联代表团，对于东省海关如有咨询必要，可令其赴日内瓦一行，如何之处，请电示。弟张福运叩。号。

资料来源:《国际联合会调查团(五)》,台北"国史馆"藏"外交部"全宗,第142页。

64. 南京王芃生致外交部电(1932年8月23日)

前托友查"九一八"真象，昨离平始得确报，日参部原嘱土肥原与本庄商酌便宜行事，抵奉后商定九一八晚炸毁铁道，颠覆由长开奉列车，即向我方提最后通牒。而后开军事行动，不料所雇华工误将双轨中间两道铁轨拆毁，约十八尺左右，各尚留一铁轨，故长春来车以其惰力，竟由一轨挡持通过而未倾覆，于是奉命毁路之守备中队长独断专行，督兵服工夫携炸药冒去炸毁后，工夫向日方反奔，日兵迎射死十余人，仅一迟走者死道旁，摄影作伪证，其余均向日方反奔，不合情理，□为证，于是竟不及提最后通牒，而提前攻击北大营。此事千真万确，应否向调查团补提，抑留日内瓦辩论时再说，但来源暂秘，连职名亦请莫提明，以便间接续查为祷。祯叩。漾。

资料来源:《国际联合会调查团(五)》,台北"国史馆"藏"外交部"全宗,第144页。

65. 外交部徐谟致金问泗电(1932年8月26日)

纯孺兄鉴：任密。托兄带平之盐款节略，财政部颇重视，已否提交调查团，原文有无变动，乞即日电复。弟谟。宥。

资料来源:《国际联合会调查团(五)》,台北"国史馆"藏"外交部"全宗,第145—146页。

66. 张福运致顾维钧电（1932年8月23日）

国联调查团中国代表处顾代表少川先生勋鉴：政密。马电奉悉。李税务司约于十月廿日离沪，如中国代表团正式函请，当令其随时首途。弟张福运叩。梗。

资料来源：《国际联合会调查团（五）》，台北"国史馆"藏"外交部"全宗，第147页。

八、中日两国提交国联调查团各案说帖

1. 宪兵司令部致外交部电（1933年1月1日）

总字第 3775 号

迳启者：查参与国际联合会调查委员会中国代表处译印之日本提交国联文件《中国之现状》及《在中国及蒙古之共产主义》二种，又中国代表总说帖二本，共为一套，计四册。现闻已经贵部印成分送，此项文件与敝部业务执行之参考上深有裨益，为此特备公函，可否恳祈迅予检赐一全分，裨供参考，实纫公谊。此致外交部。

资料来源：《中日两国提交国联调查团各案说帖》，台北"国史馆"藏"外交部"全宗，第 4 页。

2. 国际联合会调查委员会中国代表处致外交部电（1933年1月7日）

迳启者：顷准大部亚字第八一五二号函称"准军政部咨称'准中国代表处函送概要说帖各五十份，嘱为分发驻外各军，惟本部所辖各部队及陆军各机关、各学校等，择要分送，须在百份以上，请转函代表处，将此项概要说帖，各再检发五十份，俾敷分配'等因。相应函请查照办理"等因。准此，兹遵照将概要上下两册及说帖二种，各检五十份，共计二百本，另包交由中国旅行社运送至京，相应函复，即请查收转致为荷。再，本处所即各种概要说帖，均经送存北平档案保管处，嗣后各机关如有函请索寄概要说帖者，请大部迳向北平档案保管处照寄可也，合并声明。此致外交部。

附概要说帖二百本。

资料来源:《中日两国提交国联调查团各案说帖》,台北"国史馆"藏"外交部"全宗,第6页。

3. 外交部致军政部函电(1933年1月18日)

兹咨行事,前准总字第二五五号咨嘱"转函国联调查团中国代表处,将印就参与国联东案调查委员会概要说帖,再行检发各五十分,俾敷分配"等因。此项概要说帖已由该代表处寄到,惟其中缺少概要上册一本,想系装箱时遗漏,相应检同原件,送请查收见复为荷。此致。军政部。

附件概要上册四十九本、下册五十本,说帖《中国之现状》五十本、《在中国及蒙古之共产主义》五十本。

资料来源:《中日两国提交国联调查团各案说帖》,台北"国史馆"藏"外交部"全宗,第7页。

4. 郑贞文致外交部次长刘崇杰电(1933年1月23日)

子楷次长仁丈勋鉴:远睽光霁时切,倾驰辰维,樽俎折冲。勋猷丕著,如颂为慰。刻下外寇日深,国难正亟,民众对于东案异常关心。查参与国际联合调查委员会中国代表处译印各种书籍,如《中国之现状》及《参与国联东案调查委员会概要》等,关于东北事变叙述綦详,敢恳各检数部,惠寄来闽,俾便转发图书馆等处,借供各界人士之研讨。至深盼祷。专肃奉恳。顺颂勋绥。郑贞文谨启。一月二十三日。

资料来源:《中日两国提交国联调查团各案说帖》,台北"国史馆"藏"外交部"全宗,第8—9页。

5. 中国国民党宁夏省党务特派员办事处致参与国际联合会调查委员会中国代表处电
(1933年2月14日)

特第23号

迳复者:接准贵处平字第五一七号公函开"迳启者,本处编译《参与国联东案调查委员会概要》及《日方提交调查团说帖》两种,现经印就,相应检齐一份,函送贵部查收,并希见复为荷"等由。准此,所惠各件均已收到,相应函复,即希查照为荷。此致参与国际联合会调查委员会中国代表处。

资料来源:《中日两国提交国联调查团各案说帖》,台北"国史馆"藏"外交部"全宗,第11页。

6. 国立北平图书馆致外交部电(1932年4月11日)

迳启者:本馆现正搜集中日问题文件,以备研究参考。此次国联调查团来华,闻贵部印有说帖等件,拟请惠赐两份,无任感盼,如系密件,当不公开阅览,务希俯允见复为荷。此致外交部。

国立北平图书馆启。

四月十一日。

资料来源:《中日两国提交国联调查团各案说帖》,台北"国史馆"藏"外交部"全宗,第13—14页。

7. 参与国际联合会调查委员会中国代表处致外交部电 (1932年4月16日)

字第238号

迳启者:查我方总说帖系于本月七日提交调查团在案,该说帖英文,现已印就,相应检具四份,函送贵部,查收备案可也。此致外交部。

附件另寄。

资料来源:《中日两国提交国联调查团各案说帖》,台北"国史馆"藏"外交部"全宗,第17—18页。

8. 外交部致参与国际联合会调查委员会中国代表处电 (1932年4月26日)

国际联合会调查委员会中国代表处勋鉴:准四月二十日函送平行线英法文说帖各四份及四月二十二日函送法文总说帖四份到部,已收存备考矣。特复外交部南京办事处公函□○号:"迳启者:迭准四月二十日、二十二日函送平行线英法文说帖各四份、法文总说帖四份到部等因。除收存备考外,相应函复查照。"此致参与国际联合会调查委员会中国代表处。

资料来源:《中日两国提交国联调查团各案说帖》,台北"国史馆"藏"外交部"全宗,第 22 页。

9. 外交部致北平档案保管处转参与国际联合会调查委员会中国代表处电(1932 年 4 月 26 日)

北平档案保管处转国联调查团中国代表处鉴:密,尊处所提说帖十数种,本部谨陆续收到六种,请将未曾寄部之各种说帖暨"建国"日方所提说帖,每种各检寄四份,并将最近所寄部之吉会路、鲜人待遇、日人侵满历史及二十一条,四种说帖各补寄三份为荷。

外交部。

资料来源:《中日两国提交国联调查团各案说帖》,台北"国史馆"藏"外交部"全宗,第 25 页。

10. 顾维钧致外交部部长罗文干函电(1932 年 6 月 6 日)

南京外交部罗部长钧任兄勋鉴:密。敬处所拟提交调查团各种说帖,除已交者外,尚有十余件,大致就绪,依该团希望于日内尽量送交,惟民四条约为根本问题,若不确定方针,则其他相关问题,均难有相当之主张。查民四条约一案,前于巴黎和会及华盛顿会议,迭经本国代表提请修改废止在案,现在似应根据迭次会议之主张,继续坚持。惟该约于民国十二年,由国会议决,认为无效,并经照会日外部,而一方面默察国际形势,似乎对于片面否认条约之范,视为创例,难于赞同,则吾国对此问题,似不如谨声明该约签订情形既多威胁,签订以来碍于情势,无实行之可能,而置效力问题不谈。如此说法,似于历来主张尚属相符,一面亦不致引起他国无谓之疑虑,而遭反感。究竟此项主张是否有当,关系重大,未敢迳自决定,应请转陈汪院长,迅赐决定,电示遵行为祷。弟维钧。六日鱼燕二号,昨吾微电燕一号。

资料来源:《中日两国提交国联调查团各案说帖》,台北"国史馆"藏"外交

部"全宗,第 26 页。

11. 国际联合会调查委员会中国代表处至外交部电
（1932 年 6 月 13 日）

平字第 331 号

迳密启者:查本处于本月九日向国联调查团提出:(一) 一九一五年条约问题说帖一件;(二) 日本占领东三省说帖一件;(三) 鲜民在东省地位说帖一件。本日又提交该团吉会铁路问题说帖一件。相应将各该说帖英文油印本,检具一份,函送贵部,查收备案为荷。此致外交部。

附说帖印本四种,共计四份。

顾维钧。

资料来源:《中日两国提交国联调查团各案说帖》,台北"国史馆"藏"外交部"全宗,第 28 页。

12. 国际联合会调查委员会中国代表处致外交部电
（1932 年 6 月 15 日）

平字第 335 号

迳密启者:查本处提交国联调查团一九一五年条约问题、日本占领东三省、鲜侨在东省地位、吉会铁路问题四项说帖英文油印本,业于本月十日邮寄贵部在案。兹再将续送该团各项说帖:(一) 日本在南满铁路区域内护路军警问题;(二) 万宝山事件;(三) 朝鲜暴动案;(四) 东三省输往日本原料及粮食统计说明,英文油印本照检一份,连同清单一纸,函送贵部,查收备案,至希见复为荷。此致外交部。

附清单一纸[①],说帖四本另寄。

顾维钧。

资料来源:《中日两国提交国联调查团各案说帖》,台北"国史馆"藏"外交部"全宗,第 30 页。

---

① 编者按:无附件内容。

13. 外交部致北平档案保管处转参与国际联合会调查委员会中国代表处电（1932年6月20日）

迳密启者：准平字第三三一号及平字第三三五号，贵处来函并附送向国联调查团提出之（一）一九一五年条约问题、（二）日本占领东三省、（三）鲜民在东省地位、（四）吉会铁路问题、（五）日本在南满铁路区域内护路军警问题、（六）万宝山事件、（七）朝鲜暴动案、（八）东三省输往日本原料及粮食统计说明、（九）对日方所谓五十三之悬案辩驳等说帖英文油印本，共计九种，均经先后收到，相应函复查照。另将上项油印本各补寄三份为荷。此致国联调查团中国代表处。

资料来源：《中日两国提交国联调查团各案说帖》，台北"国史馆"藏"外交部"全宗，第32页。

14. 参与国际联合会调查委员会中国代表处致外交部电（1932年6月20日）

平字第340号

迳密启者：查本处续送调查团日本在南满铁路区域内护路军警问题、万宝山事件、朝鲜暴动案、东三省输往日本原料及粮食统计说明四项说帖英文油印本，业于本月十四日邮寄贵部在案。兹再将本月十四日提出之驳复日方所谓五十三悬案说帖英文油印本，照检一份，函送贵部查收备案，并希见复为荷。此致外交部。

附件另寄。

顾维钧。

资料来源：《中日两国提交国联调查团各案说帖》，台北"国史馆"藏"外交部"全宗，第33页。

15. 参与国际联合会调查委员会中国代表处致外交部电
（1932年6月20日）

平字第346号

迳密启者：查本处提交国联调查团关于日方所谓五十三悬案说帖英文油印本，业于本月十七日邮寄贵部在案。兹再将本月二十日续送该团关于日本破坏中国统一之说帖英文油印本照检一份，函送贵部查收备案，并希见复为荷。此致外交部。

附说帖一本。

顾维钧。

资料来源：《中日两国提交国联调查团各案说帖》，台北"国史馆"藏"外交部"全宗，第34页。

16. 参与国际联合会调查委员会中国代表处致外交部电
（1932年6月28日）

平字第357号

迳密启者：兹寄上我方提交国联调查团之说帖，第一、第二号英文铅印本各一本，第三号至第十九号英文油印本各一本，即祈查收，于驻日本蒋公使赴任前转交，查收密存，以资接洽，并希见复为荷。此致外交部。

附说帖印本十九本，计四包另邮。

顾维钧。

资料来源：《中日两国提交国联调查团各案说帖》，台北"国史馆"藏"外交部"全宗，第40页。

17. 外交部致北平档案保管处转参与国际联合会调查委员会中国代表处电（1932年7月3日）

北平档案保管处转国联调查团中国代表办事处鉴：平字第三四〇号、三四六号、三六〇号函，送各项说帖油印本及平字第三四七号函，送日方所提说帖十种,均经本部先后收到,特复。外交部。支。印。

资料来源:《中日两国提交国联调查团各案说帖》,台北"国史馆"藏"外交部"全宗,第42页。

18. 参与国际联合会调查委员会中国代表处致外交部电
（1932年6月29日）

平字第368号

迳密启者:查本处续送国联调查团之日本破坏中国统一说帖油印本,业于本月二十一日邮寄贵部在案。兹再将最近提交该团（一）日人在东三省、上海、天津以外各地挑衅行为之说帖,（二）关于抵制外货之说帖,（三）关于排外教育之说帖,（四）关于东三省铁路问题之说帖英文油印本,各检四份,函送贵部,查收备案,并希见复为荷。此致外交部。

附件另寄。

顾维钧。

资料来源:《中日两国提交国联调查团各案说帖》,台北"国史馆"藏"外交部"全宗,第43页。

19. 参与国际联合会调查委员会中国代表处致外交部电
（1932年7月2日）

平字第374号

迳密启者:查本处提交国联调查团之日人在东省、上海、天津外各地挑衅行为、抵制外货、东三省铁路问题及所谓排外教育四种说帖英文油印本,业于本月二十七日邮寄贵部在案。兹再将本月二十六日提出之（一）中国发展东三省之努力、（二）日本违约侵权之事实、（三）东三省金融及其与大亘之关系三种说帖英文油印本,各检四份,函送贵部,查收备案,并希见复为荷。此致外交部。

附说帖印本十二本。

顾维钧。

资料来源:《中日两国提交国联调查团各案说帖》,台北"国史馆"藏"外交

部"全宗,第 44 页。

20. 参与国际联合会调查委员会中国代表处致外交部电
（1932 年 7 月 6 日）

平字第 383 号

迳密启者：查本处提交调查团之说帖第十七、十八、十九三号英文油印本，业经邮寄贵部在案。兹再将最近送交该团之第二十、第二十一号说帖英文油印本，各检四份，函送贵部，查收备案并希见复为荷。此致外交部。

附件另寄。

顾维钧。

资料来源：《中日两国提交国联调查团各案说帖》，台北"国史馆"藏"外交部"全宗,第 45 页。

21. 参与国际联合会调查委员会中国代表处致外交部电
（1932 年 7 月 6 日）

平字第 428 号

迳启者：兹送上日方提交国联调查团说帖英文汇编，甲、乙两编各一本，即希查收，见复为荷。此致外交部。

附件另寄。

顾维钧。

资料来源：《中日两国提交国联调查团各案说帖》，台北"国史馆"藏"外交部"全宗,第 50 页。

22. 参与国际联合会调查委员会中国代表处致外交部电
（1932 年 9 月 21 日）

平字第 493 号

迳启者：准大部巧日电开"东北外交研究委员会，索赠我国提交调查团中英法各种文字说帖五份，日本与我国交换说帖一份，希酌量检交该会"等因。

查本处前准该会函索各项说帖印本,每种十份,除中文本业经照送外,英法本因分送调查团及寄往日来弗四百余份,所存无多,只各检送二份。嗣又准该会来函请补给两份,复经送去英文本一份各在案,至日方说帖单行本暨法文汇编甲、乙两集,亦经分送该会一份,除现在印刷中各说帖,俟出版后随时检送该会外,相应函复查照。此致外交部。

顾维钧。

资料来源:《中日两国提交国联调查团各案说帖》,台北"国史馆"藏"外交部"全宗,第98页。

23. 参与国际联合会调查委员会中国代表处致外交部电
(1932年9月24日)

平字第497号

迳复者:准大部亚字第五四五二号函嘱"补寄说帖英法文印本,第一、第二号各二十本,又英文印本,第二十三号十九本"等因。兹特照数补奉,即祈查收备用为荷。此致外交部。

附件。①

资料来源:《中日两国提交国联调查团各案说帖》,台北"国史馆"藏"外交部"全宗,第99页。

24. 参与国际联合会调查委员会中国代表处致外交部电
(1932年9月24日)

平字第499号

迳启者:查本处所印说帖法文本,第一号至第十号,又第十三号至第十五号,又第十九号至第二十三号,又第二十五号,均经函送大部在案。兹再将第二十八、第二十九两号,又第二十四号补编,各检奉二十本,即祈查收见复为荷。此致外交部。

资料来源:《中日两国提交国联调查团各案说帖》,台北"国史馆"藏"外交

---

① 编者按:无附件内容。

部"全宗,第 100 页。

25. 参与国际联合会调查委员会中国代表处致外交部电
（1932 年 9 月 24 日）

平字第 498 号

迳启者：查《会议东三省事宜节录》，前经本处译成英文，送经大部，核定在案。现在该项译本业经印刷成书，兹先检奉六十本，即祈查收备案并见复为荷。此致外交部。

资料来源：《中日两国提交国联调查团各案说帖》，台北"国史馆"藏"外交部"全宗，第 101 页。

26. 外交部致北平档案保管处转参与国际联合会调查委员会中国代表处电（1932 年 10 月 1 日）

迳复者：顷准九月二十四日贵处平字第四九七、第四九八、第四九九等号函，并送《东三省事宜会议录》英文印本六十本，英法文说帖印本第一、第二号，各二十本，又英文说帖印本第二十三号十九本及法文说帖印本第二十八、第二十九号，又第二十四号补编，各二十本，到部业已收到，除留存备用外，相应函复查照。此致。

资料来源：《中日两国提交国联调查团各案说帖》，台北"国史馆"藏"外交部"全宗，第 102 页。

27. 钱泰致外交部电（1932 年 10 月 3 日）

南京外交部：二日抵日，第一批平寄说帖印件未到，请电劼兄查询。德庆大桢。泰。

资料来源：《中日两国提交国联调查团各案说帖》，台北"国史馆"藏"外交部"全宗，第 103 页。

28. 外交部致王广圻电(1932年10月4日)

北平代表处王公使鉴：日内瓦钱司长电称，第一批平寄说帖印件尚未到，请电尊处查询等语。特达。外交部。四日。

资料来源：《中日两国提交国联调查团各案说帖》，台北"国史馆"藏"外交部"全宗，第104页。

29. 王广圻致外交部电(1932年10月6日)

南京外交部鉴：密，支电敬悉，遵即查询，据复确于九月五日由甘姬号自沪运出，特复。广圻叩。鱼。六日。

文电：查询第一批平寄说帖印件。

资料来源：《中日两国提交国联调查团各案说帖》，台北"国史馆"藏"外交部"全宗，第107页。

30. 参与国际联合会调查委员会中国代表处致外交部电(1932年10月4日)

平字第503号

迳启者：查本处译印说帖中文本第一、第二、第四、第五、第六、第九、第十、第十一、第十三、第二十一号，业经函送大部在案。兹再将该项译本第三、第十七、第十九、第二十、第二十三号，各检奉五十本，即祈查收备用，并见复为荷。此致外交部。

附件。①

顾维钧。

资料来源：《中日两国提交国联调查团各案说帖》，台北"国史馆"藏"外交部"全宗，第105页。

---

① 编者按：无附件内容。

31. 参与国际联合会调查委员会中国代表处致外交部电
（1932年10月4日）

平字第504号

迳启者：本处提交国联调查团说帖法文印本，第一至第十号，又第十三至十五号，又第十九号至二十三号，又第二十四号补编，又第二十八、第二十九号，均经函送大部在案。兹再将该项印本第十一、第十二、第十六、十七至第十八号，又第二十四、第二十六、第二十七号，各检奉二十本，即祈查收，并见复为荷。此致外交部。

附件。①

顾维钧。

资料来源：《中日两国提交国联调查团各案说帖》，台北"国史馆"藏"外交部"全宗，第106页。

32. 外交部致参与国际联合会调查委员会中国代表处电
（1932年10月7日）

迳复者：迭准平字第五〇三号、第五〇四号函送，中文说帖第三、第十七、第十九、第二十、第二十三号各五十本，法文说帖第十一、第十二、第十六、第十七、第十八、第二十四、第二十六、第二十七号各二十本到部，业经如数收到，相应函复，即希查照为荷。此致参与国际联合会调查委员会中国代表处。

资料来源：《中日两国提交国联调查团各案说帖》，台北"国史馆"藏"外交部"全宗，第108页。

33. 外交部致铁道部电（1932年10月21日）

迳启者：接准参字第二三〇号来函，以有关"东北铁路之第一、第二、第四、第六、第七、第十、第十一、第十五、第十七、第十八等号说帖十册，均经收到，乞

---

① 编者按：无附件内容。

再检各该号说帖,中英文印本各十分[份],以资分交各厅司会处研究"等因。查此项说帖印本,本部已无余存,现正继续付印,除俟印就再行检寄外,相应函复,即希查照为荷。此致。

资料来源:《中日两国提交国联调查团各案说帖》,台北"国史馆"藏"外交部"全宗,第112页。

34. 参与国际联合会调查委员会中国代表处致外交部电(1932年11月17日)

平字第513号

迳启者:查本处译印说帖中文本,第一号至第十一号,又第十三号,又第十五号至第十七号,又第十九号至第二十一号,又第二十三、第二十五号,业经先后函送大部在案。兹再最近出版之第十二、第十四、第二十二、第二十七、第二十八号共五种,各检奉五十本,即祈查收见复为荷。此致外交部。

顾维钧。

资料来源:《中日两国提交国联调查团各案说帖》,台北"国史馆"藏"外交部"全宗,第114页。

35. 外交部致实业部电(1932年12月3日)

迳启者:兹检送东三省与中国经济之关系说帖一册,即请查收。惟此项说帖本部谨存一份,用毕仍请送还为荷。此致陈参事、钟□□。

附件。[1]

资料来源:《中日两国提交国联调查团各案说帖》,台北"国史馆"藏"外交部"全宗,第116页。

---

[1] 编者按:无附件内容。

36. 参与国际联合会调查委员会中国代表处 致外交部电（1932年11月30日）

平字第523号

迳启者：查本处译印说帖中文本，第一号至第十七号，又第十九号至第二十三号，又第二十五号，又第二十七、第二十八号，业经先后函送大部在案。兹再将该项印本第十八、第二十四、第二十六、第二十九号四种，各检奉五十本，即祈察收见复为荷。此致外交部。

资料来源：《中日两国提交国联调查团各案说帖》，台北"国史馆"藏"外交部"全宗，第117页。

37. 参与国际联合会调查委员会中国代表处 致外交部电（1932年11月16日）

平字第538号

迳启者：本处现印就《参与国联东案调查委员会概要》上、下两册及日方提交调查团说帖两种，除五十份送请大部备览、一百份请分寄驻外各使领馆外，另分送首都各机关各一份，计五十六份，共装四木箱，另由路局运送并附清单，谨祈查照，分饬转送为荷。此致外交部。

附清单。

检送各机关《参与国联东案调查会概要》及日方提交调查团说帖两种清单

单位	部门	数量
国民政府	文官处	一份
	参军处	同上
行政院	政务处	同上
	内政部	同上
	教育部	同上
	实业部	同上

(续表)

单位	部门	数量
	铁道部	同上
	交通部	同上
	军政部	同上
	海军部	同上
	财政部	同上
	蒙藏委员会	同上
	禁烟委员会	同上
	侨务委员会	同上
立法院	秘书处	同上
司法院	秘书处	同上
司法行政部		同上
最高法院		同上
监察院	秘书处	同上
	审计部	同上
考试院	秘书处	同上
	铨叙部	同上
	考选委员会	同上
军事参议院		同上
军事委员会		同上
导准委员会		同上
建设委员会		同上
训练总监部		同上
参谋本部		同上
南京市政府		同上
中央党部		同上
南京市党部		同上
南京市立图书馆		同上
中央大学		同上
金陵大学		同上

(续表)

单位	部门	数量
中央政治学校		同上
陆军军官学校		同上
中央日报社		同上
民生报馆		同上
行政院	宋代理院长	同上
监察院	于院长	同上
考试院	戴院长	同上
	钮副院长	同上
立法院	邵副院长	同上
司法院	居院长	同上
外交部	罗部长	同上
	徐次长	同上
	刘次长	同上
内政部	黄部长	同上
教育部	翁部长	同上
实业部	陈部长	同上
铁道部	顾部长	同上
交通部	朱部长	同上
军政部	何部长	同上
海军部	陈部长	同上

资料来源:《中日两国提交国联调查团各案说帖》,台北"国史馆"藏"外交部"全宗,第121—124页。

38. 军政部致外交部电(1932年12月24日)

总字第255号

为咨请事,案准参与国际联合会调查委员会中国代表处,平字第五三一号公函"为现印就《参与国联东案调查委员会概要》上、下两册及日方提交调查团说帖两种,除已由外交部转送一份备览。兹再寄上各五十份,即祈查收,分别饬发驻外各军"等由,自应照办。惟查本部所辖各部队及陆军各机关、各学校等,择要分送,须在百份以上,相应咨请贵部,敬烦转函代表处,将此项概要说帖,再行检发各五十份,俾敷分配,至纫公谊。此咨外交部。

部长何应钦。

资料来源:《中日两国提交国联调查团各案说帖》,台北"国史馆"藏"外交部"全宗,第129—131页。

39. 外交部致北平档案保管处转国际联合会调查委员会中国代表处电(1932年12月27日)

迳启者:准军政部咨称"准参与国际联合会调查委员会中国代表处,函送《参与国联东案调查委员会概要》及日方提交调查团说帖各五十份,嘱为分发驻外各军。惟本部所辖各部队及陆军各机关、各学校等,择要分送,须在百份以上,请转函代表处收,此项概要说帖,各再检发五十份,俾敷分配"等因。相应函达,即希查照办理为荷。此致。

资料来源:《中日两国提交国联调查团各案说帖》,台北"国史馆"藏"外交部"全宗,第132页。

九、国联调查团中国代表处人事

1. 参与国际联合会调查委员会中国代表处致总务组电
（1932年3月31日）

奉谕赴汉赴平人员,因舱位车位及到后寓所关系,只可竭力减少。屈君荪宜、汪君梧荫,暂先回沪等因。特此通知,即请查照办理。此致总务组。

秘书室启。

资料来源:《国联调查团中国代表处人事》,台北"国史馆"藏"外交部"全宗,第8页。

2. 参与国际联合会调查委员会中国代表处致外交部电
（1932年4月1日）

迳启者:本处招待组兹以调查团北上,事务繁殷,原有之人员不敷支配,拟在贵部驻沪办事处调用颜肇省一员,帮同办理,相应函请,即希查照准予调用,并令知该办事处。至纫公谊。此致外交部。

代表处启。

资料来源:《国联调查团中国代表处人事》,台北"国史馆"藏"外交部"全宗,第12页。

3. 外交部致参与国际联合会调查委员会中国代表处电
（1932年4月4日）

总字第1780号

迳复者：接准贵处第二二〇号公函"为借调本部秘书朱叔源，佐理招待国联调查团事宜"等由。准此，除令该秘书前往外，相应函复查照为荷。此致参与国际联合会调查委员会中国代表处。

资料来源：《国联调查团中国代表处人事》，台北"国史馆"藏"外交部"全宗，第15—16页。

4. 参与国际联合会调查委员会中国代表处致外交部电
（1932年）

迳启者：查本处前因需员佐理，迭经函准贵部借调在案，兹拟借调贵部科长谢家骝、科员李润明到处办事，仍请照准，并留原资原薪为荷。此致外交部。

资料来源：《国联调查团中国代表处人事》，台北"国史馆"藏"外交部"全宗，第17页。

5. 颜德庆致招待组电（1932年4月11日）

迳启者：查此次关于铁路事项，甚为繁琐，曾商调铁道部钱技士颐格，赴沪协助。兹并同行来平，特此函达，请烦查照为荷。此致招待组。

颜德庆谨启。

资料来源：《国联调查团中国代表处人事》，台北"国史馆"藏"外交部"全宗，第18页。

6. 王正黼致顾维钧电（1932年3月28日）

迳复者：奉贵处第三十九号聘书，承嘱充任参与国际联合会调查委员会中国代表处参议，惟自惭识短，恐虞陨越以责关国难，自应竭尽驽骀，以附骥尾，勉遵尊命，不胜惶悚，容趋台端，就聆教策，敬复顾博士钧鉴。

王正黼拜启。

资料来源：《国联调查团中国代表处人事》，台北"国史馆"藏"外交部"全宗，第21—22页。

7. 外交部致参与国际联合会调查委员会中国代表处电
（1932年4月4日）

总字第1783号

迳复者：接准贵处第二一九号公函"为调用本部驻沪办事处颜肇省一员，前往帮同办理招待事宜"等由。准此，除令该员前往外，相应函复，查照为荷。此致参与国际联合会调查委员会中国代表处。

资料来源：《国联调查团中国代表处人事》，台北"国史馆"藏"外交部"全宗，第23页。

8. 平津新闻界招待国联调查团筹备委员会致张祥麟电
（1932年4月15日）

敬启者：兹经本会推定，金达志、尹思齐、徐思达三人随同国联调查团前往东北视察，相应函达，即希查照为荷。此致张祥麟先生。

平津新闻界招待国联调查团筹备委员会启。

资料来源：《国联调查团中国代表处人事》，台北"国史馆"藏"外交部"全宗，第25页。

9. 参与国际联合会调查委员会中国代表处致王卓然电
（1932年4月17日）

迳启者：倾奉代表谕，送上补助周委员守一等赴沪旅费，洋一千元支票一张，即希察收，并赐收条以便汇报，相应函复查照。此致王委员卓然。

附支票一张。

衔启。

资料来源:《国联调查团中国代表处人事》,台北"国史馆"藏"外交部"全宗,第26页。

10. 平津新闻界招待国联调查团筹备委员会致顾维钧电
(1932年4月17日)

敬启者:兹先推定方君道平,随同国联调查团前往东北视察,为省空额,设法再为敝会留一席之地,以便加推人员,随同前往,事关公资,维希鉴察,不胜盼祷。此致顾代表。

平津新闻界招待国联调查团筹备委员会启。

资料来源:《国联调查团中国代表处人事》,台北"国史馆"藏"外交部"全宗,第27页。

11. 参与国际联合会调查委员会中国代表处致
北平绥靖公署电(1932年4月17日)

迳启者:前准贵公署来电"推荐李宜昧为专门委员,当经填发聘任书,寄由外交部档案保管处转交,兹据核称,查无李宜昧其人,无法送达"等因。上次来电电码应无错误,应请查明见复,以凭办理为荷。此致北平绥靖公署。

资料来源:《国联调查团中国代表处人事》,台北"国史馆"藏"外交部"全宗,第28页。

12. 参与国际联合会调查委员会中国代表处致平津
新闻界招待国联调查团筹备委员会电
(1932年4月19日)

迳启者:迭接贵会两次来函,均已诵悉。贵会拟推金达志等四君,随同国联调查团前往东北视察一节。迳向该团商酌,竟以随行人数未能如愿,曷胜歉仄,尚祈鉴谅为幸。此致。顺叩公安。

代表处启。

资料来源:《国联调查团中国代表处人事》,台北"国史馆"藏"外交部"全

宗,第 36 页。

13. 外交部致参与国际联合会调查委员会中国代表处电
（1932 年 4 月 23 日）

总字第 2107 号

迳复者：准贵处第二二三号函，调本部科长谢家骝、科员李润明前往贵处办事，自当同意。除饬遵外，相应函复，即希查照为荷。此致参与国际联合会调查委员会中国代表处。

资料来源：《国联调查团中国代表处人事》，台北"国史馆"藏"外交部"全宗,第 38 页。

14. 参与国际联合会调查委员会中国代表处致外交部电
（1932 年 4 月 23 日）

迳启者：此次国际联合会调查委员会赴东北调查事件，我国代表处人员参与前往者，事前经一再斟酌，并与北平绥靖公署接洽，共计二十一人，另有平津各报馆、记者二人，随同至秦皇岛，即行折回，不在参与之列。其留于北平办事者，共计四十八人。此外，由京沪等处随同来平，现即陆续回南者，共计十七人。相应分别开单函达贵部，即希查照备案为荷。此致外交部。

附表单【二】件。

参与国际联合会调查委员会中国代表暨代表处同赴东北各职员衔名单

代表	备注
顾维钧	
刘宗杰	前驻西班牙兼葡萄牙特命全权公使 参议
杨景斌	前盐务署参事及外交部法律顾问 参议
严恩櫹	前外交部驻沪办事处处长 招待组主任
萧继荣	前驻瑞士代办 参议
端讷	顾问

(续表)

代表	备注
何士	顾问
邬恩元	东北交通委员会科长 专门委员
陈立廷	专门委员
张伟斌	专门委员
戈公振	专门委员
鲍静安	驻南斐洲[①]总领事
刘广沛	专门委员
杨承基	专门委员
施肇夔	前外交部司长 秘书
李鸿栻	前外交部科长 秘书
游弥坚	前财政部秘书 助理秘书
顾善昌	助理秘书
陈宜春	助理秘书
顾执中	随员
谢恩增	医馆
又新闻记者二人	
苏雨田	随车赴秦皇岛为止
金达志	同上

留平人员

职务	姓名	备注
秘书长	王广圻	
秘书	傅冠雄	
	许同莘	
	杨恩湛	
参议	金问泗	
	朱鹤翔	
	陈延炯	

[①] 编者按：即南美洲。

（续表）

职务	姓名	备注
	颜德庆	
	赵泉	
专门委员	王承传	外交部北平档案保管处处长
	张汶	
	郑礼庆	
	刘廼蕃	
	王咸	拟回南
	李毓华	
议案组	钱泰	
	谭绍华	
	程经远	外交部条约委员会
	于能模	同上
	徐养秋	同上
	谢寿康	
	宝道	
	陆士寅	外交部秘书
	刘崇本	
	任起莘	外交部科长
	谢家骝	同上
	李润明	外交部科员
	施绍曾	
	倪士淇	外交部科员
	魏荣立	
	王卓然	
	徐淑希	
	萧纯锦	
	王梵生	
	尹芃生	

(续表)

职务	姓名	备注
	尹寿松	
	周天放	
	吴瀚涛	
编译组	张歆海	外交部参事
	胡文炳	外交部科长
	雷素理	
	薛寿衡	
	吴兆桓	
	王湧源	
招待组	赵铁章	
	周志钟	
总务组	刘毅如	会计
	刘震东	外交部书记官
	蒋传纶	调秘书室办事
	俞培元	书记
	朱□□	

资料来源:《国联调查团中国代表处人事》,台北"国史馆"藏"外交部"全宗,第39—44页。

15. 参与国际联合会调查委员会中国代表处致朱叔源电
(1932年4月23日)

迳启者:国际联合会调查委员专次来华赴汉赴平,我国派员代表参与,所有代表处一切事宜,前承执事随时赞助,深受裨益。现在执事确于南旋,自应辅送,兹特附奉聘书,以完手续,乃特缮具聘任书一件,随函附审,即希查照为荷。此致朱叔源先生。

资料来源:《国联调查团中国代表处人事》,台北"国史馆"藏"外交部"全宗,第45页。

16. 参与国际联合会调查委员会中国代表处致外交部电
（1932年4月26日）

迳启者：本处聘任及调用人员，前于三月十六日开单函请贵部查照在案。查本处事务殷繁且驰赴各地调查，非有熟悉各该处情形人员相助为理，不足以资因应，乃将续行聘任及调用各员开列名单随函奉送，即希贵部查照备案为荷。再单内人员，有因事未能报到，或到平后南旋者，其报到及前单所开人员，或随赴东北，或留平办事。业经交析开单，另行函达，合并声明。此致外交部。

计开名单一件：

聘任及调用人员名单

顾问	宝道、鲁意、何士、端讷
参议	顾宗林、曾彝进、岳昭燏
专门委员	朱叔源、张廷荣、谢寿康、刘廼蕃、王镜寰、何基鸿、刘风竹、何濂、蒋兆钰、孙极、王家瑞、谢家骝
秘书	周易通、许同莘、杨恩湛、萧乃震
助理秘书	游弥坚、陈宜春、赵玉瑛
办事	刘仲开、吴兆桓、汪卓然、陆鸣一、张梦龄、颜叔养、巫俊、熊纬桢、李荣耀、任振东、陈辉、张磐孙、薛寿衡、李润明、钱颐格

资料来源：《国联调查团中国代表处人事》，台北"国史馆"藏"外交部"全宗，第46—48页。

17. 参与国际联合会调查委员会中国代表处致外交部北平档案保管处电（1932年5月4日）

迳复者：准贵处函开"迎宾馆大楼正门需券警四名，昼夜不继，守衡月支饷洋四十元。此款请自四月分起，由贵处担负以专责成"等因。准此，本处自应照办，相应函复贵处查照。此致外交部北平档案保管处。

资料来源：《国联调查团中国代表处人事》，台北"国史馆"藏"外交部"全宗，第49页。

18. 参与国际联合会调查委员会中国代表处致外交部北平档案保管处电（1932年5月10日）

迳启者：本处顷因事务繁剧，拟暂行借调在贵处办事之外交部科员钟科员苑兰襄助办理。除函请外交部查照并请准留原资原薪外，相应函达，即希查照为荷。此致外交部档案保管处。

资料来源：《国联调查团中国代表处人事》，台北"国史馆"藏"外交部"全宗，第50页。

19. 外交部致参与国联调查委员会中国代表处电
（1932年5月13日）

总字第2573号

迳启者：据驻丹麦罗公使呈称"本馆三等秘书林君立，前蒙准假回国完婚，适值沪事发生，婚事未能举行，现又经国联调查委员会中国代表处调随北上，一时难以回馆，请予续假四个月"等情。查前准贵处函知，调用本部及各机关人员名单中，本列有林君立在内，惟续送同赴东北及留平办事处单内，则并无其名，相应函请查明该秘书林君立，曾否调赴东北或留平办事，见复过部，俾便核办为荷。此致国联调查委员会中国代表处。

资料来源：《国联调查团中国代表处人事》，台北"国史馆"藏"外交部"全宗，第51—52页。

20. 参与国际联合会调查委员会中国代表处致司法行政部电（1932年5月19日）

迳启者：本代表前在上海行次以办事需才，当经转由外交部函请司法院，调钱参事泰赴沪襄助一切，并请仍留原资原薪，奉复照准在案。钱参事旋即随同北来，嗣奉国民政府命令，任命为贵部参事，而司法院参事原缺未开，故每月薪水仍在司法院具领，兹读五月九日国民政府命令，该参事已于是日开去司法院参事原缺，是司法院参事薪水例应停止。查该参事现在本处议案组另任职务,深资得力,一时未竟南旋。惟该参事历职时间并无间断,拟请贵部自五月十日起,该参事应得之薪水,准照司法院之例,即日起支,俾得安心办事,实为公便,相应函请查照施行。此致司法行政部。

资料来源:《国联调查团中国代表处人事》,台北"国史馆"藏"外交部"全宗,第53—54页。

21. 参与国际联合会调查委员会中国代表处致外交部电
(1932年5月19日)

迳启者:本年四月二十九日国民政府命令,任命朱鹤翔为外交部参事等因。查朱参事鹤翔,前经本代表聘任为代表处参议,业经第一次具报调用人员名单内,开列衔名,函达贵部查照在案。该参事在本处襄办重要事件,于另以力,势难遽行到部。查本处所调贵部职员,均系留资留薪,该员事同,一律拟请准予援案办理,自奉令任命之日起,照支参事薪俸,以符成案,相应函请贵部查照,并见洽为荷。此致外交部。

资料来源:《国联调查团中国代表处人事》,台北"国史馆"藏"外交部"全宗,第55—56页。

22. 参与国际联合会调查委员会中国代表处致外交部电
(1932年5月19日)

迳启者:本处前于三月间调用贵部科长胡文柄襄助办事者,经奉后照准在案。兹该科长以有要事请假南旋,业经照准,发给旅费,相应函达贵部,即希查照。此致外交部。

资料来源:《国联调查团中国代表处人事》,台北"国史馆"藏"外交部"全宗,第57页。

23. 参与国际联合会调查委员会中国代表处致外交部电
(1932年5月17日)

迳启者:"准贵部函开'据驻丹麦罗公使呈称,本馆三等秘书林君立,前蒙准假回国,现经国联调查委员会中国代表处调随北上,请予续假四个月'等情。查前准贵处函知调用人员名单,本有林君立在内,惟续送同赴东北及留平办事单内,并无具名,请查明见后"等因。到处查林秘书君立于一月,请领回南旅费,业经发讫,兹以前专函送随东北及留平办事人员名单内,盖无其名,相应函复,即希查照为荷。此致外交部。

资料来源:《国联调查团中国代表处人事》,台北"国史馆"藏"外交部"全宗,第58—59页。

24. 参与国际联合会调查委员会中国代表处致外交部电
（1932年5月19日）

迳启者:本处前于三月间,请调司法院参事钱泰襄助办事并请所留原资原薪者,经贵部转函办理以后照准在案。兹该参事已奉令任命为司法行政部参事,并开司法院本缺,所有原支司法院参事薪俸,自应改由司法行政部开支,以名成案。除函请司法行政部查照办理外,相应函达贵部查照备案。此致外交部。

资料来源:《国联调查团中国代表处人事》,台北"国史馆"藏"外交部"全宗,第60—61页。

25. 参与国际联合会调查委员会中国代表处致外交部电
（1932年5月21日）

迳启者:查典礼局刘科长廼蕃,曾经贵部于国联调查团抵京之时,函商典礼局暂行借调,嗣本处办事需才,又经商请贵部调该科长随同赴汉,旋即北来,现在招待之事,尚未告竣,该科长熟悉情形,自应暂留,极资得力,仍需襄助所有。该长应支典礼局薪俸,拟请贵部转函参军处商准,照借调各机关人员仍留原资原薪之例,仍予照支。相应函达,即希查照办理,并见复为荷。此致外交部。

资料来源:《国联调查团中国代表处人事》,台北"国史馆"藏"外交部"全宗,第62—63页。

26. 外交部致参与国际联合会调查委员会中国代表处电
（1932年5月26日）

总字第2859号

迳启者：准贵处平字第二九四号函"以参事朱鹤翔在处，襄办重要事件，势难遽行到部，拟请援照成案，准予自奉令任命之日起，照支参事薪俸"等由。准此，查朱参事在贵处办事，同为党国效力，所商一节，自当照办，相应复请查照为荷。此致参与国际联合会调查委员会中国代表处。

资料来源：《国联调查团中国代表处人事》，台北"国史馆"藏"外交部"全宗，第64—65页。

27. 外交部致参与国际联合会调查委员会中国代表处电
（1932年6月1日）

总字第2961号

迳启者：准贵处平字第二九八号函"以参军处典礼局科长刘廼蕃，办事熟悉，极资得力，现本处招待事宜，尚未告竣，仍需暂留襄助所有。该科长应支薪俸，拟请转函商准，照借调各机关人员仍留原资原薪之例，仍予照支。即希查照办理见复"等由。除转函相商外，相应函复，即希查照为荷。此致参与国际联合会调查委员会中国代表处。

资料来源：《国联调查团中国代表处人事》，台北"国史馆"藏"外交部"全宗，第66—67页。

28. 参与国际联合会调查委员会中国代表处致外交部电
（1932年6月13日）

迳启者：本处现因事务繁剧，就近借调用贵部在北平档案保管处办事之科员钟苑兰，襄助办事，拟请援案，准予留资留薪，相应函达，即希查照备案为荷。此致外交部。

资料来源：《国联调查团中国代表处人事》，台北"国史馆"藏"外交部"全

宗,第70页。

29. 参与国际联合会调查委员会中国代表处致军政部、海军部电(1932年6月23日)

迳启者:前承贵部派张上校汶、郑科长礼庆到沪,襄助办事,嗣本代表偕国际联合会调查各委员北行,张上校、郑科长亦同赴北平办事,赞助一切,深资得力。兹以调查团关于军事方面调查,已渐就结束,赴东北调查,本处办事各员体察情形,未能多带,特属张上校、郑科长即回贵部,如以后有相需之处,再发奉达贵部酌核办理。除函复外交部备案外,相应函达,即希查照。此致军政部、海军部。

资料来源:《国联调查团中国代表处人事》,台北"国史馆"藏"外交部"全宗,第71页。

30. 参与国际联合会调查委员会中国代表处致北平公安局电(1932年6月23日)

迳启者:本代表前赴东北调查,承贵局遴派十人,沿途照料,除内有四人已由本代表于中途给发薪资,先行遣回外,其余六人,兹每人发给薪资八十元,共四百八十元,相应连同支票一张,备函送达,即希查照,并请饬取□据见后,以凭备案,至纫公谊。此致北平公安局。

资料来源:《国联调查团中国代表处人事》,台北"国史馆"藏"外交部"全宗,第75页。

31. 参与国际联合会调查委员会中国代表处致外交部电
(1932年6月23日)

迳启者:前于上海行政楼,准大部来宾,以国际联合会调查团来华,我国军政部派上校部附张汶、海军部派上校科长郑礼庆到沪,襄助办事。旋据该员等报到,并随同北来,嗣以调查团赴东北调查,事件关于军事方面已有头绪,我国代表处各职员,以限于人数,未能多带,特属张、郑两上校分别回各本部供职,俟以后如有相需之处,再行通知。除函达军政、海军两部外,相应函请贵部查照备案。此致外交部。

资料来源:《国联调查团中国代表处人事》,台北"国史馆"藏"外交部"全宗,第77—78页。

32. 外交部致参与国际联合会调查委员会中国代表处电
(1932年6月22日)

总字第3419号

迳启者:案查前准贵处平字第二九八号函"以现在本处招待事宜,尚未告竣,仍需暂留典礼局刘科长廼蕃襄助,其应支薪俸,请转商仍予照原薪支给"等由。当经去函相商,并复贵处查照各在案,兹准典礼局典字第三零三七号函复照办,相应函达,即令查照为荷。此致参与国际联合会调查委员会中国代表处。

资料来源:《国联调查团中国代表处人事》,台北"国史馆"藏"外交部"全宗,第79—80页。

33. 参与国际联合会调查委员会中国代表处致外交部电
(1932年7月2日)

迳启者:本处现因译务繁多,需员佐理,请调贵部条约委员会夏委员循垍,在平者经就近调函,到本处襄办译事,业于五月二十九日报到。所有该员在部原资原薪,拟请准予援案保留,相应函达贵部,查照办理,并见后呈前。此致外交部。

资料来源:《国联调查团中国代表处人事》,台北"国史馆"藏"外交部"全宗,第81页。

34. 外交部致参与国际联合会调查委员会中国代表处电
(1932年7月4日)

总字第3695号

迳启者:准贵处平字第三三三号函"以就近借调本部北平档案保管处科员

钟苑兰，襄助办事，请准予留资留薪"等由。自当同意，相应函复，即希查照为荷。此致参与国际联合会调查委员会中国代表处。

资料来源:《国联调查团中国代表处人事》，台北"国史馆"藏"外交部"全宗，第83—84页。

35. 参与国际联合会调查委员会中国代表处致郑礼庆电
（1932年7月14日）

致郑先生礼庆（七月十四日面交）：迳启者：顷本处顾秘书善昌，自东北回平，传顾代表谕"前此台端自沪北来，襄助一切，深为倚重，原应继续借助，目前本处事务较简，而端在部职务重要，未便之羁，兹有致贵部专函一件，即请台驾不妨暂行回南，俟以后有要事相需，再行电达奉属，即以此意，备具公函敬达大部"等因。奉此，兹送上处函一件，请予察收并希转呈贵部另存。此致郑先生礼庆。

参与国际联合会调查委员会中国代表处秘书室启。

资料来源:《国联调查团中国代表处人事》，台北"国史馆"藏"外交部"全宗，第85页。

36. 外交部致参与国际联合会调查委员会中国代表处电
（1932年7月21日）

第4083号

迳复者：准贵处平字第三七六号公函即开"现添调贵部条约委员夏循坦，到处襄办译事，请准保留该员在部原资原薪"等由。查该委员自本年三月份起，业经停支俸薪，改为名誉职。核与前调各员本有俸给者情形不同，所商保留该员原薪一节碍难援案办理，相应函复，即希查照为荷。此致参与国际联合会调查委员会中国代表处。

资料来源:《国联调查团中国代表处人事》，台北"国史馆"藏"外交部"全宗，第86—87页。

37. 参与国际联合会调查委员会中国代表处致外交部电
（1932年7月23日）

迳启者：本处前以办事需人，昔经先后调用铁道部技监颜德庆，铁道部东北铁路研究委员会陈延炯、顾宗林科长、周志钟到处办事。兹查本处事件关于铁路一部分者已就结束，当嘱该技监等先回铁道部供职。除经呈请并函铁道部外，相应函请贵部查照备案。此致外交部。

资料来源：《国联调查团中国代表处人事》，台北"国史馆"藏"外交部"全宗，第88页。

38. 参与国际联合会调查委员会中国代表处致铁道部电
（1932年7月23日）

迳启者：本处前以国联调查团来华招待一切，需员佐理者，经先后调用贵部技监颜德庆、东北铁路研究委员会委员陈延炯、顾宗林科长、周志钟到处办事，该技监等襄办一切，深资得力。现在调查事件渐就结束，该技监等在部，均属职务重要，未便久留，兹嘱回部供职，相应函达贵部，即希查照。此致铁道部。

资料来源：《国联调查团中国代表处人事》，台北"国史馆"藏"外交部"全宗，第89—90页。

39. 参与国际联合会调查委员会中国代表处致王卓然等电（1932年8月25日）

迳启者：现奉代表谕，调查团行将返欧，本代表处各职员，经手各项事务，应于八月底以前，赶速清理，俾早竣事。除酌留人员办理结束另行通知外，相应函达查照。此致。
中国代表处秘书室启。
发给通知名单：
王卓然、吴瀚涛、王芃生、尹寿松、徐淑希、李毓华、萧纯锦、周守一。

资料来源:《国联调查团中国代表处人事》,台北"国史馆"藏"外交部"全宗,第 93 页。

40. 参与国际联合会调查委员会中国代表处致外交部电
(1932 年 9 月 2 日)

迳启者:国际盟会调查委员团,现将起程离平返欧,本代表必须前往日内瓦出席,所有本处经办事件,自应分别结束,惟编制报告、详印文件及造报收支等项,头绪为多,不能不酌留人员,继续赶办。兹留秘书长王公技广圻,编译组主任张歆海,参议瞿宣颖,秘书李鸿枢、许同莘,专门委员任起华、谢家骝,办事吴兆桓、刘树昼九员,赓续办事,还有接洽事件,即由王秘书长暂代办理,相应函达贵部,即希查照。此致外交部。

资料来源:《国联调查团中国代表处人事》,台北"国史馆"藏"外交部"全宗,第 95—96 页。

41. 参与国际联合会调查委员会中国代表处致外交部电
(1932 年 8 月 30 日)

迳启者:本处自三月初在沪成立,嗣因调查团北上,旋即移平,所有经办事件,如搜集资料、编制议案、详撰文件以及招待接洽等事,均属临时猝办。期间迫促,头绪纷繁,各职员激于国难,勤奋泛事,昕夕辛劳,甚至夜以继日,论其办事劳苦,实非寻常劳绩可比。兼以本处经费支绌,量给夫马等费外,仅补助生活之费,近数月则并生活之费亦经停支,为数不多,在各机关调用人员,当有原薪资补助。此外临时任之员尤为清苦。除前经函达在鉴者外,当有专委刘廼蕃、任起莘、谢家骝、程经远,秘书许同莘,办事李润明、倪士淇、刘震东、吴兆桓、蒋传纶、刘树昼及顾问宝道等十二员,在处办事,尤资得力,相应开列清单函达贵部,请量予优擢以励勤劳,实为公便。此致外交部。

附清单一件,谨将应奖各员名单开列备鉴。

| 刘廼蕃 | 查该员现任国府参军处典礼局科长,迭任外交部科长,驻外银员并简任职存记。此次以调查团事先经贵部调用,嗣以本处需员佐理,商准随同该团来平,于招待接洽一切事宜,因应得体,劳瘁逾恒,拟请贵部并转呈国府,仍以简任职存记擢用。 |

九、国联调查团中国代表处人事　265

(续表)

任起莘	查该员现任贵部亚洲司科长。此次由本处商准调用,襄理议案组事,昕夕从公,勤劳卓著,拟请进级加薪。
谢家骝	查该员现任贵部欧美司科长。此次由本处商准调用,在议案组佐理一切,矢勤矢慎,深资得力,拟请进级加薪。
程经远	查该员现任贵部条约委员会委员。此次由本处商准调用,在议案组任事,所有应备说帖,该员撰拟颇多,条理井然,学识并茂,拟请从优擢用。
李润明	查该员现任贵部亚洲司科员。此次由本处商准调用,在议案组办事,英文优长,服务勤奋,拟请进级加薪。
倪士淇	查该员现任贵部条约委员会科员。此次由本处商准调用,自三月初在沪办公时,即经到处,在议案组办事,卓著勤劳,无间终始,拟请进级加薪。
刘震东	查该员现任贵部情报司书记官。此次由本处商准调用,自三月初即经到沪,在总务组襄理一切,极为得力,办事笃实,勤慎周详,拟请进级加薪。
吴兆桓	查该员曾任贵部情报司科长。此次经本处调用,在编译组任事,办事极为笃实,所有译汉文件,大都由该员担任,中英并茂,文字优长,拟请仍由贵部调用。
许同莘	查该员自前清入外务部,民国以后迭任外交部佥事科长等职,于旧外交部解散后,即赴东北,在哈尔滨中东铁路服务,因沈□辞职来平。经本处调用,派充秘书,条理井然,文学优茂,兼于东北情形甚为熟悉,拟请仍由贵部调用。
蒋传纶	查该员系东吴大学毕业,曾充驻棉兰领事馆办事员。此次由本处调用,忠实服务,才学均为可造,性行极纯良,拟请贵部调用或派充驻外使领馆主事、随员等职。
刘树焘	查该员系江苏省立商科专校毕业,迭任财政部会计司二等科员、河北兼热河官产总处出纳主任、河北青县官产处局长、山东临清关前分关分关长等。此次由本处调用,在总务组兼任会计之事,出纳钩稽,至为繁琐,该员综核一切,有条不紊,昕夕从公,勤劳倍著,拟请由贵部或转商财政部,量予擢用。
宝道	查该员现任司法院、外交部顾问。此次在本处议案组襄理一切,撰拟之外,兼任校对,勤劳卓著,实属异常出力,拟请优予奖励。
以上　员均为本处非常得力之员	

资料来源:《国联调查团中国代表处人事》,台北"国史馆"藏"外交部"全宗,第97—101页。

42. 参与国际联合会调查委员会中国代表处致海关总署电(1932年9月2日)

迳启者:海关总署税务司李度,前由尊处电称"该员对于日本攫夺东省海关情形知之甚详,将假道欧洲归美,出席国联代表团。对于东省海关如有咨询,必妥可令其赴日内瓦一行,如系之处请电示"等语。当经电复赞同,并准颜代表电嘱函,请该税务司前往,用特备函送,请查收转交见示为荷。此致关务署署长张。

资料来源:《国联调查团中国代表处人事》,台北"国史馆"藏"外交部"全宗,第102页。

43. 财政部关务署致参与国际联合会调查委员会中国代表处电(1932年9月14日)

第372号

迳复者:准贵处平字第四八五号函附致海关总税务司署税务司李度一函"请其赴日内瓦一行,以备我国出席国联代表,对于东省海关有所咨询,希转交见示"等因。准此,除检发原函,令行总税务司转饬遵照外,相应函复贵处查照。此致参与国际联合会调查委员会中国代表处。

张福运。

资料来源:《国联调查团中国代表处人事》,台北"国史馆"藏"外交部"全宗,第104—105页。

44. 参与国际联合会调查委员会中国代表处致铁道部电(1932年10月5日)

迳启者:此次国联调查团来华调查半年之久,数次往返经行,各路局员招待,均极周到,备尝劳苦,而尤以北宁路局为甚,因该团驻平日久,前赴各地,均经北宁路线出发。兹查有北宁路局课长周项贤、前门车站段长李炳璜等十六员,均属异常努力,不无征劳,呈录相应函达贵部,拟请量予奖励,以资激励,实为公便。此致铁道部。

附清单一件。

北宁铁路前门车站

职位	姓名
段长	李炳璜
副段长	陈鸿宾
站长	李墨林
副站长	朱重佑
	沈元熙
	萧淑恩
	朱祖诒
	孙树勋
	乔玉泉
	李家鹏
行车领班	孙誉芳
问事房	孙燕镐
问事房	张孝绳
行李房领班	周宗达
案房领班	郭绍仪

资料来源:《国联调查团中国代表处人事》,台北"国史馆"藏"外交部"全宗,第106—108页。

45. 铁道部致参与国际联合会调查委员会中国代表处电（1932年10月14日）

总字第1416号

迳复者:案准贵处函嘱"将北宁路局招待国联调查团出力员司,量予奖励,以资激励"等由。准此,除令饬该路分别查明传令嘉奖外,相应函复,即希查照为荷。此致参与国际联合会调查委员会中国代表处。

部长顾孟馀。

资料来源:《国联调查团中国代表处人事》,台北"国史馆"藏"外交部"全宗,第109—111页。

十、国际联合会调查团招待

1. 参与国联调查团中国代表处致北平招待国联办事处函
（1932年4月11日）

迳启者：昨准贵处送到国联调查团证章三十枚，业经照收，相应函达查照。此致北平招待国联办事处。

资料来源：《国际联合会调查团招待》，台北"国史馆"藏"外交部"全宗，第10页。

2. 北平绥靖公署总务处致参与国联调查团中国代表处函
（1932年4月12日）

迳启者：据平津各报各通讯社记者代表来处面称，此次国联调查团奉命来华，道出京沪汉□，各地新闻记者多设宴招待，以表欢迎，该团到平以后，以调查繁忙曾声明，除一二宴会外，谢绝其他各项宴请，致各该记者等未能一亲謦欬，深为遗憾。兹拟请贵处转达该团指定日期接见各该记者，或由该记者等定期设宴招待等情，查此次暴日犯境，国人公愤舆论，所以代表民意该记者等所请各节，似可择一举行，除嘱俟转函复到再行通知外，相应据情函达，即请查照办理，并希见复为荷。此致参与国联调查团中国代表处。

资料来源：《国际联合会调查团招待》，台北"国史馆"藏"外交部"全宗，第11—12页。

3. 参与国联调查团中国代表处致北平绥靖公署总务处函
（1932 年 4 月 12 日）

迳启者：接准贵处四月二十日来函，以平津各报各通讯记者拟请国联调查团指定日期接见各该记者，或由该记者等定期设宴招待，据情函达查照等，因查国联调查团接见新闻记者，业经本处向该团商，定于本月十五日十二时一刻在北京饭店接见，相应函复，即希查照为荷。此致北平绥靖公署总务处。代表处启。

资料来源：《国际联合会调查团招待》，台北"国史馆"藏"外交部"全宗，第13页。

4. 北平各民众团体招待国联调查团筹备会致顾维钧函
（1932 年 4 月 13 日）

迳启者：国联调查团来平，敝会为表示民意起见，备致国联调查团备忘录，由北平市农会、工会、商会、教育会、银行公会、律师工会等十四团体联具，拟由上列团体共同推派代表数人，当面递送，并口头申诉一切，相应函请先生转商国联调查团规定时间接见，即希示复。至纫台谊。此致顾代表少川。

资料来源：《国际联合会调查团招待》，台北"国史馆"藏"外交部"全宗，第14—15页。

5. 参与国联调查团中国代表处致北平各民众团体招待国联调查团筹备会函（1932 年 4 月 13 日）

迳启者：接诵大函备忘，查是国联调查团极愿博访周咨，以备参考，惟以关于东北事变者为要。现在该团接晤各方面人员业已排定，似难再行增加，尊处所备意见书尽可先行送至本处以便转交。至面晤一节，容俟遇机设法商定后，再行通知，特此函复，即希查照为荷。此致公安。

资料来源：《国际联合会调查团招待》，台北"国史馆"藏"外交部"全宗，第16页。

6. 北平市新闻界招待国联调查团筹备委员会致顾维钧函
（1932年4月15日）

少川代表勋鉴：敬启者。本月十四日下午六时准，北平绥靖公署总务处函以准中国代表团办事处函知，调查团定于本月十五日十二时一刻招待平津记者，本会当依筹备会决议准备，颁发徽章通函，届时前往。于六时半忽接代表团办事处、总务组兼宣传主任张祥麟私人来函，调查团主席定于十五日中午十二时三刻到一点一刻接见报届代表，除已有代表三人外，嘱本会推举二人至三人，前往进谒，以免枝节，查代表团办事处仅函知日期，并未限制人数，而张祥麟私函则限定本会只能推举二三人，张祥麟个人是否能代表办事处？所谓已有代表三人，从何产生，殊属费解。本会顾全大局，委曲求全，姑由第四次筹备会所推定之代表尹思斋等十二人前往会见，此事虽已过去，既往姑可不咎，惟本会对于代表团办事处方面办事手续之紊乱，应请加以注意，俾免以后再生枝节。兹此调查团出发在即，平津记者多欲随行视察，人选问题实宜审慎，务求公允。本会现已拟定原则两项，即希亮察：（一）平津随行记者须由平津报届共同推选或公允分派。（二）新闻记者为不能随行视察，则全体均不前往，不得有所偏私，或用变相方法做掩耳盗铃之计。在述各节实为顾全大局，防范将来发生纠纷起见，相应函请查察，酌予实行。至为纫感。专此敬颂勋安。

资料来源：《国际联合会调查团招待》，台北"国史馆"藏"外交部"全宗，第17—21页。

7. 中国代表处总务兼宣传主任张祥麟致平津记者公会函
（日期不详）

中国代表处总务兼宣传主任张祥麟致平津记者公会函云：敬启者：昨日天津庸报记者金达志、益世报记者徐致颖君等报界同人面称，进谒调查团谈话，须有京津记者参加代表云云，兹调查团主席定于星期五即十五日中午十二点三刻至一点一刻在北京饭店接见报界代表，除已有代表三人外，弟以为尊处可推举代表二人至多三人加入进谒，如尊处推定代表后，请用书面写明姓名及简单履历送交北京饭店五百十六号房间中国代表处招待组主任严恩槱或萧继荣先生收,以便于接洽为幸,惟人数不便超过三人,以免枝节云云。顾维钧代表今午赴西班牙使馆,该国共和纪念,下午参与意大利使馆茶会。

资料来源:《国际联合会调查团招待》,台北"国史馆"藏"外交部"全宗,第22页。

8. 顾维钧致北平市新闻界招待国联调查团筹备委员会函
（1932年4月17日）

迳复者:顷接来函,备悉一切,此次国联调查团到平以事务过繁,各界愿往接洽者,国联所欢迎,而多人前往,深恐有接洽不周之处,故不得不酌定人数,而此等情形,又往往临时发生,以致于不能于事前奉达,实深歉之至。反至张君祥麟以本处总务组主任署名致函,贵会是其职守所以奉用代表处正式公函者,实以临时不及办稿之故,当希鉴谅为幸。承示各节自发生□,专此奉复。即颂公绥。

资料来源:《国际联合会调查团招待》,台北"国史馆"藏"外交部"全宗,第23页。

9. 参与国联调查团中国代表处通稿（1932年4月17日）

迳启者:兹请台驾偕同出关,除启程确期另达外,特请迅予准备,并将台衔及洋文姓名拼法,即速开示,以后开送调查团为荷。此致先生。

资料来源:《国际联合会调查团招待》,台北"国史馆"藏"外交部"全宗,第24页。

10. 外交部招待国联调查团委员会致王广圻函
（1932年4月19日）

迳启者:准杭州市政府函称:此次国联调查团莅杭浏览,曾经本府假座,汪庄招待摄影纪念,兹晒印八帧,函请转赠三委员五秘书等,因相应捡同原送照片八帧,函请贵秘书长查照转赠,并见复可也。此致王秘书长。

资料来源:《国际联合会调查团招待》,台北"国史馆"藏"外交部"全宗,第25页。

11. 王广圻致外交部招待国联调查团委员会函
（1932年4月19日）

迳启者：接准大函并附到杭州市政府赠送国联调查团委员、秘书等照片八帧，当即遵嘱将照片转赠各员查收，兹将各员收到照片之名片陡函附送察照。此致外交部招待国联调查团委员会。秘书长衔。

资料来源：《国际联合会调查团招待》，台北"国史馆"藏"外交部"全宗，第26页。

12. 外交部招待国联调查团委员会致王广圻函
（1932年4月26日）

迳启者：兹据宜兴县政府送到欢迎国联调查团过境照片一纸，嘱转赠贵秘书长查收等语，相应函送，查收为荷。此致王秘书长。

资料来源：《国际联合会调查团招待》，台北"国史馆"藏"外交部"全宗，第27页。

13. 王广圻致外交部招待国联调查团委员会函
（1932年5月2日）

敬启者：顷承贵会寄到宜兴县政府欢迎国联调查团过境照片一纸，已迳复宜兴县长矣，专此即颂公祺。王秘书长衔。

资料来源：《国际联合会调查团招待》，台北"国史馆"藏"外交部"全宗，第28页。

14. 王广圻致宜兴县政府函（1932年5月2日）

致宜兴县政府，敬启者：月前以招待国联调查团由沪致杭道出贵治荷。贵县长及地方各团盛意款待，举行盛大欢迎，同□感幸，顷由□□□待外交部转到尊处，所惠赠照片一纸，昔日情景恍在目前，曷胜感谢，专此奉复，敬颂公绥。

王秘书长衔。

资料来源:《国际联合会调查团招待》,台北"国史馆"藏"外交部"全宗,第29页。

15. 参与国际联合会调查委员会中国代表办事处致北平市电话总局函(1932年5月5日)

迳启者:本处电话自调查团赴东北后,业经由尊处酌量撤销。查本处留平应办事务人员尚多,时有对外接洽之事,必宜留用三机以期消息敏捷,惟前此系市政府招待国联调查团名义,现在应请改为参与国联调查团中国代表处名义可也,特此函达即希。致北平市电话总局。

资料来源:《国际联合会调查团招待》,台北"国史馆"藏"外交部"全宗,第30—31页。

16. 参与国际联合会调查委员会中国代表办事处致北平市政府函(1932年5月11日)

迳启者:查顾代表在平宴请调查团一事,除北京饭店两次菜账拟由贵府直接付还外,其余二千三百一十二元六角九分,业经备函奉达,并录目清单一纸,附单据二十八纸,请查照如数拨还,以资归垫等因在案。嗣准函复已将各项单据函送北平市招待国联调查团委员会查核办理等因,此项垫款现在亟须结算。应请贵府查照前函,迅速如数拨还,以资归垫。至纫公谊。此致北京市政府。

兹将顾代表宅晚餐所用酒水等项共用洋五百六十九元零一分分开列于后,计开:

酒水一单	洋一百八十八元二角
又一单	洋二百三十元零五角五分
座位片一单	洋一元八角
香烟一单	洋三十四元二角六分
煤一单	洋五十一元二角
摆台夫等工资一单	洋二十六元五角
又一单	洋二十六元五角

运家具脚力一单　　　　洋八元整
汽油、沙单一单　　　　洋二元整

以上共计洋五百六十九元零一分。

资料来源:《国际联合会调查团招待》,台北"国史馆"藏"外交部"全宗,第33—35页。

17. 北平市政府致参与国际联合会调查委员会中国代表处函(1932年5月17日)

迳复者:接准函开顾代表在平宴请调查团用款,除北京饭店两次菜账外,余款两千三百一十二元六角九分,现在亟待结算,祈迅速如数拨还等因。准此查此案前准来函,业经函达北平市招待国联调查团委员会核办并函复在案,兹准前因除仍函招待国联调查团委员会迅速核办外,相应函复贵处查照。此致

参与国际联合会调查委员会中国代表处。

资料来源:《国际联合会调查团招待》,台北"国史馆"藏"外交部"全宗,第36—37页。

18. 参与国际联合会调查委员会中国代表处致刁成章函(1932年5月31日)

迳启者:顷奉顾代表来电,以调查团须代请精通美文或法文人员五六人,嘱请执事预为物色,兹将原电钞达,即希查照为荷。此致。

资料来源:《国际联合会调查团招待》,台北"国史馆"藏"外交部"全宗,第38页。

19. 北平绥靖公署总务处致参与国际联合会调查委员会中国代表处函(1932年6月7日)

迳启者:查本月五日国联调查团抵平时,张绥靖主任曾莅站欢迎调查团各委员会,拟于何日何时谢步,希即询明示复。再此次调查团来平,张绥靖主任应否宴请?如何宴请?是否仍照正式宴会?抑照非正式宴会办理?更希酌

核,从速见复,以便于筹备为荷。此致参与国联调查团中国代表处。

资料来源:《国际联合会调查团招待》,台北"国史馆"藏"外交部"全宗,第39—40页。

20. 参与国际联合会调查委员会中国代表处致北平绥靖公署总务处函(1932年6月7日)

迳复者:接准查国联调查团抵平时,张绥靖主任莅站欢迎,同□感幸。谢步一层,在他国本无此种,顾代表意该团此次回平,先曾声明避免任何酬应,彼此均以友谊周旋,不必再拘任何酬应之仪式,故正式宴会亦可无须再办,至于非正式之宴会,则自可随时办理云云等。此致绥靖公署总务处。

资料来源:《国际联合会调查团招待》,台北"国史馆"藏"外交部"全宗,第41页。

21. 参与国际联合会调查委员会中国代表处致北平市招待国联调查团委员会函(1932年6月9日)

迳启者:国联调查团委员会于暑期以内,尚需留职,在平办公,公余之暇,不能不为之准备地点,如香山及西山等处,俾益休息游览,应请贵会于香山或西山择定比较相当房屋二一所,预为布置,以便于届时应用,相应函达,即希查照办理,并希见复为荷。此致北平市招待国联调查团委员会。

资料来源:《国际联合会调查团招待》,台北"国史馆"藏"外交部"全宗,第42—43页。

22. 外交部南京办事处致参与国际联合会调查委员会中国代表处函(1932年6月9日)

国联调查团中国代表处鉴:据驻朝鲜总领事馆五月二十五日代电称,据当地报载,国联调查团决定于六月中旬来鲜,总督府已于二十四日接有官电,现正着手准备欢待等语,该项消息是否确实,希向该团探明见复,再鲜案及万宝山案说帖,希各检一份,迳寄该总领事馆,俾资接洽为荷。外交部南京办事处。

鱼。印。

资料来源:《国际联合会调查团招待》,台北"国史馆"藏"外交部"全宗,第44—45页。

23. 参与国际联合会调查委员会中国代表处致北海公园董事会函(1932年6月10日)

迳启者:本月十三日下午七时,本处宴请国际联盟会调查委员拟借贵会南北正厅临时应用,除派员接洽外,特此奉达,即希查照,并请饬知园门查票员,届时免收入门票价为荷。此致。

资料来源:《国际联合会调查团招待》,台北"国史馆"藏"外交部"全宗,第46页。

24. 参与国际联合会调查委员会中国代表处致北海公园董事会函(1932年6月11日)

迳启者:本月十二日下午,本处招待中外来宾在北海公园游览,届期拟借贵会屋宇招待应用,并拟多借游湖小艇数艘,以备乘坐,除派员接洽外,相应函达贵会查照,并请饬知园门查票员,届时免收票价以示优待,至纫公谊。此致北海公园董事会。

资料来源:《国际联合会调查团招待》,台北"国史馆"藏"外交部"全宗,第46—47页。

25. 北平招待国联调查团委员会致参与国际联合会调查委员会中国代表处(1932年6月11日)

迳复者:接准贵处平字第三一六号公函,嘱于香山或西山择定相当房屋二所,预为布置,以为国联调查委员会公暇休息游览之地等因,准此查香山西山两处均有旅社,惟房间不多须预为商定,现在国联调查委员会究有若干人须往该处休息?共须房舍几间?约住几日?尚需查明详细见复,以便筹商为荷。此致参与国际联合会调查委员会中国代表处。北平招待国联调查团委员会启。

资料来源:《国际联合会调查团招待》,台北"国史馆"藏"外交部"全宗,第48页。

26. 北平绥靖公署总务处致王广圻函
(1932年6月11日)

迳启者:查国联调查团有将赴北戴河暂住之说,前准执事面告择定该处章家大楼及税务司等房屋四所,业经商洽定妥可以借用外,其德人巴贝房屋,业已先期分租四户,势虽转租,复经本处一再商洽,终无端倪,查该项巴贝房屋其中电灯等项设备尚未专修,诚恐交涉不易,修理更费时日,而调查团前往日期为时又迫。兹为变通起见,拟请执事转商该团在前,送国联调查团北戴河海滨避暑房图第一、二、五、八、九、十、十一、十三、十四、十五等各号住房中,任意另择数所备为该团之,并请赶速于本月十四日上午以前定妥函复,以便派员布置,免致延误,实纫公谊。此致王秘书长劼孚。

资料来源:《国际联合会调查团招待》,台北"国史馆"藏"外交部"全宗,第49—50页。

27. 国联调查委员会中国代表处致北平招待国联
调查团委员会函(1932年6月10日)

迳复者:接准贵会六月十一日大函嘱将开示各点,查明详复,本处前函请于西山或香山择定相当房屋二所一节。顾代表意在就各别墅中择商二处,能有较大而较美善者自是最佳。人数一层难确定,因该团现不另指一定地点为工作之所,不过于公暇之时,各委员得自由前往各处游息,故人数当不甚多,约住几日殊为易知,盖此为临时性质或在彼处暂住数日回来之后,暇时再去,均在意料之中也,此事有劳荩画,诸费周章,至为感纫,专此奉复,统希察酌办理为荷。此致。

资料来源:《国际联合会调查团招待》,台北"国史馆"藏"外交部"全宗,第51页。

28. 杭州市政府致王广圻函(1932年6月2日)

迳启者：本月六日奉到外交部总务司电开，嘱前国联调查团在杭州时所摄影片涤印二十张寄交台端，以便于课订成册，作为赠品，兹将寄奉。本府假西湖汪庄招待国联调查团茶会时，摄影二十张，敬希检收，见复为荷。此致王秘书长劼孚兄。

资料来源：《国际联合会调查团招待》，台北"国史馆"藏"外交部"全宗，第51页。

29. 宜兴县政府致北平外交部档案保管处转王广圻函(1932年6月16日)

迳启者：案准外交部总务司支电开，兹拟将国联调查团经过各处照片课订成册作赠品，请将该团前在贵处时所摄各影添印廿份，迳寄北平外交部档案保管处，转王秘书长劼孚等由准，即将本县欢迎国联调查团影片一种如数添印，相应捡同影片备函送上，即希查收见复为荷。北平外交部档案保管处转王秘书长。

附影片廿张。

江苏宜兴县县长孙革圻。

资料来源：《国际联合会调查团招待》，台北"国史馆"藏"外交部"全宗，第53—54页。

30. 北平招待国联调查委员会致参与国际联合会调查委员会中国代表处函(1932年6月17日)

迳复者：顷准大函嘱在香山西山择定相当房屋二所，以备各委员于公暇之时，自由前往游息等因。当经调查香山、西山各别墅，并无相当设备，恐多不便，查西山饭店有楼房六间、平房三间，原备有公共恭桶、浴室，并颐和园有房三所，现将添置卫生设备，惟均无电灯，如所去人数不多或早日预定似尚合用，兹特据情函达，即希查核示复，以凭筹备为荷。此致参与国际联合会调查委会中国代表处。

资料来源:《国际联合会调查团招待》,台北"国史馆"藏"外交部"全宗,第55页。

31. 参与国际联合会调查委员会中国代表处致宜兴县政府函(1932年6月17日)

迳启者:接准函开外交部总务司支电,拟将国联调查团经过各处照片课订成册,作为赠品,请将所摄各影添印廿份,兹如数添印,备函送上,请查收见复等因,并影片二十张到处,除俟汇齐以后订册,分赠调查团作为纪念外,相应函复查照。此致宜兴县政府。

资料来源:《国际联合会调查团招待》,台北"国史馆"藏"外交部"全宗,第56页。

32. 北平绥靖公署总务处致参与国际联合会调查委员会中国代表处函(1932年6月17日)

迳启者:顷接泰安县长周百锽删电一件,为莱[李]顿委员长遗失手杖遍觅无着,请转顾代表等情,相应照抄原电函送,查照转呈为荷。此致国联调查团中国代表处。

附抄电一份。

抄电:

北平绥靖公署总务处,并转顾总代表钧鉴:原电敬悉,莱[李]顿委员长遗失手杖当时遍觅无着,行后连日分派多人各方查寻,讫为见得,或由车上侍役误为收去,除又派人逐细寻查外,请查询原车在山侍餐夫役人等为叩。泰安县长周百锽叩。删。印。

资料来源:《国际联合会调查团招待》,台北"国史馆"藏"外交部"全宗,第57—58页。

33. 北平绥靖公署总务处致参与国际联合会调查委员会中国代表处函(1932年6月18日)

迳启者:顷接泰安县长篠电称黎[李]委员长手杖已经觅得,请转知顾代表等因,相应抄录原电,送请查收,转呈为荷。此致国联调查团中国代表处。

附抄电一件。照抄原电:

绥靖公署总务处,并转顾代表勋鉴:寒电计达。黎[李]委员手杖经牧童在草地拾得,兹已取回,交泰安车站吴站长,转平送交,请先转达为荷。泰安县长周百锽。篠。酉。

资料来源:《国际联合会调查团招待》,台北"国史馆"藏"外交部"全宗,第59—60页。

34. 北平绥靖公署总务处致参与国际联合会调查委员会中国代表处函(1932年6月19日)

迳启者:查国联调查团二次来平,初有赴北戴河编制总报告书之说,此次道出海滨曾往察勘,本处奉谕筹备招待,所有该团住房,亦经依照贵处来函分别租定,现在国联调查团是否确定赴海滨,虽未决定,但本处筹备招待一仍原定计划,复以奉令该项招待费用统由北宁铁路管理局拨付等因。为使办事周密,免致贻误起见,当即会同该局派员积极筹备,兹经拟定北戴河国联调查团招待简则,签奉张绥靖主任核准施行在案,除派员克日前往布置外,相应抄同该项简则一份,随函送达,即希查照为荷。此致参与国联调查团中国代表处。

附简则一份。

《北戴河国联调查团招待处简则》

一、本处定名为北戴河国联调查团招待处。

二、本处办理北戴河国际联盟会调查团一切招待接洽各事宜。

三、本处奉谕由北平绥靖公署总务处会同北宁铁路管理局共同组织之。

四、本处对内对外一切事务统由北平绥靖公署总务处处长(以下简称处长)、北宁铁路管理局局长(以下简称局长)共同主持之,但如处长、局长因事不克到处办公时,得随时派员代理其职务。

五、本处招待及经常各费用奉令统由北宁铁路管理局拨付之。

六、本处不分科、股,所有招待文牍、会计、庶务及警备各事项得由本处酌量向各关系机关聘请或调用人员办理之。

七、本处办事人员一经分派职务,即对其应办事务负完全责任。

八、本处办事人员一律由本处供给宿食,除必要时经处长、局长之核准,得酌支舟车费外,概不支给旅费。

九、本处办公及通讯地点如左:

北平　　西长安街绥靖公署总务处

天津　　北宁铁路管理局运输处王奉瑞

北戴河　西山海滨公益会

十、本简则如有未尽事宜得由处长、局长随时修正之。

资料来源:《国际联合会调查团招待》,台北"国史馆"藏"外交部"全宗,第62—63页。

35. 参与国际联合会调查委员会中国代表处致北平绥靖公署总务处函

迳启者:顷准函接泰安县长篠电,黎[李]委员长手杖已经觅得,抄录原电送请查收等因,业经本处通知,黎[李]委员长甚为感谢,请俟手杖送到以后,交由本处转送黎[李]委员长查收,并希贵处将黎[李]委员长感谢之意,转达泰安周县长为荷。此致北平绥靖公署总务处。

资料来源:《国际联合会调查团招待》,台北"国史馆"藏"外交部"全宗,第65页。

36. 北戴河海滨公益会致顾维钧函(1932年6月21日)

少川先生鉴:前以调查团有来滨海之议,所有尊处别墅前面通西海滩路上坡之道一段与同福饭店胡同之马路均经修筑平治,惟尊处后墙有过于逼窄处,须缩进少许方便车辆回旋,附绘略图寄请察核。如承许可,当即雇工兴作,企候示复。此颂台祺。

资料来源:《国际联合会调查团招待》,台北"国史馆"藏"外交部"全宗,第66页。

37. 参与国际联合会调查委员会中国代表处致杭州市政府函(1932年6月22日)

迳启者:接准函开国联调查团在杭州时茶会摄影,兹寄二十张,以便于汇订成册作为赠品等因,并摄影二十张到处,相应函复,即希查照。此致杭州市政府。

资料来源:《国际联合会调查团招待》,台北"国史馆"藏"外交部"全宗,第68页。

38. 北平绥靖公署总务处致参与国际联合会调查委员会中国代表处函(1932年6月23日)

迳启者:兹接北戴河宁恭事向南电话称,顾代表在海滨住宅以及门前马路业已着手修理等语,相应函达,即希查照,转陈为荷。此致参与国联调查团中国代表处。

资料来源:《国际联合会调查团招待》,台北"国史馆"藏"外交部"全宗,第69页。

39. 北平绥靖公署总务处致参与国际联合会调查委员会中国代表处函(1932年6月23日)

迳启者:关于国联调查团将赴北戴河避暑所需房屋应预为筹备一事,前经本处依照贵处来函派员驰往,分别租借。去后兹据宁恭事向南自北戴河来电话称,上海总税务司在海滨房屋共有五所,除 summer bungalow、baygalow 等两所业经分别借定外,其余由李顿爵士同意之总税务司每夏自住房屋一所,尚未借定,请速转商准予拨借。倘总税务司无其他相当避暑房屋,不妨由前项借定之两所房屋内,酌留一所自住,以资交换。至于借定之房屋,均须装设电灯、水管,并须刷浆油饰,此项修理准秦皇岛税务司云,非预得总税务司之许可,不能着手动工,以上两事,均请转商上海总税务司电秦皇岛税务司照办等语。本处为接洽方便起见,相应函请贵处查照,设法转商办理,并希迅速见复,实纫公谊。此致参与国联调查团中国代表处。

资料来源:《国际联合会调查团招待》,台北"国史馆"藏"外交部"全宗,第71—72页。

40. 北平绥靖公署副官处致参与国际联合会调查委员会中国代表处函

迳启者:本月二十三日上午八时,宋部长返京、在清河镇飞机场登机,相应函达,即希查照为荷。此致中国代表处。

资料来源:《国际联合会调查团招待》,台北"国史馆"藏"外交部"全宗,第73页。

41. 顾维钧致北戴河海滨公益会函(1932年6月25日)

迳启者:顷接惠函,以敝处北戴河别墅前面通西海滩路上坡之道,后墙过于逼窄,现因修筑马路须缩进少许、方便车辆等因。事关公益,自应赞同,惟能勿过于移近是荷,相应函复,即希查照。此致北戴河海滨公益会。

资料来源:《国际联合会调查团招待》,台北"国史馆"藏"外交部"全宗,第74页。

42. 参与国际联合会调查委员会中国代表处致北平绥靖公署总务处函(1932年6月25日)

迳启者:准贵处函开,兹接北戴河宁参事向南电话称顾代表在海滨住宅以及门前马路业已着手修理,相应函达查照等因,准此本处顾代表深为感谢,相应函复,即希查照。此致北平绥靖公署总务处。

资料来源:《国际联合会调查团招待》,台北"国史馆"藏"外交部"全宗,第75页。

43. 参与国际联合会调查委员会中国代表处致北平周大文函(1932年6月25日)

华章市长大鉴：本日北平新报登载本市招待国联调查团用费新闻一则，兹将该报附奉，内有北京饭店预备房间餐点费用数目及各项开支之数，语气甚为不妥。查北京饭店房饭各费均系调查团自行开支，该报此种论调似易为仇□□所利用，应请□处设法饬力更正，将北京饭店房饭系由调查团自给一层据实声明，并饬各报以后关于此等消息，务须加□审慎以免发生影响。至纫公谊。此颂公绥。附剪报。

资料来源：《国际联合会调查团招待》，台北"国史馆"藏"外交部"全宗，第76页。

44. 参与国际联合会调查委员会中国代表处致外交部部长函(1932年6月28日)

迳启者：密。日前贵部长及汪院长、宋部长来平与国联调查团三次会晤之谈话，业经本处以英文制成记录，兹特检同三份函送贵部长察核，其余两份，请分别转送汪院长、宋部长查收，汪院长核阅见复，相应函达，即希查照示复为荷。此致外交部长。

资料来源：《国际联合会调查团招待》，台北"国史馆"藏"外交部"全宗，第77页。

45. 参与国际联合会调查委员会中国代表处致北平绥靖公署总务处函(1932年6月25日)

迳启者：准贵处来函，以国联调查团将赴北戴河避暑，拟借总税务司房屋一所，其业已借定之两所，须装设电灯、水管，须刷浆油饰，此项修理非预得总税务司之许可，不能动工，请转商上海总税务司电秦皇岛税务司照办等因。业由本处改电总税务司商酌办理，兹得复电总税务司，自住屋一所，不便出借，惟向外可另借一所，以足三所之数。至修理工程请迳与秦皇岛税务司接洽，已告知该税务司等因,相应函复查照。此致北平绥靖公署总务处。

资料来源:《国际联合会调查团招待》,台北"国史馆"藏"外交部"全宗,第78页。

46. 顾维钧致天津王廷桢、山东韩复榘、青岛沈鸿烈函
（1932年6月29日）

庭五、芳来、成章仁兄,主席、司令台鉴:日前于役得晤教言至为欣幸。兹国联调查团委员长李顿爵士及义、德两国委员均以日前道出贵治,渥承招待,特具专函属为代达尊处表示感谢之意,公将原函寄呈冰案,即希查照,专此奉布,并展谢忱,祈颂勋绥。

资料来源:《国际联合会调查团招待》,台北"国史馆"藏"外交部"全宗,第79页。

47. 参与国际联合会调查委员会中国代表处致 税务学校函(1932年7月2日)

迳启者:国联调查团秘书吴君秀峰等数人留平办事,公余休息,拟觅一游泳休息之所,审知贵校有游泳池之设备,拟请特别招待,俾吴君等随时前往,以资便利,相应函达贵校,即希查照。至纫公谊。此致税务学校。

资料来源:《国际联合会调查团招待》,台北"国史馆"藏"外交部"全宗,第81页。

48. 北平绥靖公署总务处致参与国际联合会调查委员会 中国代表处函(1932年7月2日)

迳复者:接准大函为关于借用北戴河海关总税务司房屋及修理工程各节,业经上海总税务司电复,请迳与秦皇岛税务司接洽等由,特函查照等因,除将原函抄送北戴河宁恭事向南查照外,相应复谢,即希查照为荷。此致参与国联调查团中国代表处。

资料来源:《国际联合会调查团招待》,台北"国史馆"藏"外交部"全宗,第

82—83页。

49. 参与国际联合会调查委员会中国代表处致外交部函
（1932年7月1日）

迳启者：国联调查团在平翻译人员摄影留念，兹送来照片一纸，属为转达，贵部相应检同原片，函达送贵部查收，即希查照。此致外交部。

附照片一张。

资料来源：《国际联合会调查团招待》，台北"国史馆"藏"外交部"全宗，第84页。

50. 北平招待国联调查团办事处公函
（1932年7月20日）

迳启者：查国联调查团定于本月二十日下午八时半抵平，在东车站下车，相应检同入站证四十份，函请查收，并希届时前往欢迎为荷。此颂台祺。

资料来源：《国际联合会调查团招待》，台北"国史馆"藏"外交部"全宗，第85页。

51. 参与国际联合会调查委员会中国代表处致
吴秀峰函（1932年7月20日）

迳启者：国联调查团准于本日下午十时左右抵平，在东北车站下车，相应检同入站证十五枚，函请查收，并希届时前往欢迎为荷。此致吴秀峰先生。

附证章十五枚。

资料来源：《国际联合会调查团招待》，台北"国史馆"藏"外交部"全宗，第85页。

52. 北平绥靖公署总务处致参与国际联合会调查委员会中国代表处函(1932年7月18日)

迳启者：顷准北戴河国联调查团招待处彭济君先生电开招待调查团外国委员等，均已备有铺盖，闻中国代表办事处尚有人来添购铺盖，力有未逮，最好请预先转知，届时自带简单铺盖等由。查该处在北戴河海滨筹备招待国联调查团住屋，因事前租借不易，为数有限，现在该团各委员返平在即，且有赴海滨避暑之说。关于贵处此次必须随行人员，应请转请顾代表核定，迅速开单见示，以便转饬布置，并请转知各随行人员，届时自带简单铺盖，相应并案函达，即希查照转陈办理，并见复为荷。此致参与国联调查团中国代表处。

资料来源：《国际联合会调查团招待》，台北"国史馆"藏"外交部"全宗，第87—89页。

53. 参与国际联合会调查委员会中国代表处致外交部总务司函(1932年7月14日)

迳启者：本处前请贵部通知各处招待国联调查团所摄影片检送二十份，迳寄本处以便分送调查团，当经贵部转达各处，迳行邮寄在案，兹查各处寄来摄影，尚缺在京招待时一部分，应请贵部分向中央宣传部、励志社等处征集此类照片，每种二十张，邮寄本处，如各机关所摄不能完全，并请向中华照相馆等处询问，有无底片，照数添印，本处汇集分送较为完备，相应函达，即希贵部查照办理，见复为荷。此致外交部总务司。

资料来源：《国际联合会调查团招待》，台北"国史馆"藏"外交部"全宗，第90—91页。

54. 税务学校致参与国际联合会调查委员会中国代表处函(1932年7月5日)

迳复者：承准贵处公函以国联调查团秘书吴秀峰等拟来敝校游泳池游泳一节，自应照办，惟敝校游泳人多，游泳时间不得不略有规定，俾昭秩序。兹定每星期一、三、五上午为吴君等游泳时间,相应函复,即请查照,转达为盼。此致参与国联调查团中国代表处。校长余文灿。

资料来源:《国际联合会调查团招待》,台北"国史馆"藏"外交部"全宗,第92—93页。

55. 参与国际联合会调查委员会中国代表处致北平绥靖公署总务处函(1932年7月22日)

迳复者:接准总字第九五七号公函,请将此次必须随行人员特请顾代表核定,迅速开单见示等因。顾代表现经核定拟派五人,以便遇事易于接洽。惟名单当再临时开送,所需简单铺盖,可饬令自带,即饮食一切亦请开账,由代表处照缴,相应复请查照可也。此致北平绥靖公署总务处。

资料来源:《国际联合会调查团招待》,台北"国史馆"藏"外交部"全宗,第94—97页。

56. 参与国际联合会调查委员会中国代表处致北平绥靖公署总务处函(1932年7月25日)

迳启者:顷准国联调查团委员长李顿爵士于本月二十二日来函称,此次由青返平,承派飞机赴济迎迓及沿途一切照拂周正,卧病医院并承馈送佳花等语,盛意隆情,不胜感谢,请用代表处公函致张绥靖主任转达谢忱。

资料来源:《国际联合会调查团招待》,台北"国史馆"藏"外交部"全宗,第98—99页。

57. 参与国际联合会调查委员会中国代表处致北平市政府函(1932年7月27日)

迳启者:准外交部情字第四一三八号公函内开,兹查七月十四日日文上海日报载有拍卖公地欢迎调查团之新闻一则,相应检同该项简报暨译件送请查照,即希贵处转向北平市政府详询究竟,并盼见复。如非真确,本部当警告该报迅予更正也等因,相应函请查照见复,以便于转复,至纫公谊。此致北平市政府。

附抄件一份。①

资料来源:《国际联合会调查团招待》,台北"国史馆"藏"外交部"全宗,第100—101页。

58. 北平绥靖公署总务处致参与国际联合会调查委员会中国代表处函(1932年7月27日)

迳复者:案准贵处来函内开准国联调查团委员长李顿爵士函称,此次由青返平,承派飞机赴济迎迓,卧病医院并称馈送佳花,盛意隆情,不胜感谢,请转致谢忱等语,相应函请查照转呈等因。准此除签报外,相应函复,即希查照为荷。此致参与国联调查团中国代表处。

资料来源:《国际联合会调查团招待》,台北"国史馆"藏"外交部"全宗,第102页。

59. 国民政府中央宣传委员会致参与国际联合会调查委员会中国代表处函(1932年7月30日)

迳启者:准外交部总务司函称准参与国联调查团中国代表处来函,以首都前次招待国联调查团时,贵会摄有影片多种,现在收集各地此项影片汇订成册,赠给该团以志纪念,嘱请贵会将前项照片每种添印二十份,迳寄北平中国代表处等由,相应函请查照办理等因,兹经加印前项照片每种二十份,并加说明,随函附送,即希查收,见复为荷。此致参与国联调查团中国代表处。

附照片每种二十份。

资料来源:《国际联合会调查团招待》,台北"国史馆"藏"外交部"全宗,第104页。

60. 北平市政府致参与国际联合会调查委员会中国代表处函(1932年8月1日)

迳复者:准贵处平字第四一六号公函内开,准外交部七月十四日日文上海

---

① 编者按:无附件内容。

日报载有拍卖公地欢迎调查团之新闻一则,译请查照转向北平市政府详询见复,如非真确,本部当警告该报更正,函请查照见复,以便转复等因。准此查本府此次奉命会同各机关办理招待国际联盟调查团所有一切用费,统系在上级机关请领开支,将来事竣,实报实销,并无由市政府筹支如该报所载各节情事,相应据实函达,贵处查照转复为荷。参与国联联合会调查委员会中国代表处。

资料来源:《国际联合会调查团招待》,台北"国史馆"藏"外交部"全宗,第105—106页。

61. 参与国际联合会调查委员会中国代表处致北平绥靖公署副官处公函(1932年8月15日)

迳启者:国联调查团李顿委员长有拟于九月四日乘飞机返欧之意,托先□□,届时飞机能否拨用等情,用时密询,见复为荷。顺颂台祺。

资料来源:《国际联合会调查团招待》,台北"国史馆"藏"外交部"全宗,第109页。

62. 参与国际联合会调查委员会中国代表处致北平市政府函(1932年8月12日)

迳启者:本处前于四月开函达,尊处附送宴请国联调查团各项费用二千三百一十二元六角九分,单据二十八纸,以资归垫,尊处五月十六日函后,仍函招待国联调查团委员会迅速核办等因。在查本处现将筹备结束所有前,送各项垫款,其中五百六十九元零一分,计单据如纸,业经招待委员会拨付,惟其余一千七百八十三元六角八分,迄今尚未拨款,现在本处事务渐次结束,凡有关款项之事,亟须归结,此项暂垫未付之款,仍请尊处迅速扫数拨还,以资归垫,如急切未能拨付,即请将原送单据十五纸捡出掷还本处,以便另行设法。相应函达,即希查照办理,即希为荷。此致北平市政府。

资料来源:《国际联合会调查团招待》,台北"国史馆"藏"外交部"全宗,第110—111页。

63. 参与国际联合会调查委员会中国代表处致国民政府中央宣传委员函(1932年8月8日)

迳启者：前准贵会寄到招待国联调查团照片四十四种，每种二十份，现经酌量分配，拟每人各送一份，此数尚属不敷，拟请再印二十份，迅速寄交本处，以便分送，相应函达，即希查照迅赐办理为荷。此致中央宣传委员会。

资料来源：《国际联合会调查团招待》，台北"国史馆"藏"外交部"全宗，第112页。

64. 参与国际联合会调查委员会中国代表处致南京中央宣传委员会函(1932年8月3日)

迳启者：顷接大函并招待国联调查团照片四十四种，每种二十份，业经照收，除俟汇订成册分送调查团外，相应函复，即希查照。此致中央宣传委员会。

资料来源：《国际联合会调查团招待》，台北"国史馆"藏"外交部"全宗，第113页。

65. 外交部总务司致参与国际联合会调查委员会中国代表处(1932年8月19日)

迳复者：上月十九日接奉大函，以前次征集招待国联调查团所摄影片，尚缺在京招待时一部分，嘱分向中央宣传部、励志社、中华照相馆等处征集，每种二十张寄平等由。中央宣传部已由本司函托将该部所摄此项影片照数添印，迳寄北平励志社。前已去函征集，据复，该社并未自行摄取影片，中华照相馆存有底片十二种，兹将照数添印，交邮寄上，相应函复，即希查收，见复为荷。此致参与国联调查团中国代表处。

附照片十二种，每种二十张。

资料来源：《国际联合会调查团招待》，台北"国史馆"藏"外交部"全宗，第114—115页。

66. 青岛市政府致参与国际联合会调查委员会中国代表处电（1932年8月22日）

外交大楼招待国联调查团代表处公鉴：彼电奉悉。查国联调查团第一次来青时，以时间仓促，适值大雾，未及拍照，遵将第二次过青时，所拍照片寄上，四十份，惟李顿爵士彼时因病未能加入拍，特此奉复。青岛市政府。养。

资料来源：《国际联合会调查团招待》，台北"国史馆"藏"外交部"全宗，第116页。

67. 参与国际联合会调查委员会中国代表处致外交部总务司函（1932年8月19日）

迳启者：准贵司来函，检寄中华照相馆摄印之招待国联调查团照片十二种，每种十二张，均经照收，相应函复，查照为荷。此致外交部总务司。

资料来源：《国际联合会调查团招待》，台北"国史馆"藏"外交部"全宗，第117页。

68. 国民政府中央宣传委员会致参与国际联合会调查委员会中国代表处电（1932年8月23日）

参与国联调查委员会中国代表处鉴：皓电悉，所嘱添印照片，每种二十份，业已本日快邮寄平，持复中央宣传委员会。梗。

资料来源：《国际联合会调查团招待》，台北"国史馆"藏"外交部"全宗，第118页。

69. 国民政府中央宣传委员会致参与国际联合会调查委员会中国代表处函（1932年8月25日）

迳复者：接贵处函嘱，再寄招待国联调查团照片，每种二十份，以便分送等因。兹如数检寄，即希查收见复。此致参与国际联合会调查团中国代表办事处。

资料来源:《国际联合会调查团招待》,台北"国史馆"藏"外交部"全宗,第119页。

70. 北平市政府致参与国际联合会调查委员会中国代表处函(1932年8月24日)

迳复者:准函开本处于四月间函达尊处附送宴请国联调查团各项费用,共二千三百一十二元六角九分,单据二十四纸,查本处现将筹备结束所有前送各单据,除已由贵处照付各单外,请将其余单据检出掷还等因。当经转函招待国联调查团办事处查照办理,兹准函复查敝会除将业经照付祥泰义酒水等八项,共洋五百四十二元五角一分,单据八纸存案外,兹将顾宅修理房屋等六项,共洋一千七百七十元零一角八分,单据十六纸,随函检送到府,相应检同原单据十六纸,函送查收为荷。此致参与国际联合会调查团中国代表办事处。

附原单据十六纸。

资料来源:《国际联合会调查团招待》,台北"国史馆"藏"外交部"全宗,第120—121页。

71. 参与国际联合会调查团中国代表办事处致国民政府中央宣传委员会函(1932年8月29日)

迳启者:顷准贵会来函检寄招待国联调查团照片四十四种,每种二十份,业经照收,相应函复贵会查照。此致中央宣传委员会。

资料来源:《国际联合会调查团招待》,台北"国史馆"藏"外交部"全宗,第122页。

72. 北平绥靖公署总务处致参与国际联合会调查委员会中国代表处函(1932年8月29日)

迳启者:奉张绥靖主任谕,国联调查团并贵处各委员暨随员行期在即,拟设宴饯别等因,相应函请贵处查照,迅与国联调查团接洽,定明日期,从速见复为荷。再,此次主任宴请意极诚挚,务希代达,届时全体出席,至为感纫。此致参与国联调查团中国代表处。

资料来源:《国际联合会调查团招待》,台北"国史馆"藏"外交部"全宗,第123页。

73. 参与国际联合会调查委员会中国代表处致北平绥靖公署总务处函(1932年8月30日)

迳启者:大函关于饯别国联调查团并贵处各委员暨随员行期在即,拟设宴饯别,迅与国联调查团接洽,言明日期,此次宴请意极诚挚,务希代达,届时全体出席等因。经代达语调查团并述张主任异常恳请之意,调查团以工作繁张,行期迫促,对于张主任殷恳惜别之意,深为感谢,业已表示心领,查该团及本处各委员随员等,临行各事异常冗迫,承张主任盛意,尤为不□,务请一并转陈张主任,代达调查团及本代表心领感谢之意。再,所发请帖亦经声明□□□,所称情形,自系属实,相应函复代表,原拟为调查团设宴饯行,调查团亦已辞谢,并以附达,即希查照。此致北平绥靖公署总务处。

资料来源:《国际联合会调查团招待》,台北"国史馆"藏"外交部"全宗,第110—111页。

74. 上海张祥麟致参与国际联合会调查委员会中国代表处电(1932年9月1日)

密。沪战事已遵电萧君刻商,准吴市长五日派专轮送调查团,惟是否需用军乐队,请钧裁电示,调查团四日飞沪,钧何时到,恳早电示,俾偕吴往迎,捕房方面已通知,各团号已接洽。麟。

资料来源:《国际联合会调查团招待》,台北"国史馆"藏"外交部"全宗,第112页。

75. 参与国际联合会调查委员会中国代表处致外交部函(1932年9月5日)

迳启者:国联调查团此次来华,凡所到之处,我国各界于招待之时,多有摄影,兹经广为收集,装订成册,除分送调查团作为纪念外,兹特检送贵部一册,即请查收为荷。此致外交部。

附照片一册。

资料来源:《国际联合会调查团招待》,台北"国史馆"藏"外交部"全宗,第113页。

76. 顾维钧致罗文干函(1932年9月5日)

钧任仁兄部长阁下迳启者:国联调查团此次来华,凡所到之处,我国各界于招待之时,多有摄影,兹经向各处收集,装订成册,除分送调查团作为纪念外,谨奉上一册,即请察存,以作纪念,专此袛颂勋绥。

附照片一册。

资料来源:《国际联合会调查团招待》,台北"国史馆"藏"外交部"全宗,第114页。

77. 顾维钧致张学良函(1932年9月6日)

司令勋鉴:国联调查团此次来华,凡所到之处,我国各界于招待之时,多有摄影,兹经广为收集,装订成册,除分送调查团作为纪念外,兹特送呈一册,敬请查存为祷,专肃敬颂勋绥。

附照片一册。

资料来源:《国际联合会调查团招待》,台北"国史馆"藏"外交部"全宗,第115页。

78. 顾维钧致国府参军处函(1932年9月6日)

迳启者:国联调查团此次来华,凡所到之处,我国各界于招待之时,多有摄影,兹经本处广为收集,装订成册,除分送调查团作为纪念外,兹特奉一册,即请代呈,主席留备览观为荷。此致国民政府参军处。

附照片一册。

资料来源:《国际联合会调查团招待》,台北"国史馆"藏"外交部"全宗,第

116页。

79. 顾维钧致北平市政府周大文、上海市政府吴铁城函
（1932年9月6日）

　　华章、铁城仁兄市长鉴：国联调查团此次来华，凡所到之处，我国各界于招待之时，多有摄影，兹经广为收集，装订成册，除分送调查团作为纪念外，兹特检奉一册借作纪念，即请留存为祷，专此祇颂时绥。

　　附照片一册。

　　资料来源：《国际联合会调查团招待》，台北"国史馆"藏"外交部"全宗，第117页。

80. 顾维钧致军事委员会蒋介石、行政院汪精卫、宋子文函（1932年9月6日）

　　委员长、精卫院长、宋副院长钧鉴：国联调查团此次来华，凡所到之处，我国各界于招待之时，多有摄影，兹经广为收集，装订成册，除分送调查团作为纪念外，兹特奉呈一册，敬查存为祷，专肃敬颂钧绥。

　　附照片一册。

　　资料来源：《国际联合会调查团招待》，台北"国史馆"藏"外交部"全宗，第132页。

81. 外交部致参与国际联合会调查委员会中国代表处
（1932年9月17日）

　　迳复者：兹准贵处九月四日来函并承惠赠国联调查团摄影一册，业经收存以作纪念，相应函复，借申谢忱，至希查照为荷。

　　资料来源：《国际联合会调查团招待》，台北"国史馆"藏"外交部"全宗，第133页。

十一、国联调查委员会中国代表处来往电报（一）

1. 罗文干致郭泰祺、顾维钧电（1932年3月3日）

上海（本处文本被遮盖，下文简为"遮盖"）郭次长静安寺致沧州（遮盖）顾委员勋鉴：密。本部与上海往来之重要文件已与中国航空公司商妥，由该公司飞机免费运递，归本部驻沪办事处汇总收发，如有重要文件请送交该部处汇总，封寄外交部。

资料来源：《国联调查委员会中国代表处来往电报（一）》，台北"国史馆"藏"外交部"全宗，第5页。

2. 罗文干致郭泰祺、宋子文、顾维钧电（1932年3月13日）

上海（遮盖）郭次长并转宋部长、顾代表勋鉴：密。顷接颜代表来电，欲意回国，表示消极，弟已专电恳切挽留，汪院长亦将电慰。特闻。干。元。印。

资料来源：《国联调查委员会中国代表处来往电报（一）》，台北"国史馆"藏"外交部"全宗，第6页。

3. 王卓然致顾维钧电（1932年3月19日）

沧州饭店顾总理勋鉴：公密。本会奉调去沪各员，多系义务，旅费由会筹垫千元。兹据函索，途中不足于用，由该委员等私囊筹垫。抵沪后，公私款项两俱告罄，本会经费困难，无力续寄。所有在沪车马零用以及一切公费，拟请尊处酌量接济,俾免困顿为祷。王卓然。印。

资料来源:《国联调查委员会中国代表处来往电报(一)》,台北"国史馆"藏"外交部"全宗,第7页。

4. 张学良致顾维钧电(1932年3月19日)

顾部长、少川兄勋鉴:密。筱电奉悉,关于送达调查团文件一节,自应特嘱办理,特复。弟张学良。巧。戌。秘。

资料来源:《国联调查委员会中国代表处来往电报(一)》,台北"国史馆"藏"外交部"全宗,第8页。

5. 罗文干致刘子楷电(年月不明21日)

转译刘公使子楷兄勋鉴:灵密。今日行政院会议议决任命我兄为外交部常务次长,调谟兄为政次。现在外交吃紧,盼即日命驾来京,共肩危局为荷。弟文干。马。

资料来源:《国联调查委员会中国代表处来往电报(一)》,台北"国史馆"藏"外交部"全宗,第11页。

6. 刘崇杰致罗文干电(1932年4月24日)

正译转南京罗部长勋鉴:平转马电敬悉。任重才短,愧难遵命,请勿发表并赐谅察。弟崇杰。漾。

资料来源:《国联调查委员会中国代表处来往电报(一)》,台北"国史馆"藏"外交部"全宗,第12页。

7. 罗文干致王广圻、刘子楷电(1932年4月24日)

转王广圻公使,请转刘子楷公使勋鉴:任密。常次一席为公为私皆无辞理,任命院议早经通过,乃日发表,往印日命驾南下,幸勿推延。弟干叩。敬。

资料来源:《国联调查委员会中国代表处来往电报(一)》,台北"国史馆"藏

"外交部"全宗,第 13 页。

8. 顾维钧代表致哈斯、罗文干及张学良电
(1932 年 4 月 24 日)

正平转京罗迄无复电,请将通电由哈斯转交办法达告南京罗部长及张副司令,并嘱其凡由哈斯所转之电,必需用英文,切不可用号码至要。再,昨政张副司令漾三电,系用宁密以秘译成英文,来电请办为妥。盼达复。钧。敬。

资料来源:《国联调查委员会中国代表处来往电报(一)》,台北"国史馆"藏"外交部"全宗,第 14 页。

9. 罗文干致王广圻、顾维钧电(1932 年 4 月 25 日)

转王广圻秘书长,请转少川兄勋鉴:任密。兄此次出关,不独倭奴不敢谓秦无人,且足知弟有友,欣慰万分。由英领馆通信办法,顷晤英使,据称已向政府请示。子楷兄处望代劝驾,此非弟个人之事,彼不必与弟为难,代外引撑持危局,仍靠兄等老辈乃敢担此重任耳。弟干叩。敬。外九六电。

资料来源:《国联调查委员会中国代表处来往电报(一)》,台北"国史馆"藏"外交部"全宗,第 15 页。

10. 南京罗文干致王广圻、刘子楷电
(1932 年 4 月 26 日)

王秘书长劼孚兄请转刘子楷公使勋鉴:任密。有电敬悉。当遵谕请政府收回成命。弟干叩。有。

资料来源:《国联调查委员会中国代表处来往电报(一)》,台北"国史馆"藏"外交部"全宗,第 16 页。

11. 南京葛祖燨转致傅小峰电（1932年4月22日）

转傅小峰兄鉴：任密。箇电奉悉。该十码电本当漾日快邮寄奉。弟祖燨。养。

资料来源：《国联调查委员会中国代表处来往电报（一）》，台北"国史馆"藏"外交部"全宗，第17页。

12. 南京葛祖燨致李荫覃电（1932年4月28日）

转李荫覃兄勋鉴：任密。顾代表来电除宥电行六外均已收到，该引六电系指何事，请查明重发为感。葛祖燨。感。

资料来源：《国联调查委员会中国代表处来往电报（一）》，台北"国史馆"藏"外交部"全宗，第18页。

13. 南京葛祖燨致李荫覃电（1932年4月28日）

转李荫覃兄鉴：任密。顾代表行六电今晨收到，特闻。弟祖燨。俭。

资料来源：《国联调查委员会中国代表处来往电报（一）》，台北"国史馆"藏"外交部"全宗，第19页。

14. 南京张祥麟致金问泗、王广圻电（1932年5月7日）

金次长、王秘书长钧鉴：途中因病稽迟，本日抵京，已晤罗外长、徐次长，候船返沪。顾代表处已去电，请告傅秘书。麟。虞。

资料来源：《国联调查委员会中国代表处来往电报（一）》，台北"国史馆"藏"外交部"全宗，第20页。

15. 南京张祥麟致王广圻、金问泗、钱泰等人电
（1932年5月12日）

北平王秘书长,金次长,钱、张两主任钧鉴:途病,今方到沪即开始办公,谨闻。傅秘书寄密码及纸收到,勿念。祥麟。文。

资料来源:《国联调查委员会中国代表处来往电报(一)》,台北"国史馆"藏"外交部"全宗,第21页。

16. 上海张祥麟感电（1932年5月27日）

宥电悉。英译五经只有"二""五"两本,余"一""三""四"三本须向伦敦订购,"六""七"两部尚未出版,《中庸》《孟子》沪市亦缺。又阶平兄嘱买书及蜡纸,因立廷面称暂难来平,已邮寄。麟。感。印。

资料来源:《国联调查委员会中国代表处来往电报(一)》,台北"国史馆"藏"外交部"全宗,第22页。

17. 大连顾维钧致王广圻电（1932年5月29日）

劼孚兄鉴:廿七日电悉,办报事如登记手续尚未办妥,请先与平西商妥。北戴河有无高尔夫球场,请一询前途并须修理完善。再,哈斯赴平后电报请该用国际联盟调查团转詹姆司,并请转告绥靖公署及宁沪各方面。钧。

资料来源:《国联调查委员会中国代表处来往电报(一)》,台北"国史馆"藏"外交部"全宗,23页。

18. 沈阳顾维钧致王广圻电（1932年5月1日）

劼孚兄鉴:调查团毛斯领事及吴秀峰专管翻译,拟于回平后赶译各种请愿书,请代表团协助。弟意即在代表处楼上拨给公事房三间,略为布置,以便接洽调查团。因有汉文函件须译英法文,托代请精通英文或法文五六人,请纯孺、成章、鉴唐、周季梅诸兄预为物色。又英文或法文打字能手三人,弟等昨晚

回沈阳。弟钧。卅一日。

资料来源:《国联调查委员会中国代表处来往电报(一)》,台北"国史馆"藏"外交部"全宗,第 24 页。

19. 顾孟馀致参与国际联合会调查团中国代表处电
（1932 年 6 月 1 日）

北宁前门站探投国联调查团中国代表处鉴:俭电悉。谢委员由京赴平、钱主任来往京平乘车记账一节,已电饬北宁津浦两路,遵照将票价等暂记外交部帐矣。特复。铁道部长顾孟馀。世。

资料来源:《国联调查委员会中国代表处来往电报(一)》,台北"国史馆"藏"外交部"全宗,第 25 页。

20. 沈阳顾维钧致王广圻电（1932 年 6 月 2 日）

劼孚兄:请将旧外交部及敝寓网球场请饬修葺,并于外交部多备藤椅以便调查团回平后应用。钧。

资料来源:《国联调查委员会中国代表处来往电报(一)》,台北"国史馆"藏"外交部"全宗,第 26 页。

21. 张祥麟致参与国际联合会调查团中国代表处电
（年月未知,3 日）

宁,密。前电请查历次沪电,电码多错否?乞达复以便考核。官电纸将用尽,乞飞寄五十张应用。各馆照片大小不同,不便钉册,是否一律照购。平沪飞航尚未开始,飞机寄报只能作罢。麟。江。

(答复)江电悉,来电颇有错码,官电纸即寄,照片请先快邮寄平,候飞航开始仍乞飞寄。代表处。

资料来源:《国联调查委员会中国代表处来往电报(一)》,台北"国史馆"藏"外交部"全宗,第 27 页。

22. 葛祖爔致顾维钧电（1932年6月7日）

任密。此次顾代表偕兄等出关备尝艰险，现平安抵平，曷胜佩慰，乞向顾代表请安。再燕四十码电错码太多，译不成文，恳予重发。葛祖爔。阳。

资料来源：《国联调查委员会中国代表处来往电报（一）》，台北"国史馆"藏"外交部"全宗，第28页。

23. 张祥麟致参与国际联合会调查团中国代表处电
（1932年6月8日）

详账及收据四十五张昨已邮寄，遵嘱代定大陆字林英文晚报，转申《时事三报》及汪院长办之《中华日报》，因快信寄暂定一月直寄钱狮胡同。照片甚多，刻正令各处添印。顾代表何日到京，请示知。麟。齐。

资料来源：《国联调查委员会中国代表处来往电报（一）》，台北"国史馆"藏"外交部"全宗，第29页。

24. 王广圻致上海施德潜电（日期不详）

上海转德潜兄：删电，请寄名单，沈祖同下汤、胡，胡系何人，请函示。圻。

资料来源：《国联调查委员会中国代表处来往电报（一）》，台北"国史馆"藏"外交部"全宗，第30页。

25. 钱泰致上海张歆海电（1932年6月24日）

上海（遮盖）张歆海兄鉴：调查团廿八东渡，代表意盼素来。泰。六月廿四。

资料来源：《国联调查委员会中国代表处来往电报（一）》，台北"国史馆"藏"外交部"全宗，第31页。

26. 钱泰致张祥麟电(1932年8月15日)

上海张祥麟兄鉴：说帖已就近在津付印，弟泰。《大美晚报》所载一节并无其事，闻张极欲出洋，就其训话须经两月准备。弟泰。咸。

资料来源：《国联调查委员会中国代表处来往电报（一）》，台北"国史馆"藏"外交部"全宗，第32页。

27. 顾维钧致顾孟馀电(1932年9月2日)

铁道部顾部长孟馀勋鉴：本处□□□并各等二人公毕回京，随带仆从一人。到□各等二人公毕赴沪，随带仆从一人。请饬发由平赴京，头等车票、卧票各二份，三等车票一张。由平赴沪，头等车票、卧票各二份，三等车票一张，请电复为荷。弟顾维钧。冬。

资料来源：《国联调查委员会中国代表处来往电报（一）》，台北"国史馆"藏"外交部"全宗，第33页。

28. 参与国际联合会调查委员会中国代表处致南京外交部电报科电(年月未知,5日)

南京外交部电报科葛□□兄勋鉴：任密。昨日抵汉，今晚九时回航东驶，约七日午抵浦口。敝处所发与各省通电需用密本，请将尊处与各省需用密本照抄一份，饬送浦口车上为感。弟李□□。微。

资料来源：《国联调查委员会中国代表处来往电报（一）》，台北"国史馆"藏"外交部"全宗，第34页。

29. 参与国际联合会调查委员会中国代表处电陈经费困难事(日期不详)

巧电悉。本处经费困难，各员亦多义务，但旅馆饭食均由本处开支外，月酌送夫马费，借资零用，特此奉复。将来回平旅行□费亦自备，酌为给发。

资料来源：《国联调查委员会中国代表处来往电报（一）》，台北"国史馆"藏"外交部"全宗，第35页。

30. 参与国际联合会调查委员会中国代表处致铁道部顾孟馀电（1932年9月3日）

南京铁道部顾部长勋鉴：本处顾问宝道公毕回赴京，请饬发由平至浦头等车票、卧铺票各一份，并祈电复政府代表处。江。

资料来源：《国联调查委员会中国代表处来往电报（一）》，台北"国史馆"藏"外交部"全宗，第36页。

31. 王广圻致外交部刘次长朱司长（1932年9月1日）

南京外交部刘次长朱司长钧鉴：任密。顾代表明晨八时飞机赴京，请派员代定房间四间为感。弟圻。东。

资料来源：《国联调查委员会中国代表处来往电报（一）》，台北"国史馆"藏"外交部"全宗，第37页。

32. 施肇夔致张祥麟电（1932年7月1日）

上海祥麟兄鉴：代表三日赴北戴河，沪上所订各报请通知迳寄（遮盖）为要。弟夔。东。

资料来源：《国联调查委员会中国代表处来往电报（一）》，台北"国史馆"藏"外交部"全宗，第38页。

33. 顾维钧致铁道部部长顾孟馀电（1932年8月28日）

南京铁道部顾部长孟馀兄钧鉴：不日前赴日内瓦出席国联大会，应发重要文件甚多。除往交运者外，当有待运木箱约十件，须于四日前赶到上海，以便装船。为时迫，促拟派员等内陆路运沪，不得已请贵部电饬公路局特别通融予以便利，俾免延误，至纫公谊。弟顾。俭。

资料来源:《国联调查委员会中国代表处来往电报(一)》,台北"国史馆"藏"外交部"全宗,第39页。

34. 金问泗致南京外交部徐叔谟电(日期不详)

南京外交部徐处长叔谟兄鉴任:密。卅电悉。说帖印本两包,请即派人送上海同孚路基安坊一号徐宅阶平兄查收。再,补提盐款说帖业已分寄外财两部。弟泗。

资料来源:《国联调查委员会中国代表处来往电报(一)》,台北"国史馆"藏"外交部"全宗,第40页。

35. 金问泗致上海钱泰电(日期不详)

上海(遮盖)徐宅钱阶平兄鉴任:密。寄存外交部说帖印本两包已电叔谟兄送交遵处,到请查收,在沪改装书面带欧应用。弟泗。

资料来源:《国联调查委员会中国代表处来往电报(一)》,台北"国史馆"藏"外交部"全宗,第41页。

36. 电陈在欧复印事(日期不详)

卅日电悉。□外余件请带欧付印,提单即寄少公四日赴沪。

资料来源:《国联调查委员会中国代表处来往电报(一)》,台北"国史馆"藏"外交部"全宗,第41(1)页。

37. 王广圻致钱泰电(1932年9月1日)

上海(遮盖)徐宅阶平兄鉴:任密。兹派谢君用卿乘本日通车携带行李,准三日下午抵沪,请派人雇车到站照料。弟圻。

资料来源:《国联调查委员会中国代表处来往电报(一)》,台北"国史馆"藏"外交部"全宗,第42页。

38. 金问泗致徐叔谟电（1932年8月25日）

南京外交部徐次长叔谟鉴：任密。代表处前托季余送存遵处说帖印本两包，请即交邮寄平。弟泗。有。

资料来源：《国联调查委员会中国代表处来往电报（一）》，台北"国史馆"藏"外交部"全宗，第43页。

39. 上海张祥麟致钱泰电（1932年6月2日）

钱阶平兄惠鉴：宁密。驻沪办事处代定中英直寄送顾宅，贵组已有人剪报，此间英文报前离沪期间托由梅君代剪代寄，刻以令停剪以节开支，特函以资接洽，又蜡纸已否安全寄到。弟麟。蒸。

资料来源：《国联调查委员会中国代表处来往电报（一）》，台北"国史馆"藏"外交部"全宗，第44页。

40. 王广圻致顾维钧电（1932年6月2日）

北平站长转铁狮子胡同顾宅：明晨由济乘福德飞机赴宁，该机何时离平，请询绥靖公署特闻。圻。真。

资料来源：《国联调查委员会中国代表处来往电报（一）》，台北"国史馆"藏"外交部"全宗，第45页。

41. 上海张祥麟致参与国际联合会调查委员会中国代表处电（1932年6月13日）

宁密。此间各团体慰劳事，如代表留沪数日则拟分次开会，如期促则联合举行一次盛会，已电京请代表速示来沪确期，否则筹备为难。再三日尊电，电纸即寄，至今未到，乞查。麟。文。

资料来源：《国联调查委员会中国代表处来往电报（一）》，台北"国史馆"藏"外交部"全宗，第46页。

42. 南京顾维钧致王广圻电（1932年6月14日）

劫孚兄鉴任：密。元电悉。今日飞浔，明日回京即飞沪，拟星期五六飞机回平。政府当有一二人与弟同来，后容再闻。弟顾维钧。寒。

资料来源：《国联调查委员会中国代表处来往电报（一）》，台北"国史馆"藏"外交部"全宗，第47页。

43. 上海张祥麟电（1932年6月14日）

宁密。照片廿一种共四百卅张，分两匣已寄收到，乞示申时专电是否适用。代表明晚到申，留沪仅一日，惟对各界慰劳会事，迭电报告后绝无表示，故未敢代定进行。麟。寒。

资料来源：《国联调查委员会中国代表处来往电报（一）》，台北"国史馆"藏"外交部"全宗，第48页。

44. 上海张祥麟删电（1932年6月15日）

代表偕刘、箫、游、顾、端、何六人五时半抵沪，十六日三点麟招待记者，四时国难救济会，五时地方协会慰劳，七点半青年会演讲，现改星期六飞京返平。麟。删。

资料来源：《国联调查委员会中国代表处来往电报（一）》，台北"国史馆"藏"外交部"全宗，第49页。

45. 上海顾维钧致王广圻电（1932年6月16日）

劫孚兄鉴：宁，盐电悉。弟星期六乘飞机回平，届时偕汪院长罗部长同来，宋部长或亦共来并与调查团晤谈，约留二日，希先密告调查团并与接洽晤谈日期时刻，并盼电复。再星期六晚，弟请汪院长等在舍晚饭同来者并有李石曾、李任潮、张岳军，希邀张副司令、万军长、于司令、刘总长、高仁游兄、焕相兄、作相、吴仲贤、汤国桢、叶寅忱、朱光沫、沈祖同、汤胡、王叔鲁，中交及四行总理蒋梦麟、胡适之、丁在若,其他容待回平后再请张副司令,拟于星期晚为之洗尘。特闻。弟顾维钧。删。

资料来源:《国联调查委员会中国代表处来往电报(一)》,台北"国史馆"藏"外交部"全宗,第50页。

46. 上海顾维钧致王广圻电(1932年6月17日)

劼孚兄鉴:任密。铣亥电均悉。星期六晨飞京即转平,同行约十三人下午三时可到,赴日航海,甚善。汤、胡为汤尔和、胡馨吾。弟钧。篠。

资料来源:《国联调查委员会中国代表处来往电报(一)》,台北"国史馆"藏"外交部"全宗,第51页。

47. 上海顾维钧致王广圻电(1932年6月17日)

劼孚兄:明晨十时半偕当局由京飞平,汪、罗诸公住宿绥靖公署想已预备,便中探询。顾维钧。

资料来源:《国联调查委员会中国代表处来往电报(一)》,台北"国史馆"藏"外交部"全宗,第52页。

48. 南京葛祖燫致李荫覃电(1932年6月18日)

李荫覃兄鉴:任密。顾代表等九人本晨十时余乘机北上,抵平后乞电复以便转陈。葛祖燫。巧。

资料来源:《国联调查委员会中国代表处来往电报(一)》,台北"国史馆"藏"外交部"全宗,第53页。

49. 上海张祥麟致参与国际联合会调查委员会
中国代表处电(1932年6月18日)

代表偕宋部长子文、刘公使八时半飞京,预定十时加,汪、罗同飞平,三时左右到院。部长平住上海,想尊处已接洽。施、萧、游、顾今晨通车来平。《申报》《时事新报》对代表本日有社论,已嘱申时社另电,又电局催付款二百余元,申时社存款百元亦用尽来要款,照片款亦待付,除蜡纸款外,乞另再立电五百元应急,切盼。麟。巧。

资料来源:《国联调查委员会中国代表处来往电报(一)》,台北"国史馆"藏"外交部"全宗,第54页。

50. 南京外交部巧电(1932年6月18日)

万急。勋鉴:任密。汪院长偕顾代表罗、宋两部长暨秘书等九人,本日上午十时四十分由京乘福特机北上,约午后三时左右抵平,请饬照料。外交部。巧。

资料来源:《国联调查委员会中国代表处来往电报(一)》,台北"国史馆"藏"外交部"全宗,第55页。

51. 黄仁霖致顾维钧电(1932年6月19日)

为接洽上海飞机及请顾代表演说事。

顾维钧:上海航空公司(Shanghai Aviation Corporation)回复道,飞机无法使用,何士(Hussey)[①]周六晚上七点乘火车离开南京。励志社(OMEA)[②]的成员期待您下次到访南京时的约定演讲。黄仁霖(J. L. Huang)。

资料来源:《国联调查委员会中国代表处来往电报(一)》,台北"国史馆"藏"外交部"全宗,第56页。

52. 南京铁道部顾孟馀致顾维钧电(1932年6月28日)

北平北宁前门站转顾代表少川勋鉴:敬电诵悉,专委张汶等三人公毕乘平浦通车回京,已电饬北宁津浦两路将头等车票及卧铺等费暂记外交部帐矣。特复。铁道部顾孟馀。感。

---

① 编者按:外国顾问何士。
② 编者按:励志社,也称军官道德励进会,英文缩写为"OMEA"。

资料来源:《国联调查委员会中国代表处来往电报(一)》,台北"国史馆"藏"外交部"全宗,第57页。

53. 顾维钧致外交部罗文干电(1932年3月17日)

南京外交部罗部长钧任兄勋鉴:任密。删电悉。此间专门委员暨各项职员名单业已飞航寄京,希察照。弟维。篠五二。

资料来源:《国联调查委员会中国代表处来往电报(一)》,台北"国史馆"藏"外交部"全宗,第62页。

54. 顾维钧致罗文干、张学良电(1932年3月17日)

南京外交部罗部长钧任兄、北平张副司令勋鉴:任密。尊部应行送交国联调查团文件统请送由敝处转交,以免纷歧,即乞察核。弟维。篠五三。

资料来源:《国联调查委员会中国代表处来往电报(一)》,台北"国史馆"藏"外交部"全宗,第64页。

55. 参与国际联合会调查委员会中国代表处致北平绥靖主任公署、南京外交部电(1932年6月18日)

北平绥靖主任公署、南京外交部鉴:密。本处现迁移西摩路一五七号办公,嗣后邮电文件请迳寄该处为荷。中国代表处。巧。印。五七。

资料来源:《国联调查委员会中国代表处来往电报(一)》,台北"国史馆"藏"外交部"全宗,第67页。

56. 王卓然致顾维钧电(1932年3月19日)

沧州饭店顾总理勋鉴:公密。本会奉调去沪,各员多系义务,旅费由会筹垫千元,兹据函索途中不足于用,由该委员会等私囊筹垫,抵沪后公私款项两俱告罄,本会经费困难,无力续寄,所有在沪车马零用以及一切公费拟请尊处酌量接济,俾免困顿为祷。王卓然。巧。印。

资料来源:《国联调查委员会中国代表处来往电报(一)》,台北"国史馆"藏"外交部"全宗,第69页。

57. 顾维钧致王卓然电(1932年3月20日)

北平绥靖公署王卓然兄勋鉴:公密。巧电悉。本处经费困难,各员亦多义务,但旅馆食宿均有本处开支外,酌送夫马,借资零用。特此奉复。顾。○○号。

资料来源:《国联调查委员会中国代表处来往电报(一)》,台北"国史馆"藏"外交部"全宗,第70页。

58. 顾维钧致南京国难会议秘书处电
（1932年3月26日）

南京国难会议秘书处鉴:国难会议不日开会,承公邀极,拟前来与会,只以参与国际调查团事未克如愿,良深歉疚,届时如能分身,尚当如期出席,特电奉陈,专祈亮察。顾。

资料来源:《国联调查委员会中国代表处来往电报(一)》,台北"国史馆"藏"外交部"全宗,第72页。

59. 傅冠雄致南京外交部葛祖燝电(1932年4月21日)

南京外交部葛慈孙兄鉴:任密。KEUG十码电本俟经携带赴东平处,现亟需用,请迅将该电码表飞寄一份,如能电示尤佳,盼电复。弟冠雄。简。

资料来源:《国联调查委员会中国代表处来往电报(一)》,台北"国史馆"藏"外交部"全宗,第73页。

60. 王广圻电南京外交部罗部长(1932年4月24日)

南京外交部罗部长勋鉴:密。顾代表各电计达,与顾代表通电办法业经商定,由哈斯转交地址,用英文迳达哈斯,电文首字用games,以下再接本文电码必需用英文不用号码,贵部去电用部编十码最佳。特达。敬乞查照办理并盼迅电顾代表为祷。坏叩。敬。

资料来源:《国联调查委员会中国代表处来往电报(一)》,台北"国史馆"藏"外交部"全宗,第75页。

61. 王广圻致顾维钧电(1932年4月24日)

迭电均奉悉。安抵连沈各电,当经转达罗部长。通电办法业电外交部并告知绥靖公署照办。报已遵寄津,报托仲达办理并陈。叩。敬。

资料来源:《国联调查委员会中国代表处来往电报(一)》,台北"国史馆"藏"外交部"全宗,第77页。

62. 王广圻电南京罗文干(1932年4月20日)

南京外交部罗部长勋鉴:任密。顾代表昨晚偕调查团启程,今晨十时抵秦皇岛换乘海圻舰,约本晚可抵大连。代表到东后自由通讯关系重要,经与英使馆接洽,此间重要文件拟请该馆加封代转至东省者,各地代表处发出函电及文件各该处领馆代发,应使英使馆知照各该领馆,但美馆表示须向蓝使请示,拟请大部电请郭次长迅与蓝使商洽,并乞电复为祷。王广圻。叩。

资料来源:《国联调查委员会中国代表处来往电报(一)》,台北"国史馆"藏"外交部"全宗,第79页。

63. 傅冠雄致葛祖爔电(1932年4月26日)

南京外交部葛慈孙兄鉴:漾电敬悉。十码收到,谢谢。此间电报挂号洋文Phonette 中文 7336 并达。弟冠。宥。

资料来源:《国联调查委员会中国代表处来往电报(一)》,台北"国史馆"藏"外交部"全宗,第80页。

64. 傅冠雄致张祥麟电（1932年4月30日）

南京外交部转张祥麟兄鉴：密。前日送上电纸，适方启行帐歇，顷奉代表电询兄何日赴沪，催报新闻并嘱用和密码，由哈君特电不可滥用，特转达和密码已交秦君，兹再寄一份附说明，由敬初转。弟冠。卅。

资料来源：《国联调查委员会中国代表处来往电报（一）》，台北"国史馆"藏"外交部"全宗，第82页。

65. 外交部亚洲司致参与国际联合会调查委员会中国代表处电（1932年3月24日）

国联调查团中国代表处勋鉴：任密。顾代表与国联调查团离沪北上时，贵处议案两组翻译人员是否随同来京？抑留沪工作？盼电复。外交部亚洲司。敬。

资料来源：《国联调查委员会中国代表处来往电报（一）》，台北"国史馆"藏"外交部"全宗，第84页。

66. 参与国际联合会调查委员会中国代表处致南京外交部亚洲司电（1932年3月25日）

南京外交部亚洲司鉴：任密。敬电悉。此间草拟初步说帖已将脱稿，惟尚有翻译、校对、印刷等事须在沪赶办，酌留钱泰、张歆海、杨永清、陈立廷、宝道五员在沪办理，其余两组人员分别迳赴北平或绕道前往。代表处。有。

资料来源：《国联调查委员会中国代表处来往电报（一）》，台北"国史馆"藏"外交部"全宗，第85页。

67. 钱泰致张祥麟电（1932年5月25日）

上海（遮盖）张祥麟兄鉴：请购 DRYTYPE FOR ROTO WHITE NO. 4576 二十匣，托立廷兄或其他人带平应用为感。弟泰。

资料来源:《国联调查委员会中国代表处来往电报(一)》,台北"国史馆"藏"外交部"全宗,第87页。

68. 傅冠雄致张祥麟电(1932年5月26日)

有电悉。此间报载略同。又代表嘱购 James Legge Chinese Classics,速向 Oxford Universal Press 或 Kelly & Walsh 购妥,又 Ku Hungming 译《中庸》,Lyall & King Genkung 译《孟子》,各购一部统交陈立廷带平为荷。敬电悉。荫兄须六月初回国并复。冠。

资料来源:《国联调查委员会中国代表处来往电报(一)》,台北"国史馆"藏"外交部"全宗,第88页。

69. 王广圻致张祥麟电(1932年5月28日)

(遮盖)张祥麟兄鉴:感电悉,英译五经,此间亦有二五两本已购妥,伦敦订购太迟,尊处统可不必购矣。圻。俭。

资料来源:《国联调查委员会中国代表处来往电报(一)》,台北"国史馆"藏"外交部"全宗,第90页。

70. 王广圻致外交部、张祥麟电(1932年5月30日)

南京外交部鉴:任密。

上海张祥麟:宁密。

顾代表电开哈斯秘书长三十一日返平以后去沈,电请改用国联调查团,电首仍用詹姆司字样。特达。希照办为荷。圻。卅。

资料来源:《国联调查委员会中国代表处来往电报(一)》,台北"国史馆"藏"外交部"全宗,第92页。

71. 傅冠雄致吴秀峰电(日期不详)

秀峰仁兄处长勋鉴:顷奉顾代表来电开哈斯秘书长即将赴平,以后发沈阳电报请改用国联调查团转詹姆司,尊处特达。即希查照办理为荷,专此敬顷勋安。弟傅。

资料来源:《国联调查委员会中国代表处来往电报(一)》,台北"国史馆"藏"外交部"全宗,第94页。

72. 参与国际联合会调查委员会中国代表处致南京铁道部电(1932年5月28日)

南京铁道部鉴:本处议案组主任钱泰因公赴京,希电贵部北平前门车站,发给平浦通车来回记账车票一张,又本处专门委员谢寿康因公赴京,曾向贵部请发车票在案,惟车票到时该员已南行,现该员公毕北上,希予发给由浦至平车票一张为荷。调查团中国代表处。廿八日。

资料来源:《国联调查委员会中国代表处来往电报(一)》,台北"国史馆"藏"外交部"全宗,第96页。

73. 参与国际联合会调查委员会中国代表处致南京谢次彭电(1932年5月28日)

南京(遮盖)谢次彭先生鉴:执事北上车票业由处电铁道部照发,请迳与该部业务司接洽为要。代表处。廿八日。

资料来源:《国联调查委员会中国代表处来往电报(一)》,台北"国史馆"藏"外交部"全宗,第97页。

74. 参与国际联合会调查委员会中国代表处致张祥麟电(1932年6月4日)

宁密。迭电均悉。请即照部电接洽办理,并如拟复部,来电颇有错码,电纸即寄,照片请一律照购,沪报请先快邮寄平,俟飞航通行仍乞飞寄。代表处。支。

资料来源:《国联调查委员会中国代表处来往电报(一)》,台北"国史馆"藏"外交部"全宗,第98页。

75. 王广圻致张祥麟电(1932年6月9日)

张祥麟兄并请抄转敬初先生:顾代表昨晚起程赴青,星期五离青赴京。圻。

资料来源:《国联调查委员会中国代表处来往电报(一)》,台北"国史馆"藏"外交部"全宗,第100页。

76. 顾维钧致天津北宁路局电(日期不详)

高局长任旃兄勋鉴:东电奉悉。承批包车,感谢。特复。弟顾。东。

资料来源:《国联调查委员会中国代表处来往电报(一)》,台北"国史馆"藏"外交部"全宗,第101页。

77. 电陈张歆海等三人公毕返京事(日期不详)

本处主任张歆海等三人公毕返京,又希忝派继荣等四人赴沪。

资料来源:《国联调查委员会中国代表处来往电报(一)》,台北"国史馆"藏"外交部"全宗,第102页。

78. 王广圻电陈调查团回欧事(日期不详)

调查团回欧期虽未确定,然亦不能不先为略事准备。附拟电稿二纸,请先拍发。德潜、少峰兄等。弟圻。

资料来源:《国联调查委员会中国代表处来往电报(一)》,台北"国史馆"藏"外交部"全宗,第103页。

79. 参与国际联合会调查委员会中国代表处致南京外交部亚洲司沈司长电(1932年8月27日)

南京外交部亚洲司沈司长鉴:任密。寒代电、宥电均悉。照片编寻无着亦无人接洽,请仍向谭委员询问系交何人收取,谭委员已于七月二十左右离平回京矣。代表处。感。

资料来源:《国联调查委员会中国代表处来往电报(一)》,台北"国史馆"藏"外交部"全宗,第104页。

80. 王广圻致金问泗电(日期不详)

上海(遮盖)金纯孺兄鉴:诸务待商,请早命驾北返。弟圻。文。

资料来源:《国联调查委员会中国代表处来往电报(一)》,台北"国史馆"藏"外交部"全宗,第110页。

81. 钱泰致张祥麟电(1932年7月17日)

上海(遮盖)张祥麟兄鉴:请速购 DRYTYPE FOR ROTO WHITE NO. 4576十盒迅邮寄平为感。弟泰。篠。七月十七。

资料来源:《国联调查委员会中国代表处来往电报(一)》,台北"国史馆"藏"外交部"全宗,第111页。

82. 顾维钧致铁道部顾孟馀电(1932年7月21日)

南京铁道部顾部长孟馀兄勋鉴:兹有敝处办事员刘树昼因公由平赴京,拟望饬发往返头等车票并卧票各一份,请记账为荷。弟顾。马。

资料来源:《国联调查委员会中国代表处来往电报(一)》,台北"国史馆"藏"外交部"全宗,第112页。

83. 钱泰致张祥麟电(1932年8月10日)

上海张祥麟兄鉴:本处法文说帖现拟在沪付印,计二十四种,每种印五百本,共计一千页左右,纸张大小每张长十英寸半、宽七英寸半,每页二十五行,每行五十四字母,惟须于九月三号以前竣工,祈从速代觅一印刷所,询其能否如期竣事。即盼电复,样本另邮寄代表处。蒸。泰。八月十日。但不必与北洋印字馆接洽。

资料来源:《国联调查委员会中国代表处来往电报(一)》,台北"国史馆"藏"外交部"全宗,第115页。

84. 顾维钧致铁道部部长顾孟馀电(1932年8月12日)

南京铁道部顾部长勋鉴:本处职员施□等二人公毕回京,又秘书长王广圻等三人公毕赴沪,请饬路局发给回平赴京头等车票及卧票各二份,仆役一人三等车票,□回平赴沪头等车票、卧票各三张,仆役一人三等车票一张,并请电复为荷。弟顾。文。

资料来源:《国联调查委员会中国代表处来往电报(一)》,台北"国史馆"藏"外交部"全宗,第116页。

85. 参与国际联合会调查委员会中国代表处致顾孟馀电(1932年8月16日)

铁道部顾部长孟馀兄勋鉴:外交部科长任起莘由本处续佣来平,请饬路局发给由京来平头等车票、卧票各一张,暂行记账,请查照办理并电复为感。

资料来源:《国联调查委员会中国代表处来往电报(一)》,台北"国史馆"藏"外交部"全宗,第117页。

86. 王广圻电陈拍发电报事(1932年8月17日)

兹有发铁道部电一件,请嘱□拍发为荷,顺颂少峰兄午祺。弟圻。

资料来源:《国联调查委员会中国代表处来往电报(一)》,台北"国史馆"藏"外交部"全宗,第118页。

87. 顾维钧致顾孟馀电(1932年8月17日)

铁道部顾部长孟馀兄勋鉴:本处专员程经远等七人公毕回京,请饬路局发给头等车票、卧票各七张,随从仆役两人三等车票两张,又刘迺藩等三人赴沪,请饬发由平赴沪头等车票、卧票各三张,并仆从二人三等车票二张,暂行记账并电复为荷。顾。洽。

资料来源:《国联调查委员会中国代表处来往电报(一)》,台北"国史馆"藏"外交部"全宗,第119页。

88. 顾维钧致顾孟馀电(1932年8月20日)

南京铁道部顾部长勋鉴:本处专员陆士寅等二人公毕赴沪,请饬路局发给头等车票、卧票各二张,请查照并电复。弟顾。号。

资料来源:《国联调查委员会中国代表处来往电报(一)》,台北"国史馆"藏"外交部"全宗,第120页。

89. 参与国际联合会调查委员会中国代表处致青岛市政府电(1932年8月29日)

青岛市政府:调查团两次到青岛,如有照片请设法饬印各四十份从速寄平,以便汇装成册。代表处。号。

资料来源:《国联调查委员会中国代表处来往电报(一)》,台北"国史馆"藏"外交部"全宗,第121页。

90. 参与国际联合会调查委员会中国代表处致铁道部电(1932年5月28日)

南京铁道部鉴:本处议案组主任钱泰因公赴京,希望电贵部北平前门车站发给平浦通车来回记账车票一张为荷。调查团中国代表处。廿八日。

资料来源:《国联调查委员会中国代表处来往电报(一)》,台北"国史馆"藏"外交部"全宗,第123页。

91. 参与国际联合会调查委员会中国代表处
致南京铁道部电(1932年5月28日)

南京铁道部鉴:本处专门委员谢寿康前因公赴京,曾向贵部请发车票在案,惟车票到时该员业已南行,现该员公毕北上,希予发给由浦至平车票一张为荷。中国代表处。廿八日。

资料来源:《国联调查委员会中国代表处来往电报(一)》,台北"国史馆"藏"外交部"全宗,第124页。

92. 参与国际联合会调查委员会中国代表处
致谢次彭电(1932年5月28日)

南京安仁街十号谢次彭先生鉴:执事北上车票业由处电铁道部照发,请迳与该部业务司接洽为要。代表处。廿八日。

资料来源:《国联调查委员会中国代表处来往电报(一)》,台北"国史馆"藏"外交部"全宗,第125页。

93. 钱泰致张祥麟电(1932年6月10日)

上海(遮盖)张祥麟兄鉴:承寄油印蜡纸已收到,请照样购二十盒托游弥坚兄带平为感。弟泰。

资料来源:《国联调查委员会中国代表处来往电报(一)》,台北"国史馆"藏"外交部"全宗,第126页。

94. 钱泰致张祥麟电(1932年5月25日)

上海(遮盖)张祥麟兄鉴:请购 DRYTYPE FOR ROTO WHITE NO. 4576 二十盒匣托立庭兄或其他便人带平应用为感。弟泰。

资料来源:《国联调查委员会中国代表处来往电报(一)》,台北"国史馆"藏"外交部"全宗,第127页。

95. 参与国际联合会调查委员会中国代表处致南京罗文干电（日期不详）

南京外交部罗部长勋鉴：任密。顾代表昨晚协同调查团启程，今晨十时抵秦皇岛换乘海圻舰，约本晚可抵大连，代表团东渡后将来平沈间，如何通讯自由关系重要，经与英使馆接洽，此间重要文件拟请该馆加封代转至东省，各地代表处发出函电及文件拟托各该处领馆代发，应请英使馆知照各该领馆，但英馆表示须向蓝使请示。

资料来源：《国联调查委员会中国代表处来往电报（一）》，台北"国史馆"藏"外交部"全宗，第128页。

96. 王广圻致外交部电（1932年4月20日）

拟请大部电请郭次长迅与蓝使商洽，并乞电复为祷。王广圻叩。

资料来源：《国联调查委员会中国代表处来往电报（一）》，台北"国史馆"藏"外交部"全宗，第129页。

97. 顾维钧致南京铁道部电（1932年6月24日）

南京铁道部鉴：本处专委张汶等三人公毕回京，请电饬北宁津浦路局前门车站发平浦通车头等车票附带卧票三份，暂行记账为荷并请电复。顾。

资料来源：《国联调查委员会中国代表处来往电报（一）》，台北"国史馆"藏"外交部"全宗，第130页。

98. 钱泰致外交部电（1932年6月25日）

南京外交部速转张歆海兄鉴：昨电计达，代表意盼兄速来。泰。有。

资料来源：《国联调查委员会中国代表处来往电报（一）》，台北"国史馆"藏"外交部"全宗，第131页。

99. 王广圻致上海顾维钧电(1932年6月16日)

上海顾代表勋鉴：删电奉悉。遵经密向调查团接洽，据复星期六星期日何时晤谈，时间可候到平再定云。请客事处遵照筹备，飞机约何时到平，仍盼电示以便备车迎迓。圻叩。铣。

资料来源：《国联调查委员会中国代表处来往电报（一）》，台北"国史馆"藏"外交部"全宗，第134页。

100. 王广圻致张祥麟电(1932年6月21日)

上海张祥麟：宁密。新闻电暂停款，请示即汇。圻。马。

资料来源：《国联调查委员会中国代表处来往电报（一）》，台北"国史馆"藏"外交部"全宗，第135页。

101. 王广圻致南京顾维钧电(日期不详)

顷接调查团秘书长节略，嘱询顾代表是否定能于本星期五或星期六反平，并称如中国政府人员不拟于调查团未赴日本前与之会谈，则该团拟本月廿日离开北平，再该团如在赴日之先不能与中国政府之人员会谭(谈)，则当然可于日本归来后随时候晤等语，应如何达复，候电示遵。圻。

资料来源：《国联调查委员会中国代表处来往电报（一）》，台北"国史馆"藏"外交部"全宗，第137页。

102. 王广圻致上海施德潜电(日期不详)

上海转德潜兄删电。请客名单沈祖同下汤胡，胡系何人，请电示。圻。

资料来源：《国联调查委员会中国代表处来往电报（一）》，台北"国史馆"藏"外交部"全宗，第138页。

103. 电南京外交部葛慈孙(1932年6月24日)

南京外交部葛慈孙兄鉴：二十四日电敬悉。日来弗来电查系 Disuy 英文直译，密码特复。弟。廿四日。

资料来源：《国联调查委员会中国代表处来往电报(一)》，台北"国史馆"藏"外交部"全宗，第140页。

104. 钱泰致上海张歆海电(1932年6月24日)

上海北京路万升酱园张歆海兄鉴：调查团廿八东渡，代表意盼速来。泰。

资料来源：《国联调查委员会中国代表处来往电报(一)》，台北"国史馆"藏"外交部"全宗，第141(1)页。

105. 顾维钧致南京铁道部电(1932年6月27日)

南京铁道部鉴：敬电计达，请发张汶二等三员车票，事盼即复，再另有谢专委寿康一员公毕返京，请一并照发车票、卧票各一张为感。顾。感。

资料来源：《国联调查委员会中国代表处来往电报(一)》，台北"国史馆"藏"外交部"全宗，第143页。

106. 参与国际联合会调查委员会中国代表处致南京铁道部电(1932年6月29日)

兹有本处萧参议继崇及同行共四人随带仆人一名拟于七月前由沪来平，拟请电饬京沪津浦两路局届时照发四人头等车票及卧车票，又一人三等车票均请记账为感，并盼电复。艳。

资料来源：《国联调查委员会中国代表处来往电报(一)》，台北"国史馆"藏"外交部"全宗，第144页。

107. 顾维钧致天津北宁路高任旃电(日期不详)

天津北宁路局高局长任旃兄勋鉴:东电奉悉。承挂包车,感谢。特复。弟顾。东。

资料来源:《国联调查委员会中国代表处来往电报(一)》,台北"国史馆"藏"外交部"全宗,第145页。

108. 施肇夔致上海张祥麟电(1932年7月1日)

上海祥麟兄鉴:代表三日赴北戴河,沪上所订各报,请通知迳寄北戴河保一路一号为要。弟夔。东。

资料来源:《国联调查委员会中国代表处来往电报(一)》,台北"国史馆"藏"外交部"全宗,第146页。

109. 王广圻致宁向南电(日期不详)

北戴河海滨车站转宁参事向南兄鉴:顾代表准明日启程,暂借住严宅。特闻。弟广圻。冬。

资料来源:《国联调查委员会中国代表处来往电报(一)》,台北"国史馆"藏"外交部"全宗,第147页。

110. 王广圻致宁向南电(1932年7月2日)

北戴河海滨车站转宁参事向南兄鉴:顾代表定三日早车赴北戴河同行秘书四人、仆役五人,特电奉闻。弟王广圻。冬。

资料来源:《国联调查委员会中国代表处来往电报(一)》,台北"国史馆"藏"外交部"全宗,第150页。

111. 顾维钧致顾孟馀电(1932年7月3日)

南京铁道部顾部长孟馀兄勋鉴：东电事悉。敝处职员迭承发给车票，深为感谢，兹有金参议问泗等四员随带仆役一名因公由平赴沪，拟仍恳饬发头等车票、卧铺票各四份，三等车票一张尤为感荷。弟顾。江。

资料来源：《国联调查委员会中国代表处来往电报(一)》，台北"国史馆"藏"外交部"全宗，第151页。

十二、国联调查委员会中国代表处来往电报(二)

1. 高纪毅致顾维钧电(1932年7月1日)

北平顾代表少川兄勋鉴：前门站电话遵处嘱为预备包房赴海滨等情，查普通头等不甚方便，兹已饬前门改挂包车一辆以备应用矣。特达。高纪毅叩。东。

资料来源：《国联调查委员会中国代表处来往电报(二)》，台北"国史馆"藏"外交部"全宗，第5页。

2. 上海张祥麟致施德潜电(1932年7月2日)

德潜兄：各报已照东电通知，又善昌兄各报五号期满，款刊当再续订。麟。冬。

资料来源：《国联调查委员会中国代表处来往电报(二)》，台北"国史馆"藏"外交部"全宗，第6页。

3. 顾孟馀致顾维钧电(1932年7月2日)

北平前门站转送顾代表少川勋鉴：艳电奉悉。萧参事等由沪赴平，所有票价等已饬经行各路记外交部帐矣。特复。铁道部顾部长孟馀。东。

资料来源：《国联调查委员会中国代表处来往电报(二)》，台北"国史馆"藏"外交部"全宗，第7页。

4. 顾孟馀致顾维钧电(1932年7月5日)

顾代表少川兄勋鉴：江电奉悉。金参事等由平赴沪，已饬经行各站照发车票并将票价及卧铺费暂记外交部帐矣。特复。弟顾孟馀。支。

资料来源：《国联调查委员会中国代表处来往电报(二)》，台北"国史馆"藏"外交部"全宗，第8页。

5. 顾孟馀致顾维钧电(1932年7月6日)

探投顾代表少川兄勋鉴：支电敬悉。专门委员徐养秋君公毕回京，已饬北宁津浦两路局照发车票并将票价及卧铺费暂记外交部帐矣。特复。弟顾孟馀。微。

资料来源：《国联调查委员会中国代表处来往电报(二)》，台北"国史馆"藏"外交部"全宗，第9页。

6. 刘崇杰致顾维钧电(1932年7月23日)

顾代表勋鉴：密。日本政府拟派有吉为驻华公使，已与同意，即将发表。谨密闻。刘崇杰。

资料来源：《国联调查委员会中国代表处来往电报(二)》，台北"国史馆"藏"外交部"全宗，第10页。

7. 顾孟馀致顾维钧电(1932年7月24日)

北平前门站探投顾代表少川兄勋鉴：马电祗悉。贵处办事员刘树因公赴京，已饬北宁津浦两路局照发往返车票并将头等票价及卧铺费暂记外交部帐矣。特复。弟顾孟馀。梗。

资料来源：《国联调查委员会中国代表处来往电报(二)》，台北"国史馆"藏"外交部"全宗，第11页。

8. 张汶致顾维钧、王广圻电（1932年7月23日）

外交大楼中国代表处代表顾、秘书长王钧鉴：回宁处理一切，就决定一二日内北上，谨闻。张汶叩。养。

资料来源：《国联调查委员会中国代表处来往电报（二）》，台北"国史馆"藏"外交部"全宗，第12页。

9. 罗文干致顾维钧电（1932年7月23日）

北平顾代表少川兄勋鉴：密。目前日本使馆参赞来部面称，奉本国外交当局命，以中日关系紧要，驻使员缺，未便久悬，拟以前任驻巴西公使有吉明来任华使，希望中国政府同意等语，当经陈商，汪院长并电蒋委员长，旋经提出行政院会议决予同意，蒋委员长亦电复赞同，本日通知日方，特闻。弟文干。漾。

资料来源：《国联调查委员会中国代表处来往电报（二）》，台北"国史馆"藏"外交部"全宗，第13页。

10. 顾孟馀致顾维钧电（1932年7月12日）

北平前门站探投顾代表少川兄鉴：佳电敬悉。贵处办事员王湧源因公返沪一节已电饬北宁津浦各路局将票价等记外交部帐矣。特复。弟顾孟馀。真。

资料来源：《国联调查委员会中国代表处来往电报（二）》，台北"国史馆"藏"外交部"全宗，第14页。

11. 南京外交部刘崇杰电（日期不详）

顷奉电敬悉。承贺感愧交深，杰就职伊始，日来正忙布置各事，本定八月初旬北来，稍多勾留，借聆教诲，此次调查团过青关系，即日赴平，如尊意以杰此时到青为要，盼速电示，当即就道，亮功兄已奉派充简任秘书并闻。崇杰叩。铣。

资料来源:《国联调查委员会中国代表处来往电报(二)》,台北"国史馆"藏"外交部"全宗,第15页。

12. 顾孟馀致顾维钧电(日期不详)

前门站探投顾代表少川兄勋鉴:有电奉悉。朱参事等由平返京,已饬经行各路照发车票并将票价及卧铺费暂记外交部帐矣,特复。弟顾孟馀。感。

资料来源:《国联调查委员会中国代表处来往电报(二)》,台北"国史馆"藏"外交部"全宗,第16页。

13. 顾维钧致王广圻电(1932年8月1日)

劼孚兄鉴:弟定今晚偕义德两委及阿斯特等启程,明早十时余抵平,请派车到站迎接。弟钧。东。

资料来源:《国联调查委员会中国代表处来往电报(二)》,台北"国史馆"藏"外交部"全宗,第17页。

14. 蒋介石致顾维钧电(1932年8月8日)

北平绥署转顾少川兄勋鉴:歌电悉。结密应付贤劳极用欣慰,各情仍盼随时电示。中正。虞。秘电。

资料来源:《国联调查委员会中国代表处来往电报(二)》,台北"国史馆"藏"外交部"全宗,第18页。

15. 顾孟馀致顾维钧电(1932年8月2日)

北平前门站探投顾代表少川兄勋鉴:庚电敬悉。贵处职员胡文柄、任起华及仆从一名,由平赴京,已饬北宁津浦两路局照发头等车票并将票价及卧铺费暂记外交部帐矣,特复。弟顾孟馀。灰。

资料来源:《国联调查委员会中国代表处来往电报(二)》,台北"国史馆"藏"外交部"全宗,第19页。

16. 蒋作宾致参与国际联合会调查委员会中国代表处电
（1932年7月15日）

北平张绥靖主任：调查团乘秩父丸约于十九日抵沪，迳赴北平，少川兄十三日来电，译不成文，并希望转告为荷。宾。寒。印。

资料来源：《国联调查委员会中国代表处来往电报（二）》，台北"国史馆"藏"外交部"全宗，第20页。

17. 上海张祥麟致参与国际联合会调查委员会中国代表处电（日期不详）

阶平兄：样本今晨到，弟其电为快信，想达时期既迫，法文稿仍尚未寄，再拖延恐沪亦无办法，弟处无法文人才，尊处似可派法文专员即日送稿来沪，兼负责校对。再《大华晚报》昨载顾代表、张汉卿宣称三星期内出国云，是否可实，乞转陈为盼。麟。寒。

资料来源：《国联调查委员会中国代表处来往电报（二）》，台北"国史馆"藏"外交部"全宗，第22页。

18. 外交部致参与国际联合会调查委员会中国代表处电（1932年8月13日）

密。近来美国各地盛开演会，常邀中日人到会讲演，但恐缺乏材料不能宣传尽合，请迅将中日问题各种说帖送寄严代办一份，以供讲演者参考。外交部。元。

资料来源：《国联调查委员会中国代表处来往电报（二）》，台北"国史馆"藏"外交部"全宗，第23页。

19. 顾孟馀致顾维钧电（1932年8月14日）

北平前门站探投顾代表少川兄勋鉴：文电祗悉。贵处职员施绍曾等二人公毕回京,又秘书长王广圻等三人由平赴沪,已饬经行各路照发车票并将票价及卧铺费暂记外交部帐矣。特复。弟顾孟馀。元。

资料来源:《国联调查委员会中国代表处来往电报(二)》,台北"国史馆"藏"外交部"全宗,第24页。

20. 罗文干致顾维钧电(1932年8月15日)

顾代表少川兄勋鉴:密。准颜代表电请将尊处提交调查团各项说帖印成册,邮寄二千份等语,请迅饬办理,迳寄日内瓦。弟罗文干。删。

资料来源:《国联调查委员会中国代表处来往电报(二)》,台北"国史馆"藏"外交部"全宗,第26页。

21. 南京葛祖燨致李荫覃电(1932年8月16日)

李荫覃兄鉴:任密。咸电悉。颜代表原电请寄二千份。特复。葛祖燨。铣。

资料来源:《国联调查委员会中国代表处来往电报(二)》,台北"国史馆"藏"外交部"全宗,第27页。

22. 北戴河海滨招待处致顾维钧电(1932年8月15日)

北平外交大楼中国代表处顾代表勋鉴:专门委员Angeline夫妇及打字员Robert今晚火车返平,又□及随员明晚夜车反平,谨以奉闻。海滨招待处叩。删。

资料来源:《国联调查委员会中国代表处来往电报(二)》,台北"国史馆"藏"外交部"全宗,第28页。

23. 刘崇杰致顾维钧电(1932年8月16日)

顾代表勋鉴:密。空白护照廿册已付寄。杰。铣。

资料来源:《国联调查委员会中国代表处来往电报(二)》,台北"国史馆"藏

"外交部"全宗,第 29 页。

24. 顾孟馀致北宁津浦路局电(1932 年 8 月 17 日)

北宁津浦路局鉴:中国代表处钱主任泰由平回京,所有头等票价及卧铺费均暂记外交部帐。部长顾孟馀。铣。

资料来源:《国联调查委员会中国代表处来往电报(二)》,台北"国史馆"藏"外交部"全宗,第 30 页。

25. 海滨招待处致王广圻电(1932 年 8 月 22 日)

外交大楼中国代表处王秘书长鉴:专委德富门及诺克斯等五人今晚夜车赴平,顾代表、施、傅二秘书明晚夜车赴平,特闻。海滨招待处。马。

资料来源:《国联调查委员会中国代表处来往电报(二)》,台北"国史馆"藏"外交部"全宗,第 31 页。

26. 顾孟馀致顾维钧电(1932 年 8 月 22 日)

顾代表少川兄勋鉴:号电敬悉。陆士寅等二人赴沪,车票、卧票已饬北宁津浦京沪路局照办矣。特复查照。弟顾孟馀。马。

资料来源:《国联调查委员会中国代表处来往电报(二)》,台北"国史馆"藏"外交部"全宗,第 32 页。

27. 顾孟馀致参与国际联合会调查委员会
中国代表处电(1932 年 8 月 23 日)

铣电敬悉。外交部任科长奉调赴平,请发车票一节已电饬北宁津浦两路局尊办,并将票价、卧铺费等暂记贵处帐矣。特复。弟顾孟馀。养。

资料来源:《国联调查委员会中国代表处来往电报(二)》,台北"国史馆"藏"外交部"全宗,第 33 页。

28. 顾孟馀致顾维钧电（1932 年 8 月 24 日）

北宁前门站站长探交顾代表少川勋鉴：洽电悉。程经远等七人由平返京头等车票、卧票七张及仆二人三等车票二张，刘迺藩等三人由平赴沪头等车票、卧票各三张及仆二人三等车票三张，已饬路局记贵处帐照发矣，特复。顾孟馀。漾。

资料来源：《国联调查委员会中国代表处来往电报（二）》，台北"国史馆"藏"外交部"全宗，第 34 页。

29. 顾孟馀致顾维钧电（1932 年 8 月 25 日）

北宁前门车站站长探交顾代表少川兄勋鉴：漾电敬悉。贵处张主任等公毕回京，萧参议等赴沪并随从，所电车票、卧票一节已电饬北宁津浦京沪各路局遵照办理，并将票价等费暂记贵处帐矣。至专委程刘张君分别由平回京赴沪，所电车票业经本部于漾日电饬经行各路局照发，并电复罗处各在案。特电奉复，即希查照。顾孟馀。敬。

资料来源：《国联调查委员会中国代表处来往电报（二）》，台北"国史馆"藏"外交部"全宗，第 35 页。

30. 顾孟馀致顾维钧电（1932 年 8 月 29 日）

顾代表少川兄勋鉴：宥电敬悉。贵处金参议问泗等三人、仆役一人由平赴沪请发车票一节已饬北宁津浦京沪各路局遵照办理，并将票价、卧铺费等暂记贵处帐矣，特复。弟顾孟馀。俭。

资料来源：《国联调查委员会中国代表处来往电报（二）》，台北"国史馆"藏"外交部"全宗，第 36 页。

31. 顾孟馀致顾维钧电（1932 年 8 月 29 日）

顾代表少川兄勋鉴：感电敬悉。已饬路局遵照办理，并将该项车、卧票各四份,其中一份为往回票等费记贵处帐矣,特复查照。弟顾孟馀。俭。

资料来源:《国联调查委员会中国代表处来往电报(二)》,台北"国史馆"藏"外交部"全宗,第37页。

32. 顾孟馀致顾维钧电(1932年8月29日)

北宁前门车站站长探交顾代表少川兄勋鉴:俭电敬悉。贵处文件派员由平运沪一节,已电饬北宁津浦京沪各路局遵照办理,并将该项票价、运费暂记贵处帐矣,特复查照。弟顾孟馀。艳。

资料来源:《国联调查委员会中国代表处来往电报(二)》,台北"国史馆"藏"外交部"全宗,第38页。

33. 外交部致参与国际联合会调查委员会中国代表处电(1932年8月29日)

二十八日路达电称,中国报载中国代表团备有说帖廿七件,翻成各国文字共印两万份,由平装廿五箱运欧,此外北方当局将另装运关系文件七箱等语,上项消息不知如何泄漏,装运时特予注意,以防中途发生意外为要。外交部。艳。

资料来源:《国联调查委员会中国代表处来往电报(二)》,台北"国史馆"藏"外交部"全宗,第39页。

34. 钱泰致金问泗电(日期不详)

纯孺兄鉴:俭电敬悉。时间太促,遵赶印后两种寄件提单乞交下,以便到瑞再取,少公何日来沪,盼电复。弟泰。卅。

资料来源:《国联调查委员会中国代表处来往电报(二)》,台北"国史馆"藏"外交部"全宗,第40页。

35. 顾孟馀致参与国际联合会调查委员会中国代表处电（1932年8月30日）

宥电奉悉。关于意德法三委员由平赴榆专车及秘书由平赴沪车票行李车各节均经饬路遵办，所有秘书两人之车票等费均暂记贵处账，特电奉复。弟顾孟馀。艳。

资料来源：《国联调查委员会中国代表处来往电报（二）》，台北"国史馆"藏"外交部"全宗，第 41 页。

36. 外交部致参与国际联合会调查委员会中国代表处电（日期不详）

准颜代表电称南申救济难民局，据该局驻华代表电告，东省水灾甚重，哈尔滨俄难民二万待赈。该局欲知确情究竟东省人民及俄难民受灾轻重如何，请电示等因应，请贵处就近查明电复以凭转复。外交部。世。

资料来源：《国联调查委员会中国代表处来往电报（二）》，台北"国史馆"藏"外交部"全宗，第 42 页。

37. 徐谟致顾维钧电（1932年9月1日）

顾代表勋鉴：任密。吾公约二日何时抵京，恳先电示。徐谟。东。

资料来源：《国联调查委员会中国代表处来往电报（二）》，台北"国史馆"藏"外交部"全宗，第 43 页。

38. 钱泰致金问泗电（1932年9月1日）

纯孺兄鉴：卅两电奉悉。印价约六百元，沪崴间货船无定期，还时无船开，兄行止如何，乞示。弟泰。卅一。

资料来源：《国联调查委员会中国代表处来往电报（二）》，台北"国史馆"藏"外交部"全宗，第 44 页。

39. 顾孟馀致顾维钧电(1932年9月3日)

北宁前门站站长探交顾代表少川兄:世电敬悉。已饬北宁津浦京沪路局遵照办理并将由平赴沪往返头等车、卧票价各二张,三等往返车票价各二张暂记贵处帐矣,特复查照。弟顾孟馀。冬。

资料来源:《国联调查委员会中国代表处来往电报(二)》,台北"国史馆"藏"外交部"全宗,第45页。

40. 南京谢家骝致王广圻电(1932年9月3日)

王秘书长钧鉴:任密。件均上车。骝。江。

资料来源:《国联调查委员会中国代表处来往电报(二)》,台北"国史馆"藏"外交部"全宗,第47页。

41. 顾孟馀致北宁津浦路局电(1932年9月3日)

北宁津浦路局鉴:准国联调查团中国代表处电,以该处顾问宝道公毕赴京,请饬发由平至浦头等车票及卧票各一张等由仰即遵照办理,所有票价等暂记该处帐。部长顾孟馀。江。

资料来源:《国联调查委员会中国代表处来往电报(二)》,台北"国史馆"藏"外交部"全宗,第48页。

42. 顾孟馀致顾维钧电(1932年9月3日)

北平前门站送顾代表少川兄勋鉴:东电奉悉。调查团哈斯夫妇秘书吴秀峰等挂车及车票各节业经分饬各路局遵照办理,特复。弟顾孟馀。江。

资料来源:《国联调查委员会中国代表处来往电报(二)》,台北"国史馆"藏"外交部"全宗,第49页。

43. 顾孟馀致顾维钧电(1932年9月3日)

前门车站转顾代表少川兄勋鉴：冬电奉悉。贵处职员任升各、刘毅各等由平分赴京沪，请饬发车票一节已电饬北宁津浦京沪三路局遵办，并将票价等暂记贵处帐矣。特复。弟顾孟馀。江。

资料来源:《国联调查委员会中国代表处来往电报(二)》,台北"国史馆"藏"外交部"全宗,第50页。

44. 顾孟馀致顾维钧电(日期不详)

北平前门车站探投顾代表少川兄勋鉴：艳电奉悉。调查团专车及加挂行李车各节，前奉宥电业经分饬各路局遵照，并经艳电奉复，各在案即希迳与北宁路接洽为荷。弟顾孟馀。世。

资料来源:《国联调查委员会中国代表处来往电报(二)》,台北"国史馆"藏"外交部"全宗,第51页。

45. 顾维钧致铁道部顾孟馀电(日期不详)

南京铁道部顾部长孟馀兄钧鉴：江电计达，金参议问泗等四员车票谅荷饬发，兹有专门委员徐养秋公毕回京，拟请一并发给头等车票、卧铺票各一份为荷。弟顾。支。

资料来源:《国联调查委员会中国代表处来往电报(二)》,台北"国史馆"藏"外交部"全宗,第56页。

46. 顾维钧致铁道部顾孟馀电(1932年7月9日)

南京铁道部顾部长孟馀兄鉴：兹有敝处办事员王湧源公毕回沪，拟请饬发二等车票及卧铺票一份为荷。弟顾。佳。

资料来源:《国联调查委员会中国代表处来往电报(二)》,台北"国史馆"藏"外交部"全宗,第59页。

47. 王广圻致金问泗电（1932年7月12日）

上海格罗希路二六号金纯孺兄鉴：诸务待商，请早命驾北返。弟圻。文。

资料来源：《国联调查委员会中国代表处来往电报（二）》，台北"国史馆"藏"外交部"全宗，第60页。

48. 顾维钧致铁道部顾孟馀电（1932年7月21日）

南京铁道部顾部长孟馀兄勋鉴：兹有敝处办事员刘树台因公由平赴京，拟恳饬发往返头等车票并卧票各一份，仍请记账为荷。弟顾。马。

资料来源：《国联调查委员会中国代表处来往电报（二）》，台北"国史馆"藏"外交部"全宗，第62页。

49. 施肇夔致金问泗电（1932年7月16日）

纯孺兄鉴：少公盼兄速回。弟夔。

资料来源：《国联调查委员会中国代表处来往电报（二）》，台北"国史馆"藏"外交部"全宗，第63页。

50. 顾维钧致铁道部顾孟馀电（1932年7月25日）

南京铁道部顾部长孟馀兄勋鉴：外交部朱参事鹤翔、朱帮办世全及本处职员转任外交部秘书雷孝敏等共四人由平回京，随带仆从一人，请饬路局填给头等车票及卧票各四张、三等车票一张，暂行记账并即电复。弟顾。有。

资料来源：《国联调查委员会中国代表处来往电报（二）》，台北"国史馆"藏"外交部"全宗，第64页。

51. 电陈罗文干回平事（1932年8月2日）

南京外交部罗部长勋鉴：任密。弟拟今晨偕意德两委回平，特闻。

弟。冬。

资料来源:《国联调查委员会中国代表处来往电报(二)》,台北"国史馆"藏"外交部"全宗,第 65 页。

52. 李鸿栻致张祥麟电(1932 年 8 月 5 日)

宁密。报纸请续订照寄,报款即汇。弟栻。歌。

资料来源:《国联调查委员会中国代表处来往电报(二)》,台北"国史馆"藏"外交部"全宗,第 67 页。

53. 顾维钧致顾孟馀电(1932 年 8 月 8 日)

南京铁道部顾部长孟馀兄勋鉴:兹有敝处职员胡专委文柄、任专委起华公毕回京,随带仆役一名,请饬发由平赴京头等车票及卧票各二份,并三等车票一份,仍请记账毋任感荷。弟顾。庚。

资料来源:《国联调查委员会中国代表处来往电报(二)》,台北"国史馆"藏"外交部"全宗,第 69 页。

54. 参与国际联合会调查委员会中国代表处致上海张祥麟电(1932 年 8 月 10 日)

上海张祥麟兄鉴:本处法文说帖现拟在沪付印,计二十四种,每种印五百本,共计一千页左右,纸张大小每张长十英寸半,宽七英寸半,每页二十五行,每行五十四字母,须于九月三号以前竣工,请速代觅一印刷所,诵其能否如期竣事,即盼电复,样本另邮寄。代表处。蒸。

资料来源:《国联调查委员会中国代表处来往电报(二)》,台北"国史馆"藏"外交部"全宗,第 71 页。

55. 顾维钧致顾孟馀电 (1932 年 8 月 12 日)

南京铁道部顾部长勋鉴:本处职员施绍曾等二人公毕回京,又秘书长王广圻等三人公毕赴沪,请饬路局给发由平赴京头等车票及卧票各二张,仆役一人三等车票一张,又由平赴沪头等车票、卧票各三张,仆役一人三等车票一张并请电复为荷。弟顾。文。

资料来源:《国联调查委员会中国代表处来往电报(二)》,台北"国史馆"藏"外交部"全宗,第72页。

56. 钱泰致上海张祥麟电(1932年8月14日)

上海张祥麟兄勋鉴:法文说帖已就近载津付印,《大美晚报》所载一节并无其事,闻张极欲出洋,就其训话,须经两月准备。弟泰。咸。

资料来源:《国联调查委员会中国代表处来往电报(二)》,台北"国史馆"藏"外交部"全宗,第74页。

57. 颜季余托带交顾问(1932年7月29日)

0/0 胶州济南铁路局
青岛。
租借寄回原来给刘易斯的两个包裹,如果不方便把它们留在南京。
外交部。
钱泰。
第二十九。

资料来源:《国联调查委员会中国代表处来往电报(二)》,台北"国史馆"藏"外交部"全宗,第78页。

58. 电陈说帖脱稿事(日期不详)

此间草拟初步说帖已将脱稿,惟尚有翻译校对印刷等事须在沪赶办,酌留钱泰、张歆海、杨永清、陈立廷、宝道五员在沪办理,其余两组人员分别迳赴北平或绕道前往。

资料来源:《国联调查委员会中国代表处来往电报(二)》,台北"国史馆"藏"外交部"全宗,第79页。

59. 张祥麟致傅冠雄电（日期不详）

傅秘书鉴：宁密。驻沪办事处有账款报消，未知荫覃兄已否返平，邮不通，盼速电复。麟。敬。

资料来源：《国联调查委员会中国代表处来往电报（二）》，台北"国史馆"藏"外交部"全宗，第 80 页。

60. 王广圻致顾维钧电（日期不详）

南京顾代表：顷饬接调查团秘书长节略，嘱询顾代表是否定能于本星期五或星期六返平，并称如中国政府人员不拟于调查团未赴日本前与之会谈，则该团拟本月廿日离开北平。再该团如在赴日本之先不能与中国政府之人员会谭〔谈〕，则当然可于日本归来后随时候晤等语。应如何达复，候电示遵，特达并乞饬复。圻。

资料来源：《国联调查委员会中国代表处来往电报（二）》，台北"国史馆"藏"外交部"全宗，第 81 页。

61. 参与国际联合会调查委员会中国代表处致铁道部电（1932 年 6 月 29 日）

兹有本处箫参议继崇及同行共四人随带仆人一名，拟于七月十日前由沪搭乘早快车至京，即晚转乘平浦通车来平，拟请电饬京沪、津浦两路局届时照发四人头等车票及卧车票，又一人三等车票均请记账为感，并盼电复。艳。

资料来源：《国联调查委员会中国代表处来往电报（二）》，台北"国史馆"藏"外交部"全宗，第 82 页。

83—85 难以识读，遂略

62. 顾维钧致南京国难会议秘书处电
（1932年3月26日）

南京国难会议秘书处鉴：国难会议不日开会，承见邀极，拟前来与会，祗以参与国联调查团事未克如愿，良深歉疚，届时如能分身尚当如期出席，特电奉陈请祈亮詧。顾。

资料来源：《国联调查委员会中国代表处来往电报（二）》，台北"国史馆"藏"外交部"全宗，第86页。

63. 金问泗致钱泰电（1932年8月28日）

急。上海同孚路基安一号徐公馆钱阶平兄大鉴：密。南行歉未送别，少公意答案十件均须付印五百份，照样带瑞分送，尤其是关于东北行政一件，暨此外彼自拟之对日两说帖之短评一件，惟此间实已赶印不及，决请兄在沪与别发商等处办，如亦赶不及或先印后指两种亦可，再印件已交公司带沪，共七箱十八种共八六五零册，并附带兄允之五件七箱，余件电闻。弟泗。俭。

资料来源：《国联调查委员会中国代表处来往电报（二）》，台北"国史馆"藏"外交部"全宗，第87页。

64. 顾孟馀致参与国际联合会调查委员会中国代表处电（日期不详）

北宁前门探投国联调查团中国代表处：俭电悉。谢委员由京赴平，钱主任来往京平乘车记账一节已电饬北宁津浦两路遵照将票价等暂记外交部帐矣，特复。铁道部长顾孟馀。世。

资料来源：《国联调查委员会中国代表处来往电报（二）》，台北"国史馆"藏"外交部"全宗，第88页。

65. 顾维钧致顾孟馀电(1932年8月15日)

南京铁道部顾部长孟馀兄勋鉴：兹有本处钱主任泰公毕回京，请饬发由平赴京头等车票及卧票各一份为荷。弟顾。删。

资料来源：《国联调查委员会中国代表处来往电报(二)》，台北"国史馆"藏"外交部"全宗，第89页。

66. 李鸿栻致葛祖燡电(1932年8月15日)

南京外交部兄鉴：密。罗部长删电所开邮寄说帖二千份一节千字电码是否错误，请速查示。弟鸿栻。咸。

资料来源：《国联调查委员会中国代表处来往电报(二)》，台北"国史馆"藏"外交部"全宗，第91页。

67. 顾维钧致顾孟馀电(1932年8月16日)

铁道部顾部长孟馀兄勋鉴：外交部科长任起华兹由本处续调来平，请饬路局发给由京来平头等车票、卧票各一张，暂行记账，请查照办理并电复为感。弟顾。铣。

资料来源：《国联调查委员会中国代表处来往电报(二)》，台北"国史馆"藏"外交部"全宗，第93页。

68. 顾维钧致顾孟馀电(1932年8月17日)

铁道部顾部长孟馀兄勋鉴：本处专委程经达等七人公毕回京，请饬路局发给头等车票、卧票各七张，暨仆役二人三等票二张，又刘涎藩等三人赴沪，请饬发由平赴沪头等车票、卧票各三张，并仆从二人三等票二张，暂行记账并电复为荷。顾。洽。

资料来源：《国联调查委员会中国代表处来往电报(二)》，台北"国史馆"藏"外交部"全宗，第94页。

69. 顾维钧致顾孟馀电（1932年8月20日）

南京铁道部顾部长勋鉴：本处专委陆士寅等二人公毕赴沪，请饬路局发给头等车票、卧票各二份，请查照并电复为荷。弟顾。号。

资料来源：《国联调查委员会中国代表处来往电报（二）》，台北"国史馆"藏"外交部"全宗，第95页。

70. 参与国际联合会调查委员会中国代表处致青岛市政府电（1932年8月20日）

调查团两次到青岛，如有照片，请设法饬印各四十份，从速寄平，以便汇装成册，分赠留念，并先电复为荷。代表处。号。

资料来源：《国联调查委员会中国代表处来往电报（二）》，台北"国史馆"藏"外交部"全宗，第96页。

71. 顾维钧致顾孟馀电（1932年8月23日）

南京铁道部部长顾孟馀兄勋鉴：本处主任张歆海等三人公毕回京，又萧参议继崇等四人因公赴沪，请饬路局发给由平至京平浦通车头等车票、卧票各三张，随从仆役三等车票三张，平至沪头等车票、卧票各四张，请记外交部帐，参与国联调查团中国代表处漾，并电复为荷，再洽电请饬发本处专委程经达等七人公毕回京及刘洒藩等三人由平赴沪各车票，并请一查照见复。弟顾。漾。

资料来源：《国联调查委员会中国代表处来往电报（二）》，台北"国史馆"藏"外交部"全宗，第97页。

72. 金问泗致徐谟电（1932年8月25日）

南京外交部徐次长叔谟兄鉴：任密。代表处前托季余兄送存尊处说帖印本两包请印交邮寄平。弟泗。有。

资料来源：《国联调查委员会中国代表处来往电报（二）》，台北"国史馆"藏

"外交部"全宗,第 99 页。

73. 顾维钧致顾孟馀电(1932 年 8 月 25 日)

南京铁道部顾部长孟馀兄勋鉴:本处金参议问泗等三人,仆役一人由平赴沪,请饬发头等车票及卧铺票各三份,三等车票一份,并请电复为荷。弟顾。有。

资料来源:《国联调查委员会中国代表处来往电报(二)》,台北"国史馆"藏"外交部"全宗,第 100 页。

74. 顾维钧致顾孟馀电(1932 年 8 月 26 日)

铁道部顾部长孟馀兄勋鉴:调查团意德法三委员约下月二日由平赴山海关转道西伯利亚赴欧,请饬北宁路局届时备开专车赴沪,随带行李百余件请饬北宁津浦各路局加挂行李车一辆,并给予该秘书等头等车票、卧票各两张为荷。弟顾。宥。

资料来源:《国联调查委员会中国代表处来往电报(二)》,台北"国史馆"藏"外交部"全宗,第 102 页。

75. 顾维钧致顾孟馀电(1932 年 8 月 27 日)

南京铁道部顾部长孟馀兄勋鉴:本处秘书施肇夔等四人因公由平赴沪,请饬发头等车票及卧铺票各四份,其中一份为往回票,并盼电复为荷。弟。感。

资料来源:《国联调查委员会中国代表处来往电报(二)》,台北"国史馆"藏"外交部"全宗,第 106 页。

76. 参与国际联合会调查委员会中国代表处致南京外交部亚洲司沈司长电(1932 年 8 月 27 日)

南京外交部亚洲司沈司长鉴:任密。寒代电宥电均悉。照片编寻无着,亦无人接洽,请仍向谭委员询问系交何人收取,谭委员已于七月二十左右离平回京矣。代表处。感。

资料来源:《国联调查委员会中国代表处来往电报(二)》,台北"国史馆"藏"外交部"全宗,第107页。

77. 顾维钧致顾孟馀电(1932年8月28日)

南京铁道部顾部长孟馀兄勋鉴:弟不日前赴日内瓦出席国联大会,应带主要文件甚多,除经交运,此外尚有待运木箱约十件,须于四日前赶到上海以便装船,为时促迫,拟派员由陆路运沪,不得不请贵部电饬经行各路局特别通融,予以便利,俾免延误,至纫公谊,并祈迅赐电复。弟顾。俭。

资料来源:《国联调查委员会中国代表处来往电报(二)》,台北"国史馆"藏"外交部"全宗,第108页。

78. 顾维钧致顾孟馀电(1932年8月29日)

南京铁道部顾部长孟馀兄勋鉴:本处李秘书鸿枕等二人因公由平赴沪,并随带仆役三名,押运行李,请饬经行各路发给头等车票、卧铺票各二份,三等车票三张,并盼电复为荷。弟顾。艳二。

资料来源:《国联调查委员会中国代表处来往电报(二)》,台北"国史馆"藏"外交部"全宗,第110页。

79. 金问泗致徐谟电(日期不详)

南京外交部徐次长叔谟兄鉴:任密。世电悉。说帖印本两包请派人送上海(遮盖)徐宅阶平兄查收,再补提盐款说帖业已分寄外财两部。弟。泗。

资料来源:《国联调查委员会中国代表处来往电报(二)》,台北"国史馆"藏"外交部"全宗,第112页。

80. 参与国际联合会调查委员会中国代表处致钱泰电（日期不详）

上海同孚路基安坊一号徐宅钱阶平兄鉴：任密。寄存外交部说帖印本两包已电叔谟兄送贵处，到请查收，在沪改装书面带欧应用，卅日电悉，两种外余件请带欧付印，提单即寄，少公四日赴沪。

资料来源：《国联调查委员会中国代表处来往电报（二）》，台北"国史馆"藏"外交部"全宗，第113页。

81. 参与国际联合会调查委员会中国代表处致南京外交部电（日期不详）

南京外交部：刘科长洒藩以意使递书在即，请先回京，惟调查团行将离平，事务正繁，该员接洽事多万难遵准，可否设法商请国府将递书日期定于望后，俾稍从容，毋任感盼，并祈电复。代表处。陷。

资料来源：《国联调查委员会中国代表处来往电报（二）》，台北"国史馆"藏"外交部"全宗，第114页。

82. 王广圻致朱鹤翔电（日期不详）

南京外交部朱司长凤千兄鉴：兰荪以意使递书在即，请先回京，惟此间事务正繁，渠接洽事多万分困难，不得已由顾代表电商代部，设法商请国府将递书期展至望后，请兄公便加力为感。弟圻。卅。

资料来源：《国联调查委员会中国代表处来往电报（二）》，台北"国史馆"藏"外交部"全宗，第115页。

83. 参与国际联合会调查委员会中国代表处致南京铁道部电（1932年8月31日）

南京铁道部：兹有要公派专员谢家骝、李润民赴沪，请饬路局发给由平赴沪及由沪回平往返头等车票及卧票各二张,又仆役二人往返三等票各二张,并迅赐电复为荷。

资料来源:《国联调查委员会中国代表处来往电报(二)》,台北"国史馆"藏"外交部"全宗,第116页。

84. 参与国际联合会调查委员会中国代表处致北洋印字局电(1932年8月31日)

北洋印字局:请务必在中午之前将最后三份备忘录和地图送到办公室,以便明天运往上海。明天请为九月二日火车预留二十九号备忘录。

资料来源:《国联调查委员会中国代表处来往电报(二)》,台北"国史馆"藏"外交部"全宗,第117页。

85. 王广圻致钱泰电(1932年9月1日)

上海同孚基安坊一号徐宅钱阶平兄鉴:任密。谢用卿兄乘本日通车携带行李,准三日下午抵沪,请派人雇车到站照料。弟圻。

资料来源:《国联调查委员会中国代表处来往电报(二)》,台北"国史馆"藏"外交部"全宗,第118页。

86. 顾维钧致徐谟电(1932年9月1日)

南京外交部徐次长叔谟兄鉴:任密。电悉。准明晨八时飞京,约午刻到,特复。钧。东。

资料来源:《国联调查委员会中国代表处来往电报(二)》,台北"国史馆"藏"外交部"全宗,第119页。

87. 徐谟致顾维钧电(1932年9月1日)

顾代表勋鉴:任密。吾公约二日何时抵京,恳先电示。徐谟叩。东。

资料来源:《国联调查委员会中国代表处来往电报(二)》,台北"国史馆"藏

"外交部"全宗,第 120 页。

88. 顾维钧致顾孟馀电(1932 年 9 月 1 日)

南京铁道部顾部长孟馀兄勋鉴:调查团秘书长哈斯夫妇五日赴沪,请电饬路局挂车一辆,发给头等车票二张及三等车票二张,又该团秘书吴秀峰等二人四日由平赴沪,请发头等车票、卧票各二张,敬祈迅饬照办,并电复为盼。弟顾。东。

资料来源:《国联调查委员会中国代表处来往电报(二)》,台北"国史馆"藏"外交部"全宗,第 122 页。

89. 外交部致北平代表处电(1932 年 8 月 29 日)

北平代表处鉴:密。路透电称中国报载中国代表团备有说帖二十七件,翻成各国文字,共印两万份由平装二十五箱运欧,此外北方当局将另装运关系问卷七箱等语,上项消息不知如何泄露,希装运时特予注意以防中途出现意外为要。外交部。艳。

资料来源:《国联调查委员会中国代表处来往电报(二)》,台北"国史馆"藏"外交部"全宗,第 123 页。

90. 北平代表处致南京外交部电(1932 年 9 月 1 日)

南京外交部鉴:任密。艳电悉,本处办事员极为慎密,路透转载装运说帖一节关系转运公司传出,且件数与事实不符,或系由各方凑合而成并未泄露,本处已饬特予注意,特复。代表处。世。

资料来源:《国联调查委员会中国代表处来往电报(二)》,台北"国史馆"藏"外交部"全宗,第 124 页。

91. 王广圻致刘崇杰、朱鹤翔电(1932 年 9 月 1 日)

南京外交部刘次长朱司长勋鉴:任密。顾代表明晨八时飞机赴京,请派员向惠龙代定房间为感。弟圻。东。

资料来源：《国联调查委员会中国代表处来往电报（二）》，台北"国史馆"藏"外交部"全宗，第127页。

92. 顾维钧致顾孟馀电（1932年9月2日）

南京铁道部顾部长孟馀兄勋鉴：本处职员任升如等二人公毕回京，随带仆役一人，刘毅如等二人公毕赴沪，随带仆役一人，请饬发由平赴京头等车票、卧票各二份，三等车票一张，由平赴沪头等车票、卧票各二份，三等车票一张，请电复为荷。弟顾。冬。

资料来源：《国联调查委员会中国代表处来往电报（二）》，台北"国史馆"藏"外交部"全宗，第128页。

93. 参与国际联合会调查委员会中国代表处致南京外交部电（1932年9月2日）

南京外交部勋鉴：本日续有文件多箱，并调查团行李多件，派魏荣立并由该团书记Robert携同运沪，仍请派员赴浦口帮同照料为荷。代表处。冬。

资料来源：《国联调查委员会中国代表处来往电报（二）》，台北"国史馆"藏"外交部"全宗，第130页。

94. 参与国际联合会调查委员会中国代表处致顾孟馀电（1932年9月3日）

南京铁道部顾部长勋鉴：本处顾问宝道公毕赴京，请饬发由平至浦头等车票、卧票各一份，并祈电复为荷。代表处。江。

资料来源：《国联调查委员会中国代表处来往电报（二）》，台北"国史馆"藏"外交部"全宗，第131页。

95. 参与国际联合会调查委员会中国代表处致上海京沪路局电(1932年9月5日)

上海京沪铁路局鉴：国联秘书长哈斯偕夫人定本月六日由平启程，经平浦京沪路赴沪，请拟八日备挂车一辆为荷。代表处。歌。

资料来源：《国联调查委员会中国代表处来往电报(二)》，台北"国史馆"藏"外交部"全宗，第132页。

96. 李鸿栻致葛祖燻电(日期不详)

南京外交部葛慈孙兄勋鉴：任密。今晚九时回航东驶，约七日午抵浦口，敝处与各省通电需用密本，请将尊处与各省通用密本照抄一份送浦口车上为感。弟李鸿栻。微。

资料来源：《国联调查委员会中国代表处来往电报(二)》，台北"国史馆"藏"外交部"全宗，第134页。

十三、国联调查委员会中国代表处来往电报（三）

1. 顾维钧致参与国际联合会调查委员会中国代表处电（1932年4月22日）

和虞一电计达,今晨十一时半偕调查团由大连上车,当晚八时半抵沈寓大和饭店,谨闻。弟维钧。马二。请转南京罗部长,并转陈汪院长、蒋委员长勋鉴。号行二电计达,以下如致兄电照转。弟维钧。马。行三号。

资料来源:《国联调查委员会中国代表处来往电报（三）》,台北"国史馆"藏"外交部"全宗,第5页。

2. 顾维钧致参与国际联合会调查委员会中国代表处电（日期不详）

今晨十时抵秦皇岛,美意代表等乘车往榆关,法德日代表等分乘日驱逐舰两艘,英代表及弟等乘海圻于十一时半驶行,当晚十一时抵大连沿途安善。本拟即晚赴沈,因李顿爵士连日辛劳,宿恙小发,稍事休息,准明晨换车启行,谨闻。

弟维钧。号一。

资料来源:《国联调查委员会中国代表处来往电报（三）》,台北"国史馆"藏"外交部"全宗,第8页。

3. 罗文干致张学良、顾维钧电(1932年4月26日)

北平张主任汉卿兄请转少川兄勋鉴：任密。今午法领奉法使命来部称，法政府闻兄将使法、欢迎之至等语，弟拟明晨行政院会议将提出任命。兄此行到沈，于我国生色不浅，弟为国为友不得不浮一大白以志喜慰，惜无好酒耳。弟干叩。有。外九十七号。

资料来源：《国联调查委员会中国代表处来往电报(三)》，台北"国史馆"藏"外交部"全宗，第12页。

4. 顾公馆办公处信函(1932年4月28日)

敬启者，兹接南京致顾代表任密电一件，请即分神译出仍掷交敝处为荷，此致。顾公馆办公处。感。四月廿八日。

资料来源：《国联调查委员会中国代表处来往电报(三)》，台北"国史馆"藏"外交部"全宗，第14页。

5. 顾维钧电陈在东北情形(1932年4月27日)

正宥电感悉。并无恙，请宽远念旅程尚未商决，戈君廿四日至华界散步，该处警察托词保护，令先同至警署，旋即备车送回旅馆，特复。钧。感。

资料来源：《国联调查委员会中国代表处来往电报(三)》，台北"国史馆"藏"外交部"全宗，第16页。

6. 北平中国代表处电陈顾维钧身体状况(日期不详)

北平中国代表办事处消息，顾维钧在沈阳态度镇静，身体强健，电通社所传顾患神经衰弱，每日体温在卅八度左右绝非事实云。

资料来源：《国联调查委员会中国代表处来往电报(三)》，台北"国史馆"藏"外交部"全宗，第18页。

7. 罗文干致顾维钧电(1932 年 4 月 28 日)

转顾代表少川兄勋鉴:任密。有行五电悉。顷商汪院长等兄对李顿声明一节甚是。如彼以个人名义发电,吾方固不能阻止,迹近承认伪国,吾方当向国联抗议。昨日新闻电传李顿私电已经发表,未知确否。至询问溥谢一节,我方固不反对,调查团询问居住东省之如何公民,但所询之人既系中国之叛逆,其陈述显不能作为有效之证言,殊无询问之必要,但如调查团必欲询问,我亦无法阻止该团任何宣言,我方恐难同意,祇得由我政府或由兄处亦发表一宣言,说明对于此举之态度,将俟见调查团宣言稿后再行定夺。文干。感。外九十八。

资料来源:《国联调查委员会中国代表处来往电报(三)》,台北"国史馆"藏"外交部"全宗,第 19 页。

8. 沈阳转外交部电陈公布新闻事(1932 年 4 月 28 日)

奉天(沈阳)发南京

请将以下内容发送至中国驻华盛顿办事处以供发表:

中国评估员和工作人员完全隔离,并受到日本的严格监视。奉天(沈阳)的警察禁止所有中国人接近或与中国代表团交流,几名中国人因试图拜访代表团成员而被捕,*International News* 的爱德华·亨特(Edward Hunter)目击了两人被捕。

四月二十七日。

资料来源:《国联调查委员会中国代表处来往电报(三)》,台北"国史馆"藏"外交部"全宗,第 22 页。

9. 罗文干致顾维钧电(1932 年 4 月 29 日)

顾少川兄勋鉴:任密。宥行六电顷由平转到,依照国联决议案,调查团之实地调查不难限于东省一二处,近日哈尔滨一带情形正可作为我方反对日军及其傀儡组织之明证,调查团自应前往,既往自应由中国代表协助兄坚持偕行,可谓理直气壮,钦佩之至。长春为傀儡根据地,兄须随时告调查团该处人物系民国之叛逆且完全在日人掌握之中,请切实注意。兄如单独久留长春,恐亦不甚妥当,仍祈酌夺。再调查团所发关于日军现状之报告如不甚长可否请兄转电全文。弟文干。俭电。外九十九号。

资料来源:《国联调查委员会中国代表处来往电报(三)》,台北"国史馆"藏"外交部"全宗,第 25 页。

10. 李荫覃电陈电报事(1932 年 5 月 2 日)

绍公赴长,刘、施、萧、端、何五人随行,弟及游、陈三人留沈,各电本交德潜携去,弟处谨存公私两密及与兄通电。英码来电请照办。弟荫。冬。

资料来源:《国联调查委员会中国代表处来往电报(三)》,台北"国史馆"藏"外交部"全宗,第 28 页。

11. 顾维钧致外交部电(1932 年 5 月 12 日)

佳电悉。我国代表出附属地事,调查团认为本身问题由李顿迳向地方当事个人接洽,弟并未与闻,更说不到暗允与否,如有关者,请以兄名义告知,电通谣传毋须更正转中彼。弟钧。

资料来源:《国联调查委员会中国代表处来往电报(三)》,台北"国史馆"藏"外交部"全宗,第 31 页。

12. 上海张祥麟致王广圻电(1932 年 5 月 13 日)

王秘书长勋鉴:已遵文电发表俟,话乞转复顾代表,再驻沪办事处中文电报挂号为 6569。麟。元。

资料来源:《国联调查委员会中国代表处来往电报(三)》,台北"国史馆"藏"外交部"全宗,第 33 页。

13. 顾维钧致王广圻电(1932年5月11日)

劼孚兄鉴：东省调查团半月当可竣事。出关以来经过情形势，弟归后自当正式报告政府，由政府酌量宣布，现在代表团随同出关，先返人员如有发表言论，不论采何方式皆与代表无涉，应由各本人完全负责以免误会，请作为根据，弟意由兄发表，谈话即向中外报馆声明并转祥麟为荷。弟钧。十日。

资料来源：《国联调查委员会中国代表处来往电报(三)》，台北"国史馆"藏"外交部"全宗，第35页。

14. 顾维钧致王广圻、张学良电(1932年5月22日)

王广圻兄鉴并转张主任勋鉴：号廿六电计达，今晨偕调查各委员等离哈，当晚十时安抵沈阳仍住大和饭店，特闻。弟维钧。马。廿七电。

资料来源：《国联调查委员会中国代表处来往电报(三)》，台北"国史馆"藏"外交部"全宗，第37页。

15. 顾维钧致王广圻、张学良电(1932年5月28日)

王广圻兄鉴请转张主任勋鉴：马廿七电计达，谢介石昨致电李顿，略称调查团欲见马等，查系依据顾某之策动，由张某电命马等设法前往海伦或绥化与调查团会见。近来哈呼沿路兵匪猖獗，即系受此影响，此与本月二日贵团声明之精神显有违背，贵团如必欲自由行动，余为维持治安计当取相当措置等语。调查团今晨离哈前发表宣言，略谓余等对各方面本主公平不偏，既见当地要人后，故希望与马将军一晤，但在当地设法此事本知有种种困难，然不料竟有误会云。先此电闻。弟维钧。晨。廿八。

资料来源：《国联调查委员会中国代表处来往电报(三)》，台北"国史馆"藏"外交部"全宗，第39页。

16. 顾维钧致王广圻电（1932年5月24日）

王广圻兄鉴：调查团廿五晚车往大连，卅日再到沈阳，拟六月四日由沈遵路迳来北平，顷已电请绥靖主任饬局将专车于三日以前开往山海关等候。据哈斯夫妇称，此次来平专事整理调查资料，一切酬应访问概行避免，特电接洽。又钱张两主任鉴调查团此次回平仅住两星期，哈斯谈话有催交说帖之意，现在筹备如何，情形盼复。弟钧。漾。

资料来源：《国联调查委员会中国代表处来往电报（三）》，台北"国史馆"藏"外交部"全宗，第43页。

17. 顾维钧致王广圻、颜季余电（1932年5月24日）

王广圻兄、颜季余兄钧鉴：入关在即，应先布置各事，函电恐难详析，拟请季余兄于二十七日由津乘长平丸来连面谈，三十日仍乘船回津，盼电复。再旅馆事由调查团迳自接洽，并闻。弟钧。

资料来源：《国联调查委员会中国代表处来往电报（三）》，台北"国史馆"藏"外交部"全宗，第46页。

18. 顾维钧致王广圻电（1932年5月6日）

劼孚兄鉴：廿五日电悉。季余兄如不能来，请派他来此面商，王钦尧兄能拨冗一行否？务乘廿七日长平丸赶浔及盼电复。弟维钧。廿六日晨。

又以后无关重要之事，请用KEUG迳电中国代表处，俾资敏捷并闻。

资料来源：《国联调查委员会中国代表处来往电报（三）》，台北"国史馆"藏"外交部"全宗，第48页。

19. 大连王承傅、刘迺藩致外交部电（1932年5月28日）

王公使钧鉴：今午安抵，祈释念三十日午启程离此返平，祈转告舍间为感。傅、藩。二十八日。

资料来源：《国联调查委员会中国代表处来往电报（三）》，台北"国史馆"藏"外交部"全宗，第 50 页。

20. 顾维钧致张学良电(1932 年 5 月 31 日)

张副司令勋鉴：卅电计达，艳电敬悉。调查团代表四人因苏俄拒绝签证护照，未能赴黑晤马，已于二十五日回沈矣，特复。弟维钧。

资料来源：《国联调查委员会中国代表处来往电报（三）》，台北"国史馆"藏"外交部"全宗，第 52 页。

21. 北平绥靖公署秘书处第三科致中国代表办事处电(1932 年 5 月 31 日)

迳启者，请接沈阳调查团来电乙件，本科无此秘本用，特送请贵处为代译，译毕掷交专差□下，至纫公谊，此致。中国代表办事处。

复电乙件。

资料来源：《国联调查委员会中国代表处来往电报（三）》，台北"国史馆"藏"外交部"全宗，第 53 页。

22. 顾维钧致王广圻、张学良、罗文干电（1932 年 6 月 2 日）

劼孚兄鉴并转张主任汉卿兄、南京罗部长钧任兄勋鉴：日来日报盛传英蓝使日前来连，系与李顿接洽满洲委任案，对于藩部李顿加评议，今晨调查团发表声明书否认该项谣传，特闻。弟维钧。冬。三十七。南京。各行三十九。

又，劼孚兄请将旧外交部及敝寓网球场请饬修葺，并于外交部多备藤椅，以备调查团回平后应用。钧。

资料来源：《国联调查委员会中国代表处来往电报（三）》，台北"国史馆"藏"外交部"全宗，第 54 页。

23. 王广圻、金问泗、钱泰等致顾维钧电
（1932年5月5日）

报传沪协定今日可签字，罗部长提出辞呈，郭伤无碍，蒋光鼐将辞职出洋，粤海军有变，西南政委会宣言如签屈服协定，将脱离独立。又蒋、汪、孙将在杭会晤。再，祥麟电已发，书即购会译录译英。南京曾电请此间办理，即商钱、张遵办。圻、泗、泰、翔、泉、冠叩。

资料来源：《国联调查委员会中国代表处来往电报（三）》，台北"国史馆"藏"外交部"全宗，第59页。

24. 外交部致顾维钧电（1932年5月7日）

报载日公布沪炸案犯为鲜人尹奉吉，重光伤势仍严重，英蓝使可即返平，陈铭枢谓粤事不致扩大，榆关一带某方极注意，并有俟调查团入关后封锁山海关说，圻阳德兄启程及到达某处，请随时电示为盼。

资料来源：《国联调查委员会中国代表处来往电报（三）》，台北"国史馆"藏"外交部"全宗，第60页。

25. 王广圻致顾维钧电（1932年5月9日）

电通东京息，有公鉴于环境情势不利，暗允取消指摘满洲政府为伪国家之言论，而似将于两三月内自动的表明此意云云，应否更正，候电。圻叩。

资料来源：《国联调查委员会中国代表处来往电报（三）》，台北"国史馆"藏"外交部"全宗，第62页。

26. 王广圻、钱泰、朱鹤翔、金问泗致顾维钧电
（1932年4月26日）

密。顾代表勋鉴：本日京报所载电通消息，公近患神经衰弱，每日体温卅八度左右云云，当系该社故意造谣，深为驰念。又闻调查团赴吉长等处调查，

公决偕行,彼方意不可测,似不如适可而止,相机早返,戈君见拘即释,确否?盼赐电音。圻、泰、翔、泗同叩。宥。

资料来源:《国联调查委员会中国代表处来往电报(三)》,台北"国史馆"藏"外交部"全宗,第65页。

27. 王广圻致顾维钧电(1932年5月2日)

报载粤委会电中央反对沪协定,南北舆论亦多反对,山海关秦皇岛形势严重,再颜参议自青岛回平,承沈市长意青岛今年避暑人多,欲为调查团预备一切,亟须早定,并沈意威海比较合宜,如何?候电。圻叩。真。

资料来源:《国联调查委员会中国代表处来往电报(三)》,台北"国史馆"藏"外交部"全宗,第66页。

28. 王广圻致张祥麟电(1932年5月12日)

上海新密致祥麟电,乞转答祥麟兄鉴:顷奉代表电开东省调查半月当可竣事,出关以来经过情形弟归后自当正式报告政府,由政府酌量宣布。现在代表团随同出关,先返人员如有发表言论,不论采何方式皆与代表无涉,应由各本人完全负责以免误会,作为根据。弟意由兄发表谈话,即向中外报馆声明并转张祥麟等,因此间已由弟发表,谈话中文如下:此次随从顾代表赴沈人员归后,由于报章发表谈话述其在沈时之经验与感想,此种谈话纯系个人意见。至顾代表在途次并无发表谈话意思,闻拟俟归后报告政府,由政府决定酌量宣布云,并达。圻。文。

资料来源:《国联调查委员会中国代表处来往电报(三)》,台北"国史馆"藏"外交部"全宗,第69页。

29. 王广圻致顾维钧电(1932年5月20日)

报载某随员被殴,并廿一日赴齐,确否?敬念。圻。

资料来源:《国联调查委员会中国代表处来往电报(三)》,台北"国史馆"藏"外交部"全宗,第70页。

30. 王广圻致顾维钧电(1932年5月26日)

颜季余复电称不及赶赴,现遵电商请王钦尧、刘兰荪兄准乘长平丸前趋,衣服已托英蓝使代交,报事已筹有端倪,其中情形稍复杂,托钦兄面陈。圻。

资料来源:《国联调查委员会中国代表处来往电报(三)》,台北"国史馆"藏"外交部"全宗,第71页。

31. 傅冠雄致李荫覃电(1932年5月24日)

荫兄鉴:漾电敬悉。长电已到即照办,代表各电均奉到,并闻。弟冠。

资料来源:《国联调查委员会中国代表处来往电报(三)》,台北"国史馆"藏"外交部"全宗,第74页。

32. 王广圻致外交部电(1932年5月26日)

外交部鉴:任密。顾代表嘱王处长承傅一行三四日即归,该处长以时间匆促未及请示,特来电陈请鉴察。圻。宥。

资料来源:《国联调查委员会中国代表处来往电报(三)》,台北"国史馆"藏"外交部"全宗,第75页。

十四、国联调查团报告书及关系文件

1. 王承傅致外交部电（1932年10月2日）

急。南京外交部部、次长钧鉴：密。东东夜冬冬来电均悉。遵即带员赴南苑守候，该飞机六时始到，即派员来，晚八时快车携同改正文送津，并照来电改正，八时交各报社具领发表并分送。承傅叩。宋二日。

资料来源：《国联调查团报告书及关系文件》，台北"国史馆"藏"外交部"全宗，第7页。

2. 办事处致外交部电（1932年10月2日）

南京外交部钧鉴：密。李顿报告书摘要，除宋副院长一份于收到时早经送呈外，其余各份，已于遵照钧电正误后，在准□钟时，分别发送林主席一份，因主席已赴闽，为慎重，故亦改八时送公馆，谨电奉闻。办事处叩。萧。二日。

资料来源：《国联调查团报告书及关系文件》，台北"国史馆"藏"外交部"全宗，第9页。

3. 十月三日罗外长对于国联调查团报告书之宣言（1932年10月3日）

国联调查团报告书业经公布，此乃李顿爵士与其同事诸君，数月来为国际和平而不辞劳瘁，坚苦工作之结果也。吾人犹忆去年十二月十日国联之所以决定派遣调查团乃欲对于因日本侵犯中国领土而引起之局面，贡献一最后根本解决之办法。当白里安氏于是日提出派遣调查团之决议案于国联行政院，以备其考虑并采纳时,曾言:"调查团职务范围,在原则上极为广泛。任何问题足以影响国际关系而有扰乱中日两国间和平或和平所赖以维系之两国间谅解之虞,经调查团认为须加研究者,均不得除外。"故就调查团之职务而言,调查团所称得审查一切有关系之事实,并得以和平解决办法建议于国联云云,固为完全正确之解释。

试将报告书略加浏览,即觉有最显明呈现之两点,一为九一八日及"九一八"以后之一切日本军事动作均无正当之理由,不能认为自卫之手段。一为所谓"满洲国"者,并非真正及自然之独立运动所产生,而为日本军队及日本文武官吏操纵造作之结果。

报告书包含许多性质极重要之问题,现正在中国政府当局悉心考量之中。

资料来源:《国联调查团报告书及关系文件》,台北"国史馆"藏"外交部"全宗,第 96 页。

4. 蒋作宾致外交部电(1932 年 10 月 3 日)

南京外交部呈阅:昨晚国际联合会驻东京支部,送到调查团报告书全文,详译之下,多诋毁中国,不遗余力,尤于第九、第十两章,几均为日人说法,阅之冷汗淋漓,体慄心悸。查自上年九月十八日以来,日本在辽、沪等处行动,无一不违反国际联合会规约、《非战公约》、九国协定及国际公法,乃该调查团竟不加以设法判其结论,反欲中国自行宣布东省自治,隐然承认伪组织,以期表面上不违背九国协定,而日人商租及经济活动,反扩充至北满,显背民四中日新约范围,甚至认中国为无统一政府,提交公断,国际协力改造以开列强共管之端也,此点须特别注意。上年交涉撤兵,日本所希望者,谨基本大纲五条,国人且不屑与之直接交涉。兹第九、第十两章,不惟对于日本所谓既得权益加以保障,日本武力造成之伪组织宛然存在,且涉及我政府本身,并欲以条约束缚我兵人万不得已之爱国运动,倘国际联合会据此审议,似难餍国人年来之期望,况日本现正积极提出种种反驳,将来审议结果,恐并亦不可得。我国对于该报告,似应加以反驳,以为审议时之地步,对于协力改造中国一节,尤应极力主张取消,否则前途危险,不堪设想,是否有当,并盼密示。宾。三日。

资料来源:《国联调查团报告书及关系文件》,台北"国史馆"藏"外交部"全宗,第 104—105 页。

5. 外交部致蒋作宾电(1932年10月4日)

三日电悉。昨日本部对于报告书发表宣言略提及否认自卫及伪组织非民意造成,各节末称该报告书关系重要,正在政府当局悉心研究之中,在政府尚未决定应付方针以前,希暂取沉默态度,对外尤不宜有所表示,一面探听日本朝野对于报告书内建议之真意,随时报部。外交部。四日。

资料来源:《国联调查团报告书及关系文件》,台北"国史馆"藏"外交部"全宗,第107页。

6. 蒋作宾致外交部电(1932年10月5日)

南京外交部呈阅:四日电祇悉。调查团报告书发表后,日本朝野要人发表谈话,均主张反驳,外务省已组织委员会起草意见书,于本日开第一次会,委员为外务省干部及调查参与员与松冈洋右等,本星期内外陆海三省审议决定。宾。五日。

资料来源:《国联调查团报告书及关系文件》,台北"国史馆"藏"外交部"全宗,第108页。

7. 罗文干致蒋介石、汪精卫电(1932年10月4日)

牯岭蒋委员长、莫干山汪院长钧鉴:密。调查团报告书想已阅悉,第九、第十两章,各项建议于中日均为不利,惟日之不利较多,于我在我大体上尚可讨论,在日则与其迷梦相差悬殊,现正由政府同人详加审究,敬乞我公指示尊见,俾有遵循。再本日接蒋使雨岩来电,略谓"调查团欲中国自行宣布东省自治,隐然承认伪组织,以期表面上不违背九国协定,而日人商租及经济活动及扩充至北满,显背民四中日新约范围,甚至认中国为无统一政府,提交公断,国际协力改造以开列强共管之端,此点须特别注意。上年交涉撤兵,日本所希望者,谨基本大纲五条,国人且不屑与之直接交涉。兹第九、第十两章,不惟对于日本所谓既得权益加以保障,日本武力造成之伪组织宛然存在,且涉及我政府本身,并欲以条约束缚我人民万不获已之爱国运动,倘国际联合会据此审议,似难餍国人年来之期望"等语。当复以"在政府尚未决定应付方针以前,应暂取沉默态度,对外尤不宜有所表示一面,探听日方朝野意思报部"等语。并闻。罗文干叩。支。亥。

资料来源:《国联调查团报告书及关系文件》,台北"国史馆"藏"外交部"全宗,第109页。

8. 罗文干致蒋介石、汪精卫电(1932年10月4日)

蒋委员长、汪院长钧鉴:密。调查团报告公布后,颜、施各使均来电请示应表示之态度。以政府具体方针未定以前,无从表示意见,仅就报告中最明显两点,予以指出,发表一简单宣言,交由各报登载。该宣言首段略说明调查团此行任务,次述该报告书最显明呈现之两点,"一为九一八及九一八以后之一切日本军事动作,均无正当理由,不能认为自卫之手段,一为所谓"满洲国"为日本操纵造作之结果。最后说明报告书包含许多性质重要之问题,现正在中国政府悉心考需之中"等语。特电奉达,当祈裁正。罗。支。戌。

资料来源:《国联调查团报告书及关系文件》,台北"国史馆"藏"外交部"全宗,第110页。

9. 蒋介石致罗文干电(1932年10月7日)

南京外交部罗部长钧任兄勋鉴:支四日戌亥及麻六日电均悉。密。宣言洽当,政府同人研究报告书之结果,请快函指示,以资商榷,此间亦方在研究中,俟有所见,当陈供参考也。中正。虞。七日。秘。

资料来源:《国联调查团报告书及关系文件》,台北"国史馆"藏"外交部"全宗,第111页。

10. 刘珍年致外交部电(1932年10月9日)

南京外交部电报科鉴:虞电诵悉。国难日深,凡属黄帝胄裔,弥不竭诚团结,警御国侮,故对韩一切无不曲意求全。惟彼利权是图,竟乘国难机会暗袭敝师,珍年一再退让,终未见谅。现遵中央命令,将部曲集结,敬待处理,只期中央有令,为国效命,虽肝脑涂地在所不辞,希将敝意转达为盼。刘珍年。佳。九日。

虞电。转蒋公使来电。

资料来源:《国联调查团报告书及关系文件》,台北"国史馆"藏"外交部"全宗,第113页。

11. 刘湘致外交部电(1932年10月8日)

急。南京外交部勋鉴:虞七日电奉悉。承转驻日蒋公使文电籍悉,日本及对李顿报告团事益艰,曷胜悲愤,贵部主持外交苾筹周密,当能据理力争,共挽危局,湘痛心国难,誓当以武力为诸公之后盾也,特复希查。刘湘叩。庚。八日。

资料来源:《国联调查团报告书及关系文件》,台北"国史馆"藏"外交部"全宗,第114页。

12. 严鹤龄致外交部电(1932年10月4日)

罗部长宣言,本日送美外部,美外部颇为重视,乘便并询美政府对李顿报告是否有所表示。彼云或与各国交换意见,再定方针,但此既系国际联盟之报告,当系国联主管云云。龄。四日。

资料来源:《国联调查团报告书及关系文件》,台北"国史馆"藏"外交部"全宗,第117页。

13. 蒋作宾致外交部电(1932年10月6日)

南京外交部呈阅:承询日本及驳李顿报告书内容事。探闻日本以维持东亚及世界和平为主张,一须承认"满洲国",二须改造中国,因满洲及中国不安定危害东亚及世界和平,若将满洲交还中国,将治丝而棼,中国内部已无力改造。并举最近山东、福建、四川、西康互相攘夺、"匪共"遍地及两广形同另一政府以为证。又谓该报告书越权不应有所主张,逐条有所驳斥,对于第九、第十两章,认为不合现在事实,完全否认。宾。六日。

资料来源:《国联调查团报告书及关系文件》,台北"国史馆"藏"外交部"全宗,第 119 页。

14. 蒋作宾致外交部电(1932 年 10 月 7 日)

南京外交部呈阅:顷晤此间各国使馆人,云日本对于李顿报告恐不能接受,国际联盟亦无办法,势将拖延,深为中国叹息。并谓中国值兹国难当前,尚不觉悟,团结一致御侮,仍为个人私利斗争不已,又无健全政府,将来列国态度,恐于中国不利云,闻之泪从内落。宾。七日。

资料来源:《国联调查团报告书及关系文件》,台北"国史馆"藏"外交部"全宗,第 120 页。

15. 王曾思致外交部电(1932 年 10 月 7 日)

南京外交部:本日苏联党报评论李顿报告,略谓该调查团工作之迟缓与报告书之不提出,使日本得不受干涉而实现其政策。同时南京政府及国民党亦得借口于静待调查,以自掩其卖国行为。该报告书表面承认中国主权,实际竟建议使满洲脱离中国变为殖民地,而立于列强共管之下,妄谓凡帝国主义各国享有权利及利益之地方,即可变为殖民地,凡外兵枪锋所及,即应使之立于国际共管之下。该报告书承认日本之特殊权利及利益,不限于满洲,而远及内蒙、热河,同时提出其他帝国主义各国之特殊权利及利益,建议中日订约无异使满洲、热河等地经济重要地位归属日本又加一保障。又建议予日本以全满居留、租地之权利及中国各铁路与南满铁路合并,使满洲之经济统治权,在不悖其他帝国主义各国权利、利益条件之下,付诸日本。且不仅建议在满洲、热河设特别制度,并明定中国政府应负镇压反日排货运动之义务,是将扩大施放经济地位,遍及中国全国,其他帝国主义各国亦将根据最惠国待遇及门户开放主义,要求同等权利。又建议国际合作改革,中国内部协助南政府镇平中国苏维埃革命,使国际共管遍及全中国,利用南政府使全中国成为帝国主义各国之殖民地。又谓苏联政策与列强政策大异,该报告数次切陈,意在号召帝国主义各国反对苏联。总之该报告书希帝国主义各国为解决中国问题,自觅共同立足点之办法,而各国意见纷歧致使此办法难望奏效,非一战不足以决之矣云云,谨闻。王曾思叩。七日。

资料来源:《国联调查团报告书及关系文件》,台北"国史馆"藏"外交部"全宗,第122—124页。

16. 蒋作宾致外交部电(1932年10月8日)

南京外交部呈阅:今晤英、德大使,谈及李顿报告书,英大使谓英政府甚尊重其报告书,将维持其审议后之结果,日本恐不肯接受,或再予一警告,因世界皆欲和平,无一国愿战者,宾询日本有无退出国际联盟意,渠谓日政府无此意。德大使谓余现由西比利亚回任,满洲纷乱不堪,国际列车已停,中东路亦不开车,余到东京察日本外部、军部,似无办法,又谓法国调查代表驻日大使,前曾亲日,现法政府与美国,因战债关系,态度改变,惟美国决不肯开战,但均谓中国内乱不已,政府不健全,均予日人以口实,各国亦莫能为之辩解云。宾。八日。

资料来源:《国联调查团报告书及关系文件》,台北"国史馆"藏"外交部"全宗,第125页。

17. 王卓然致外交部电(1932年10月9日)

南京外交部罗部长勋鉴:密。调查团报告书节略既已公布,本会曾拟具意见,快邮寄部在案。闻报告书中英文全文现正印刷,本会及关系团体极欲早窥全豹,以便研究,恳印竣每种寄下百份,以便分发而利讨论为感。东北外交研究委员会王卓然叩。佳。九日。

资料来源:《国联调查团报告书及关系文件》,台北"国史馆"藏"外交部"全宗,第128页。

18. 郑螺生、张永福、方之桢、林有壬致外交部电
(1932年10月13日)

中央党部、国民政府各院部会、各报馆、各机关、各团体暨国内外全体同胞公鉴:国联调查报告谬点难殚[阐]述,我国少数士夫,妄自表示满足,不但助日

张目,且失折冲余地,其因此而为痛恶暴日、同情我国之列邦所鄙弃,损失尤为重大。据哈瓦斯二日伦敦电,英国自由党及工党均认报告书过于温和,以该两党自去年"九一八"以来,即主张日本军队应由满洲无条件退出,今调查团报告,竟主张中日双方均撤军备,不啻以东三省为中日所共有,故旁观者亦为愤怒,我国如自满足,实属全无心肝。

又据国民新闻社三日柏林电,德国普通报声言:"日本对于李顿报告书虽不表示欢迎,但实际上日本已获得最好条件,盖日本如不先攫满洲,则李顿报告书不至发生,何来国联之媾和条件,何来经济之扩张,由满洲而及于中国全境,又何能在东三省建设自治而撤除其军备,更何来经济利益……"日本获得最好条件,即吾国惨受最恶条件,如此而犹满意,真不知世间有羞耻事。他如德国前进报,亦谓此报告书太过,"迁就事实承认弱国已受强国之蹂躏,顾其纠正之权,仍操诸破坏法纪的强暴者之手……"。德意志报甚至称为"国联之又一骗局",其为我国鸣不平,远过于亲受其害之我国。国联中人对于调查团建议,亦认为放弃国联之义务与诺言,并恐若干小国,欲免造成对于自己最危险之先例,将竭力反对所拟解决办法,人方代我反对,我反先表赞成,而今而后谁复助我?

螺生等愚见以为,今日国际情势,固非如日本之骄肆谩骂,可使人惧,亦非如我国之折节恭顺,可使人怜,须抱最大之决心,为下列之表示:(一)绝对反对东三省设立自治政府;(二)绝对反对所谓顾问会议;(三)绝对反对在领事裁判权下,推广居住及租地权于东三省全境;(四)绝对反对雇用"权限广泛类似总监"之日本顾问;(五)绝对反对东三省如遇第三者攻击时,日本有权越俎采取任何办法;(六)绝对不承认未经合法手续,胁迫私订之廿一条件及其他非法之任何协定;(七)绝对不担保基于人民自由之抵制日货运动不再发生(因抵货热血为暴日激成,纯系民众自动,无关党部官厅,日本如不侵华,抵货自然终止);(八)在傀儡国未灭,东三省未复以前,绝对不与日本直接交涉;(九)声明中国政局不定,系受日本扶助土匪军阀故意制造中国内乱之恶果;(十)声明日本强夺满洲,系其传统帝国主义之表现,责任全在日本;(十一)声明日本军阀之野心与很[狠]毒,正想征服世界,绝无亲善可能;(十二)声明日本在华权利,只有加倍夺取,向无丝毫损失,侵略为其固定目的,绝非临时应变。其他各点,容再补充。

同胞乎,同胞乎,亡国甚于毁家,名誉重于生命,宁为岳飞、戚继光、史可法、安重根、蔡廷锴、李奉昌、尹奉吉……流芳百世,勿为秦桧、洪承畴、吴三桂、李完用、郑孝胥、谢介石、赵欣伯……遗臭万年。一面援助东北义军,一面出师讨伐,为国输财效死,各尽所能,一德一心,同仇敌忾,我黄帝在天之灵,实式凭之挥泪陈词,愿闻明教。归国华侨郑螺生、张永福、方之桢、林有壬同叩。庚。

资料来源:《国联调查团报告书及关系文件》,台北"国史馆"藏"外交部"全宗,第131页。

19. 外交部致铁道部电(1932年10月13日)

孟馀部长勋鉴:顷奉来示敬悉。壹是查李顿报告之附件 no.1 及 Annexe,本部以翻译事繁,而此项文件完全关系铁路问题,贵部又亟须研究,故已交张科长竞立,请由贵部代译,如已译就,乞饬将该项中文译文赐下,无任感荷。勋祺。

徐谟谨启。

资料来源:《国联调查团报告书及关系文件》,台北"国史馆"藏"外交部"全宗,第134页。

20. 张祥麟致外交部电(1932年10月15日)

南京外交部钧鉴:西班牙舆论对于李顿报告颇为满意,并希望国际联合会,早日按照所称,解决中日纠纷。谨闻。麟。十五日。

资料来源:《国联调查团报告书及关系文件》,台北"国史馆"藏"外交部"全宗,第137页。

21. 外交部致铁道部电(1932年10月14日)

迳启者,李顿报告所附特别研究,已承贵部代译第一号,本日又据张科长竞立函称,其余各件,贵部尚可代译,无任感荷。兹先将该特别研究第六、第七两件送上,即希查照饬译,译竣仍将译文函送本部,至纫公谊。此致。

附特别研究第六、第七两件。①

---

① 编者按:无附件内容。

资料来源:《国联调查团报告书及关系文件》,台北"国史馆"藏"外交部"全宗,第138页。

22. 铁道部公函(1932年10月21日)

参字第233号

迳复者:接准"函送李顿报告所附特别研究第六、第七两件过部,嘱为代译"等由。当经发饬照办,刻正在加紧追译中,一俟办竣,即当将译文专函送达,特先复请查照。此致外交部。部长顾孟馀。

资料来源:《国联调查团报告书及关系文件》,台北"国史馆"藏"外交部"全宗,第139页。

23. 王卓然致罗文干电(1932年10月13日)

南京外交部罗部长勋鉴:密。九日佳信电请将调查团报告书中英文全文,各寄本会一百册,以利研究,计达台鉴,现此方需用中英全文正本甚急,敬恳如数快邮赐下,并先电复为感。东北外交研究委员会王卓然叩。元。十三日。

资料来源:《国联调查团报告书及关系文件》,台北"国史馆"藏"外交部"全宗,第141页。

24. 中国国民党湖北省大冶县执行委员会致外交部电(1932年10月17日)

发表对调查团报告书意见,请国人猛省由。

南京中央党部、国民政府、汉口蒋总座、武昌湖北省党部,全国党政军领袖,日内瓦中国代表钧鉴,各级党政军人员、长官,本党全体党员,全国各界同胞公鉴:方国联调查团报告书尚未发表之日,吾国朝野咸本脆弱,依赖之心理,作乞怜待救之希望。兹报告书已公布矣,对吾人以前错误之梦想完全丧失。试问报告书之内容,则日军在我东北之种种暴行与吾同胞被日军屠杀蹂躏之惨状,全未道及一字;对日本在我东北非法攫取之特殊利益,则公开承认;对我国一致抗争之二十一条,则似无形认定;对解决我东北纠纷之建议,则不主张制裁暴日,以中国领土交还中国,而主张造成为半脱离实共管之区域。噫!弱国无外交,于此益信。然吾国朝野上下,不闻对报告书有辩话之词,且风闻有全部接受之说,而暴日则反犹未足,作愤激之拒绝,为恫吓之表示,且积极增兵、到处寻衅矣。呜呼!今有富室子弟众多,日夜阋墙不能自卫,寇盗来之入据其室,富室乞怜于左右,邻舍明知富室之不足有为,虽向盗缓颊,又须与盗握手,盗恶邻舍之多事,报以恶声,为当室者,遂益战栗不敢言,而盗益凶恣,此邻舍固可怜,此富室不更可悲耶。至胡汉民先生谓调查团误解总理主张之原意,应严予纠正,此言诚当,然总理遗教系教中国人耳,系教吾党同志耳,系欲吾国同胞完全信仰,吾党同志努力实行耳,试问民国以来及党军北伐以后,吾党同志之能恪遵总理遗教,努力实施以引起全国人民之信仰者,能有几人?果有,几事为人?上者不惜分崩离析,燃萁煮豆,以召外侮之来,自作富室子弟而欲乞怜邻舍,纵责邻舍以烦言,其收效盖亦甚少矣。噫嘻!革命领袖乎、全国同胞乎、本党同志乎,先总理之遗教,信之、行之、责在我辈,由信之、行之,以取得世界之信仰,国际之仿效,亦责在我辈,我辈如不甘为亡国灭种之罪人,则请速作亲爱精诚之团结,调查团之报告书既失望矣,国联讵可恃乎?故吾辈与其责人,毋宁自责,与其求人,毋宁自奋。本会深望自今以往,本党同志、全国同胞觉力锯之加颈,去承炭之存心,醒蕉鹿之迷梦,息蛮触之内争,同心同德,救难救亡,内平"匪共",自起沉疴,外剪雠仇,宁为玉碎,则吾党幸甚,中国幸甚。临电激昂,因风盼祷。中国国民党湖北省大冶县执行委员会常务委员田维中叩。佳。

资料来源:《国联调查团报告书及关系文件》,台北"国史馆"藏"外交部"全宗,第149页。

25. 张竞立致徐谟电(1932年10月15日)

叔谟次长勋鉴:敬启者,调查团报告书特别研究第六、七两号,因系公函,送部须经过收文程序,转展较迟,刻始收到,已交赶译,尚有八、九两号,如已印竣,拟请迳赐送竞立处,以期简捷。至关于经济事项第二号,系属法文,敝部亦已派定译员,惟该员等均系工程人员,未习经济,如移译亦请将该号送下,俾先交阅,设无困难,自当照译。至一号,现已译竣油印,大约下星期一可送上,再赐函请注明铁道部会计长立收为荷,专肃敬颂,勋祺。张竞立敬启。十月十五日。

资料来源:《国联调查团报告书及关系文件》,台北"国史馆"藏"外交部"全

宗,第150—151页。

26. 国民党西南执行部、国民政府西南政委会致外交部电（1932年10月11日）

衔略钧鉴：自"九一八"事变发生,当局不图抵抗而依赖国联,日本则藐视国联一再限令撤兵之决议,而积极扩展其侵略之范围。不闻国联依照盟约执行有效之处置,而于举世共见共闻之事实,乃借派遣调查团以迁延时日,遂使日本军阀扩行益无顾忌,对我沪淞为空前之蹂躏,对我东北袭用亡韩之故智,以造成傀儡之组织。近更悍然对此傀儡组织加以承认,而自订立等于同并之条约,亦不闻国联有一言之纠正,我国受此深巨创痛而犹事隐忍者,将以待调查团工作之完竣,冀国联根据其报告或有公正之解决。不料昨阅报载本月一日公布之调查团报告书摘要,该团提出所谓能合满意解决满案之基础原则及办法,乃不惜自抛弃其所根据之公约及所认定之事实,不顾立言之矛盾以迁就之。

例如对于"九一八"事变之责任,既知日方系采有一种精密预备之计划,中国并无进击日军及危害日侨之企图,日方之军事行动,不能视为合法自卫之办法,则日本显为破坏《国联盟约》《非战公约》及《九国公约》之戎首,应受相当之制裁,非先依国联历次决议,恢复"九一八"以前原状,当无解决可言,乃竟谓恢复旧状并非解决办法,舍所谓该案全部之理论,而顾及非法造成之局势。对于东北政治之改革,既知东三省完全为中国之领土,无论如法律上、事实上均不可分离,则东三省政治之如何改善,属于中国内政范围,中国政府自有其一贯之对内政策,岂容外国之干涉,乃竟主张在顾问会议之下,组织一种特殊宪兵,维持内部之治安,东三省行政长官之任命、税收之分配,中国之中央政府均无过问之权,特殊宪兵须由外人训练,税收机关须由外人监督,东三省之中央银行须以外人为总顾问,自治政府更须聘相当数额之外国顾问,而以日本人占重要之比例,在现时之情势,所谓顾问会议之组织,亦必用日人操纵,如此而美其名曰自治,直与国际共管而由日本代庖无异,犹曰维持中国主权独立及领土之完整,其将谁欺谁？

报告书所谓树立中日之新条约关系,对于日本,则主张得自由参加,有助经济上之开发,推广居住及租地之权利,扩大领事裁判权之范围,至现未被日本占据之热河,亦包括在内,对于中国,则主张满洲应逐渐成为一无军备区,以条约规定对无军备区不得侵犯，并在商约内担任，禁止国内之抵制日货运动，夫《国联盟约》《非战公约》及《九国公约》，尚不能制止日本之侵犯，则所谓对无军备区不得侵犯者，止限制中国之驻兵防卫而已，买卖货物纯出于人民之自由，非政府所能干涉，即有抵制运动，亦对暴力之和平抵御，各国不乏其例，岂有在条约上担负禁止义务之理。

往者日本对我提出之二十一条件，所要求关于满蒙之特殊权利，不及此次调查团所列举之苛酷，如此而曰适合中日双方之利益，尤为滑稽。至称解决满洲问题，须考虑第三面苏联之利益，更不知其意义何在，当日本未侵占东北以前，中国何有损及苏联之利益，若依调查团之建议，维持日本在东北之特殊势力，致此问题不能解决而至扩大，则将成为整个太平洋问题之一，非只为日本与所谓第三方面之问题而已。该报告书又谓政治适当办法之最终要件，当如孙逸仙博士之主张，由国际共同合作以完成中国之内部复兴，不知孙总理系主张由国际共同投资发展中国实业，并非所谓政治适当办法之最终要件，发展实业必须权操在我，并非他人所能越俎代谋，若借是以为主张国际共管东北之掩护，不特误解总理遗教，且与民族主义显相背戾。综观该报告书对于日本侵略中国之事实，观察非不明晰而竟为此更迁就之迫采，不敢作公正之主张，吾人于此益见所谓国联、所谓公约者，实无依赖之可言，东北问题只有凭我民族之力量，乃可以自决中国土地之完整、主权之独立，亦只有凭我民族之力量，乃可以维持今后，惟有迅下坚决之意志、牺牲之精神，以为继续之抵抗，而求失地之恢复，事机急迫，绝无徘徊瞻顾之余地，顾我政府与人民共起图之。中国国民党执行委员会西南执行部、国民政府西南政务委员会叩。真。十一日。印。

资料来源：《国联调查团报告书及关系文件》，台北"国史馆"藏"外交部"全宗，第153—158页。

27. 张竞立致徐谟电（1932年10月19日）

叔谟次长勋鉴：倾奉环云敬悉。昨送上代译之调查团报告附件已荷，查收并辱言谢，至深惭悚。查该项译本因需用至急，限于时间匆促，译印文义间，恐每有不甚妥洽处，尚望贵部核阅修正，俾免纰缪，并请于修正后，惠赐若干份，至所感荷。专泐敬颂勋绥。张竞立敬启。十月十九日。

资料来源：《国联调查团报告书及关系文件》，台北"国史馆"藏"外交部"全

宗,第160—161页。

28. 西南各省国民对外协会总部致外交部电
（1932年10月20日）

衔略公鉴：概自"九一八"事发生以来,暴日既强占我东北,复蹂躏我淞沪,穷凶恶极,举世共愤,凡有血气,莫不奋起,冀与暴日决一死战。乃中央当局畏敌如虎,终不抵抗,妄想依赖国联,欲以公理屈服暴日,以和平收复失地,讵料我国依赖国联愈殷,而暴日蔑视国联愈甚。国联自知不能依照盟约制裁暴日,国联威信势将扫地,乃借派遣调查团,以迁延时日,致使暴日得精密布置,以造成傀儡政府,贯彻其侵吞满蒙之野心。及调查团抵沪之时,吾人虽明知其团员诸公,均需为列强殖民地之统治者,对我必无好感,然吾人为维护世界和平计,亦需通电欢迎调查团,请以严正之态度,作明了之观察,而谋适当之解决。讵知调查团报告书发表后,综其结论建议,即可召开一顾问会议,准许东三省建设自治政府,以特殊宪兵维持治安,以顾问会议处理政务,并主张满蒙应逐渐成为一无军备区,以条约规定对无军备区不得侵略及在商约内担任禁止国内之抵制日货运动等项,披阅之下,曷胜愤慨。查上项建议谬误矛盾,业经西南执行部、西南政务委员会真电驳斥,义正词严,天下折服,中央当局应如何激励奋发,以谋应付,乃一再因循畏意,对此报告书竟无表示,同人等不甘沦胥,谨代表西南各省民众,对兹建议誓死反对,并望全国同胞一致奋起,共同主张剑及履及,决与暴日奋斗到底,以杜列强野心,而保民族生存、国家前途,实深利赖,迫切陈词,诸维垂察。西南各省国民对外协会总部叩。皓印。

资料来源：《国联调查团报告书及关系文件》,台北"国史馆"藏"外交部"全宗,第173—174页。

29. 张竞立致徐谟电（1932年10月22日）

叔谟次长勋鉴：迳启者,敝部代译之李顿报告书特别研究第一号,业已译竣,函送尊处,兹特别研究第一号至附件及表,亦已译印完竣,用各检具二十份,随函送上,即请察收校正,并将校正译文及表,赐下一份为感,专此致颂,勋祺。张竞立。十,廿二。

附特别研究第一号附件译文及表各二十份。

资料来源:《国联调查团报告书及关系文件》,台北"国史馆"藏"外交部"全宗,第 175 页。

30. 王卓然致外交部电(1932 年 10 月 23 日)

南京外交部罗部长钧鉴:密。敝会外交月报现刊国联调查报告书专号,搜集各方言论,附录报告书译文全部,惟译文间有错误处,除胡适指出者外,如一百五十二页二行,汤岗丁误为通江丁等等,不一而足,大部如有全体修改正本,请快邮赐下,以便照刊。又日内瓦国联会所及李顿爵士及该团行动情形,如贵部存有像片,恳借一用。又本报愿请钧座对报告书发表意见,托之于文章、谈论、题词皆可,务请迅复为祷。东北外交研究委员会王卓然叩。样。廿三日。

资料来源:《国联调查团报告书及关系文件》,台北"国史馆"藏"外交部"全宗,第 177 页。

31. 外交部致交通部邮政司电(1932 年 10 月 22 日)

迳启者,接准贵司第一七六号来函,"请检送李顿报告书中英文刊本"等由。兹将该报告书中英文刊本各一册送上,相应函请,即希查收见复为荷。此致交通部邮政司。

附报告书中英文各乙册。①

外交部亚洲司启。

十,二二。

资料来源:《国联调查团报告书及关系文件》,台北"国史馆"藏"外交部"全宗,第 179 页。

32. 胡镇致外交部电(1932 年 10 月 21 日)

呈为对国联调查团报告书之意见概略祈钧鉴事。窃民观夫国联调查团之

---

① 编者按:无附件内容。

立场，实在左右为难，只得抱着如此见地之报告，既不为左，亦不为右，与责任上、良心上都已做到，无论其对于国联所负之责任，对于其本国之政策，对于其当事者之事实，一一调查报告清楚，首尾相顾，进退自如，可谓其尽乎调查报告之能事矣，惟稍差人意者，即九、十两章耳。然而吾国人即对于该报告书之意见，多所怒责者，民窃以不可，何也？盖九、十两章，非关正式之事实，不过系该调查员假定一种调解之手续，建议报告而已，其价值不过如此，而国联系国际法定之机关，有法定条约，凡一切之事实，终当以条约为决定，我国人理应感谢该调查员将此案之事实报告国联，根据此理交涉，我有何患无有理直之日。

该调查员系临时委托性质，其处理此案之实权，终在委托者，而调查员终无处理之权，此时调查报告完妥，其责任已毕，非国联乃国际法定之机关，有条约、有威权、有永久之性质，可以处理国际间一切之事实，权衡可比也，我国人何需竞竞于此报告书九、十两章无味之意见，而深究争执，废却有用之精力，而得罪有益于我之调查团及使国际间外交家，笑我国民无外交之大目力。

总而言之，该调查员正式合法之责任，对国联，只要调查报告此案之事实，以利国联处理解决，对于当事者，只要不受贿赂，而混乱黑白左右一方，以及敷衍怠惰，迟误时日。调查报告有碍国联失时解决处理方针之弊端，诸如此类者，一一皆无，故民谓该调查员，于良心上、责任上可无愧矣，更可谓尽乎调查报告之能事。然则国人理应观乎该调查团本身之立场，与国际之情形，又于其各该员本国之政策，皆有所逼迫，不得不出诸如此假设建议者，如九、十两章耳，而国人不予以谅解，即国人不明白国际列强对我之情形与我国政策对外所发生之原因，以及国人对国内民族之观念与国际之感想如何，诸如此类者，皆国人理应深深研究之要道，然而后始可发表对案之意见，非轻率者可谋耳。

务祈钧部贤能者领导国人谨慎适当，而言行勿为无的而放矢，以致结果图［徒］遭众怒，而成孤掌难鸣之势，诚可惧也，为此不揣冒昧，上陈敝见，伏祈宽恕，鉴怜愚诚，高人贤士闻之，如影随形，出任艰巨，共同维持国府政策，救国保民，实现我国民族精神，发展国府对外政策，是所至幸，是所至祷，家国前途，实利赖之，伏祈府赐，鉴核施行，民不胜惶恐之至，上渎贤能，伏祈宽恕，肃此谨呈中华民国国民政府外交大部罗。小民胡镇谨呈。中华民国二十一年十月十一日。

前泾县县立旧制高级小学校毕业生，现年三十岁，现经细小商业，现住安徽，奉养父母，教育幼弟，同居一处，未敢远离有劳父母挂念，幼弟无人扶助，生活看来虽是痛苦，惟幸能得安居守业，仍有天伦快乐，亦可为吾生之大幸也。

惟稍感痛苦者，每见儒家藏书，乏钱购买，如现代商务书局所出诸书，如世界地理、中外史以及外交史、现代考试等书，如蒙钧部哀怜，不弃细小，如有读过以上书籍，以及中外伟人教育史绩等书，赏赐一二，则更幸焉，若能赐以教言，永生不忘大德矣。

资料来源：《国联调查团报告书及关系文件》，台北"国史馆"藏"外交部"全宗，第181—186页。

33. 丁超、李杜致外交部电（1932年10月24日）

中央党部、国民政府委员长、外交部日内瓦顾代表钧鉴，北平张副司令、东北政务委员会、军事委员会钧鉴：读国联调查团公布报告书之第九条，曰赦免东北叛逆，暂时继续保留日官，第十条曰举行顾问会议包括日人在内，暂时管理东北，十一条曰满蒙仅设宪兵，定为无军备区域，各项目不惟有乖于事实，即与以前各项亦大相抵牾。夫满洲之属中国为不可更易之事实及"九一八"夕日军暴动，不能饰为自卫之举动，前已言之，则满洲之为中国领土固矣，有领土则必有政治之统辖，与夫军备之保障亦不待言，而今则谓保留日官，设顾问会议须包括日人，以管理东北所设特殊制度，许东北自治，尤须中国方面宣言承认，以固有之壤土，不能施行其统治权，必与他人共理之，是真不认满蒙为中国所独有，而为中日所共有矣，此不合者一。

日本之军事行动，既有背于公约限制其撤兵，所以维护公法保持和平也，而今则谓中日双方军队同时撤退出境，中国以自己之领土、国有之军队，又将何所撤退？以失其捍国权，此不合者二。

至谓日人在东北有所谓特权者，谨就已往条约上履行者言之耳，非必谓设官分职与中国同施其政治军备之权限也，今则举军政各权益，中日平衡操之，是与共管无异，所谓满洲属于中国者，何义？此不合者三。

日人肇蒙附逆之徒，每为作伥以阻挠我军事，破坏我政治，使东北三千万民众日处于水深火热之中，而今则赦免不究，俾卖国求荣者，无所惩儆，此不合者四。自"九一八"事变后，退国方非国家政治军备之破坏，人民生命财产之损失极大且巨，年余来所以静待而隐忍者，乃俟请国联会之裁制也，国联会所依据者、约法所主持者，公理。今观其报告所公布事实，显有特□，处置亦复失当，恐将无以伸此义于天下，且使东北三千万民众，朝夕所企望于国联调查团者,其结果竟答是所谓约法公理,乃如此耶?斯决谁甘心承认,必也复我完整国土,保我固有政权,事变以后之一切损失,尤须日方如数赔偿,以儆其无故启衅之咎,否则我东北民众,农者抛耒租,商者弃贸迁,荷戈披甲,拼尽三千万生灵,以与日人角,誓不完全收复国土不止,谨请速向国联会提出修正,以图自救,使东北民众出水火之苦,中国领土免割裂之忧,痛慨陈词,伏乞查裁。丁超、李杜叩。文。

资料来源:《国联调查团报告书及关系文件》,台北"国史馆"藏"外交部"全宗,第190—193页。

34. 罗文干致邹鲁电(日期不详)

广州中山大学邹校长海滨兄大鉴:关于李顿报告书,西南政委会真电奉悉。宏见谠论,无任领迟。弟对东北问题根本主张,已详八月二十九日之演词,其中最后说明之四点,尤必始终全力维持。报告书发表后,迭经此间同人详细讨论,所发日内瓦代表团之训令,亦大致不出此范围,尊处真电并经转电代表团参考。兹接颜、顾、郭三代表来电,略谓"西南政会对报告书所持各点,与惠等所见相同,自当竭力设法令与修正,尤须集中全国意见,一致对外,西南方面对东案解决办法有何具体主张,尚乞征询电示是幸"等语。南中诸友如不吝见示,仍盼随时由兄用密码电洽为荷。

资料来源:《国联调查团报告书及关系文件》,台北"国史馆"藏"外交部"全宗,第194页。

35. 蒋作宾致外交部电(1932年10月27日)

南京外交部呈阅:最近日方对于李顿报告书未审议前,积极进行两种工作:一、极力分化北方,谣传韩将独立,冯、阎、韩、吴联合拥护。张欲去汤及复辟诸说肆意挑拨,以期分化实现。二、在国际造成混乱之空气,宣传鲁川粤闽贵等省内讧不已,随地"匪共"抢劫,英人已劝西藏独立,藏兵已入川边,蒙人又将大举入□,故意牵动国际视态,其用意即为将来开会时发言地步,此间外交团关于上述谣言,时来询问,均经随时极力解释,并嘱各外报慎重转载,惟本项纪述,欧美已有转载,应请密电各使,特加注意。宾。二十七日。

资料来源:《国联调查团报告书及关系文件》,台北"国史馆"藏"外交部"全宗,第195—196页。

36. 外交部致行政院电(1932年10月28日)

呈为密呈事。兹接驻日蒋公使二十七日报告,日方对于李顿报告书未审议前,积极进行两种工作情形电乙件,除电我国国联代表及驻外各重要使领随时纠正,并密电各关系将领注意外,理合抄录原电,备文呈请鉴核,谨呈。

抄附原电乙件。①

资料来源:《国联调查团报告书及关系文件》,台北"国史馆"藏"外交部"全宗,第199页。

37. 外交部致军政部电(1932年10月28日)

军政部何部长勋鉴:密。顷接驻日蒋公使二十七日报告,日方对于李顿报告书未审议前,积极进行两种工作情形电乙件,除电我国国联代表及驻外各重要使领随时纠正,并密电各关系将领注意外,相应抄录原电,送请参阅。外交部。

附抄原电乙件。②

资料来源:《国联调查团报告书及关系文件》,台北"国史馆"藏"外交部"全宗,第200页。

38. 颜惠庆致外交部电(1932年11月1日)

南京外交部:十一月一日。第四百卅八号。顷晤脑门台维斯,讵知法国决定维持盟约与条约之尊严,英国保守派之观念仍以为日本代表秩序与实才之稳定,而不愿开罪于旧日之同盟,初尚犹豫于听任日本或与同战两者之间,现已入于美国之政策一途,即不承认是也。总之,英法似均已决定,认为日本必

---

① 编者按:无附件内容。
② 编者按:无附件内容。

须放弃正现在之政策,而接受李顿报告书,盖该报告书尤正首九章已发生极深之印相,史汀生不愿中日纠纷变为美日纠纷,静候国联动作再取步骤,赞同庆意,谓美国与中国应互相通知彼此对于李顿报告书之意见信,大会将通过不承认"满洲国"之决议案,并以为美国必须向苏俄接洽,与对土耳其相同,先作非正式之承认,遣卜律斯特海军上将为高等专员办理。各国对于日本应予以充分时间,俾其可以有转圜之余地,同时亦须加以压力,渠曾询李顿,原则第四项是否有承认二十一条之意,李顿回否,不过新条约应解释日本之权利耳,并云行政院仍否认报告书,惟决不至于出此。

资料来源:《国联调查团报告书及关系文件》,台北"国史馆"藏"外交部"全宗,第202—203页。

39. 外交部致上海办事处电(1932年11月3日)

上海办事处余处长铭鉴:密。迭接颜代表电,称秘书厅重要人员推测,行政院会议中日将申述案情,华方应对前八章表示意见,并答复日方□言,但力避讨论九、十两章,暗示大会有讨论解决办法之权,深信大会在即,节前将通过不承认"满洲国"之决议案。又晤美代表台维斯,渠已证实法国决定维持盟约与条约尊严,英国保守派初尚犹豫,现已入于美国政策一途。台维斯谓英法似均已决定,认日本必须放弃现在政策,接受李顿报告书,史汀生不愿中日纠纷变为美日纠纷,静候国联动作再取步骤,赞同庆谓中美对李顿报告书意见,应互相通知,台维斯同意。台君亦信大会将通过不承认"满洲国"之决议案,并以为美须向苏联接洽,先非正式承认,并谓各国对日应予以时间,俾有转圜余地,同时亦须加以压力,渠曾询李顿报告书第九章"原则"第四项,是否有承认二十一条之意,李顿曰否,不过新条约应解释日本权利耳,并云行政院□否认报告书,惟决不至于出此。又接顾代表电称,与莫斯科特别访员晤谈,该访员谓俄方回答广田,一时不欲承认"满洲国",俄方虽表面攻击李顿报告,而其实则满意并愿国联牵制日本。又电称法政府无袒日意,法日同盟毫无根据,惟英美对日取一致行动□等语。希密告孙哲生先生,外交部。

资料来源:《国联调查团报告书及关系文件》,台北"国史馆"藏"外交部"全宗,第205—206页。

40. 外交部致铁道部电(1932年11月4日)

迳启者:李顿报告所附专论第一号暨该号之附件及表,业经贵部译竣,将译本函送本部,尚有第六、第七、第八、第九各号,如已译就,仍请送还,无任感荷。现颜代表来电,请示对于报告书附件之意见,相应函达,即希查照,迅将对于该项附件之意见见示,以便汇案电复,至纫公谊。此致。

资料来源:《国联调查团报告书及关系文件》,台北"国史馆"藏"外交部"全宗,第214页。

41. 外交部致张学良电(1932年11月7日)

北平张委员汉卿勋鉴:顷颜代表来电,询及锡林盟旗是否背叛等语。查按照李顿报告书本部译印本第一百四十九页,锡林盟旗似曾参加伪"满洲国"之组织,究竟该盟当时有无背叛情形? 现在态度如何? 盼迅速查明电复。外交部。

资料来源:《国联调查团报告书及关系文件》,台北"国史馆"藏"外交部"全宗,第215页。

42. 张学良致外交部电(1932年11月12日)

南京外交部勋鉴:密。虞七日电诵悉,查调查团报告书译本,第一四九页有新国家将种种决议通知东北各省及热河各盟,内包括锡林盟之记载与事实稍有不符,盖锡林果勒盟本为察哈尔省所属,并非热河境内盟旗之一,该盟与东三省各盟之间尚隔一热河省,向即倾服中央,未因东北事变改变其态度,报告书内虽有参加独立运动之语,亦并无背叛字样,最近该盟副盟长德王,曾赴汉与蒋委员长商洽要公,其无背叛情形,尤可显见,承询特复。张学良。文十二。

资料来源:《国联调查团报告书及关系文件》,台北"国史馆"藏"外交部"全宗,第216页。

43. 外交部致张学良电(1932年11月13日)

北平张委员勋鉴：十二日电悉。本部七日虞电所称锡林果勒盟，系哲里木盟之误，究竟哲里木盟当时曾否参加独立及现在情形如何？希查明电复。外交部。元。

资料来源：《国联调查团报告书及关系文件》，台北"国史馆"藏"外交部"全宗，第217页。

44. 张学良致外交部电(1932年11月17日)

南京外交部勋鉴：十三日元电奉悉。密。哲里木盟齐盟长自东省事变后，迄在长春伪组织，曾畀以兴安局长伪职，但未实行就任，现有其叔在平充渠代表，随时接洽，并无可疑之点。揆厥心迹，似属未甘附逆，惟居住在长，难脱伪方羁绊，此间考查如是，特请查照为荷，此复。张学良。篠。十七日。

资料来源：《国联调查团报告书及关系文件》，台北"国史馆"藏"外交部"全宗，第218页。

45. 吴绍昌致外交部电(1932年11月11日)

呈为陈述调查团报告书意见以备采择事。窃读调查报告书第九章解决之原则及条件，与十章对于行政院之建议，有不损我国主权部分，可与讨论及有违《九国公约》等损及主权，绝对不可接受各点。他如第一章至第八章，皆属记载调查事实语，多模棱，尤于第七章所述经济绝交，倒果为因，惟非我国此次对日侵略事之解决条件，未加评论。兹谨将第九、第十两章，抒陈管见，缮呈钧鉴，以备采择施行，敬祈察核，无任公感。谨呈外交部。

附呈意见书一件。

首都救济国难会常务理事吴绍昌、穆华轩、艾善潽。中华民国二十一年十一月十一日。

对于国联调查报告书之意见

绪言

吾人对于报告书第九章解决之原则及条件,与第十章考虑(审查意见)及对于行政院之建议、应抱之态度,为可与讨论部分与不接受之抉择,凡不损我国实际之主权,合乎《九国公约》、《非战公约》、国际联盟者,在理自可与讨论,反之仅存名义上之主权,显有违反此三种公约者,应不予接受。审乎此可与言吾人对于报告书之意见矣。兹先为概况之论,然后逐条言其理。

关于报告书第九章部分

去年"九一八"事件之所以爆发,为日本积年传统的侵略野心与手段所酿成,读报告书第一章至第八章,可以测知调查团已知其详,可置勿论。读其第九章首款第一目有曰"足以证明以前东三省地方政府,对中国中央政府曾屡次宣布独立,顾其人民大半为中国人,未尝有与中国脱离之意",又于第六章第一节结论中谓"自'九一八'后,日本军事当局之行动中,不论在军事或民政方面,政治意味特为浓厚,日本逐步以武力占据东三省,使满洲境内脱离中国统治,并于每次占据后,即将该地民事、行政机关改组,故独立运动于一九三一年九月以前,在满洲从未听得,所以能有此项运动者,仅于日本军队之在场甚为明显"云云,可知调查团于日本侵略我国东三省之事实已甚明了,应进而论是非。乃于本章首款第二目又曰"该领土在法律上,虽为中国不可分之一部,其地方政府实具充分自治性质,足与日本谈判,构成此次冲突根源之事件"云云,此为日本近二十年来,欲分化中国以减少我国对外实力,乘机营谋特殊权利,所力持与地方政府直接谈判之侵略政策也,而我地方政府当时知其诡计,不与直接谈判,诿诸中央,日本缘是深恨张学良,遂舍其历年硬骗软欺之阴谋,翻然以武力侵略。

何报告书本章第二目尚有前段偏护之语,知满洲与日本直接谈判,即我国自违其签字之《九国公约》,而自损其领土与行政之完整,日本纵利乎,此国人苟非病狂,谁能认此途径耶?且满洲果有充分自治之性质,不知地方自治亦为我国内政之一,非他人所能越俎代谋,调查团亦当可为此违反《九国公约》,尊崇我国领土行政完整之拟议,无非出于委曲求全之意,故为此语。其于恢复原状一款第一目曰"如仅恢复原状并非解决办法",又曰"恢复原状亦徒使纠纷重见,且有仅仅顾及全案理论方面,忽略局势真相之弊",读此,可知收复失地、恢复原状非可望于国联者,因今之国际联盟势已不能顾及是非曲直、正义公理等理论,必偏重局势之真相也,今我国满洲之局势如何?日本积极的用武力侵略,我国消极的依赖国联,已往情势终无圆满解决之一日,故欲收复失地原状,必由我国积极的用武力驱逐日军,逾鸭绿、图们两江而南行,使其援军不克在旅顺、大连湾等处登陆,而收回南满、安奉诸铁路,以造成满洲新局势,届时调查团必曰"不恢复原状有忽略局势真相之弊",诗云"永言配命,自求多福",故国人尤必自责其不能造成必须恢复原状之新局势,不宜徒病调查团之重视局势也。又按报告书国联利益一目云"华府会议现仍有效",又曰"维持和平之旨趣,举世相同,倘《国联盟约》及《非战公约》原则之实施,在世界任何部分,失其信仰,则此项原则之价值及效能将无往,而不受减损",则满洲必须恢复原状一层,调查团报告书中固尝虑及,第为顾全日本颜面计,不能不作此模棱两可之论,以敷衍之。至如何造成新局势,以恢复原状而符华府会议,盖讽国人自为之耳,同胞其可不亟起奋勉耶。由是言之,报告书第九章所谓圆满解决之条件,无一非属于顾全日本一方之利益,其中我国所最不能接受者,为满洲自治及仅设宪警维持秩序,我国军队扫数撤退与日本同之二条件,其理由诚无待言。

关于报告书第十章之部分

第十章之标题为"考虑及对于行政院之建议",是为调查团顾全现有局势之一种见解,以供行政院采择者,万一行政院采纳其意,即成事实,我国丧失主权将何补救,故我国应先于大会讨论之时,确定对此建议分别可与讨论及绝对不接受之态度。其绝对不能接受者,顾问会议其一端也,第其内容应为分别即在我国与日本和平交涉时,固可召集除外满洲当地人民代表之顾问,以为谈判之佐证,如"一·二八"上海战事之因议停战协定,而设共同委员会者,然惟所谓设立特殊制度及由中日两国规定举选方法,各组一当地人民之代表团,是即出于前章满洲自治为解决条件之一,不惟抵触《九国公约》第一条规定之尊重中国主权,暨领土行政完整一条之规定,并抵触第六章第三节满洲居民态度所述"设法与各色人等谈话,尚接到书信文件一千五百条起,均对"满洲国"政府及日本深表仇视,足为民意之表现"云云,是为我国所不能不力争者。至于日方利益之铁路问题,按辽东半岛南部二十五年租借权,早于一九二三期满,南满铁路亦于一九二六年超过三十年,照原约,本可备资赎回,何可再节外生枝,完成所谓一扩大而互利之铁路计划。至所谓东省经济之开发,日本得自由参加一层,此诚迎合日本一方之意旨,果订此约,尤必枝节丛生,更非永久和平之道。然以上诸端,日本必仍恃强监持,以期达其暴力侵略之目的,故国人欲得满意之解决,必速运用全国国民之整个力量,有以造成新局势。

结论

如上所述，则第九章所谓圆满解决之条件与第十章所谓对于行政院之建议，可依报告书之次序，逐条简言其可与讨论及绝对不能接受之理由，如左：

甲、关于第九章可与讨论者

（一）适合中日双方利益。本条件如日本不复言以暴力压迫之二十一条，仅据中日合法条约与我谈判，则此条件可与讨论。

（二）考虑苏联利益。是为我国与苏联之关系，现虽中俄新约尚未订立，亦决不能任日本更自我国昔年许与旧俄之利益，取而代之。

（三）遵守现行多方面之条约。必须遵守《国联盟约》、《非战公约》、《九国公约》等，斯为当然之结果。

（四）承认日本在满洲之利益。是须分别论列，如南满铁路尚未满八十年，未届无条件归还我国之期，当然可与讨论，惟中东路之俄国警备队，既已撤退，则南满路之护路军亦应如约撤去，安奉铁路为日本自由行动建设者，旅大租借权早已期满及以武力压迫签订之二十一条等所规定利益，皆在绝对不能承认之列。

（五）树立中日间之新条约关系。在日本完全交还东北之场合，似尚可与讨论，惟如何树立，仍以民意为归。

乙、关于第十章可与讨论者①

（二）关于日本利益之中日条约。

（四）中日商约。上列两项已于前述适合中日双方之利益及承认日本在满之利益，暨树立中日间新条约关系三项中说明矣，不容接受并列当地人民代表之顾问会议之讨论，以紊乱吾行政也。

（甲）关于第九章绝对不能接受者。

（六）满洲自治。

（七）宪警维持秩序，宪警外军队扫数撤退。

（八）掖励中日间经济协调之成立。

右列三条件所以绝对不能接受之理，本篇已论其详，兹不赘。

（九）以国际合作促进中国建设。建设为我国内政，应由我国分别缓急而进行，万无受国际促进以自背华府条约形成国际共管之理，故此条件绝对不能

---

① 编者按：本条下各序号原文即如此。

接受也。

(乙) 关于第十章绝对不能接受者

(二) 中日和解公断不侵犯与互助条约。日本以侵略手段攫取东北,斯为显背国际盟约之暴行,更何和解及互助之可言。

(三) 顾问会议及并列当地人民代表一层,抵触华府会议,破坏领土行政之完整,绝对不能接受,故中国政府宣言,依照顾问会议所提办法,组织特殊制度治理东三省一事,更应置诸论议之外,如纯由中立国组织顾问会议为中日谈判之佐证,则似尚可与讨论,其理由本篇已论之矣。

资料来源:《国联调查团报告书及关系文件》,台北"国史馆"藏"外交部"全宗,第219—233页。

46. 铁道部公函(1932年11月10日)

参字第252号

迳启者:前承贵部送交代译之李顿报告书附件,今已将第六件《满洲与中国本部及外国贸易》译出,附请核收,至其余译件本星期均可译就,再当函送,先此布达,希查照为荷。此致外交部。附译件一册。部长顾孟馀。中华民国二十一年十一月十日。

资料来源:《国联调查团报告书及关系文件》,台北"国史馆"藏"外交部"全宗,第234—236页。

47. 铁道部公函(1932年11月10日)

参字第251号

迳启者:关于李顿报告书特别研究第六号,经已译送在案,现该项特别研究第七号《中国、日本及其他外国之满洲投资》,经已译竣,相应函达,希为察收。再特别研究第九号第六十五页,全页空白,是否打字时遗漏,并希查明见复,以凭办理为荷。此致外交部。附特别研究第七号一册。部长顾孟馀。中华民国二十一年十一月十日。

资料来源:《国联调查团报告书及关系文件》,台北"国史馆"藏"外交部"全宗,第237—239页。

48. 铁道部公函（1932年11月11日）

参字第248号

迳复者：接准贵部亚字第六五四九号密函开"迳启者，李顿报告所附专论第一号暨该号之附件及表，业经贵部译竣，将译本函送本部，尚有第六、第七、第八、第九各号，如已译就，仍请送还，无任感荷。现颜代表来电，请示对于报告书附件之意见，相应函达，即希查照，迅将对于该项附件之意见见示，以便汇案电复，至纫公谊"等因。准此，查前项报告所附专论第六、第七两号，业已译就，经由二五一、二五二两密函送达贵部在案，其第八、第九两号，现正从事移译，一俟译就，即行函送。至关于前项附件之意见，俟饬本部东北铁路问题研究委员会详加研究后，再当希达，准前因，相应函复，即希查照为荷。此致外交部。部长顾孟馀。中华民国廿一年十一月十一日。

资料来源：《国联调查团报告书及关系文件》，台北"国史馆"藏"外交部"全宗，第240—242页。

49. 外交部致铁道部电（1932年11月12日）

迳复者：准函送李顿报告书第六、七两号译本，业已照收第八、九两号，如已译就，仍请送还，无任感荷。至第九号专论第六十五页全页空白，系原书如是，并非打字遗漏，本部已电询国联矣，相应函复，即希查照为荷。此致。

资料来源：《国联调查团报告书及关系文件》，台北"国史馆"藏"外交部"全宗，第243页。

50. 中苏会议全权代表办事处致外交部电
（1932年10月15日）

南京外交部：十月十三日，苏联政府机关报评论李顿报告，酌译如下：此次国联派赴远东之调查团，无异科学调查远征队，团中各国代表非武人即殖民地官吏，满洲之行既未与民众接近，而满洲工农亦不肯倾心申述，故该国报告书原无价值之可言。不过国际帝国主义倘欲折服日本，成立帝国主义统一之阵线，将如何解决远东问题，尚可于此中求之，故该报告书之重要，全在其字里行间真意之所寄记及其可观目的之所在。该团游历中国，未觉有帝国主义势力之存在，责中国骚乱破坏，而意却军阀攘夺，各有其帝国主义强国为后援。农民受尽剥削而阶之厉者何莫非此阻碍中国有秩序得统一之帝国主义。且该团既不知有帝国主义势力之存在，自不知远东冲突中，各帝国主义之间意见纠纷有若何重要之意义。该报告书不涉及英日在华经济战争之严重，亦不谓满洲先为日俄竞争之对象，于世界大战之始，即亦变为日美斗争之标的，该团宁不知美日意见纷歧，为日对满政策之一原因，中国自筑铁路与南满并行，又以葫芦岛为出口，以与大连竞争，日本认为系美国人主使，且其肆意干涉一九二九年满洲事件，尤认为有重提其国际共管满洲内各铁路之意，该团宁不知满洲于日本对美战争时，在国防经济及受封锁时其重要为若何乎？其佯为不知者，盖欲掩饰各国对华之真正态度，使国联出而卵翼，中国更对此后进之日本加以道义之训诲而已。该团之所注意者，厥惟苏联在远东问题所占地位，至谓满洲为日本生存所必需，日本民族生存之危险及自卫之必要，与其谓为对中国，勿宁谓为对苏联，因之日本对满主要利益，系国防性质，多数日人见解，以为在防止苏联攻击，必须巩固日本在满之地位，是该团竟亦主张日军阀反苏之宣传矣，甚且警告日本，谓瓜分中国立将引起各国竞争，如再招致社会制度与废之争，后患更不堪设想。

是该团之理想，欲进谗于日帝国主义，使之反对苏联，一若确信苏联有迫害日本之危险，对日帝国主义之杞忧深表同情者，并戒日人，须巩固华人所居之日本后防地方，以备苏联万一之攻击，尤可异者，即于此时，仍能暗中诱致苏联加入反日之阵线。该团建议日本与世界帝国主义者谋一互让之妥协办法，日本承认中国对满洲之主权，中国承认日本在满之特权，并订专约以保证之，设宪兵以维地方治安，大部由日人充任，此地方之自由政府不得自办外交及擅动担保，偿还外债、息金之各种收入，又使满洲各铁路合并，中东铁路当然亦在包括之内，中日两国并签订互不侵犯条约，如一国受第三国侵犯，即应互助以资抵抗，是该团建议日本放弃其取满洲为御用殖民地之企图，使之为帝国主义者共同之殖民地也，又建议满洲不驻兵，使日本放弃其取满洲为国防根据地，以备与帝国主义国家作战，只以之为军事根据地，以反对苏联。

至其向中国建议者，该团报告蒋介石及国民党曰苏维埃区危险如何重大，中国苏维埃政府已与国民政府立于实际竞争政权之地位，如无国际资产阶级之援助,蒋氏与国民党将无以自救,故不独须赞成国际共管满洲,尚须同意于国际共管,全中国始能得吾人之援助。然则该团建议,不过欲使中国变为国际帝国主义者之殖民地,而为进袭苏联之根据,至于日本帝国主义者既幼稚,复饕餮,应使之进攻苏联,以自败其锐气。该报告书所提办法绝无实现之希望,然其真意何在,殊堪玩味,查日货在华固成本低贱,颇足排斥英美货物,然亦中国革命危险日甚,日人知帝国主义者,如欲铲除之,必先对华投资、建筑铁路,日本财力即开发满洲尚觉不足,何能在华与各国竞争,故先发制人攫取满洲,如各国和平侵占中国之计成,日本已拥有满洲,不成则满洲已立于中国之外,亦不受其革命之影响。

美帝国主义自事变初起,即设法压迫英法,使之反对日本,结果始有三月十八日之国联决议。近来美之压迫益力,其与英法就战债及军备问题,均已进行协商,势必允维欧洲现状,以助法对德,放弃竞争海上霸权,以示对英之让步,故报告书中谓"满洲国"为日军之宁馨儿,足以掩饰日人强占殖民地之行云云,可知英法亦不敢立于日本之一方,而主张其理由将视协商如何进行,或与美联合共同及日,或声明李顿报告书虽合事实,然日人不能退出满洲亦属无可如何云云以了之。是该报告书意在集中世界舆论以反日,并增加美国反日之态,日本如孤立中国,反日运动必益烈,故反日宣传即为该报告书真意之所在,至对于苏联,则一方欲唆使日本反苏,一方又欲收买苏联,使加入反日之阵线。该报告书既已分送世界各处,于是国联内幕即讨论如何处置该报告书之问题,现有两种意见争执未决,第一即予以通过,至日本退出国联与否,则不之问。第二即暂缓决定,静待时机,其理由谓兹事之发展,在日本方面或致于财政破产,革命爆发,或致于对华开战,然无论如何,结果日本非退让不可。然则国难,诸君子既以苏联革命宣传之危险,吓日本帝国主义者,复希望日本国内革命之成功,以减轻其处理此案之困难,其智亦是多矣。

中苏会议全权代表办事处。十五日。

资料来源:《国联调查团报告书及关系文件》,台北"国史馆"藏"外交部"全宗,第245—247页。

51. 驻秘鲁大使馆致参与国际联合会调查委员会中国代表办事处电(1932年10月12日)

迳启者：接准驻英使馆转到大电内称"李顿报告业已公布，尊处舆论盼摘要电示"等语。查此间朝野人士近因 Leticia 案，秘鲁与哥伦比亚发生纠纷，而对于满案亦不甚注意，本市各小报亦无舆论发表。查秘鲁最重要日报厥为 Comevcio，系政府机关报，对于李顿报告曾有时评一段，惟亦因秘哥纠纷关系，对于李顿报告内条约修改之议非常赞成，兹将该报时评原文译成英文，随函垂邮寄送。至政府方面，对于我国极表赞助，且上年秘外长屡次面称，曾令驻日内瓦秘代表主持公道，协助我国，即月前满洲伪组织曾有通知书致秘外交部，外长曾出示该通知书并称有当置之不理云云，合并陈叙，并请查照备案为荷。此致国联代表办事处。

驻秘使馆启。十月十二日。

资料来源：《国联调查团报告书及关系文件》，台北"国史馆"藏"外交部"全宗，第 248 页。

52. 驻秘鲁公使致外交部电(1932年10月20日)

为呈报事，案准国联代表办事处电开"李顿报告书业已公布，尊处舆论盼摘要电示"等语。准此，本馆当即函复在案。兹谨将本馆复国联代表办事处函，暨本京商报时评原文，暨英文译文呈送，仰祈鉴核备案，谨呈外交部长。

驻秘公使魏子京。中华民国二十一年十月二十日。

资料来源：《国联调查团报告书及关系文件》，台北"国史馆"藏"外交部"全宗，第 252—253 页。

53. 国际联合会调查委员会中国代表办事处致外交部电(1932年10月11日)

府字第 142 号

迳启者：奉十月一日大部六八七号电开"李顿报告摘要同时收到，请诘问迟误原因"等情。当即备函转询国联秘书长,去后兹准复称"中国政府收到李顿报告之附件,较收到该报告之时为晚,深为抱歉,其原因此间尚未明了,容当查问。至关于报告摘要一事,按照中国政府来电,该报告摘要系与附件同时收到,但依照国联原定办法,此项报告摘要非俟发表时间商妥后,不得递送,现中国政府以为日本方面系报告摘要与报告同时收到,实属误会,其实中国收到报告摘要,尚在日本之先,因秘书厅得悉该报告摘要,业与附件同时送达中国政府之消息后,始训令本厅驻东京机关,将报告摘要送达日本政府也"等语。相应将原函照抄一份附上,函请大部查照。此致外交部。

颜惠庆。中华民国廿一年十月十一日。

资料来源:《国联调查团报告书及关系文件》,台北"国史馆"藏"外交部"全宗,第254—255页。

54. 蒋作宾致外交部电(1932年11月18日)

南京外交部呈阅:十七日电悉。日本意见书今日报纸已略载大概,绪言谓李顿报告仅有两点满意:(一)认中国现属无政府状态;(二)排货系受政府奖助。第一章谓中国在国际法上不成为国家,徒有广大地域之名称,不能适用领土不可侵犯之原则;第二章谓满洲向未受中国本部支配;第三章谓日军行动未逾自卫范围,锦州炸击亦为海牙条约认许;第四章谓伪组织系出东省民意,若因有日军,其革命结果难以承认,然埃司托尼亚独立,均系借外国力援助;第五章谓报告第九、第十两章,若从事实上而求解决,无一顾之价值云云。俟公布后再将全文邮寄。宾。十八日。

资料来源:《国联调查团报告书及关系文件》,台北"国史馆"藏"外交部"全宗,第259页。

55. 外交部致张学良电(1932年11月20日)

北平张委员勋鉴:顷接颜、顾、郭三代表致丁司令超、李司令杜一电,请照转文曰"丁司令超、李司令杜两兄勋鉴,兹接外交部转到等电,诵到报告书九、十两章不合各点,循诵之后,莫不钦佩,自当商承政府,提出修正以维主权。溯自日寇东省,执事等坚苦抵抗强敌,胆□之大节凛然中外共仰。现值国联讨论调查团报告书,世界视线齐集东省,盼乞积极讨贼,再接再厉,为国家争生存,为民族争人权,弟等在外,敢不共勉"等语。外交部。

资料来源:《国联调查团报告书及关系文件》,台北"国史馆"藏"外交部"全宗,第262页。

56. 顾孟馀致外交部电(1932年11月19日)

钧任仁兄部长勋鉴:关于准备提出解决中日铁路纠纷办法,经敝部研究,制成方案,兹特送奉,敬请察照,提出下次外交委员会讨论为荷,专此并颂,公绥。

附方案乙纸。

弟顾孟馀谨启。十一月十九日。

方　案

查国联调查团报告书及特别研究第一号,对于东三省中日铁路问题,认为已超法律及经济性质之外,而实含有国际政治之重要性。换言之,日本施于东三省之铁路政策,殆为政治侵略之工具而已,以是一切铁路问题争执之起源,莫不由于日本以南满铁道会社为中心之垄断政策及扩大政策所酿成。中国处于被侵略地位,纵有铁路建筑之企图,亦不过谋辟自己土地之利源,以求生存于侵略之下,以中国各路资金之缺乏、设备之不全、营业之不振、债务之积累,欲求生存而不得,更何能与南满相竞争,其所以发生种种争议者,不过受日本之过分侵略而为消极之抵抗而已。故欲泯中日铁路之争端,必先日本有放弃侵略行为之觉悟,而认识遵守《九国条约》之重要,然后能谋经济之合作,以达根本解决之希望。中国基于尊重《九国条约》及确保世界永久和平之观念,深信如欲启发满洲之利源,解决目下之纠纷,维持各国商务、实业机会均等之原则,莫若将满洲全部实行开放,供作世界市场,在确保中国主权独立及领土与行政完整之下,欢迎各国共同投资,而以满洲铁路事业为国际经济合作之基础,兹将国际投资之范围及大纲拟定如下:

一、范围

包括南满、安奉、中东三路,暨中国在满洲自资或借日债建筑之各铁路及未成之各新线。

二、大纲

(一) 应在国联之下设一国际满洲铁路公司,由各国共同投资,该公司对本身铁道业务独立行政、行使管理权外,须受国联之监督。

（二）该公司为纯粹之商业股份组合,不得涉及一切政治事项。

（三）该公司成立后,凡归该公司经营之各铁路,其原有之条约、契约或合同协定一律解除。

（四）凡归该公司经营之各铁路,由国联组织一清理及评价委员会,清理各该铁路已往之国际事件,并评定其一切财产之价值,作为投入该公司之股份,依股份之多寡,为分配营业纯益之标准。

（五）凡归该公司经营之各铁路,其沿线现有之警备队、护路队及其他一切武力一律撤除,代以国联协助组织之路警,此项路警以保护各铁路业务之安全为限,不得干涉中国行政权及司法权。

（六）所有中国各铁路之日债,由中日两方设立清算委员会,清算时应用之原则另行拟定,上项国际投资办法为解决东三省中日铁路纠纷之妥善方策,足以免除一国之垄断,确保将来之和平。惟国际情形不同,利害互异,日本尤必强力反对,且各国鉴于日本在满特殊势力之巩固、利害冲突之难免、地方治安之不靖、中国各路亏累之深重及信用之薄弱在在,均足引起其顾虑而致裹足不前,且国联纵可议决,亦无拘束各国投资之力量,若仅有国际投资之名,而无国际投资之实,或虽得国联大会之通过,而结果或竟至拖延不办,则反资日本以把持全局之机会,其危险亦极可虑。欲避以上诸弊,似应一方主张国际投资,同时应提出解决目前纠纷办法,诚以国际投资如果实现,亦先要解决纠纷,故此种解决办法,与国际投资系相衔接,而绝无矛盾冲突之处,而纠纷既得相当解决,则无论投资案能否议决及议决而能否实行,均无妨碍,日本亦即无从施其把持延宕之手段,解决纠纷办法计分最高、次高、最低三种,作为逐步交涉之程序,兹将办法分列于后。

甲、最高限度

1. 对日方要求南满铁路,须依照中东铁路借地筑路原约及中俄、奉俄协定所规定之办法办理。

2. 减轻各铁路之日债利率。

3. 根据吉□铁路承造合同,附函改善吉长铁路合同。

乙、次高限度

1. 南满铁路暂维持"九一八"以前之原状,惟撤退该路守备队。

2. 按照木村提案范围,由中日两国组织一委员会,在国联视察之下开会协议。

丙、最低限度　接受业务协定之原则,惟应附以下列之条件。

1. 应以互利为协定之基础。
2. 应以不妨碍满洲之开发及其生产之运销为前提。
3. 协定内容绝对不得含有政治作用,应完全以铁路业务为范围,其细目另行拟定。
4. 对于统一东三省铁路之管理及其运价之规定,中国政府自有主权,并不因协定而受任何之拘束。
5. 军运、赈运不在协定之列。
6. 协定之年限至长不得过五年,双方同意时,得继续之。

资料来源:《国联调查团报告书及关系文件》,台北"国史馆"藏"外交部"全宗,第264—268页。

57. 何健致外交部电(1932年11月22日)

急。南京外交部罗部长钧任先生勋鉴:报载国联行政院昨已开会,中日事件当为此会议中最重要之问题,健爱国有心,敢掳所见。窃国联任务在保世界和平,其威权过《九国条约》及其他一切公约,须知以强力破坏邻国原状及不恢复者,即为破坏和平之铁证,责任自甚明显,应为盟约所不许,调查团以调人立场,迁就事实,希图无事,虽具苦心,但其报告建议不以恢复我国东北原状为前提,无异自毁,国联冠冕承认破坏行为为当然,实足危及各会员国,而启未来之同样纠纷。至九、十等章,蔑弃中国主权,我国民誓死不能承认。犹余事也,拟请大部迅电颜、顾、郭三代表,转陈行政院,顾及世界前途,尊重盟约,先行恢复我东北原状,我国为维持东亚及世界和平计,将来仅可本先圣大同精神,自动的酌采报告书意见,开诚办理。至我东北全体人民愤恨日人强暴及为傀儡之"满洲国",公议组百万义勇军拥护公理,乃真正民意之表现,现日人意诬为土匪,向外宣传,不啻诬蔑我全民族尤属危险,亦请其以公理维护之。是否有当,敬希察夺赐教为祷。弟何健叩。养。二十二。

资料来源:《国联调查团报告书及关系文件》,台北"国史馆"藏"外交部"全宗,第271—272页。

58. 驻比利时大使馆致外交部电（1932年10月11日）

为呈报事。查自国联派赴东北调查团报告发表后，比京重要报纸著论批评者约有三家，即比国独立报（系自由党机关报）*L' Independance Belge*，民报（系社会党机关报）*Le Peuple* 及自由比国报（系宗教党机关报）*La Libre Belgique*，前者强词夺理力代倭国辩护，虽迭设法疏通，仍未改态，后二者对华尚能主张公道，其余各报，多仅登载各关系消息，议论极少，理合将该三日报最近评论剪呈鉴阅。再部长对于该报告所发表政见，各报均有登载，附闻谨呈外交部。代理馆务罗怀谨呈。中华民国二十一年十月十一日。

资料来源：《国联调查团报告书及关系文件》，台北"国史馆"藏"外交部"全宗，第274—275页。

59. 高梦旦致外交部电（1932年11月14日）

钧任、子楷先生大鉴：报载日本对于李顿报告书之批评已携往巴黎，国联讨论中日问题时，将以李顿报告书与日本之批评同时研究，我方似不能默无一言，任其淆惑天下之视听。日政府对于报告书指摘诸点，已屡见各报，我方似可针对日方之言拟一宣言，与日方之批评在日内瓦同日发表，以抵消其效力，事前不令日人知之，攻其不备，可稍占上风。关于报告书所陈之事实，我方似不必采取反驳之态度，宁以日本为攻击之目标，将报告书中有利我方之点，易为其所忽略者，表而出之。其次则指出报告书所忽略诸点，为一种变相的纠正，我方如要求将我方之宣言与报告书合并讨论，国联必无任拒绝，宣言不妨简短，务使各报能于一日间登载全文，时间已迫，宣言书拟就后，似可即电达我方之代表，方不失时效，以上云云，不知有当否。兹有人拟就《对于报告书批评之纲领》，姑以奉呈，未审可备为参考之资料否，尚祈鉴案，敬讯。高梦旦。十一月十四日。

我方对于报告书批评之纲领

报告书中有利我方之点，表而出之。

调查团以调人自居，对于强国不欲使其难堪，故其指摘日本之处类多隐约其详，每为读者所略过，吾人应表而出之，以唤起世界之注意。兹略举数例于下(至于"九一八"后日军之行动及"满洲国"之设立,则事实昭彰,虽调查团亦不能为详,兹不后赘)。

一、"惟所谓两国间有三百件未决之案,又为各解决各该案件,和平方法已由一方逐渐用尽等语,则均未能证实……双方互诉,中日种种协定,已为彼方所违犯,所片面解释,所弃置不顾,双方亦自有其合洽之不平。"如是,则所谓违法事件至少在双方面的,中国不能独任其咎。世界人士(包括中国智识阶级)所以仍有为日人作恕辞者,乃由深信日人之宣传,以为事变之前,日人执法自守,我方则屡屡违法,侵犯其权利,今此点现不能成立,日人唯一之借口已经推翻。报告书发表后,世人对于此点多未加注意,我方似应竭力宣传,方能纠正此根深蒂固之错误印象。

二、日人宣传最力之平行线问题,并无法律上之根据。"并行铁路之允诺,并未载于任何正式条约,惟一九〇五年十一月四日北京会议录载有此项所谓承诺。"会议录当然无正式条约之束缚效力,不辩自明。

三、日人称满洲为日本之生命线,一若日本无满洲,便不能生存者,调查团之意见,殊不如是。"关于粮食接济问题,日本在现时并不严重,因日本既占有朝鲜台湾,至少在最近期内,可以助其解决食米问题也。"(吾人并可指出日本由外国输入之米,不过占其消费额之百分之五,远逊其他工业先进国。)"依据已往之经验,满洲似非一适于日本大规模移民之区域","煤之一物,日本仅能利用其产额中之较小一部份,油亦只能从泥石中,采获极有限之数量,至于铁之生产,实属得不偿失","再满洲似不能供给日本纺织所必需之各种主要原料","日本大部分商业,依赖美国、中国本部、英属印度者,远过其依赖满洲也"。

四、"中国人民认满洲为第一防线……长城所以限南北,外寇由此侵入关内危及北平,殷鉴不远,中国之慑,盖有由也。"据此,则日本侵占满洲,以巩固其国防,岂非先已破坏中国之防线。

五、日人坚执中国抵制日货,为中日纠纷之原因,实则此乃中日纠纷之结果。"每次经济绝交均有本身可稽之近因","论其性质,大部以防御为其目的,但亦间有攻击之势",大阪商人"对于日军最近对华之政策与中国将为对抗武器之经济绝交,两者间之密切关系,加以忽视或竟完全否认"。

指出调查团所忽略之点:

一、调查团断定两方均曾侵犯对方之权利,但调查团似应指出日本之所谓

"权利"类，皆对于满洲之铁路、矿业及其他经济利益之独占权，此种独占之权利，与历次国际条约所担保之满洲"门户开放"及"机会均等"两原则显然冲突，其权利之本身即属违法。

二、调查团断定"满洲国"系日人一手造成，调查团似并可指出，日军既占领满洲，在实行国联一致通过之决议，将满洲交还中国之前，应负责维持满洲之原状，如发觉当地有背叛中国之运动，应以兵力锄平之。譬如甲之房屋为乙所占据，在法庭判决交还原主之后，乙绝无权力将甲之财产，私赠他人，或借词已为甲之戚族所占，不负交还之责。

三、调查团既断定"日军之行动不能视为正当之防卫"，似应明白指出日本"已违反《国联盟约》第十二、十三及十五各条"，"无异对国联其他会员作战，其他会员应立即与之断绝金融及商业上之关系"。

四、调查团以为抵货运动，中国国民党应负相当之责任。又表示以经济绝交"为抵御强国武力侵略之合法武器，尤以在仲裁方法未经事前利用之事件为然"，此点"乃一国际法之问题，而不在调查团范围之内"。实则即不诸法律者亦知，《国联盟约》规定，对武力侵略之国，不但受害者，即其他会员国，皆应对之施行经济绝交，若谓形式上日本并未宣战，则形式上中国亦未宣布抵制，国民党与中国政府纵有关系，日本陆军部之侵略行动与日本政府能否谓其毫无关系。

五、调查团对于中国军人之跋扈，不惮辞费，而对于日本军人之专横，则不置一词，前者为中国内部之问题，受害者为中国人，后者为国际的问题，因受害者为邻国，日本不利中国之统一，屡屡资助叛逆，鼓动盗匪，从中取利，"满洲国"不过其最近一例，凡熟谙东方近史者皆知之，调查团对于此点不应漏过。中国国内之纷扰，对于日人之损失至微，观于日本对华贸易之年有增益可知。至于生命财产之损失，单就朝鲜排华之暴动而论，中国侨民死者一二七人，伤者三九三人，远过于世年来日侨在中国政府管辖下所受之危害。此外，若再益以历次日军在中国土地之屠杀及破坏，两方受害之程度更不可同日而语。日人不满中国之现状，尚可退回本国，至日人以飞机大炮来中国肆其残暴，中国人民将何处容身。日人自谓满洲为中国全境内最安全之地，满洲近年来久无战事，日人岂能借口中国内乱而侵占满洲，试问日军侵占前之满洲与今日之满洲，究竟孰为安全？

六、调查团谓"中国国家主义之倾向与日本之扩张政策……均为研究满洲问题者,所应视为重要之原动力"。但调查团对于中国之所谓排外主义,则极力铺张,对于日本之向外侵略反不甚注重,须知中国之所谓排外,不过伤痛国土及国权之损失,不含报复或侵略的意味,日人则教育儿童觊觎他国之土地及利源,养成侵略之心理。满洲事变,乃日本军部鼓吹排华,直接煽动而成,日本政府及人民对于国际联盟及西方各国,无处不表示其仇视之心理,最近陆相荒木竟在《偕行社》月刊上明白宣言:"白种人压迫亚洲国家,日本帝国不能坐视而不加以惩创。"

七、日本经济之权利均限于南满,而日军竟借口自卫名义侵占北满,可见日人不过欲攫取满洲为己有,自卫云乎哉。

解决满洲问题之途径:

一、调查团既断定满洲事变之远因,双方各有错处,"九一八"后日军之行动不得谓为自卫手段,则应请日军遵照国联一致通过之决议,退出侵占区域,由中国遣人接收,其详细办法由国联拟定,监视双方实行。至于日本过去违法侵占之权利,应交还中国,中国对于日本合法之权利,亦应放弃其阻挠之政策,双方关于悬案之争议,既已不能以和平方法解决者,应照《国联盟约》交付国际法庭仲裁之,此乃不背《国联盟约》唯一之解决办法。今调查团舍正道,而不顾虑所谓已成事实或所谓现实,迁就强权,图苟且之解决。

二、日人无权以满洲授人,溥仪等亦无权授满洲与日人,此种不合法之契约,当然无效,"满洲国"之承认当然应取消,日本昔日亦曾承认并担保高丽之独立,何已不顾已成之事实而并吞之。

三、李顿爵士最近在伦敦演讲中曾表示,《九国公约》、《非战公约》、《国联盟约》皆为现实,此种国际条约之现实与日本之承认"满洲国"(法律上无效之现实),果孰轻孰重?所谓"满洲人之'满洲国'",所谓"民族自决",敢问是否现实?明之攻城夺地,从事战争,美其名曰维持东亚和平,敢问是否现实?在日军占领之下,满洲已陷于空前未有之大混乱,敢问是否现实?满洲问题若不获公正之解决,当地人民之反抗,中日两国之冲突将无已时,敢问是否现实?因暴力侵略而得之权利,苟承认其合法,岂非奖励战争,开国际之恶先例,敢问是否现实?

四、在日军占领下,所谓中日之直接交涉,尤以枪掷人迫其签约,是直勒索吓诈而已,无交涉之可言。

五、若日本一意孤行,必不先遵照《国联盟约》,解决中日争端,国联若不能以实力制裁之,至少限度应否认以暴力获得之权利,免开国际一恶例,若国联仍采取延宕政策,或不顾盟约迁就日本,谋苟且之解决,结果仍必不能邀日本之一欢,徒牺牲国联自身之价值,于事仍无补,何如明白痛快以法官之身分,对于中日事件,下一毫无顾忌之判语,尤可保存国联之威信,若既无强力以制裁强暴,又不肯施法律上之制裁,则诚何贵乎有此国联。

资料来源:《国联调查团报告书及关系文件》,台北"国史馆"藏"外交部"全宗,第284—295页。

60. 外交部致张学良、林东海电(1932年12月6日)

北平张委员勋、(东港德辅道中广东银行六楼)鲁麟洋行罗雪甫先生转林参事东海鉴:顷接颜代表来电"五日赴军缩会议,主席午谦晤英国、捷克、西班牙、爱尔兰、瑞典、蒙达利、美国代表,谈话之间对于中国空气良好,英外次云英国为商业原因,且因是非之观念,常欲中国对英有正确之谅解。日本外交人员大都不善词令,松冈尤其中之佼佼者,不过其威胁之态度,殊为此间人士所不喜。捷克外长及爱尔兰代表云已预备精密有力之演词,捷克外长谈间暗示大约法国之声明书有利于中国,爱尔兰代表则谓报告书中不利于日本之处可寻出三十点以上。美国正尽力设法使大会取强硬态度,瑞典为所会晤之八小国中态度最强硬者"等语。希密察、希密告展公暨西南政委会重要委员,仍勿向外发表。外交部。鱼。

资料来源:《国联调查团报告书及关系文件》,台北"国史馆"藏"外交部"全宗,第305页。

61. 王德林致外交部电(1932年11月25日)

南京中央党部、国民政府并转蒋委员长、各部院长钧鉴,全国各省市党部、各省市政府、各军旅、各法团、各报馆、各慈善机关钧鉴:德林抗日以来,迄今一载,浴血鏖战,屡挫敌锋,而暴日吞并野心日益坚厉,其屠洗之凶惨、炸毁之剧烈、奸掳杀戮,实为历史未有之浩劫,嗟我东北同胞何堪受此荼毒!兹复于冰天雪地忍冻奋斗中,得阅国联调查团报告书,回环披读,愤虑横生,是我政府酷爱和平,尊重盟约之希望,将陷于无充分合理之结束矣,其中如伪国定为无军备区域,暨举行顾问会议各节,竟欲使我遭日本铁蹄蹂躏之后,再受国际共管之束缚,酷辣至于极点。东北存亡攸关,为今之计,我政府果有求存志愿,要当积极备战,全国动员,并电国联严重抗议,否认报告书内不合法各条,以救垂亡,勿稍顾虑。总之,德林紧逼强邻,只知救国,兹特披肝沥胆,郑重声明我救国军七万铁血同志,无论政府能否整饬军旅,收复失地,并国联能否主持公允,以保障和平,决不仰人鼻息,忍令版图割裂,亦必与暴日长期抵抗,周旋到底,纵至一人一弹,不捣三岛不止,枕戈陈词,伏惟鉴照。救国军总司令王德林叩。有。

资料来源:《国联调查团报告书及关系文件》,台北"国史馆"藏"外交部"全宗,第306—309页。

62. 豫鄂皖三省"剿匪"总司令部致外交部电
（1932年11月25日）

钧任部长兄勋鉴:附上靳、王、周三君之意见书,似有考虑之必要,最好□报告书为适当修正通过,尤为重要,请兄斟酌后,电告我代表团,努力于此点为荷。此致,希核。□□上。十一月廿五。

中国对国联调查团报告书应取之对策
靳宗岳

中国政府对于国联调查团之报告书,无论赞成与否,应由表明中国态度之意见书,宣布于世,并应在可能范围内从速提出。意见书中关于报告书不合事实之处,应加以申明,而其重要之点,即报告书中对于"九一八"事件发生之原因及其所谓"九一八"以前旧状之解释,须加以分析与申辩。盖造成"九一八"之事变,非基于"九一八"以前东三省一般之旧状,而实为日本蓄意侵略之阴谋,"九一八"事件之主动,在东京而不在东三省,日本侵略中国领土,危害世界和平之野心与计划,应尽情向国联说明,盖意见书之答复,最能引起世界对于日本侵略之特别注意也。中国对于国联调查报告书所应取之态度与对策,可分国民与政府两方面,政府之态度与对策,须负责任,关系重大,政府对于调查团报告书之建议,无论赞成与反对,均有甚大之困难。报告书建议设立东三省为高度之自治特殊区域,形同割裂中国之主权,而予以法律上之承认组织,充满有广泛权限之外国顾问政治,而以日本人占重要之比例,并将中国重要部分疆土之政治组织与命运，加以国际协定之束缚，此报告书之不能得中国舆论之赞同与民众之了解者，不待言也。故对内言，政府若接受该报告书之建议，实有重大之困难，政府当局之心中，想不欲接受此项建议，然国民政府之态度与对策，须宣示世人。

设政府赞成国联调查团之建议，对国联固予以极崇之体面，世界各国之舆论，亦将认此举为中国政府认识问题之严重，与要求合理解决之表示。但国内舆论则未必赞同，而一部分之重要政治领袖，已纷发表反对之理由，由此不可不注意者也。政府如反对国联调查团之报告，拒绝该报告书之建议，则对国外必有数种之困难，一不能获外国舆论之了解，自调查团报告书发表以后，外国舆论甚为谨慎，除日本极端反对，俄国着眼不同外，一般均认该报告书之和缓，有持平之态度，各党报章对报告之本身多为称赞。他一方面之意见，则属惋惜，如伦敦泰晤士报称"调查团之损失，在派遣太晚，而返欧又在日本承认"满洲国"之后，顷间国联与美国遭遇一种事实，即满洲已变为一新国，实际成为日本之保护国"。另一方面之意见，则希望中国接受，必能与日本开始进行谈判。

外国之舆论对于东三省问题，乃觉中国自身无法解决，国联调查团报告书，为一解决之途径，希望东三省造成一无军备之国际市场。此种观念，固不切实际，而难于成功，但中国政府不能轻于担负不愿解决之责任。外国舆论亦承认该报告书之不容易实现，但认为目前最和平稳健之途径，可作解决之起点，中国政府不可加以拒绝，使初步之交涉为不可能。故政府如拒绝调查团报告书之建议，在国外舆论，不无少须顾虑也。政府如果拒绝接受，在国外之第二困难即国联因中国拒绝接受而发生之影响甚为重大，应加以考虑者也。依《国联盟约》第十二条与第十三条之规定，两会员国之间，如有任何可以危害和平之争执，为普通外交手段所不能解决者，则有一种义务，将此种争执，诉诸公断，或国际法庭之裁判，或国联大会之调查与考虑，必须俟公断或国际法庭之判决，或大会报告公布后三月，始许有军事行动。第十五条第六项规定，大会报告书若经全体议决，争执者之一方或两方除外，则对于接受报告书之一方争执者，不得为军事之行动，第七项若大会不能全体议决，报告书争执者之一方或两方除外，则会员国有采取任何行动，以维持正义与公理之权利，故此次之调查团报告书，若不获全体议决，当引起另外之纠纷，如全体议决，中国几有不能不接受之形势，如不接受，则在理论上将失《国联盟约》此项规则之保障。

在中日纠纷上，此项条约文之解释与应用不能如此之简单，因日本已先有军事行动，而调查团报告书如经国联大会议决，日本固不一定因之而再有军事行动，但在国联方面之调解手续，以公布全体通过之调查报告书，为结束联约上之任务，过此以往，国联在满洲之一段纠纷，在盟约上可告一段落，故政府如果完全拒绝接受国联议决之报告书，中国在国联所遭之困难，非同小可也。对于国联调查团之报告书，将来如经国联大会之议决，中国是否接受，既有上述重大之困难，吾人以为应有数种之标准，为对此问题决定之根据。

一、应不背于中国已往对于东三省问题之主张，政治主权应完全属中国。

1. 经济开放，世界各国与中国人民有均等之机会。
2. 日本在东三省之权利，凡依条约所取得者，概予承认。
3. 现存违反中国主权与世界时代精神之条约，以后不得扩充。
4. 改组东三省之政治制度。

二、应在可能范围内，顾全世界之舆论与国联之感情。

三、应维持中国已往在国联之立场。

上述之原则，其性质重要虽不同，但俱为考虑此问题时应注意之点，兹特分别论之：

一、应不背于中国已往对于东三省问题之主张。中国对于东三省之外交关系，素无公开之政策，但有一甚为普遍之意思及主张，即将来东三省之政治权与经济权利分为二，在经济方面容许日本人与其他之外国人与中国人，立于平等之地位，共同开发经营。至于政治上，绝不容第二国之干涉，此既保全在东三省之完全主权。民国十六年，毕原外相曾表示愿解决中日全部之外交问题，双方皆有解决之愿意，以后双方形势俱有变迁，而交涉之解决，亦迁延愈久，致酿成今日之形势。然国民政府应将其昔日所怀抱解决东三省问题之愿意与方式，昭告天下，俾世界舆论，能集中于吾人所提出之 1、2、3、4 诸点。已如上述，国民政府如发表此种宣言，有三大利益：第一，将历来仅存于意思之间，尚未形成之政策，使之具体化，俾国人皆知政府有关于东三省一定之政策，可以安定人心。第二，可以成为国联调查团报告书之一对案，使世界舆论对于此二提案，作一比较，今日世界之舆论，全集中于调查团之报告书，国民政府之对案，为绝对必需者，因可以分世界舆论之注意，无形中转移世界舆论之意见，而获更大之援助，盖对案为国民政府所发出，较之调查团报告书第三者之意见，尤为外国舆论所重视，今日国民政府除指摘日本之文字以外，并无积极关于东三省问题之提议，外人印象为中国根本无一意见，有此宣言在国外影响之异常重大,不待言也。第三,此种关于解决东三省之政策之宣言,为自动之宣言,非一国际之协定,不受国际条约之拘束,且可俾外国政府与舆论,知其为不易更改者,而中国民众将再不能忍受,以任何国际协定形势束缚行动之事,有此自动之宣言,一则可使国联调查团之建议,获一部分之满足,一则可免国际协定之拘束。

二、应在可能范围内顾全世界之舆论与国联之感情。世界之舆论大半深表同情于我国者,因我国为处于纯粹被侵犯者之地位。此种舆论之力量,固不能在政治上发生即刻之效用,但仍为一种有力量之物。在积极方面,纵不能使各国政府为一有助于我之实际工作;在消极方面,可以防止各国政府公然采取不利于我之行动。此良好之国际舆论,尤推英美之舆论,于我人有密切之关系。在可能范围内,应保持此种良好之印象,如吾人采取任何坚决之步骤,应设法使之充分明了吾人之理由。至于国联方面,吾人既以此事委托于人,祈其主持公道,在法律方面,吾人所为,甚属周全,现在调停此事之国联,发表所认为公正之事实,与公正之调解办法,请双方加以考虑。依常情言之,两人争议,而请第三者调解,对于调解人之办法,不可完全置诸不理,而必须加以考虑。中国当初惟恐国联袖手旁观,不过问此事,今报告书之发表,不能如吾人所想之满意,进退两难,中国处于受调解者之一之地位,应特别注意谨慎今后采取之行动与步骤。

三、应维持中国已往在国联之主张。中国将中日在东三省之冲突,提出于国联,完全依照《国联盟约》之规定,为避免武力冲突,请国联处置,依照盟约,非仅为一权利,且乃一种义务。中国依照盟约向来所提出之请求,不外请国联采取盟约所规定有效之方法,制止日本军事行动,并要求日本撤退军队,使中国之土地得以恢复,中国之主权得以重行完整,现在国联尚未能以有效之方法,完成盟约上应尽之职务,为时年余。"满洲国"已经成立,然而在理论上,国联之义务,未尝变更,国联仍有机会继续努力以求履行彼之义务,迄至完成为止,国联之义务既未变更,中国依《国联盟约》之权利与义务,亦不因报告书而受影响,中国在国联应继续依照盟约要求,贯彻一向之主张。中国将来所可要求者,为国联设法使日本撤兵,恢复中国之主权与领土,此为受《国联盟约》之所保障者。至于"满洲国",一则经调查团报告书认为日本军队所造成,一则属中国讨伐内乱之问题,为一内政之问题,且为附属之问题,将来国联开会时,中国代表仅可要求贯彻以前在国联之主张,至此问题解决时为止,中国应当要求以日本撤兵为谈判之先决条件,应向国联表示如日本撤兵,中国则立依国民政府之宣言,与国联调查团报告书之纲领,进行谈判。国联调查团之纲领十条：① 适合中日双方之利益；② 考虑苏联之利益；③ 遵守现行多方面之条约；④ 承认日本在满洲之利益；⑤ 树立中日间之新条约关系；⑥ 解决将来之有效办法；⑦ 满洲自治；⑧ 内部须有秩序并须安全以御外侮；⑨ 掖励中日经济调协之成立；⑩ 以国际合作促进中国之建设,均属空洞而未有具体之原则,国民政府对于此类原则,加以接收并不立即发生何种之义务与危害,并既有国民政府自己宣言之一重保障,只须特别郑重声明,此类原则实施之办法,须留待以后决定,并以不背国民政府之宣言为原则。如此为之,第一,乃表示中国愿与日本谈判,而将不接受之责任加之日本,第二,对于中国一向在国联之主张方能贯彻,第三,能维持中国在《国联盟约》上所占之地位。

附加意见（王世杰、周览谨拟）：

一关于中国对国联调查团报告书应取之对策,靳君所言各节,极为中肯。中国既经以东省事件诉诸国联解决,对于调查团报告书,自然不能轻于全部拒绝,然亦不能无分别的接受。为表示中国尊重国联行动,吸引国际舆论的同情计,政府应当有明白的态度及确定的对策,宣示于外。中国已经依《国联盟约》十五条,诉诸国联,而在此条之下,调查团报告书之建议,将来经国联行政院或大会提出表决,"如不获全体议决,当引起另外之纠纷,如全体议决,中国或有不能不接受之形势",诚有如靳君所言,所以为中国计,最好是得着国联对报告书为适当的修正,通过（全体一致）一利于中国的提议。彼时中国如服从此项建议,而日本反对,则举世皆知曲在日本,而日本且依盟约不能再对中国有军事行动。今日中国政府就调查团报告书提出一确定对策,诚为当务之急,不过具体的条件如何,尚有详密考究之必要,靳君所举各条,似尤嫌过于抽象,中国即不得已而承认日本在东三省之一切条约权利,亦当声明条约有效与否之问题,则应由一公平机关解决,改组东三省之政治制度,其形式不可以侵害我主权及行政的完整,报告书所提议之东省军备解除及不侵犯协定,似亦为决定中国对策时,所应细加研究之点。

资料来源：《国联调查团报告书及关系文件》,台北"国史馆"藏"外交部"全宗,第311—323页。

63. 黎贯致外交部电（1932年12月28日）

南京外交部：巴西报界纷纷来馆探询我政府对于李顿报告之意见及态度，贯以事关重大，未敢率行表示，敬请迅予详电示知，以便应付。贯。

资料来源：《国联调查团报告书及关系文件》，台北"国史馆"藏"外交部"全宗，第335页。

64. 外交部致驻巴西大使馆电（1932年12月30日）

驻里约热内卢中国代表：电悉。李顿报告前八章叙述事实间，虽有不真确处，但大体尚称公允。关于解决东案办法，我坚持两原则：一不容以维持伪组织为前提；一以不背国际条约与中国主权，同时又确能巩固远东永久和平为必要条件。外交部。

资料来源：《国联调查团报告书及关系文件》，台北"国史馆"藏"外交部"全宗，第336页。

65. 外交部致行政院政务处电（1932年12月29日）

迳复者准，函嘱补送参与国联东案调查委员会概要之英文印本，暨国联调查团报告附件之英文本，以资参阅等因。查概要一项，并无英文印本，惟参与国际调查团中国代表处提与调查团之说帖，则印有英文本，由本部情报司重行出版制一原册，定价四元，至李顿报告书各种附件专册英文本，尚未附印，准函前用，相应函复，即烦查照可也。此致行政院政务处。部启。十二月。

资料来源：《国联调查团报告书及关系文件》，台北"国史馆"藏"外交部"全宗，第339页。

66. 驻美大使馆致外交部电（日期不详）

摘译李顿演词（原件存情报司）

法律之执行，为现在世界各国外交政策之目的，余今晚将讨论者，乃为太平洋某一处法律之执行问题。中日事件发生，余被邀为调查团团长，故对远东问题将有详细研究，该调查团中美国亦派有将军参加。中日事件事实，已详调查团报告书，无须再加申述，孰是孰非，余亦不愿批评，今晚拟提出讨论者，乃此次远东事件于维持世界和平之影响。远东事件造成以下四大问题：

一、交战地位，无须正式宣告即可成立。中日两国并未正式宣战，亦未断绝邦交，但一九三一及一九三二两年，两国实已陷于交战状态。

二、国联遣调查团调查实情，中日两国均表同意，但调查结果发表，日本坚不接受，尤奇者，遣派调查团本为日本提出，且国联四十二会员国，一致通过接受报告书后，日本竟宣告于二年后，退出国联。

三、日本承认东三省绝对在日本管辖范围之内，其一切行动是否合法，当由日本自行裁决，日本竟在远东，造成一门罗主义。

四、日本宣布废止海约。日本宣布废止海约问题，似较易于解决，但若因无法缔结更为圆满之新约，以致不能解决，则其影响至大。日本废止海约，乃为其退出国联之当然结果，因共同合作制度，一旦放弃，则唯一办法，只有根据陆海军力，回复强权政策，但欲避免战祸，终须有一解决办法，彼此交谪，固无济于事，威胁恐吓，亦有背和平本意。现最要者，在求减少战争危险，而非增加战争危险，故当采用以法律替代武力之调解办法。惟调解纠纷，应知关系各方之需要。除因迫不得已外，一国必不愿违抗其他各国之意旨。日本需要安全，同时亦须寻找出路以移殖过剩之人口，采集原料以供给工业需要，寻觅市场以销售工业出品，不论任何解决办法，为对以上个点，未加顾虑，日本必不接受，同时为一解决办法，不能保持共同解决远东问题原则，不顾有关各国之安全，各国亦不能接受。

欲求解决办法，以下二点，似属必需：

一、一九三三年二月十四日，国联通过议案，凡与会各国，应表示愿意通告日本，彼等对日本之经济情况，极所谅解，于合法范围之内，当设法满足日本需要，同时声明彼等愿意维护日本之安全，且其办法必比日本所取政策，较有劲力，并且经济。

二、各该国应表示决心不容一国变更或随意解释国际条约，各国非但应具此种观念，且当共同明白表示之。或有人诘问，不用武力，将为何使日本离去东省，则将答以余并不欲日本离去东省，余所欲者，乃日本军队离去东省而已。如一旦能证明日本无须糜费巨款，遣扎军队，仍可达其目的，则日军自退矣。

日本力辩"满洲国"为一独立国家,余意日本军队,一日不离东省,"满洲国"一日不能成一独立国家,不过为日本之被保护国而已。

余不信远东问题,舍武力外,无法解决。国联除责言外,尚未采取其他举动,即对有解决可能之办法,亦置未讨论,国联之所以未成功者,因尚未尝试故也。

日本或由其政治家之演说,或由其送达国联之文件,竭力使世界各国以了其处境。余深信为各国能使日本觉察彼等对日俄战役,日兵战死东省印象,与日本同其深刻,与日本同其关切,则日本对各国劝告,无法不加考虑,但迄今任何正式国体,尚未有所表示。以上一点,即为国际组织预防战祸之应有态度,共同维护和平之成功途径,此种共同制度,仍以各国未与日本提及,致使日本昧然攻击。反之有人以为此种劝告,必归失败,但余殊难深信。日本现取政策,势将消灭世界和平之希望,破坏费尽心力所造成之法律组织,枉废一切重大之牺牲,现一九三一至一九三二年在华非法举动,既已逐渐没忘而摇动正义,致使世界将受影响之残酷情形,亦渐归消灭。为保护此种正义计,世界各国当联合起来采取坚决政策。

资料来源:《国联调查团报告书及关系文件》,台北"国史馆"藏"外交部"全宗,第 396—399 页。

索 引

B

白里安　2,7-10,13,15,18-24,26,37,
　　38,50,119,124,363
柏林　12,13,90,370
北大营　142,221,227
北戴河海滨公益会　281,283
北海公园董事会　276
北宁路局（北宁津浦路局）　140,142,148,
　　266,267,317,322,325,333,337,346
北平档案保管处　141,229,232,234,235,
　　239,246,253,255,256,259,261
北平市政府　273,274,288-290,293,296
北平绥靖公署　131,141,144,145,147,
　　148,222,250,251,268-270,274,
　　277,279-283,285,287-289,293,
　　294,312,359

C

财政部　207,227,244,252,265,266
陈铭枢　360
陈友仁　159

D

戴季陶　126
抵制日货（抵货）　42,49,71,91-93,97,
　　102,121,167,171,207,212,370,375,
　　376,398,399

丁超　379,380
东北外交研究会（东北外交研究委员会）
　　127,128,178,180,187,189,215,237,
　　369,372,377
东省（东三省）　1-16,18,20-22,24-38,
　　40-42,47-52,54-56,58-98,100-
　　104,106-112,117,119,128,131,
　　132,137,138,140,141,143,146,147,
　　149,156,159,160,164-176,179,
　　186,188,193,195-198,200,203-
　　205,207,209-211,217,226,227,
　　233,234,236,239,242,266,313,322,
　　336,355,357,361,364,365,370,374,
　　376,383-386,388,393-396,402-
　　406,408,409

E

二十一条　14,91,153,155,164,166-
　　168,184,232,372,375,382,387

F

芳泽谦吉　7,13,15,17-21,23,26
傅冠雄　252,312-315,342,362
傅斯年　217

G

葛祖燨　300,303,309,312,313,332,344,
　　352

索 引　411

顾孟馀　194,218,267,302,304,305,310,
　　318-320,326-340,343-347,350,
　　351,372,388,389,394
顾维钧(维钧、少川、顾代表)　2,36,66,72-
　　76,81,82,84,89,90,92-94,108-
　　111,120,128,131,132,134-148,
　　159,165,167,179,188,189,191,193-
　　196,202-207,209-225,228,232-
　　238,240-242,248,250,251,262,
　　269-271,273-275,277,279-283,
　　285,287,288,295-305,307-315,
　　317-320,322-340,342-351,353-
　　362,379,382
关东军　158
郭泰祺　134,297
国联调查团中国代表处(国联调查委员会
　　中国代表处)　152,178,180,210-
　　212,215,218,219,221,225,226,228,
　　230,232,234,247-251,254-269,
　　271,273,275,277,279,280,282,283,
　　285,287-289,291,292,294,297-362
国联(国际联合会)　1-16,18-38,40-
　　42,46-99,102-123,125-134,138,
　　142,143,148,150-152,157,161,
　　162,166,167,174,175,178-180,
　　188,193,194,199,209-243,245-
　　251,254-264,266-296,302-305,
　　307,309,311,314-317,319-322,
　　324,331,333,335,336,340,342,343,
　　345-349,351-353,355,363-365,
　　367,369-371,373-382,385,386,
　　389-397,399-409
国联(国际联合会)调查团报告书　77,
　　363-369,371-373,375-377,379-

　　384,388,389,391-394,396,397,
　　401-404,406,407,409
国联盟约　5,9,10,12,13,16,20,23,26,
　　28,31,34,47,53,77,84,85,92,95,
　　98,99,104,105,113,123,129,157,
　　161,167,168,374,375,386,387,399,
　　400,403,405,406
国民党西南执行部　374

H

哈斯　30,90,114,117,134,136-138,
　　141,143,144,148,150,299,301,312,
　　315,337,350,352,358
韩复榘　285
汉口　128,133,138-140,149,171,184,
　　185,190,372
杭州市政府　271,272,278,282
何应钦　246
胡世泽　48,49,116,117
黄绍雄　210,211,225,226

J

蒋介石(中正)　126,129-131,157,159,
　　296,330,365,366,390
蒋作宾　9,331,364,365,367-369,380,
　　393
交通部　155,192,194,196,198,210,211,
　　218,225,244,245,377
教育部　171,198,219,220,243,245
金问泗　188-190,202,204,205,213-
　　215,222,223,227,252,300,301,306,
　　307,318,335,336,339,343,345,347,
　　360
锦州　10,12,13,21,50,51,55,142,158,
　　159,168,171,178,180,226,393

《九国公约》 31,77,97,98,101,153,158, 159,161,374,375,384-387,400
"九一八"事变 132,138,159,160,179, 182,186,221,374,379
军政部 195,207,229,230,244-246, 260,381

K

《凯洛(格)公约》(凯洛格条约、巴黎非战公约、巴黎公约) 9,10,12,13,15,16, 22,25,37,39,53,54,70,74,77,95, 98,99,101,106,113,124,125,129, 167,364,374,375,385-387,400
抗日 119,173,207,401
孔祥熙 125
傀儡 38,49,121,132,171,173,179,184, 195,199,217,355,356,370,374,376, 396

L

李定 15
李顿 42,48,61,63,65,66,69,72-74, 93,95,120,121,126,130,133,134, 136,137,139-148,150,152,180, 202,203,213,220,221,282,285,288- 290,292,353,355-357,359,363, 367,368,371,372,377,382,383,389, 392,393,400,407
李顿报告书 63,67-72,88,90,96,99, 100,102,106,122,363,367,369,370, 376,377,380-383,388,389,391, 392,397,407
刘崇杰 144,146,147,225,230,298,328, 329,332,350
刘季陶 204,205,212,226

刘迺藩 319,334,344,345,358
刘湘 159,367
鲁涤平 218,219
伦敦 5,7-10,12,13,37,97,123,180, 301,315,370,400,403
罗文干(钧任) 120,127-131,190,195, 196,202,203,205,206,216,220,222- 224,232,295,297-299,311,313, 322,329,332,339,354,355,359,365, 366,372,380,394,396,397,402

M

马占山 132
满铁(南满洲铁道株式会社) 104,124, 143,145,151,155,159-161,165, 169,170,176,177,186,195,233,234, 368,386,387,394,395
"满洲国" 8,65-68,70,71,76,81,82, 84-87,92-98,106,107,110,120, 147,161,173,174,184,364,366,367, 382,383,386,391,396,398-400, 403,405,409

N

南京国难会议秘书处 312,343
南京中央宣传委员会 291

P

平津记者公会 270

Q

齐齐哈尔 51,143,149
钱泰(阶平) 161,187,188,190,191,193, 194,196,197,199-202,204,209, 210,212,215,220,222,223,239,253, 258,301,303,304,306,307,314,316,

318,320-322,324,331,335,336,
341,343,347-349,360

青岛市政府 174,292,320,345

清共(剿共) 173,195,203

R

热河 51,68,96-98,107-109,159,265,
368,374,383

日寇 393

日内瓦 2,6-16,18,19,21,22,24-38,
40-42,48,49,58,60,61,63-78,80-
97,102-104,106-123,126,131,189,
199,227,240,264,266,305,332,347,
372,377,379,380,392,397

S

上海 8-10,13,27-33,35,36,38,39,
41-49,51-54,56-60,62,63,83,90,
92,104,107,117,128,133-135,137,
141,145,148,149,155,160,165-
167,170-172,174,182,183,186,
190,201,204-207,212-214,216,
218,219,221,225,236,256,260,282,
284,285,288,289,294,296,297,301,
303-310,314,315,318,321,323-
325,327,331,339-341,343,347-
349,352,356,361,382,386

上海京沪路局 352

沈鸿烈 146,285

沈覲鼎 190-192,194,196,200,201,
204,210,223

沈阳事变 207

施肇基 7,8,10,15-18,20-22,24-26,
30,114,116

施肇夔 144,209-211,214,252,305,

325,339,346

十九国委员会 63,76,82-84,86-88,
93,95-97,103,107,108

实业部 49,195,242,243,245

史汀生 15,24,382

首都救济国难会 384

宋子文 43,126,225,296,297

苏俄(苏联) 9,12,71,91,99,101,105,
108,161,168,180,201,359,368,375,
382,387,389-391,406

T

台维斯 70-72,111,381,382

谭绍华 191,192,253

特拉蒙(埃里克·德鲁蒙德) 48,49,60,
64,66,70,72,73,76,78,80-84,86,
122

特种外交委员会 125

天津 37,126,127,140,141,144,145,
147,149,155,157,167,174,190,225,
236,270,281,285,317,325

铁道部 139,140,147,194,218,241,244,
245,248,263,266,267,302,304,305,
310,316,318-322,324,326,327,
338-340,342-348,350,351,371-
373,383,388,389

W

外交部 1-16,18-38,40-43,47-51,
58-98,102-104,106-123,125-
132,134,138,139,141-143,147,
148,151,157,161,162,166,170,174,
178,179,187-243,245-369,371-
377,379-384,388,389,391-394,
396,397,401,402,406,407,409

万福麟　179

汪精卫(汪院长)　84,129-131,147,148,202,203,205-207,216,223,224,232,284,296,297,303,308,310,329,353,355,365,366

王承傅　358,363

王宠惠　16

王广圻　146,197,207,208,220,225,240,252,271,272,277,278,298-303,305-309,312,313,315,317-319,322,323,325,329,330,332,333,337,339,342,348-350,356-362

王芃生　187,227,263

王正黼　142,176-178,248,249

王卓然　127,187,188,249,253,263,297,298,311,312,369,372,377

吴铁城　134,201,212,213,221,296

吴秀峰(秀峰)　150,285-287,301,315,337,350

X

西门(约翰·奥尔斯布鲁克·西蒙)　32,34-36,43,44,76,121,123,178

辛丑条约　183

行政院　1-6,8-30,32-41,43-46,50-57,63-70,72-78,82,87-90,92,93,98-101,107,109-112,116,117,122,147,206,207,222,243,245,296,298,329,354,363,381,382,384-387,396,406,407

徐谟(叔谟)　127,188-190,192-194,197,199,200,202,205,213-215,222,227,306,307,336,345,347-349,371,373,375,376

Y

亚洲司　200,210,215,265,314,317,346,377

颜惠庆　24,27-30,32,40-44,49,50,63,65,67-69,103,104,115,118,121,122,189,381,393

义勇军　71,131,396

豫鄂皖三省"剿匪"总司令部　402

Z

张福运　209-212,227,228,266

张祥麟　135,136,212,214,226,249,270,294,300-305,307-309,314-318,321,323,325,327,331,340-342,356,361,371

张学良　1-4,12,91,113,126-132,159,160,165,177,186,188,189,193,195,216,217,219,221,295,298,299,311,354,357,359,383-385,393,401

中东路　126,143,168,369,387

重光葵(重光)　42,360

周大文　140,284,296

朱鹤翔　147,252,257,259,348,350,360

驻巴西大使馆　407

驻比利时大使馆　397

驻美大使馆　407

驻秘鲁大使馆　392

图书在版编目(CIP)数据

"国史馆"藏档. 三 / 常国栋,陈海懿,黄家丽编
. — 南京：南京大学出版社，2023.11
(李顿调查团档案文献集 / 张生主编)
ISBN 978-7-305-27371-1

Ⅰ.①国… Ⅱ.①常… ②陈… ③黄… Ⅲ.①中国历史－史料－民国 Ⅳ.①K260.6

中国国家版本馆 CIP 数据核字(2023)第 208495 号

项目统筹	杨金荣
装帧设计	清 早
印制监督	冯晓哲

出版发行	南京大学出版社		
社　　址	南京市汉口路 22 号	邮　编	210093
丛 书 名	李顿调查团档案文献集		
丛书主编	张　生		
书　　名	"国史馆"藏档（三）		
	"GUOSHIGUAN" CANGDANG SAN		
编　　者	常国栋　陈海懿　黄家丽		
责任编辑	官欣欣		
助理编辑	吴敏华		
照　　排	南京南琳图文制作有限公司		
印　　刷	南京爱德印刷有限公司		
开　　本	718 mm×1000 mm　1/16　印张 29.5　字数 510 千		
版　　次	2023 年 11 月第 1 版　2023 年 11 月第 1 次印刷		
ISBN 978-7-305-27371-1			
定　　价	180.00 元		

网　址：http://www.njupco.com
官方微博：http://weibo.com/njupco
官方微信号：njupress
销售咨询热线：025-83594756

* 版权所有，侵权必究
* 凡购买南大版图书，如有印装质量问题，请与所购
　图书销售部门联系调换

ISBN 978-7-305-27371-1

定价:180.00元